1. 1789年7月14日，巴黎人民攻陷象征专制统治的巴士底狱（Jean-Pierre Houël, 1789）

2. 1793 年 10 月 16 日，法国王后玛丽 · 安托瓦内特被送上断头台。图中描绘的是画家大卫在当场临摹王后被押赴刑场的情形（Joseph-Emmanuel van den Büssche, 1900）

3. 1800 年 5 月，拿破仑·波拿巴率军越过圣伯纳德大山口，进入意大利（Jacques-Louis David, 1801）

4. 1814 年 3 月 31 日，反法同盟的军队进入巴黎（F. de Maleque, 1815）

5. 1821 年 3 月，希腊老帕特雷大牧首耶尔马诺斯祝福希腊革命的旗帜（Theodoros Vryzakis, 1865）

6. 1825 年，俄国“十二月党人”起义（Vasily Timm, 1853）

7. 1830 年，法国七月革命爆发，复辟的波旁王朝被推翻。图中描绘的是7 月 28 日起义者攻占巴黎市政厅的情形（Jean-Victor Schnetz, 1833）

8. 1830 年 8 月，受到法国七月革命的鼓舞，比利时人发动革命，脱离尼德兰联合王国，最终获得独立。图中描绘的是当年 9 月布鲁塞尔大广场上发生的战斗（Egide Charles Gustave Wappers , 1835）

9. 1838 年 6 月 28 日，英国女王维多利亚加冕（Sir George Hayter, 1838）

10. 1848 年 2 月，法国爆发革命，七月王朝被推翻，拉马丁等人组织了革命临时政府。图中央向人们挥手者为拉马丁，他拒绝了革命者给他的红旗（Henri Félix Emmanuel Philippoteaux, 1848）

11. 1848 年 3 月 18—22 日，米兰发生反对奥地利统治的五日暴动（Baldassare Verazzi，创作于 1886 年之前）

12. 德意志 1848 年革命期间，法兰克福国民议会召开，试图以民主方式统一德意志（Ludwig von Elliott, 1848）

13. 1848 年 5 月，维也纳爆发群众抗议，奥地利皇帝斐迪南一世携皇室成员逃离维也纳（Johann Nepomuk Höfel, 1848）

14. 1849 年 5 月，布达之战爆发，匈牙利革命军占领布达（Károly Jakobey，创作于 19 世纪）

15. 瓦特和他的蒸汽机（James Eckford Lauder, 1855）

16. 1825 年，世界上第一条商业运营的铁路线——英国史托顿—达灵顿铁路——开通（John Dobbin，创作于约 1875 年）

HISTORY OF MODERN EUROPE

THE REVOLUTIONARY ERA

1789-1850

现代欧洲史

革命的年代 1789—1850

04

[美] 查尔斯 · 布鲁尼格
[美] 马修 · 莱温格◎著
王皓 冯勇◎译

Charles Breunig
Matthew Levinger

中信出版集团 | 北京

图书在版编目（C I P）数据

现代欧洲史 . 卷四 , 革命的年代 : 1789-1850 /
(美) 查尔斯 · 布鲁尼格 , (美) 马修 · 莱温格著 ; 王皓 ,
冯勇译 . -- 北京 : 中信出版社 , 2016.12（2021.4 重印）
书名原文：The Revolutionary Era，1789-1850
ISBN 978-7-5086-6629-7

Ⅰ . ①现… Ⅱ . ①查… ②马… ③王… ④冯… Ⅲ .
①欧洲—近代史— 1789-1850 Ⅳ . ① K5

中国版本图书馆 CIP 数据核字 (2016) 第 203536 号

现代欧洲史 . 卷四，革命的年代：1789—1850

著　　者：[美] 查尔斯 · 布鲁尼格　[美] 马修 · 莱温格
译　　者：王　皓　冯　勇
出版发行：中信出版集团股份有限公司
　　　　（北京市朝阳区惠新东街甲 4 号富盛大厦 2 座　邮编　100029）
承 印 者：北京通州皇家印刷厂

开　　本：787mm × 1092mm　1/32　　印　　张：14.5　　字　　数：307 千字　　插　　页：8
版　　次：2016 年 12 月第 1 版　　印　　次：2021 年 4 月第 11 次印刷
书　　号：ISBN 978-7-5086-6629-7　　京权图字：01-2021-1452
定　　价：59.00 元

服务热线：010-84849555
投稿邮箱：author@citicpub.com

目录

第二章　拿破仑时代

第三章　工业革命与欧洲社会的重建

第四章　复辟与浪漫主义

第五章　政治与社会变革，1815—1848

第六章　1848年革命

再版序言

修改查尔斯·布鲁尼格的《革命与反动的时代，1789—1850》（初版书名）这部经典之作真是一项既让人高兴又让人畏惧的任务。虽然如今距第二版的出版已有25年，但布鲁尼格对欧洲政治与外交史的论述仍然堪称深刻、公正描述历史的典范。

在这个版本里，本人尽力保留了布鲁尼格阐述的长处，同时吸收了近代学术研究的观点，特别是文化和社会历史领域的观点，来丰富这一版本。在某些章节，比如关于拿破仑时代和1848年革命的章节，只有很少的内容需要修改。本书的其他部分，最明显的是关于法国大革命和工业化的部分，则需要进行更多的修改。

自20世纪70年代以来，关于法国大革命的研究极大地改变了历史学家对这一划时代事件的理解。学者们已把重点放在引起这一剧变的文化和政治原因上，而不是关注基于阶级的马克思主义阐述，马克思主义阐述把这场革命描述为兴起的资产阶级对衰落的贵族阶级的胜利。在过去几十年中，大量研究已阐明欧洲工业革命的社会和文化因素。在本书中，本人也将谈到这一学术研究领域的一些重要发现。

在本书中，本人着眼于个人生活的日常经验，如研究家庭结构和女性社会角色的变化，来使政治事件的历史更为翔实。此外，本人也通过增加关于南欧和东欧的内容，以及探索欧洲政治变革对世界其他地区如拉丁美洲的影响，使本书的叙述在地域上更为平衡。

本书的新书名《革命的年代，1789—1850》反映了我的信念，那就是 1789—1850 年间欧洲所释放的革命力量远远超过了“反动”所释放的力量。在社会方面，这个新时代见证了比之前更为城市化、流动性更强的人口的出现，这是因为在欧洲大陆大部分地区，工业化经济取代了农业化为主的经济。在政治方面，民主、个人主义和平等主义理想的崛起挑战了欧洲君主及拥有土地的传统精英的支配地位。

即便是旧秩序最坚定的捍卫者，也越来越多地被迫在对手的意识形态领域苟延残喘。到 19 世纪中叶时，一些最保守的欧洲人也接受或至少承认了个人自由、自由贸易和宪政这样一些信念的必然胜利。18 世纪后期开始的政治和经济革命引起了欧洲社会各阶层的大混乱。面对本书中将要谈到的这些重大变化，他们不断斗争，以求获得新的身份和社区生活模式。

马修 · 莱温格

俄勒冈州波特兰市

2001 年 11 月

初版前言

有两次革命深刻地改变了欧洲人 1789—1850 年间的生活，那就是伟大的法国大革命和工业革命。要理解欧洲在这一时期的历史，就必须分析这些革命依靠哪些巧妙而复杂的方式得以在物质世界顺利进行。有些个人和团体试图反抗或控制这些革命，其他人则接受了革命结果并试图利用它们。总之没有欧洲人不受这些革命的影响。

法国大革命历来被看作欧洲现代史的一条重要分界线。这一事件摧毁了被称为“旧制度”的政治、社会、法律和司法体制综合体，开创了个人权利更加受到重视、代议制政府得到发展、对国家的新型忠诚得以出现的新时代。这些关于法国大革命的概括在很大程度上依然是正确的，只要它们在某些重要方面说得更为具体。

这种与过去的决裂并没有如人们所想的那么突然。在 18 世纪早些时候，一些与旧制度相关的传统体制和观念就已受到挑战。1760 年之前，欧洲及其殖民地就出现了一系列小反叛和骚乱，它们在某些方面促成了 1789 年的剧变。1789 年后，许多传统体制和观念一直存在于革命年代和拿破仑时代，并延续到1815—1848年间的复辟时期。事实上，在欧洲大部分地区，复辟是由反对革命主义，以及因为不能让时间倒流回到旧制度时期而尽力维持现状，以求对抗要求变革的压力的统治者操控的。

法国大革命最初对法国自身的影响最大，这一点也不奇怪。这里的革命者扫除了旧制度遗留下来的复杂的行政机构，代之以新的、更高效的、更加适应整个国家需求的组织结构。这一结构得到了拿破仑的进一步完善，在很大程度上延续至今。在阶级方面，这场革命也对法国造成了巨大影响。革命的最终受益者是已经消灭贵族传统特权、确保政治权力掌握在财产占有者手中的资产阶级。

在法国之外，法国大革命与随后的拿破仑政权产生了兼具创造性与毁灭性的结果。在法国军队与其反对力量将近25年的间歇冲突中，欧洲人的生活受到了干扰，同时也创立了体制。旧政府不复存在，新政府应运而生。被法国征服和占领的地区也发生了巨大的变化。然而，本书最后的分析认为，法国的革命理想可能比其军队对欧洲产生了更为深刻持久的影响。19世纪的自由主义者在“自由！平等！博爱！”这样强有力的革命口号中，在《人权宣言》阐明的基本政治权力中，在革命议会之后起草的宪法中，发现了他们的政治纲领和灵感来源。

更为重要的是，法国在革命中显示了当一个民族受到对国家理想的忠诚刺激时，可以释放出多么强大的力量。现代民族主义的许多基本特征在革命期间第一次出现，法国也树立了在接下来的世纪中被广泛模仿的典范。

从长远来看，工业革命无疑比法国大革命更为彻底地改变了欧洲人的生活，但在19世纪上半叶，其主要影响仅限于英国和欧洲大陆西北部的国家。中欧、南欧和东欧只在19世纪后半叶才经历了类似的变化。在受工业化影响的国家中，生产开始机械化并搬进了工厂，打破了多年以来的生活模式。由于需要把工厂安置在能源附近，人口出现了大规模的迁移，城镇也得到了明显的扩展。

不论工业化在哪里发生，它都极大地提高了旧资产阶级的规模和实力，并让新的社会阶级——工业无产阶级产生。这些阶级结构的变化将会对欧洲国家的政治生活产生巨大影响，这是无法避免的。1789—1850这一时期的主题之一是：新制造业利益团体争夺与其上升的经济地位相称的政治权力和影响力。

1848年革命是这一时期引人注目的终曲。这一年席卷欧洲的一系列起义可以被认为是法国革命遗产和工业革命的综合产物。革命者的需求仍然往往藏在法国大革命宪法的政治术语、代表大会和政治权力的扩大中，但1848年运动让源自工业化的、潜在的社会不满和抱怨成为焦点。

第一章

法国大革命

1858 年，阿历克西 · 德 · 托克维尔（Alexis de Tocqueville）给朋友写了一封信，反思了法国在过去 70 年间的政治动荡，他在信中这样写道：

法国大革命就像一场疾病，我能感觉到这场革命中有一种很奇怪的东西，但我找不到合适的言语来描述它，也分析不出它的原因所在。它就像一种新型的未知病毒。在此之前，世界上也曾有过激烈的革命，但在我看来，这些革命极端激进、汹涌澎湃、非同凡响、不顾一切、勇往直前，几近癫狂但又强劲有效，这些特征似乎在前几个世纪的社会动乱中是没有的。这种新型的革命来自何方？是什么导致了它的发生？是什么让它如此有效？又是什么让它永垂不朽？虽然现在已时过境迁，但同样的人或许仍与我们同在；他们的子孙后裔存在于文明世界的每一个角落。[1]

在《论美国的民主》（*Democracy in America*）一书和其他书中，托克维尔对他所处时代的政治革命表现出一种矛盾的态度。托克维尔出生于1805年，是自由主义贵族家族的后裔，该家族最初是支持法国大革命的，但在1793—1794年恐怖时期，该家族有几名成员最终被处以死刑。虽然托克维尔欣赏现代民主运动推动解放的能力，但他也害怕这些运动的潜力会置国家于专制与动荡中。

托克维尔的深思对现代观察者来说可能太过悲观，然而，他的评论体现了一个现在仍让历史学家惊奇不已的现象，那就是18世纪法国的剧变改变了1789年以来世界上很多地区的政治斗争的利害关系。

在研究法国大革命的历史时，关键是要关注两个相关的问题。第一，我们应该解释法国让这一伟大斗争诞生的本土条件。第二，我们需要探索让这一革命得以在法国内外激起如此巨大持久的影响的政治和文化特征。

旧制度的危机

18世纪是法国经济扩张的时期，在1700—1789年间，法国人口从2000万增至大约2700万。在革命爆发前的八十年间，法国的手工业和工业生产翻了两番，此外，它的殖民贸易增长了十倍。工业和商业的增长导致法国城镇中产阶级的数量大幅增长。工人阶级的人口也得到了增长，但大部分工人没有分享到国家的新财富。人口增长的压力导致工资停滞不前、城镇工人失业率飙升，即便在繁荣时期也是如此。在经济危机期间，巴黎的失业率飙升至 50%。

虽然法国经济在 18 世纪逐渐转型，但大体上没有变化。1789 年，法国社会仍然在很大程度上是农业社会：法国超过 80% 的人口务农，并居住在人口少于 2000 人的村庄里。大部分工业生产发生在小作坊或者村舍里，而不是大工厂中。商品依然主要依靠手工生产，法国第一部蒸汽机到 1785 年才投入使用。最后，虽然生存危机已经很少见，但是法国工人和农民仍然易受歉收的影响。18 世纪乡村人口的快速增长使这种情形恶化，使得农民很难在可耕种的土地上养家糊口，即便在丰年也是如此。像 1787 至 1789 年间那样的灾难性气候条件仍然能使整个国家陷于饥荒之中。

18 世纪 80 年代末的农作物歉收，加上从 18 世纪 70 年代开始并持续十年的严重经济衰退，使得许多商人和企业家一时受挫，不够幸运的人则忍饥挨饿，法国大革命就在这个时候爆发了。然而，这还不足以造成法国历史上首次出现的这样一场危机。单凭 18 世纪法国的这些经济发展，是无法让 1789—1799 年间的动乱如此声势浩大的。

要理解法国革命运动的起源，关键是要研究让君主制政府倒台的两场连锁危机。

第一场危机是自 17 世纪演变而来的专制政府的长期危机；第二场危机是始于 18 世纪中期，直接推动了革命的短期财政危机。这两场危机一起渐渐破坏了法国君主制的正当性，使得对传统秩序的攻击比之前想象中激进得多。

君主专制的矛盾性遗留

法国革命者因其主张的全球性而与之前所有政治叛乱者不同。之前的革命领袖，如 17 世纪 40 年代英国和 18 世纪 70 年代英国的美洲殖民地的革命领袖，至少在某种程度上是以传统的名义进行斗争的。例如，美洲革命者在独立战争之初主要是不满英国皇室侵犯了他们“作为英国人的权利”，尤其是他们未经同意不得被征税的权利。在法国，情况则完全相反，更为激进的革命者相信，他们的任务是摧毁现存的社会和政治秩序，并在旧世界的灰烬中建立起一个全新的世界。

然而，如托克维尔在他的经典研究《旧制度与大革命》（*The Old Regime and the French Revolution*）中机敏地指出的那样，对新的开始的这一革命性愿景在很大程度上是一种幻觉。[2] 在一些重要方面，法国革命者完成了 17 世纪和 18 世纪君主专制所启动的工作。自路易十三（Louis XⅢ，1610—1643 年在位）和路易十四（Louis XⅣ，1643—1715 年在位）统治以来，法国的国王已经建立起高度集权的行政系统。他们不顾法国各省的传统管理体制，把法国分为 30 个被称为财政区（généralités）的财务行政辖区，每一个财政区都由一名被称为省督（intendant）的皇家官员管辖，这些省督通常都出身卑微。财政区依次被划分为 700 个更小的区域，由被称为副代表（subdelegate）的官员管理，副代表们向省督汇报工作。这些皇家官员行使着广泛的行政和司法权力，他们能够监管征税和征兵、建立公共工程和警察机关、救济穷人。一位18世纪早期的苏格兰观察家是这样评论这些官员的权力的："说出来也许你不信，法国是由30位省督统治的。"

通过建立周密的官僚统治系统，法国的专制君主渐渐削弱了贵族和其他社会精英长期以来的统治权。

直到17世纪，税收历来由省级议会（Estates）分配。然而，到大革命的时候，除了法国边境的少数几个省份，其他省份都废除了省级议会。在1614至1789年间，法国的中央代表大会三级会议（Estates General）一次也没召开过。其他传统的统治机构继续存在，一直到旧制度终结，但他们的权力越来越多地被皇家法令所限制。在这些机构中，最高法院（13个高级上诉法院）在引发最初的革命事件中发挥了重要作用。

法国波旁王朝的国王们也采取了其他策略来削弱贵族的政治权力。路易十四鼓励他的主要贵族在凡尔赛生活。这种策略使得国王能够密切关注其客人的活动，用其恩惠来防止任何可能威胁其霸权的联盟。在国王的宫殿附近生活也削弱了贵族与土地的联系，此外还削弱了他们管理自己的领地时所发挥的作用。同样，在18世纪，法国皇室更加频繁地售卖贵族头衔。仅在1774—1789年间，法国就有3589人买到了有贵族身份的官衔。政府把这种做法当作筹钱支付越积越高的国债的手段。然而，售卖官衔有着破坏性的作用。它创造了一个不断增长的特权阶级，其成员享有大幅的税收减免和特殊的法律权利，却没有在公共生活中发挥有效作用。

换句话说，路易十四及其继任者在废除许多传统政治权力的同时也增加了法国贵族的特权。君主专制的手段因而导致了矛盾的后果：他们创造了更为庞大的贵族阶层，但这一阶层所发挥的作用却更小。贵族的社会地位越来越高，但他们的公共作用却越来越小，这种矛盾最终导致法国贵族及君主制本身成为革命领袖泄愤的目标。

法国专制主义的第二个危机从本质上来说是一种文化和政治危机。历史学家 R. R. 帕尔默（R.R.Palmer）认为，18 世纪后期必须被理解为法国内外“民主革命的时代”。除了美国和法国的起义，帕尔默还提到了 18 世纪 60 年代与 80 年代日内瓦城邦的城市骚乱、1780 年爱尔兰和英国的暴动，以及荷兰的一次革命动乱，来证明 1789 年之前普遍的政治和文化动乱。他提到民主这一术语并不意味着他暗示革命者的目标是普选，或者是 20 世纪民主所带有的其他一些特征。

事实上，革命者所青睐的政府替代形式因国家不同而大不相同。然而，所有这些革命者都通过“确立的、享有特权的、封闭的或者自主的团体”，挑战了政府的继续控制。他们的行动体现了“对某种平等的新感觉，或者至少是一种对旧式社会分层和正式等级的不快”。[3]

在法国，平等主义理想在文学和公共生活领域的传播都很明显。启蒙知识分子，如伏尔泰（Voltaire）、让·雅克·卢梭（Jean-Jacques Rousseau）、德尼·狄德罗（Denis Diderot）和孔多塞侯爵（marquis de Condorcet），都严厉谴责“奢靡”之风，以及特权精英在社会上的自命不凡。相反，这些启蒙思想家都重视有助于提高整个社会的“有用的知识”。他们通过诉诸理性原则，而不是祈求具有影响力的庇护者的支持，来赋予自己话语权。他们认为，每个人不论社会地位如何，都有权参与“民意”法庭。

让 · 雅克 · 卢梭（1712—1778）是一名日内瓦钟表匠的儿子，他对现有的社会秩序进行了尤为尖锐的批评。他在《论人类不平等的起源和基础》（*Discourse on the Origin of Inequality*，1755）一书中这样说道，所有的人类社会都是堕落的，因为它们鼓励人们通过超越别人来获得荣誉。他说道，在最“先进”的社会里，比如他那个时代的法国，人性因为虚荣和自私已堕落到极致。他的《社会契约论》（*Social Contract*，1762）就建立在这一早期探究的逻辑上。卢梭宣称："人人生而自由，却又无往不在枷锁中。”这些话语后来得到了如托马斯 · 潘恩（Thomas Paine）和卡尔 · 马克思（Karl Marx）这样的革命者的呼应。

他认为，只有基于直接民主的政治制度，才可以通过鼓励公民为共同利益无私奉献，来避免剥削和压迫这一普遍倾向。虽然很难估计卢梭对 1789 年前法国政治思想的影响有多深远，但他的逻辑在像《人权宣言》（*Declaration of the Rights of Man*）这样重要的革命文件中，以及埃马纽尔 · 约瑟夫 · 西哀士（Emmanuel-Joseph Sieyès，1748—1836）和马克西米连 · 罗伯斯庇尔（Maximilien Robespierre，1758—1794）这些领袖的著作和演讲中均有所体现。

到旧制度结束的时候，不仅作家们越来越多地提到平等主义，文学的整体重要性也得到了提升。在 1757 至 1784 年间，法国作家的数量增加了一倍多。（大革命本身会真正地丰富文学生活：1788 年，巴黎只有四份报纸，但到第二年年底，已经有 184 份报纸。）然而，在实践中，文学世界在 18 世纪后期仍然等级分明。尽管一小部分精英作家获得了名气，并在巴黎的沙龙中受到青睐，但大部分作家仍然过着绝望的、勉强糊口的生活。这些苦苦挣扎的作家无情而又粗鲁地攻击着特权阶级，比如说，他们写了一些色情的讽刺诗来攻击玛丽·安托瓦内特（Marie Antoinette）王后。

《路易十六加冕》（1775）。这幅插图强调了国王神圣的权力：路易从拿着十字架的圣人那里获得了王冠，国王的后面则站着天使。

启蒙精神在政府内部也占了上风。人们经常批评路易十六（Louis XVI）是一位优柔寡断的君主，是他的统治不力导致了革命的激进。尽管这种批评很有道理，但值得注意的是，国王的优柔寡断体现的不仅是个人的性格缺陷，还体现了旧制度结束时法国文化的一种普遍特征。

路易于 1774 年即位后，任命安·罗伯特·雅克·杜尔哥（Anne-Robert-Jacques Turgot）为首席大臣，杜尔哥是启蒙经济学说的信徒。在其短暂且不成功的任期中，杜尔哥因为主张取消贵族免税，并建立自由市场经济，既激怒了贵族，也激怒了城市资产阶级的传统成员。杜尔哥用一种奇怪的论据获得了国王对这一项目的支持，虽然只是暂时的支持。这一论据就是：建立更加平等的社会秩序将会重振法国君主制的权威，而法国君主制的正当性长期以来都基于等级制度是神的命定这一原则。

在美国独立战争（American Revolution）期间，法国不仅给美国提供财政和军事支持，而且还派遣了大约 9000 人去殖民地与英国作战。这些人回国后，其中一些成了法国革命的早期领袖。“我们亲爱的共和党人现在怎么样了？”玛丽·安托瓦内特曾经这样问拉法耶特侯爵（marquis de Lafayette）。除了皇室，法国精英阶层的许多成员对传统的共同社会秩序也表示了类似的矛盾态度。

庄严的受特许的守旧学者，以及如共济会（Freemason）这样的协会，都说着平等主义的花言巧语，但他们实际上却希望保持特权成员的支配地位。类似的，自 18 世纪 60 年代以来，一些非常贵族化的法国高等法院发表文章猛烈抨击君主制，要求认可“国民”的政治权力。他们的花言巧语旨在捍卫自己的传统政治特权，这些花言巧语也预示着革命的花言巧语。如后来的事件所显示的那样，所有这些试图操纵平等主义新思想的旧等级制度捍卫者是在玩火自焚。

财政危机与政治衰落

在18世纪80年代，让人头疼的问题是严重的财政危机，这一危机是奢侈浪费的王宫和广泛给予的免税权，更重要的是一系列代价高昂的军事行动所造成的。奥地利王位继承战争（War of Austrian Succession，1740—1748）、七年战争（Seven Years' War，1756—1763）和美国独立战争（1775—1781）都给自路易十四统治时期就债务缠身的法国造成沉重负担。政府试图通过增加税收来解决这一危机，而税收压力大部分落在农民阶级身上。这些税包括如人头税（taille）这样的直接税和盐税（gabelle）这样的间接税，政府对盐的垄断使得这一产品在法国很多地方价格虚高。

按照惯例，国王需要最高法院批准新税，最高法院必须把法令登记在分类账上，并传达给下级法院。从18世纪50年代起，政府通过发布一系列新税，把这些法院的地方法官带入了法国政治生活的中心。虽然一些最高法院相对顺从，但另一些法院却趁机要求更大的自主权。到1771年，路易十五对这些地方法官的蓄意阻挠感到非常沮丧，于是他允许其大臣勒内·德·莫普（René de Maupeou）

把这些最高法院统统废除。然而，这一举动激起了对法国国王暴政倾向的愤怒抗议，于是路易十六在1774年继承王位后又恢复了这些最高法院。新国王这种善意的姿态让地方法官得以在阻止国王努力降低预算赤字的同时，继续说着反对君主制度的说辞。

路易十六在政治改革方面的其他努力也失败了。杜尔哥建立自由市场经济和更加公平的税务体系的计划，因为贵族和公会的强烈反对而失败了。18世纪70年代末，法国爆发了经济危机，并在接下来的十年中不断恶化，让情况变得更糟。因为1786年与英国签订自由贸易条约，这场在某种程度上源于之前工业过度扩张的危机变得更为严重，损害了法国的制造业。经济的低迷意味着税收的下降，因此，在革命前夕，法国超过一半的财政收入都用来偿还债务了。

一直到18世纪，法国的君主们一直采用一个简单的、历史悠久的方法来应对这样的财政困难，那就是宣布国家破产，然后把所有债务统统清除掉。然而，革命前夕不断变化的文化氛围让这种方法不可能实现。路易十六依赖法国金融家不断好心地给政府提供贷款。同样重要的是，国家财政不再是政府和少数放款人之间私下讨论的事项，相反，它们现在完全暴露在公众面前。这种情况在1781年之后尤为突出。1781年，即将卸任的财政总监（controller general）雅克·内克尔（Jacques Necker）公布了他的“报告”（Compte rendu），这是一份揭示了政府严重预算困难的报告。在接下来的七年中，内克尔的继任者夏尔·亚历山大·卡洛讷（Charles-Alexandre Calonne）和洛密尼·德·布里讷（Loménie de Brienne）

试图解决他所指出的这一危机。他们的策略包括对预算账目动手脚，以求最大限度地减少困难，此外，他们还努力为新的税制改革措施寻求支持。

1786 年，卡洛讷说服国王召开由高等贵族和一些著名的资产阶级金融家组成的显贵会议（Assembly of Notables），卡洛讷要求会议同意进行深远的财政改革，包括取消贵族免税权。尽管这些会议成员是由国王亲自挑选的，但他们断然拒绝同意卡洛讷的计划，宣称只有三级会议（Estates General）才有权采取这样的措施。卡洛讷与显贵们闹翻后，布里讷在 1787 年上任了，他对财政危机采取了很多相互矛盾的做法。首先，他试图用强制手段来对付其反对者，把巴黎最高法院赶到了特鲁瓦（Troyes）；几个月后，他又把他们召了回来，并试图采用更温和的做法。这种策略太失败了，地方法官根本就没有做出任何明显的让步，于是布里讷最终失去了耐心。1788 年 5 月，他发布了一道法令，剥夺了最高法院登记法律的权力，把这一权力赋予由国王组建的新的全体法院（Plenary Court）。

公众因布里讷对最高法院的所作所为心生不满，预示着某些学者所称的“法国大革命前夕”的到来。从 1788 年 5 月起，政府实际上失去了在法国引导事件的能力。同年 7 月，路易十六对反对派表示屈服，同意召开三级会议。在随后的一个月，他撤免了布里讷的职务，重新任命内克尔为财政总监。然而国王真是太不幸了，与政治动荡同时发生的还有加剧城乡紧张局势的经济危机。在 1787 年和 1788 年，作物连年歉收，使得食品价格达到了极端水平，此外，50% 的巴黎工人面临着失业。这种广泛的苦难加剧了将在次年以前所未有的力量爆发的紧张局势。

革命政治

“革命就像是农神（Saturn），它吞食自己的亲生孩子。”剧作家乔治·毕希纳（Georg Büchner）在《丹东之死》（*Danton's Death*）中这样写道。始于 1789 年的这场动乱最突出的特征之一就是，它在法国和整个欧洲激起了持续的政治动荡。1789—1794 年间，一系列越来越激进的政权统治着法国。1789—1792 年间最初的革命领袖包括进步贵族、牧师及资产阶级活动家，他们希望用君主立宪制度来调和国民与国王之间的关系。成立于 1789 年 6 月的国民议会（National Assembly）在发布《1791 年宪法》（*Constitution of 1791*）后就解散了，取而代之的是依据宪法条款所推举的立法议会（Legislative Assembly）。1792 年秋天，法兰西共和国宣告成立，而国王路易十六则因叛国罪受到审判。

被称为吉伦特派（Girondins）的温和派共和党人试图保全国王的性命，但更为激进的雅各宾派（Jacobins）坚持把他当作国民之敌处死。立法议会被新选举的国民公会（National Convention）所取代，后者正式统治法国到 1795 年，并为政府提供了新的工具，即从未执行的 1793 年宪法（*Constitution of 1793*）。在 1793—1794

年恐怖时期，许多吉伦特派甚至雅各宾派领袖死在了断头台的刀刃下，因为公共安全委员会（Committee of Public Safety）的马克西米连·罗伯斯庇尔及其同事谴责他们不够有革命热情。1794 年 7 月罗伯斯庇尔倒台后，法国恢复了几年的相对稳定。依据“1795 年宪法”（*Constitution of 1795*）成立的督政府把行政权归五名“督政官”所有，立法权归两院会议（bicameral assembly）所有。然而，事实证明该制度无法在拿破仑·波拿巴（Napoleon Bonaparte）的 1799 年政变中保全自身，该政变导致了 16 年愈演愈烈的战争，以及革命思想在欧洲大陆的传播。

人权革命（1789）

1788 年 7 月的宣告称，国王将在次年 5 月召开三级会议，这引发了如火如荼的争论。巴黎最高法院为防止皇室因谋取私利而操纵会议，要求会议“根据 1614 年所遵守的形式”来组织参会等级——上次三级会议是在 1614 年召开的。在接下来的几个月里，铺天盖地的政治小册子谴责道，最高法院的地方法官是保护自身特权的自私自利的贵族。在 1614 年，三个等级都投了票，这样神职人员即第一等级和贵族即第二等级就有了两票，而第三等级即平民只有一票。一群被称为爱国者的活动家要求第三等级的代表数量翻倍，这样平民就能够选举跟其他两个等级加起来一样多的代表；此外，选举的时候要按人头而不是等级投票，这样每个人的选票都有效。

他们觉得通过这种方式就可以实行他们大部分改革，因为他们还能指望一些神职人员倒戈及一些自由派贵族给以支持。1788 年底，国王接受了这个计划的第一部分，宣布第三等级的代表人数可以是其他两个等级每个等级的两倍，但他拒绝提前确定投票是按照等级来还是按照人头进行。实际上，因为国王对这一问题的半吊子解决方法，三级会议于 1789 年 5 月 4 日在凡尔赛召开时，几乎一定会因为表决程序而爆发激烈的争论。

三级会议的代表由在各区首府会面的选民指定。神职人员和贵族成员直接投票选举出他们的代表，但来自第三等级的选民，也就是几乎所有年满 25 岁的男性公民，是通过一种间接的体系来任命其代表的，这种体系有着淘汰的作用，因为所有候选人都是受过教育的来自中产阶级和上层资产阶级的精英。第三等级的代表大多是律师或职业官僚，而不是农民或工人。

事实上，第三等级一些最突出的代表是特立独行的贵族，或是不会被自己所在等级任命的神职人员。米拉波伯爵奥诺雷 · 加百列 · 里凯（Honore Gabriel Riqueti，Count of Mirabeau，1749—1791）就是这样一个代表，他在革命第一阶段成为一名杰出的政治家。米拉波出生于普罗旺斯的一个贵族家庭，年轻的时候就因举止荒唐而与家族疏远，并因此多次入狱。到 1789 年，他已因强烈反对自己所在等级的特权而闻名，并被普罗旺斯地区艾克斯省（Aix-en-Provence）的选民选举为第三等级的代表。

第三等级的重要代表埃马纽尔 · 约瑟夫 · 西哀士也来自其他等级。在革命前的几十年里，西哀士曾希望通过教会等级来获得名声，但他的职业生涯停滞不前。1789 年 1 月，西哀士神父因出版名为《第三等级是什么？》（*What is the Third Estate?*）的小册子而全国闻名。西哀士用三个问题对贵族和神职人员进行猛烈攻击：

1. 第三等级是什么？是一切。
2. 迄今为止，第三等级在政治秩序中的地位是什么？什么也不是。
3. 第三等级要求什么？要求取得某种地位。

表面看来，西哀士的小册子是请求让第三等级代表的数量翻倍，并在三级会议上按照人头表决，但他的思想有着更为激进的含义。西哀士把国民定义为由“勤劳有用的公民”所组成的主体，他谴责贵族是像寄生虫一样“生活在我们之中的外国人”，并认为第三等级应该独自享有组织国民议会（National Assembly）的权利。西哀士被巴黎选民选为第三等级的代表，他参与起草了《人权宣言》与《1791 年宪法》，在革命的最初阶段发挥了重要作用。西哀士神父在革命年代和拿破仑时代展示了强大的生存能力。他在革命议会中连续任职，并投票处死国王。他在恐怖统治中存活了下来，并在随后的反动中再度成为重要人物，之后又帮助设计了让拿破仑在 1799 年掌权的政变。

在组织三级会议的重要时刻，平民的乐观情绪因国王对他们的态度而受到打击。国王要求第三等级的代表身穿阴沉沉的黑色服装，这与贵族和神职人员的华丽盛装形成鲜明对比。在 5 月 2 日正式接待会议代表时，路易十六让平民等待了好几个小时，然后在其他两个等级代表的注视下冷淡地接待了他们。

此时，国王仍然没有就如何计票这一关键问题做出决定，尽管国王的财政大臣内克尔发表讲话，明显暗示在某些问题上将按等级投票。为表抗议，第三等级的代表拒绝出示证件进行验证；国王与第三等级僵持了五个星期，后来，平民宣称他们是作为国民而不是第三等级的代表出示了证书，这才打破了僵局。一些原本代表神职人员的教区神父加入他们后，平民发表声明，宣布自己是法国的“国民议会”，代表着整个国家。发表于6月17日的这份声明被称为1789年首个真正的革命性举动。三天之后，更为著名的《网球场宣誓》（*Tennis Court Oath*）发表了。

6月20日，平民发现他们经常见面的地方被封了，名义是为了修理。因此他们就延迟了会议，另找了附近的一个室内网球场，并在巨大的热情中发誓：“如不制定出一部王国宪法并使之得以实施，就绝不解散，并且只要情势需要就重新召集会议。”面对这种公开的反抗，国王动摇了。起初，他宣布将继续区别对待三个等级，并声称第三等级6月17日和6月20日的行动无效。但由于平民不断反抗，再加上更多神职人员和少数贵族代表背叛自己的群体，国王不得不承认既定事实。6月27日，他要求前两个等级剩下的代表与第三等级的代表一起参加国民议会。国民议会开始着手于自我认命的任务，也就是为法国制定新宪法。

但是不到两个星期，议会的审议就被巴黎大众的游行所打断，

《网球场宣誓》，C·莫内（C.Monet）和I. S. 埃尔曼（I.S.Helman）绘。
1789年6月20日，在自由女神驾雾进来的时候，第三等级的成员举起手臂宣誓。

让形势急转直下，也让法国人民见到了与大革命紧密相关的伟大的标志性行动——攻占巴士底狱。这些骚乱的源头不得而知；显然，在某种程度上，它们是为了应对以惊人的数量集结在巴黎和凡尔赛宫周边的军队。7 月 11 日，国王撤销了首席大臣内克尔的职位，而大家都知道内克尔一向倡导改革和调解。此外，国王还任命了几个更为保守的大臣，这似乎坐实了国王正在策划军事政变来对付国民议会的传言。

卡米尔·德穆兰（Camille Desmoulins，1760—1794）是煽动群众情绪的人之一。他是一名激进的记者，他的小册子和演说对随后发生的暴力事件至少负有部分责任。巴黎的选民（早先任命了代表参加三级会议，现在重组自身成为一个活动团体）一方面对皇室攻击的威胁感到惊恐，另一方面也对越来越骚乱的巴黎群众感到不安，因此，他们成立了临时市政府，并组建了资产阶级志愿者民兵，这些民兵后来被命名为国民自卫军（National Guard）。

7 月 14 日，为了搜查武器和火药，这些资产阶级的志愿者来到了巴士底狱。巴士底狱是巴黎东部一座古老的封建堡垒，已被用作监狱多年。巴士底狱是国王专制的象征，当时盛传被关在地牢深处的政治犯饱受虐待和折磨。不断靠近的人群设法把一座吊桥降到了外院，这使得监狱长伯纳德 · 德 · 洛奈（Bernard de Launay）下令对人群开枪。

射击结束后，98 名围攻者倒地身亡，73 人受了伤。在法国自卫军两个分队加入之后，人群开始向内院进攻，并且把五门大炮瞄准了正门。德 · 洛奈决定投降，下令放下主吊桥。人群蜂拥冲进监狱，杀死了 110 名守卫中的 6~7 名。德 · 洛奈被砍了头。讽刺的是，巴士底狱只关押了 7 名犯人——5 名普通犯人和 2 个疯子。

攻陷巴士底狱的直接后果无关紧要，但它是一个极具象征意义的事件，标志着革命的深化。国王无视那些催促他逃离法国的建议，决定尝试和解。巴士底狱陷落一到两天后，路易十六宣布，军队将离开凡尔赛，内克尔也会官复原职。他还承认了巴黎的新市政府和新成立的市民自卫队——国民自卫军。最后，他在访问巴黎期间决定戴上三色帽徽，这个帽徽把代表波旁王朝的白色放在代表巴

《攻占巴士底狱》，1789年7月14日，监狱狱长伯纳德·德·洛奈被叛乱分子抓住，后被斩首。

黎市的蓝色和红色之间。巴黎人民的干预成功了，这在革命后来的许多时刻也是如此。

巴黎不是 1789 年夏天唯一出现民众骚乱的地方。几乎在巴士底狱陷落的同时，许多其他主要城市也成立了新的市政府，这一发展显示了革命活动某种程度上的协调。对大地主来说，更令人担忧的是全国各区的一系列骚乱，这些骚乱开始于 7 月 14 日之前，并且在这个夏天声势日益壮大。这一系列暴动后来被称为大恐慌

（Great Fear），它们之所以产生，一部分原因是当时有传言称，被农民称为“老爷”的封建贵族要雇佣强盗攻击农民，并掠夺他们的土地。然而并没有证据显示有任何大规模的抢劫或反革命阴谋，这些传言的来源也无法确定。但它们确实几乎引起了恐慌，尤其是在东部和某些西部省份，这种恐慌导致人们暴力反对地方领主和他们的管家，焚烧城堡及封建债务记录。地方警方对如何停止这种无政府状态束手无策；国王不敢使用正规军队，因为担心他们可能会加入这些反叛者。

在农村暴力升级的同时，恐慌在国民议会中蔓延开来，不仅贵族代表感到恐慌，那些收入包括封建土地租金的第三等级成员也感到恐慌。国民议会任命了一个委员会来应对这一情形，该委员会提出了一些措施进行镇压，但在 8 月 4 日晚著名的会议过程中，他们找到了一个不同的解决方法：诺阿耶子爵（viscount of Noailles）和另一个自由主义贵族艾吉永公爵（duke of Aiguillon）率先自愿放弃了他们的封建特权和收入，然后其他代表纷纷效仿，一个接一个放弃了特权和各种各样的权利。神职人员放弃了什一税（tithes），富裕的资产阶级放弃了免税权，各城市和各省放弃了古老的习俗和特权。在这一戏剧性的夜晚结束之前，法国的封建政权已被废除，所有的法国人至少在原则上遵守同样的法律，缴纳同样的税款，能够担任同样的官职。颁布这些决定的正式法令于一周后发布，但这些法令却多少违背了 8 月 4 日那些美好的承诺。封建税赋没有被彻底废弃。此外，农民要分期直接支付他们理应被废除的债务，仍要对地主进行补偿。

国民议会（7 月 7 日被重新命名为“国民制宪议会”）的成员认为，他们的首要任务之一是起草一部宪法，用一套新的、合理的政治机构来代替旧制度的古老体系。在安顿下来制定政治组织的细节之前，议会效仿英美革命者的先例，发布了《人权和公民权宣言》（*Declaration of the Rights of Man and of the Citizen*，即《人权宣言》），陈述了新秩序应当遵守的基本原则。1789 年 8 月 27 日通过的这个历史性文件，在某种程度上连接了 18 和 19 世纪：它是 18 世纪启蒙运动政治理想的精华所在，在 19 世纪前半叶成为欧洲自由主义者的信条。

如宣言的标题所示，这部宣言的重点是所有公民应平等享有某些“自然权利”这一概念。宣言称，每一个政治组织的目标应当是保护人民不可分割的自然权利——“自由、财产、安全和反抗压迫”。它的 17 条条款中有 5 条专门列举这些权利，响应了美国宪法的《权利法案》（*Bill of Rights*）以及启发了它的 17 世纪英国文件。这些权利包括拒绝非法逮捕的自由，根据既定法律进行审讯，疑罪从无，言论和出版自由等。宣言的第 6 条明确强调了法律面前人人平等。

人民主权是该文件宣称的第二大基本原则。如第 2 条所说：“整个主权的本原，主要是寄托于国民。任何团体、任何个人都不得行使主权所未明确授予的权力。”然而，该宣言并没有详细说明到底该如何行使权力，虽然第 7 条声明，立法权应当坚定地遵从卢梭的政治哲学："法律是公共意识的体现。全国公民都有权亲身或经由其代表参与法律的制定……"该宣言说明了选举或者说普选的基本权利，但我们应当注意到，制宪议会起草的宪法对"公民"一词的解释相当狭隘，使得选举权取决于财产所有权。

君主立宪制度，1789—1792

1789 年夏，制宪议会给自己定了一个不太可能实现的美好任务：制定一部融合民主主权和君主专制原则的宪法，让人民和国王携手合作，共同统治法国。议会内的温和派由来自法国南部多菲内的法官让·约瑟夫·穆尼耶（Jean-Joseph Mounier，1758—1806）领导，希望通过制定宪法制衡体系来实现这一目标。

在英国宪法这一典范和孟德斯鸠的政治理论的影响下（1748 年孟德斯鸠写的《论法的精神》提倡制定基于三权分立的宪法），穆尼耶号召成立由两个议会组成的立法议会，并且赋予国王对立法决议的绝对否决权。然而，这个温和派很快被受卢梭思想影响的更为激进的派别打倒。像西哀士和拉法耶特侯爵这样的人物称，如果一个国家要以一致的口吻表达其意志，立法议会就应当由一个议会组成。这个议会独享起草和颁布法律、确定税务评定，以及控制公共花销的权力，此外还享有宣布战争、批准协议、监管外交的权力。而且他们还要求国王对立法仅有暂时否决权，在连续三次会议的认可下，国王对讨论中提议的否决可被推翻。

还没建立起直接民主体系，制宪议会就终止了。虽然《人权宣言》宣称“人人生而自由，并且平等享有权利”，但是《1791 年宪法》根据每位公民所付的直接税款的数量，把他们分为“积极的”和“消极的”公民，否认了这一原则。

只有“积极的”公民，即付了价值相当于他们所在地至少三天劳动所得的直接税款的公民，才有权利选举。这一规定否定了法国大约三分之一成年男性的公民权。女性和家佣也不得成为“积极的”公民。对那些按字面意思理解议会承诺的人来说，宪法的这一条款让他们深感失望。选举代表参加议会的方法进一步强调了财产的重要性。公民们失去了直接选举其代表的基本权利。他们需要先召开初级会议选择“选民”，选民的资产条件比投票人好得多，然后选民任命代表参加议会。这一方法对公民权的限制是双重的：首先，宪法的制定者担心会出现暴民统治；其次，由于他们把国民定义为“多产的公民”组成的主体，于是他们认为更为富裕的（因此更为“多产的”）公民有资格成为享有特权的政治角色。

制宪议会中的重要人物米拉波称，新宪法将让国王与国民在对抗旧制度残余的共同事业中携手合作。然而等级君主制的愿景夭折了。如弗朗索瓦·孚雷（François Furet）在关于大革命的杰出研究中所指出的那样，1789 年至 1794 年间，法国政治“从依据代表原则进行妥协快速转变为依据民意进行统治的无条件胜利”。如在此之前的法国专制君主，革命者认为，主权权威应当只有一种真正的表达方式。因此，正统（和胜利）属于那些象征和体现了人民意愿，并且能够专为人民意愿奋斗的人……政治其实就是确定谁代表了人民、平等

《巴黎女英雄前往凡尔赛》（*Departure of the Heroines of Paris for Versailles*，1789年10月5日）。革命女性为凡尔赛游行收集了许多武器。

或国民：胜利属于能够占据并保持那一象征性位置的人。[4]

使得革命更加易变的另一因素就是法国政治的极端集权化，这是旧制度的遗留。在很大程度上，控制首都就意味着控制法国，这就让巴黎人民在革命的不同阶段有着决定性的影响。我们已经认识到巴黎群众攻陷巴士底狱对国王产生的影响。民众激进主义在 1789 年 10 月再次发挥了关键作用，当时越来越高的失业率加上面包短缺，使得巴黎人民再次感到不安。

国王因这种威胁受到惊吓，于是召集军队前往凡尔赛，宣称他必须保护国民议会不受巴黎暴徒的攻击。但他的行动再次引起了国王打算使用军队对付议会和革命事业的谣言。在这样的情况下，经民众煽动者挑唆，10 月 5 日几乎自发的巴黎妇女为获取面包的游行演变成了“凡尔赛游行”。在 12 英里的游行路线中，许多冒险者和寻求刺激者加入了这些妇女的行列。

次日清晨，一些愤怒的群众侵入王宫，遭到了军队的射击，十月事件（October Days）在此时达到高潮。进入内宫后，他们逼得王后玛丽 · 安托瓦内特逃往国王的住处。国王与其家人在一个阳台上露面后，才让人群平息下来。尽管如此，国王还是被迫同意离开凡尔赛前往巴黎，因为民众认为国王在凡尔赛被一群邪恶的顾问包围着。于是国王一家当天被欢呼的暴民护送着，坐着马车离开了凡尔赛。国王住进了巴黎市中心的杜伊勒里宫（Tuileries），国民议会跟随他在政府获得新的职位。实际上，这一行动使得国王一家成为了巴黎人民的人质，进一步增强了革命群众的力量。1789 年夏季和秋季的暴动后，随之而来是相对比较平静的时期：在将近三年的时间里，巴黎没有爆发严重的暴乱。

国民议会利用 1790—1791 年间的相对平静期，采取了革命时期一些最重要的措施，其中最重要的措施就是建立新的行政体系、没收教堂的土地，以及颁布《神职人员民事组织法案》（*Civil Constitution of the Clergy*）。国民议会彻底修改了法国的行政体系，这一修改明显地反映了革命者对启蒙思想家所倡导的理性化和系统化的迫不及待。革命代表建立了新的统一的行政组织，替代旧制度烦冗混乱的部门、区域和办事处。法国被划分为 83 个省，每个省划分为区，每个区划分为选区（canton），每个选区划分为市镇。每个省都小到让其公民能坐着马车在一天之内到达首府。像诺曼底、布列塔尼（Brittany）和香槟（Champagne）这样历史悠久的省份失去了它们的官方地位。新的省份以当地的河流、山脉或其他的自然特征分别命名。这一措施注定会得罪与他们所在地联系紧密的法国人，然而革命者明确希望消除国民之间的差异，让大家对新制度同样忠诚，有同样的感觉。

同时，政府也在被大规模地去集权化。地方和区域官员是经选举出来的（同样地，只有“积极的”公民才有权利投票）；每一级政府都有一个由选举出来的委员会充当审议机构和固定的执行局。由于缺乏训练和经验，这些官员很难执行政府官僚机构之前所承担的任务。这样一来就导致了一片混乱和效率低下，尤其是在地方政府。后来，拿破仑任命公务员取代了这些革命时代被选举出来的官员，这些公务员由内阁大臣从首都小心监管；然而，1789—1790 年建立的省份和区在革命中幸存了下来，经历了多次政权的更迭，一直延续至今。

1789 年，国民议会面临的最关键的问题是如何给政府提供财政支持。毕竟革命爆发的直接原因就是路易十六没能解决这一问题。最初并且在某种程度上最明显的方法是赖掉这些国家债务，但这一选择从来没被组成议会的那些财产拥有者（他们通常也是政府的债权人）认真考虑过。

他们考虑了其他方法，并且对某些方法进行了尝试。起初，议会对来自土地和其他资源的收入强征直接税，但这并没有得到预期

这是一幅革命讽刺画（1789）。一个背着牧师和贵族的农民，他的作物正在被鸽子和兔子吞食（只有贵族才能捕杀鸽子和兔子）。

的收入。后来议会设置了“爱国税”，这是一种自愿的财产税，让个人在三年内以分期付款的方式把四分之一的年收入献给政府。由于这种税不是强制性的，结果自然令人失望。同时，国库亏空越来越严重，政府不得不另找财源。

最终采取的措施，即没收天主教教会的土地，这是整个革命时代中最具争议的决定，并且对继任的革命政府产生了深远影响。最常听到的为没收教会土地正名的理由就是，根据《人权宣言》所言，这些土地不是私有财产。然而，教会是一个提供特定服务的

“团体”，因此在法律面前应当有一个特殊的地位。如果国家承担起保证这些服务的责任，那它就可以从教会“收回”这些土地。教会的维护者则对这样的论证表示怀疑，他们称团体与个人一样，享有特定的权利，无论夺走哪一个的财产，都同样不合法。到 1789 年 11 月，他们做好了决定。议会投票决定把教会土地供国家使用，而国家有责任供养神职人员、承担做礼拜的费用，以及救济穷人。

没收教会土地没能立刻解决政府的财政问题，毕竟土地无法用来偿还国家债务。政府计划出售这些土地，同时，政府给其债权人发行了以教会土地为担保的有息纸币，被称为指券（assignats）。拥有指券的人在购买教会土地时都有资格获得一些特权。在售出土地后，国家会收回这些纸币。但这些指券发行不久后，就作为纸质货币开始流通了，于是政府忍不住发行越来越多的指券。因此，革命历史上意义重大的通货膨胀就这样开始了。在革命后来的阶段，由于政府印了越来越多的指券来偿还债务，这些纸币贬值了 99%。

然而，这些年的通货膨胀并非没有好处：它让继任的革命政权得以用付给债权人廉价货币的方式偿还了许多国家债务，并且促进有胆识的商人阶级的增长，这些商人以折余价值获得了指券，然后用其面值购买教会土地。

没收教会土地所带来的不仅仅是纯粹的经济后果，也许它所建立的法国政府与天主教教堂之间的新关系更为重要。国民议会同意承担的责任中包括供养神职人员与维修教堂。完成于 1790 年 7 月的《神职人员民事组织法案》对协定的细节有详细说明，这些细节

《角色互换》(1789)。农民骑在贵族的背上。下边的标题写着:“我就知道我们有翻身的时候。”画的顶部写着这样的标语:“国王万岁!国民万岁!”

不仅设定了各级神职人员的薪资标准,而且还重组了教会。旧教区被废除了,新教区建立起来,用以适应新成立的行政部门。以前,巴黎的牧师由地区议会选举,主教由省级议会选举,省级议会是与地方和省级政府功能相同的机构。教皇不得插手神职人员的任命,仅会被告知任选结果。

教皇无法接受这种调整,因为这一调整是国民议会决定的,并没有与罗马当局商量。1790 年 11 月,国民议会要求所有公务员宣誓支持《神职人员民事组织法案》,于是教皇庇护六世(Pius Ⅵ,

1775—1799 年在位）与革命政府开始了艰苦的斗争。同意宣誓的牧师成了新“立宪”教会的一部分，半数多一点的神职人员被议会贴上了“桀骜不驯”的标签，受到了深重的迫害。也许革命政府没有什么行动比对教会的政策更能引起法国人民的愤懑。虽然拿破仑后来对教皇表示让步，让关系得以改善，但许多法国天主教徒对革命以及继承革命事业者的怨恨自此开始。

战争的爆发与君主制的废除（1792）

在革命初期，因为法国公开反对君主制的情绪持续高涨，国王的地位在 1791—1792 年间一落千丈。如果君主制的命运被法国农民掌握的话，它有可能幸存下来，但一小部分越来越激进的巴黎人通过像雅各宾俱乐部这样的组织采取行动，用大众小册子和报纸进行政治宣传，导致了君主制的覆灭和共和国的成立。由来自法国各地代表组成的被选举出来的议会让步于革命公社。革命公社是 1792 年 8 月 10 日从合法的市政府手中夺走权力的巴黎激进分子组成的委员会。从这时起，公社在法国政府中发挥了关键作用，经常向被选举出来的国民代表施加政策。巴黎激进分子的武器是武力和武力威胁。在众代表的会议地点一次又一次精心组织的游行，成功赶走了对制订行动方案的犹豫，这是巴黎各激进党派想看到的。就这样，目标明确的坚决的少数派的意志被强加在了多少有点消极的大多数法国人民头上。

在革命开始的前几个月里，皇室与国民代表之间的关系剑拔弩张。1791 年 6 月，距离第一次召开立法议会还有四个月（当时《1791 年宪法》还没有生效），路易十六因为试图逃离法国，向王后的兄弟利奥波德二世（Leopold Ⅱ）寻求庇护，与国民关系更加疏远。在玛丽·安托瓦内特的狂热追求者瑞典伯爵汉斯·阿克塞尔·冯·菲尔逊（Hans Axel von Fersen）的帮助下，6 月 20 日晚，国王一家成功地从守卫森严的杜伊勒里宫里逃了出来，乘坐马车前往卢森堡边界的一个地方。皇家军队将护送国王穿越法国，直到他在边界与奥地利军队会合。但是国王一家的身份被人识破了，于是计划泡了汤。他们的马车停在了瓦雷纳（Varennes），离边境线已经很近。国王一家被扣留在瓦雷纳，一直到议会下令抓捕国王并把国王一家送回巴黎。路易及其家人被带回了首都，他们经过的道路站满了无声挑衅的人群。为防止政治动荡，制宪议会的多数派温和派编造了国王被法国的敌人绑架的故事，同时也在计划颁布《1791 年宪法》。但路易在法国的各大报纸上发表了一份声明，宣布新宪法对王权的限制无效，并且谴责了对王室施加的侮辱，使得事态更加恶化。

虽然国王在接下来的几个月里表面上与革命政府合作，但他对革命政权以及他在其中的地位的态度甚有保留。国王尤其不满对教会所采取的措施，并且明显同情那些拒绝宣誓支持宪法的神职人员。国王的顾问中有许多人建议反对议会及其法令。虽然国王想要接受宪法给他的责任，但革命初期就离开法国的流亡者希望发起反革命运动来复辟旧制度，他们的活动使得国王接受宪法的责任困难

此图描绘1791年6月25日国王一家试图逃离法国后被带回巴黎。

重重。早在 1789 年 7 月，许多朝臣就逃离法国寻求神圣罗马帝国皇帝（其力量源自对奥地利的统治）、普鲁士国王，以及其他对抗革命以求让国王回归原位的皇室的帮助。这些流亡者中最突出的人物是路易的弟弟普罗旺斯伯爵和阿图瓦伯爵（count of Artois），他们在反对革命时比国王强硬多了，国王不得不在多个场合对他们的企划表示否认。

革命政权在和平时期能存活多久是说不准的，1791 年 10 月召开的新立法议会越来越多地受到党派之争的困扰。地方官员与议会之间的争议也妨碍了政府的运行。1791 年 4 月，米拉波突然辞世，温和派失去了有效的领导，国王失败的逃亡也使许多之前支持君主立宪制的革命者转而支持共和制。1789 至 1792 年间，各种激进“俱乐部”也变得青睐共和制政府，它们的影响力持续增长。这些俱乐部中最著名的是雅各宾俱乐部，它在 1792 年君主制覆灭后成了法国最重要的政治阵营，为大革命提供了一些最有名望的领导者。

雅各宾派的前身是国民议会的一群激进代表，他们在 1789 年成立了宪法之友社（Society of Friends of the Constitution）。后来，这一群体开始在巴黎雅各宾修道院的藏书室开会，于是被称作“雅各宾俱乐部”。起初它只是一个辩论社，供国民议会的代表讨论激进政策，但它很快开始吸收非代表为成员，并与法国其他城市的类似俱乐部建立了联系，慢慢地，一个宽广的俱乐部网络建立了起来。这个网遍布全国，其成员相互交流，并召开区域会议、进行政治宣传，而且试图影响选举。雅各宾俱乐部的绝大多数成员是中产阶级，主要由专业人士和受过教育的商人组成，虽然在俱乐部发展的过程中，一部分富裕的工匠也加入了进来。雅各宾派结构集中、纪律严明，与地方俱乐部联系紧密，它有着 20 世纪集权政府的独裁党所具有的特征。事实证明，掌控雅各宾派是激进领袖推翻君主制的重要条件。共和国成立后，雅各宾派仍然是一个宝贵的统治工具。

然而，瓦解政权的主要危机是 1792 年 4 月爆发的战争。在某种程度上，这些战争是其他欧洲元首对法国大革命的反应（后文很快就会讨论到）所引起的。在法国，国王和被称为吉伦特派的群体都希望战争爆发，虽然他们是为了相反的原因。吉伦特派是立法议会一部分成员所组成的派别，他们被称为吉伦特派是因为其主要成员来自吉伦特省（Gironde）的波尔多（Bordeaux）。由于他们在这一阶段的主要发言人是布里索·德·华尔维尔（Brissot de Warville，1754—1793），因此也被同时代的人称为布里索派。布里索和一部分吉伦特派同事一开始是雅各宾俱乐部的成员，但在立法议会最后几个月里，雅各宾派和吉伦特派出现了分裂。1792 年 9 月，国民公会被选举出来后，这两派公开分裂了。

早在 1790 年，路易十六就想请求国外力量进行干预，他希望奥地利和普鲁士首脑能够进行军事示威来加强他的力量，让他得以对革命者造成威胁。到 1792 年春天，国王确信拯救自己的唯一方式就是联合欧洲统治者向革命政府开战，他认为这场战争会以法国军队的失败而告终，然后他就可以出演法国人民与胜利方之间的调停者。路易多次恳求其他王室进行干预，以促成战争的爆发。在立法议会内，吉伦特派也主张宣战，因为他们确信革命军队会战胜他们的敌人，将自由之火传给仍受独裁统治压迫的人。此外，他们相信宣战后，吉伦特派能够成立一个部门，他们对议会和国王的影响也会相应上升。1792 年春，国王和吉伦特派都不遗余力地挑拨法国与其潜在敌人之间的紧张关系，以求促成战争来实现自己的目的。然而双方都犯了一个致命的错误：4 月 20 日开始的这场战争加速了君主制的覆灭，同时也增强了最终打败吉伦特派的极端分子的力量。

欧洲统治者对这场革命最初的反应很复杂，也各不相同。根据后来发生的事情，大家可能会推断，欧洲王室听到革命消息会惴惴不安，并且预见到他们的王位也会遭遇类似威胁。但情况并非如此。相反，他们考虑的是法国事件对国际政治这一复杂游戏可能会产生的影响。当时，法国作为欧洲外交主要力量可能被低估了。实际上，腓特烈·威廉二世（Frederick William Ⅱ，被废黜的普鲁士国王，于1786年继承腓特烈大帝的王位）起初认为，这是普鲁士粉碎法国与奥地利联盟（始于七年战争），让法国加入已经存在的普鲁士、英格兰与尼德兰共和国（荷兰）联盟的机会。朝着这一方向努力的谈判毫无成果，但这些谈判显示，普鲁士国王之所以不想与革命的法国结盟，不是出于意识形态方面的考虑，也不是因为对革命的恐惧。1790年登上王位的奥地利统治者利奥波德二世很同情妹夫法国国王和妹妹法国王后的处境，但他没有派遣军队把他们从革命者的手中救出来。实际上，利奥波德一开始更关心在自己的哈布斯堡帝国重建秩序，经热衷改革的前任国王约瑟夫二世（Joseph Ⅱ）十年统治，当时哈布斯堡帝国已陷入动荡。利奥波德不仅要面对匈牙利贵族对更高自治权的要求、波希米亚觉醒的民族主义情感，还要面对奥属尼德兰（Austrian Netherlands，后来的比利时）的公开叛乱。

因此，他当时的主要精力放在了维持帝国内部以及国外的和平上。镇压完奥属尼德兰的叛乱后，他很愿意对法国统治者示好。他和普鲁士国王腓特烈·威廉加入了《皮尔尼茨宣言》（*Declaration of Pillnitz*，1791年8月27日），该宣言称法国事件关乎整个欧洲，如果其他欧洲国家支持的话，奥地利和普鲁士可能会插手保护路易十六。然而利奥波德也清醒地意识到，由于英格兰不赞同这一安排，那么他并不需要履行这一责任。在利奥波德在位期间，奥地利没有与法国开战。但 1792 年 3 月 1 日，利奥波德突然辞世，他年轻的儿子弗朗茨二世（Francis Ⅱ）登上了皇位，这位皇帝可没有那么谨慎，于是奥地利的立场发生了改变，那些倾向于采取介入法国冲突政策的顾问得到了重用。

如果奥地利态度的变化没有遇上吉伦特派控制的部门在法国掌权的话，战争仍然是可以避免的。我们已经看到，吉伦特派是解放战争的主要倡导者。我们不难发现与奥地利开战的托词。法国政府不断抗议法国流亡者在奥地利的活动，以及奥地利皇帝对他们的仁慈。法国和奥地利也不同意德意志诸侯的要求，这些诸侯因为 1789 年 8 月 4 日通过的法令，失去了在法国阿尔萨斯省（Alsace）的封建权利。德意志诸侯拒绝了法国政府提供的补偿，而是要求恢复他们的权利，并向奥地利皇帝请求帮助。这两个事件本身都不足以导致战争的爆发，但法国人民的情绪越积越高，于是 1792 年 4 月 20 日，议会以压倒性的票数同意向奥地利宣战。而普鲁士国王几乎立刻就决定加入奥地利统治者阵营。这两个国家都相信，遭受着党派之争和内部纷争的法国将会不堪一击。

起初，他们的预想是正确的，因为法国军队对战争准备不足。法国有一半的军官移民了，很多士兵也出逃了；新兵虽然热情高涨，但是训练不足。法国军队试图侵占奥属尼德兰的时候，第一次交锋就阵形大乱，溃不成军，有些部队甚至向敌军投诚。如果奥地利和普鲁士军队在此时大举进攻，法国可能就会被打败，但德意志统治者不想把资源全部投入对法国战争，因为他们还要考虑波兰事务，俄国军队 1792 年 4 月就插手其中了。奥地利和普鲁士统治者与叶卡捷琳娜大帝（Catherine the Great，1762—1796 年的俄国统治者，又称叶卡捷琳娜二世）就波兰领土的处置达成协议后，他们才犹豫不决地继续与法国作战。

战争最初的失败致使法国内部产生了危机，这一危机在 1792 年夏天君主制覆灭、共和国成立的时候达到了顶峰。法国军队出师不利并且每况愈下的消息传到巴黎后，民众的反战情绪越来越强烈。法国军官被指背叛自己的军队；贵族和桀骜不驯的牧师则被怀疑是敌军派来的间谍，与令人厌恶的流亡者串通一气。最后，许多人确信，在与对抗法国的君主进行叛国谈判时，国王自己就有嫌疑。除了源自战争的不安和恐惧，法国还爆发了以物价高涨、指券大幅贬值、食物短缺为特征的经济危机，这一危机在某种程度上是因征用军队物资引起的。

这种情况在法国引发了新的革命情绪。但“第二次”革命的真正动力来自一小部分下定决心的巴黎激进分子，这些人中有很多人是雅各宾俱乐部的成员，他们准备利用这一情形来夺权。他们的第一步是控制巴黎的行政区。出于管理的目的，巴黎被划分成了 48 个区域，每个区域都有由“积极的”公民所组成的议会，这个议会统治这一区域，并且选派代表参加市委员会。因为许多符合条件的公民对自己所在区域的政府不感兴趣，因此激进政治家逐渐控制了议会，把议会变成了用作革命目的的政治行动小组。这些被雅各宾派控制的机构在 1792 年 8 月 10 日的暴动中发挥了关键作用。

这次起义之所以会爆发，某种程度上是因为 8 月 3 日巴黎发表了统帅反法联盟的普鲁士不伦瑞克公爵（duke of Brunswick）所颁布的声明。公爵把普鲁士军队集结在法国边境上，宣布联盟希望恢复路易十六的全部统治权，并且威胁道，如果国王一家受到任何伤害，就摧毁巴黎。这一声明似乎证实了人民对国王叛国的猜疑。对此，巴黎各区的代表请求立法议会让路易十六提供证词。同时，激进领袖完成了暴动计划。他们取消了各区“积极的”和“消极的”市民之间的区别，保证了各个区域来自工人阶级的支持。8 月 9 日和 10 日之间的这一晚，警钟敲响了，标志着起义的爆发。来自绝大多数选区的代表成功地把合法的市政府从市政厅赶了出去，并且成立了一个革命公社作为巴黎市政府。同时，在激进领袖的精心组织下，群众开始围攻杜伊勒里宫，他们只遭到了国王的瑞士近卫队（Swiss Guard）和国民自卫军少数效忠国王的士兵的抵抗。失去信心的国王与议会代表躲到会议厅里避难。由于对杜伊勒里宫的攻势越来越猛烈，于是国王下令瑞士近卫队放下武器，希望他们能幸免于难。然而，进攻王宫的群众已被己方的损失所激怒，于是他们对瑞士近卫队和王宫里的仆人进行屠杀。眼看狂暴的群众就要追到国王的藏身之处，议会迫于来自新成立的公社的压力，要求国王交出自己的权力，并把国王一家交给公社关押。

君主制的被推翻，让革命政权的性质暂时处于质疑中。立法议会不愿意审判国王，于是决定召开国民公会。国民公会将由全体男性选民选举，用于决定国王的命运，并要起草一部新的宪法。同时，在国民公会召开之前，议会将任命一个由六名部长组成的临时委员会。在接下来的几周里，议会和新部长们发现，他们的权力经常受到巴黎公社（Paris Commune）的挑战和侵占。巴黎公社不仅宣称拥有首都的司法权，还派了代表前往各省监督和干涉政府官员。在六个星期的时间里，立法议会、部长委员会和巴黎公社三个机构一直在争夺统治权，而巴黎公社的意志在大多数情况下占了上风。

在议会任命的部长中，雅克·丹东（Jacques Danton，1759—1794）是最重要的人物。雅克·丹东是一名律师，也是一名政治组织者，自革命开始以来，他几乎积极参与了巴黎的每一场激进运动，于是在雅各宾俱乐部快速获得了领导权。当时他因为是 8 月 10 日暴动的主要组织者之一而声名显赫。大家对丹东的政治能力看法各不相同，但在当时，他似乎顺应了时势的需求。他是一名出色的演说家，在巴黎民众中很受欢迎，而且他似乎拥有身处绝境的法国所需的爱国精神。普鲁士军队继续在法国的领土上前进，在他们接近通往巴黎的最后一个障碍凡尔登（Verdun）时，丹东呼吁他的同胞保卫法国："要想战胜敌人……我们必须勇敢、勇敢、再勇敢！这样，法国才能得救。"

在 8 月 10 日发生暴动之后和 9 月 21 日召开国民公会之前，臭名昭著的九月大屠杀（September Massacres）发生了。这些屠杀必须联系当时的背景来看待，当时法国在军事上连连战败，这些失败似乎即将给法国带来灾难。巴黎的监狱塞满了政治犯，他们都是 8 月 10 日后被捕的桀骜不驯的牧师、贵族，以及保皇派。所有这些人都被怀疑叛国。不知为何，有谣言开始流传，这些囚犯在密谋越狱，并会从背后袭击保卫法国的军队，而普鲁士人则会从正面进攻。为了先发制人阻止这种传闻中的阴谋，爱国的暴民袭击了这些囚犯，并把他们从牢里拖了出来，简单审讯之后，就把他们杀害了。在这场残忍的风暴中，短短几天内就死了一千多人。到底谁该对这场谋杀负责我们不得而知，但这一行动似乎是经过精心组织的，而部长委员会和巴黎公社都没有真正尽力阻止。不管谁该遭受谴责，九月大屠杀使得国外剩下的同情者对革命丧失了信心。

由于国民公会的选举差不多与九月大屠杀同时进行，因此毫不意外，保皇派被排除在投票之外。实际上，在巴黎，公社使用了恐怖主义方法来防止他们投票。虽然按照规定所有男性选举者都能投票，但 700 万符合条件的投票者中只有 70 万人投了票。绝大多数被任命参加国民公会的人都倾向于建立共和国。国民公会于 1792 年 9 月 21 日成立，它的第一个行动就是正式废除法国君主制。第二天通过的补充法令声称，从今往后，所有的公共文件将按照新的革命历法标注日期，根据这个历法，9 月 22 日是“法兰西共和国元年”的第一天。

刚刚提到的这些法令被一致通过。然而，不久之后，使旧议会左派分裂的分歧再次出现在国民公会的成员中。吉伦特派现在是右派。左派是被称为山岳派（Mountain）的群体，由丹东和其他一些雅各宾领袖领导。这两派各占大约 150 个席位，在这两派中间是平原派（Plain）——有时被轻蔑地称为沼泽派（Marsh）或腹地派（Belly），这一派由 400 多个代表组成，他们有时跟随右派投票，但通常最终支持山岳派。

雅各宾派的胜利，1792—1793

在国民公会的前八个月中，吉伦特派和山岳派不断争权，这场斗争最终以 1793 年夏山岳派的胜利而告终。

起初，吉伦特派和山岳派都把雅各宾派的人算作自己的成员，但山岳派的领导者逐渐把吉伦特派驱逐出俱乐部，最终牢牢地控制了俱乐部，让“山岳派”和“雅各宾派”几乎成了同义词。

要找出吉伦特派和山岳派最大的不同之处很不容易。两派的代表都是资产阶级，而不是工人，虽然总体说来，吉伦特派的人可能来自更高的社会阶层。两派都投票赞成成立共和国，都明显倾向于继续与法国的敌人开战。据说，这两派可能只是性情不同，而不是所处阶级或信条不同。如果是在欧洲当时的其他国家，吉伦特派无疑会被认为是危险的激进分子，但在法国他们却是温和派。他们认为革命已经闹够了，因而反对任何进一步的社会重组。他们喜欢在演说中强调“自由”，除了其他自由，他们还倡导让贸易和工业免受国家的管理。因为许多杰出的吉伦特派成员来自各个省份，因此他们不信任巴黎，也不信任公社对国家政治的干预。虽然他们没有采取行动阻止九月大屠杀，但他们后来对为此负责的人表示了谴责。

虽然雅各宾派领导者在性情上不尽相同，但他们都更喜欢在其公开宣言中强调“平等”。他们想要消除所有公民之间和政治上的区别，而且，虽然他们不准备放弃私有财产原则，但对弱势群体抱有同情。此外，他们还承认政府为了社会整体福利在某些情况下有权干预经济。具体说来，他们为政府制定了对价格和薪资的管理体系，以求控制法国正在发生的通货膨胀，并且公开支持没收流亡者和牧师的财产。很难说清他们到底是因为原则问题而青睐这些措施，还是这些只是权宜之计。虽然雅各宾派不反对采用能帮助他们维持政治权力的政策，但他们似乎真的相信自己能够力挽狂澜，拯救法国。

雅各宾派之所以取得胜利，最重要的原因也许是吉伦特派已变成准备妥协的温和派，甚至在似乎需要大胆、坚决的政策的情况下犹豫不决。他们对审判国王的立场显示出了他们的软弱。国王及其家人一直被关押在圣殿（Temple），这个地方之前属于圣殿骑士团（Knights Templars）。该如何处理国王存在颇多争议。

有些吉伦特派人提倡宽大处理；另外一些人想把国王流放；还有一些人希望能让大众投票来决定国王的命运。总体说来，吉伦特派希望延期，把做出决定的时间无限延后。山岳派则立场明确：国王是一个卖国贼，应当接受审判，并且要接受通常对这种过错的惩罚——死刑。

国王的审判被提前了，因为人们在杜伊勒里宫一个隐秘的橱柜里发现了一些被藏起来的文件，这些文件最终证明了路易对国外干预的知晓和鼓励。因此，在1792年12月，国民公会自行组建了一个法庭来审判"路易·卡佩"（"Louis Capet"，国王当时的化名）的叛国罪。经过漫长的辩论，1793年1月，国民公会的成员被要求公开投票决定国王的命运。所有人都认同国王犯了叛国罪，但在如何处罚这一问题上两种态度则泾渭分明。山岳派要求处死国王，并且从平原派那边获得了足够多的支持来获取胜利。甚至有些吉伦特派的人在最后时刻加入了多数派，投票处死国王。最终的票数是387比334。鉴于多数派中有26人希望能延迟宣判，这就意

《处决路易十六》（1793年1月21日）。行刑者拿着国王的头颅展示给围观的人群看。

味着立即处死国王的判决是以一票之差定下来的。1793 年 1 月 21 日，一队严厉的保卫人员领着路易从圣殿前往革命广场（Place de la Revolution，现在的协和广场），那里是断头台所在之处。国王一直保持着冷静，他爬上了断头台，在震耳的鼓声中被砍了头。

路易十六被处决是法国大革命一个重要的转折点。因为投票赞成处死国王，雅各宾多数派在革命中表现得更为激进。这些代表知道，一旦君主统治在法国复辟，就有可能为国王之死报仇。此外，吉伦特派因为在审判国王时犹豫不决，使得在巴黎制造事件的少数派对他们产生了不信任。而吉伦特派也因在开战和制定宪法这样的事情上犹豫不决、不够团结而感到愧疚，于是山岳派就得到了主动权，并逐渐巩固了自己的地位。1793 年 6 月，国民公会在精心组织的人群的压力下，投票同意逮捕一群被控告为反革命的吉伦特派代表，为山岳派对国民公会长达一年的专政（史称“恐怖统治”）铺设了道路。

1793 年冬天和春天，法国内外交困，而雅各宾领袖就利用这些危机来为自己的极端措施正名。经历了 1792 年春天和夏天最初的失败后，法国军队暂时时来运转，这一转机始于 9 月 20 日所谓的瓦尔米奇迹（miracle of Valmy），当时法国军队打退了在法国东北部前进的普鲁士军队。1792 年秋，法国在与奥地利军队作战时连连告捷，占领了萨伏依（Savoy）、莱茵兰（Rhineland）部分地区、法兰克福市，以及奥属尼德兰全部地区。但因为这些军事行动，加上法国对现存航海条约的挑战，以及越来越极端的政权，于是其他欧洲国家也加入到反革命联盟中来。因为处死了路易十六，英国与法国断交，于是法国就在 1793 年 2 月 1 日对英国及其盟友荷兰宣战。不久之后，西班牙与意属萨丁尼亚区（Sardinia）和那不勒斯（Naples）也加入了反法战争，与奥地利、普鲁士、英国和荷兰结成了第一次反法同盟（First Coalition）。1793 年 2 月和 3 月，同盟重新夺得了荷兰和莱茵兰的领土。当法国人民还沉浸在这些失败所带来的震惊中，又听说法国北部集团军司令夏尔·弗朗索瓦·迪穆里埃（Charles François Dumouriez，1739—1823，曾在 1792 年任外交部长）正与奥地利军队在荷兰进行卖国和谈。他计划把自己的军队带回巴黎复辟君主制，而当军队拒绝听从这一冒险计划时，他被迫逃出边境加入敌军阵营。迪穆里埃的叛逃加剧了雅各宾派和吉伦特派的分裂，双方都指控对方是这起叛逃事件的同谋。

保卫巴黎御敌于外的压力似乎还不够，革命政府在 3 月又面临着旺代省（Vendée）的一次公开叛乱。这里不仅包含旺代省，还包括普瓦图省（Poitou）、安茹省（Anjou）以及布列塔尼省（Brittany）的毗邻部分。叛乱的直接原因是政府打算进行额外征召人员以扩充军力。在这一强大的天主教区，革命政府“反对教会干预政治”（anticlerical）的政策引发了强烈不满。通常效忠于教会和国王的农民现在拒绝被征入共和国军队，反而加入了暴乱。支持他们反抗的是旺代省的一拨天主教贵族，这群人的反革命阴谋便暴露于众。到 5 月的时候，叛乱分子已经建立了“皇家天主教大军团”（Royal Catholic Grand Army），这给国民公会带来了巨大的麻烦。

在1793年冬末春初，前线连续恶化的形势以及旺代省内战的爆发带来很大影响，给经济又蒙上了一层新的危机。军队的征用造成了粮食和其他食物库存不足，使得巴黎在2月爆发了一次骚乱。战争粮食的承包商和投机分子为了从中谋取不义之财，故意将物价抬高。政府便发行了一大批新的指券，结果导致其贬值更加严重。在巴黎和其他主要城市，民众的愤怒之情在反政府的骚乱中达到了顶点，公会的山岳派意识到，采取一些激进之举势在必行了。

在巴黎有一个激进的派别叫“愤怒派”（enraged），他们要求政府调节粮价，减轻穷人的赋税、增加富人的赋税，以此来支援战事。国民公会中的雅各宾派领导层表示可以接受这些要求，然而吉伦特派却不愿接受这些极端措施。巴黎各区的代表团做出回应，一再请求将吉伦特派的代表开除，并暗示如果公会行动失败，公社将动用武力。1793年4月，国民公会成立了新的执行机构——公共安全委员会（Committee of Public Safety），由雅各宾派领导人丹东掌管。在首次行动中，委员会不顾吉伦特派的反对，敦促公会颁布了“全面限价法令”（Law of the Maximum），将限制粮价政策推行至整个法国。

意识到他们主要的支持者都在巴黎之外，吉伦特派决定煽动各省的支持者们一同抵抗首都内的势力。冲突在6月初达到了顶点。巴黎各区难以通过和平请愿的方式达到目的，于是他们组建了革命委员会；委员会反戈一击，组织了大量的游行队伍聚集在杜伊勒里宫，而这里正是国民公会开会的地方。示威人群宣称，如果不将吉伦特派的领导人交出来，任何代表不得离开，他们要求公会逮捕 29 个吉伦特派的主要代表。得到公社和巴黎民众支持的山岳派，在对抗吉伦特派的斗争中显然占得上风。

这些被逮捕的代表中，有的人拒绝不战而降。他们没有被关押起来，而只是软禁在家里。有 20 个吉伦特派领导人逃出巴黎，重新组织起义来对抗首都内的势力。起初，他们的“联邦党人起义军”似乎就要成功了。他们加入了其他反政府起义军的队伍，尤其是一些保皇派人，他们特别乐意抓住这个难得的机会。起义从旺代一直蔓延到整个普瓦图、安茹和布列塔尼。法国的一些主要城市也被保皇起义军攻陷，包括里昂、马赛和土伦。到 1793 年夏天，起义军已经席卷法国 60 个省。只有法国中部、巴黎周边省份，以及东部边境地区看起来还在共和国的控制下。然而，随后发生的事让起义军的实力变得虚无缥缈，不仅军心涣散、缺乏统一领导，而且内部成员都各有各的打算。

把吉伦特派领导层驱逐出公会为山岳派的独裁统治扫平了道路，山岳派的统治从 1793 年 7 月持续到 1794 年 7 月。自 1792 年 9 月上台，国民公会形式上还是官方最高权力机构，即便是在恐怖统治时期；事实上，公会一直保留到了 1795 年 10 月。但是，公会被任命去起草一部可以代替《1791 年宪法》的新宪法。虽然新宪法在 1793 年春天便起草完成，并送去各省的市民初级会议审批，但却从未实施过。雅各宾派的领导层借 1793 年仲夏的危机声称，国家难以负担这样的动乱，国民公会的解体及新议会的选举已经势在必行。随着战争的延续，《1793年宪法》的实施因此也被推迟了。

夭折的《1793年宪法》所制定的条款是大革命时期所有宪法中最民主的。它规定成年男子都拥有普选权，对于选举人和候选人来说都没有财产限制。这样，所谓“积极”和“消极”公民间的界线便随之消失了。立法机构的代表由初级会议的公民直接决定任命。立法机构包括一个议院，执行会议对其负责。为了减轻各省的担忧，宪法规定各省可以为执行会议任命候选人，立法机构也会从这些候选人中选择24位担任官员。

矛盾的是，采纳了最民主宪法的立法机构同时支持着革命时期最专制的政权。虽然国民公会的权力已归属它组建的两个委员会，但它依然撑过了整个恐怖时期。两者中更为重要的救国委员会掌握着大权，它的成员由开始的9个上升到12个。而大众治安委员会掌管革命时期的治安情况。委员会的成员都来自公会，理论上要对其负责，但他们实际上已经有了独立的司法权。1793年秋天之后，国民公会每个月为其更新轮换成员。他们也不时地向公会汇报行动，然而他们的政策几乎不受上级的管控，这样一种状态延续到了1794年夏天恐怖统治终结之时。

救国委员会的12名成员都是受过良好教育的中产阶级激进分子，也都是国民公会山岳派的代表。其中包括6名律师、2名军官、2名学者、1名公务员和1名新教牧师。虽然起初丹东扮演着委员会领导人的角色，不过在1793年7月公会就把他开除出去了。在那之后，救国委员会最有影响力的人物非马克西米连·罗伯斯庇尔

《国民自卫兵》（1793）。一个正在执勤的国民自卫军士兵，手里提着用来报警的锣。像“无套裤汉”（sans-culottes）一样，他穿着简单的长裤。

莫属了，这是一位来自法国北部阿拉斯的35岁律师。因为他纯洁的革命信仰，获得了“不可腐蚀者”（the Incorruptible）的称号。罗伯斯庇尔没有结婚，过着一种高洁、禁欲的生活。在革命时期，他依然小心谨慎地保持着旧制度风格的着装，浅蓝色的外衣和精心打理过的头发。相反，几乎所有的雅各宾派爱国人士都抛弃了贵族打扮的套裤，或者精致的及膝短裤，转而都穿上了劳动者们的简单长裤。（事实上，“无套裤汉”一词专指在1792年至1794年间的恐怖时期，在巴黎各区扮演重要角色的活跃激进分子。）罗伯斯庇尔在救国委员会有很大的影响力，但他的权威时常受到组织内其他成员的质疑。不仅如此，救国委员会的权力在一定程度上受大众治安委员会（理论上平起平坐的机构）及巴黎公社的制约。

在区域和地方的管理上，恐怖时期的政府试图恢复到旧制度的集权化传统中。通过国民议会建立的行政部门都保留了下来，比如省、选区、辖区和公社，但是政府实行专权，将指定的官员安插在公会。1793 年春，国民公会派“特使代表”到全国各地征兵并激发革命热情。当这些官员们变得愈发不受约束之时，上级派“国家代理人”将他们调走了，代理人被安排在各自的选区或公社，直接对救国委员会负责。在地方上，代理人与“督察委员会”（地方的革命警力）和雅各宾俱乐部（现在称作“受欢迎的社团”）协作，然而雅各宾派却没有发挥出期望中的重大影响力。

从恐怖到反动，1793—1794

1793 年的夏季到秋季，革命群众是推动革命进程的重要力量。1793 年 7 月，雅各宾派的记者让 - 保尔 · 马拉（Jean-Paul Marat）被刺死在自家的浴缸里，凶手是一位名叫夏洛特 · 科黛（Charlotte Corday）的年轻女贵族，这一事件引发了巴黎的骚乱。9 月初，当消息传到被英军控制的土伦港时，一群“无套裤汉”攻占了国民公会并提出一系列要求，比如要控制粮食价格、惩治反革命分子。这一行动促使公会通过了一份扩大的“全面限价法令”，对基本商品进行最高限价以及对工资施加管控。1793 年 9 月，公会又通过了

“嫌疑犯法令”，对任何“自由之敌”（enemy of liberty）以叛国罪处置。根据巴黎公社最高理事会的定义，“嫌疑犯”的范畴不仅包括积极谋划对抗革命的人，也包括“那些对共和国《1793 年宪法》漠不关心的人”，以及“那些虽然没有反对自由，但也没有为自由做贡献的人”。激进的雅各宾派将中立势力也当作叛国者，他们又对法国民众发起总动员，要求全力肃清国内外的反革命势力。随着恐怖统治的加剧，他们公开谴责反革命力量是野蛮势力。“为了惩治破坏自由、危害国家的罪犯，流血事件是不可避免的。”1793 年 11 月在给公会请愿书中的“威廉 · 退尔”章节中写道：“让复仇之刃架在每一个罪犯的脖子上，一个都不放过……不要忘记预言者马拉之言：牺牲 20 万人，才能拯救 100 万人。”

不断的军事危机让动员民众之势更加强大。1793 年 8 月 23 日，为了应付战争危机和各省动乱，国民公会发布了“全国总动员”（levée en masse）法令，计划在法国进行全民征兵以保卫共和国：

从现在起到一切敌人被逐出共和国领土为止，全国人民时刻处于动员状态。年轻人应上前线作战；有家室的应制造武器、运送粮食；妇女应缝制帐篷和衣服，以及在医院服务；孩子们应把旧衣服撕成绷带；老人应去广场激励军人，宣传共和国的团结和对国王的憎恶。

这份法令是近代第一份彻底的战时全民总动员令，表达了革命领导人对激发全民族忠诚感的愿望。他们没有沮丧，因为“总动员令”激发了非凡的民众力量，这一力量后来被法国人称为“1793 精神”（spirit of 1793）。法军在鼓舞和支持下，击退了反法同盟，并在 1794 年春收复了共和国早期失去的领土。在恐怖统治末期，法军再次占领了奥属尼德兰以及整个莱茵河西岸。

法国军队在 1793 年取得一系列胜利的部分原因要归功于民族精神，他们与旧制度下的职业雇佣兵在态度方面有着天壤之别。革命政府实施的一些经济政策同样为战事提供了很大帮助，像控制食物价格就缓解了持续通货膨胀下的饥饿问题。其他政策还包括：政府以最高限价的方式为军队提供补给，给市民定量配给面包和肉类，以及控制贸易与外汇。虽然这些临时政策很难强制实施，但在一定程度上满足了预期的基本需求；在恐怖时期，指券的价值的确比较稳定，甚至稳中有升，这样，最底层的阶级也能够买得起食物，而不是完全依靠救济。军队因此得到了充足补给，如上所述，他们在此期间高奏凯歌。

为了完成它的第二个任务——镇压国内的反动势力，恐怖时期的政府采用军队和特别革命法庭（special revolutionary tribunals）的方式双管齐下。各省的叛乱分子在 1793 年夏末基本瓦解，但几个重点区域还在保皇派人势力的控制下，尤其是旺代省、里昂和土伦。10 月的联合行动拿下了里昂；12 月，在英军协助下，收复了保皇派人控制的土伦港。（在收复土伦的军队中，有一位年轻的炮兵指挥官名叫拿破仑·波拿巴。）旺代省的艰苦战役持续到了 1793 年年底，之后共和国军队对抵抗者进行了血腥报复。对带头参加叛乱的人及组织大屠杀的人进行处罚，或将其投入特别革命法庭处理。

首都坐落着革命司法系统中的最高法庭——巴黎革命法庭，它成立于 1793 年春天，主要任务是审判革命的敌人。起初它的审判程序和一般法庭相似，但随着时间的推移，它逐渐变成了即决审判 *（summary）。法庭的行动在 1793 年 10 月愈发增多，此时对革命叛乱者复仇的欲望也达到了顶峰。当时最“著名的”受害人当属玛丽 · 安托瓦内特王后（在审讯期间被叫作“寡妇卡佩”）。一些吉伦特派的领导人以及对共和国没有足够热情的几位将军在 6 月都被逮捕，所有被抓起来的人都在革命广场的断头台上一命呜呼。光巴黎革命法庭就在其存在的 15 个月内判处了 2639 人死刑。

纵观法国，革命法庭执行了大约 14000 例死刑，另外有 10000 至 12000 人死在了狱中。在平息各省反革命暴乱后，至少有 10000 人被判死刑。所以，从绝对数值来看，与 20 世纪各种极权制度下的大规模暴力相比，恐怖时期的死亡人数要少得多。极权制度下数以百万计的人因意识形态和种族无法共存而遇难。然而在某些重要方面，雅各宾派领导人在 1793—1794 年期间的行为与后来世界范围内大的政治暴力相比，几乎如出一辙。罗伯斯庇尔和他的同胞要求国家传递一种“单一意志”，以期推动革命事业。而且，他们要求所有阻碍革命品质形成的“贵族密谋者”和“隐藏在内部的敌

* 即决审判制度是英美法系诉讼制度中最具特色的制度之一，它允许法官可以不经开庭审理而对在主要事实上不存在真正争论点的民事案件直接做出具体判决，从产生到现在该制度已有100多年的历史。——译者注

《刽子手将自己送上断头台》（1794）。抨击罗伯斯庇尔政府的讽刺性版画。

人”都得死。这一主张达到了政治上的统一性，与惩治反革命图谋者的趋势一道成了合法的极权手段。

虽然雅各宾派领导人将旧制度的特权阶级视为革命的主要敌人，然而在贵族和教士中只有 15% 被革命特别法庭判处死刑。其余的是来自第三等级的农民和匠人。大多数死刑犯都是在被外敌侵略的地区，或者是在反革命运动爆发的地区被捕。例如在旺代省，叛军的成员（大约 90%）都是效忠国王和教会的农民，虽然其中有些领袖来自上层阶级。

恐怖时期政权能够保存下来的原因之一，是当时危急的国情需要这样严厉的措施。随着内忧外患的逐步解决，危机感也渐渐减轻。正如一支凯旋之师会随着战争结束而解散一样，得胜的雅各宾派出现了内部分化和党派之争的问题。把内讧事件归因于政治党派有些夸大，确切地说，他们是围绕某个人形成了松散的小团体。1794 年初，罗伯斯庇尔派（Robespierrists）是救国委员会的领导集团，同时也受到两个其他派别的威胁。其中一个就是丹东派，或者说雅克 · 丹东的追随者们，丹东是共和国成立初期的英雄人物。在 1793 年秋，丹东还是山岳派的一位重要领导人，然而当时受到救国委员会狂热分子的压制，他被迫暂时退隐。但是他认为革命进展到了新的阶段，是时候回归到较为温和的体制了。他的理念得到了多方人士的支持，包括政治冒险家、战争投机者及商人，他们希望恐怖统治的力度能缓和一些，作为个体才能从中获益。丹东作为一名活跃的政治角色在 1794 年初回到国民公会，这似乎对罗伯斯庇尔派造成了不小的威胁。罗伯斯庇尔派的左翼分子形成的团体更加缺乏凝聚力，其领导人是巴黎的激进分子雅克 · 埃贝尔（Jacques Hebert），他们要求恐怖政府强化政策，进一步加强经济控制，继续抨击教会，集中更大力量来对付巴黎的动乱区。

意识到自己的地位受到威胁后，罗伯斯庇尔积极谋划，用离间计对付这些团体。首先被离间的正是埃贝尔派。1794 年 3 月，罗伯斯庇尔利用公会各省代表对抗巴黎的情绪，在丹东派的帮助下，使得埃贝尔派在革命法庭对他的指控没有得逞，结果，埃贝尔派的领导人被送上了断头台。仅仅几周后，他把矛头对准了丹东派。罗伯斯庇尔指控丹东和他的同僚在执政时的犯罪行为，并说服已经战战兢兢的公会将他们判刑。

把反对派清除之后，罗伯斯庇尔似乎已经掌握大局，并开始考虑建立乌托邦式的社会，他称之为“美德共和国”。但是过了不久他自己便遇上了麻烦。在这两次离间事件之后，公会内许多成员开始担心自身不保。罗伯斯庇尔似乎刻意加深这些人的担忧，他在 1794 年 6 月让国民公会通过一项法律，以加速巴黎革命法庭的审判进程。拥有了更大权力的法庭在接下来的六周里，将 1300 余人送上断头台。在恐怖时期，除了镇压旺代省的叛乱时，没有哪个阶段所判死刑的人数能与 1794 年 6 至 7 月时相比。这造成的后果便是反对罗伯斯庇尔的人团结在了一起，以约瑟夫·富歇（Joseph Fouché，1763—1820）为首谋划此事，他曾是革命领导人，因在里昂大肆屠杀而被解职。7 月 27 日（革命日历的热月 9 日）谋反形势达到了顶点。当罗伯斯庇尔准备在国民公会发表演讲时，他发现自己的发言被代表们不停地打断。他想利用最后机会争取忠诚的雅各宾党人和巴黎公社支持的愿望破灭了。国民公会和军队发现罗伯斯庇尔藏在巴黎公所，他准备举枪自杀时，被一名士兵打碎下颚并逮捕。次日，罗伯斯庇尔和他手下一百多人皆被送上断头台。

处死罗伯斯庇尔标志着反对恐怖统治极权的“热月政变”（Thermidorean reaction）拉开帷幕。这一运动不仅是为了保全性命的富歇及其同谋一手策划的政变，而且是大多数法国人对结束暴力执政迎来温和统治的愿望。随后的几个月，在热月党人的温和领导下，法国人清除了巴黎公社，剥夺了救国委员会的权力，关闭了众多雅各宾俱乐部，废除了恐怖政府的限价政策。

然而，热月党人统治时期也遇到了不少问题。由于实施放任的经济政策，通货膨胀和随之而来的底层人民生活窘境又严重起来。1795年春爆发了争抢面包的骚乱。巴黎闹事的工人阶级被雅各宾余党利用，他们试图将矛头直指国民公会。起义的结果只能是这些雅各宾党人被镇压、流放。

共和国四年葡月13日（1795年10月5日）。埃尔曼（I.S.Helman）根据莫内（C.Monnet）作品创作了《反国民公会暴动的失败》。公会的防御任务交给了一位年轻的、默默无闻的将军拿破仑·波拿巴，他率军用“一阵霰弹”击退了叛乱分子。

尽管热月党人成功取代了雅各宾派，尽管法国军队取得了一系列的胜利，并在1795年与普鲁士和西班牙达成和解，然而国民公会依然不受民众支持。这主要是因为公会通过了《1795年宪法》，这部宪法于8月出台。新宪法的反对者并非针对某项具体条款，而是对新议会中三分之二的人员来自即将离职的公会成员这一状况的不满。（这些成员被称作"万年青"。）宪法包含一些对保皇派势力限制的条款，以防他们在即将来临的选举中得胜，但事实上这些只是公会成员巩固其统治的噱头。对新政策的不满愈发严重，进而导致了10月5日（葡月13日）巴黎爆发的反国民公会大暴动。动乱失败或许将被淡忘，而这次负责镇守公会的年轻将领拿破仑·波拿巴却不容忽视，他用"一阵霰弹"击退了叛军。波拿巴的胜利帮助国民公会和平走完了它最后一段路。公会在三周后自行解散，此时，督政府，即革命时期的最后一届政府机构，正呼之欲出。

督政府，1795—1799

1789—1794年是革命政治活动不断激化的年代，与之相比，督政府时代使法国恢复到了政治稳定期。这一时期的领导人主要担心两件事：一是担心出现新的恐怖政权危及其性命和自由；二是担心保皇派复兴会对曾参与革命的人进行报复。在制定《1795年宪法》时，公会小心翼翼地在两种威胁间摸索。以往的革命政权通过建立一院制的代表议会来传达一种单一的"国家意志"，与之不同的是，新制度依托宪法的制约与平衡系统，希望以此避免政治波动。两院制立法议会包括五百人院（Council of Five Hundred）和 250 人的元老院（Council of the Ancients）。五百人院提出立法建议，元老院进行讨论和批准通过。行政机构包括一个由 5 位督政官组成的委员会，他们由立法机构推举；任职两年后，立法机构每年会改选其中一人。

在《1791 年宪法》中，选举权是有限制的。而在新宪法中，选举权被赋予了直接纳税的个人，以及为国而战的军人。根据条款规定，在 700 万成年男性中，只有不到 200 万有选举权；不仅如此，因为所有高级官员（包括立法机构的代表）都是通过间接选举产生的，故实权掌握在少数富人手里。另外，由于督政府不满选举结果，他们不止一次把依法选举的官员辞掉，而直接任命反对者上位。他们这样做出于以下原因：一方面政权被保皇派残余势力所威胁，另一方面雅各宾派继承人也咄咄逼人。这些威胁并非空穴来风，在 1797—1799 年间，他们在立法机构的选举中投了大量的反对票，而且多次蠢蠢欲动想推翻督政府政权。

平等会（Conspiracy of the Equals）是弗朗索瓦 · 巴贝夫（François Émile Babeuf，1760—1797）在 1795—1796 年间建立的一个秘密团体，虽然在当时并不出名。由于他的灵感来源于罗马杰出的改革家格拉古兄弟 * 的理念，巴贝夫改名为“格拉古 · 巴贝夫”。这段插曲虽然以失败告终，但是引起了极大的关注，因为有人从巴贝夫的平均主义理念中发现了现代社会主义学说的萌芽。事实上，他的贡献

* 格拉古兄弟分别是提比略·格拉古（Tiberius Gracchus）和盖约·格拉古（Gaius Gracchus），他们是公元前2世纪罗马共和国著名的政治家、平民派领袖。——译者注

超越了雅各宾派，他主张废除财产私有制、建立公社化的社会；但是他没有提出实现目标的具体措施。巴贝夫自豪地宣称自己将很快重新启用《1793 年宪法》。然而，平等会的行动却被叛徒告密，领导人被逮捕、审讯，后被处死或流放。

对于督政府来说，更加危险的是 1797 年右派势力的抬头，因为保守派中存在不少君主复辟的支持者。路易十六的小儿子在 1795 年病死狱中，保皇派因此将昔日国王的兄弟路易·塞维尔·斯坦尼斯瓦夫（Louis Xavier Stanislas，1755—1824），即普罗旺斯省伯爵看作王位的合法继承人。对于昔日的国民公会成员来说，他们并不支持复辟行为，因为他们当时投票处死了路易十六，所以害怕自己遭到报复。1797 年立法委员会选举的代表已经是一个保守集团，右派发动政变可谓恰逢其时。为了先发制人，督政官中的三位温和派让·弗朗索瓦·勒贝尔（Jean François Rewbell）、路易·玛利·拉勒维里（Louis Marie La Révellière）及昔日子爵巴拉斯（Barras）在首都召集军队，声称要讨伐保皇派的阴谋。在他们的领导下，“忠诚的”立法委员会废止了选举的近两百名保守派代表，并宣布将其他两位督政官巴泰勒米（Barthélemy）和拉扎尔·卡诺（Lazare Carnot）放逐。巴泰勒米的地下保皇派支持者被发现后，卡诺试图缓和督政官之间的矛盾时忙中出错。这就是 1797 年 9 月 4 日的“果月政变”，一定程度上，这一政变暂时阻止了右派的阴谋。

国内外的危机使法兰西重新恢复稳定的希望破灭了。“全面限价法令”的终结，加上源源不断的军需，以及遇上了 1795 年格外严寒的冬天，给法国民众带来巨大的苦难：基本商品的价格飙升了十倍之多。不仅如此，督政府受之前体制的影响，遭受了严重的财政危机。到 1796 年，指券已贬值到不足其面值的 1%。为了让纸币流通更加健全，政府将指券价格稳定在其面值的 30%，并发行了新的纸币 *mandats territoriaux*（一种土地担保的货币），规定指券可以以现价兑换。使用 *mandats* 可以购买剩余的国有土地，价格由政府制定。这样，指券便退出了流通领域，然而新的货币流通也并不成功，*mandats* 贬值到其面值的 10%。1797 年，督政府又退回到了金银为依托的货币政策，虽然这没能解决财政困难，但起码挽回了法国商人的一些信心。为了改善财政状况，政府还采取了其他措施，例如大幅缩减开支，以及国家债务偿还时的资产重组。

后一项措施中宣称有三分之一的债务作为“稳固资产”，事实上，政府已经把另外的三分之二抛弃了。因而，虽然民众对政府在公共信用中的信心逐渐削弱，但同时政府让渡了许多资产阶级债券持有人的债权，不再向他们支付本息。不过，从总体上看，1799 年政府和国内的金融形势要比 1795 年好一些。督政府为国内财政状况恢复了一些元气，而且为拿破仑接下来的财政改革打下了基础。

督政府时期的另一个客观条件是欧洲的总体和平，这对于保障法国的安全和减少国内对制度的压力是至关重要的。然而，达到这一目标并非易事。截至 1795 年，除奥地利和英国外，热月党人已经与主要敌国结束了战争状态。在督政府的头两年，他们一再尝试同英国和解，但由于法国执意保留其在比利时、萨伏依和尼斯

（Nice）占领的土地，和谈被迫搁浅。

1796 年，督政府在莱茵兰和意大利对奥地利发动了新一轮的进攻。意大利战役的指挥官、年仅 27 岁的拿破仑 · 波拿巴取得了一系列的胜利，因而被誉为法兰西军队中最杰出的将军。在沿地中海海岸东进的过程中，拿破仑击败了奥地利军队及其在萨丁尼亚岛的盟军，完全控制了意大利的北部和中部。1797 年，拿破仑穿越阿尔卑斯山，追击奥军至距维也纳 75 英里的地方。1797 年 10 月的《坎波福米奥条约》（*Treaty of Campoformio*）规定，在意大利北部和中部成立的新奇萨尔皮尼共和国（Cisalpine Republic），奥地利服从法国的统治，并将比利时和莱茵河西岸的皇室土地割让给法国。

到 1797 年底，只剩英国和它的盟国葡萄牙还在与法国交战。事实上，英国首相小威廉 · 皮特（William Pitt the Younger）已经有了谨慎的停战提议。督政府并不相信英国人的提议，他们投票中止谈判并攻打英国。拿破仑被批准筹建一支 35000 人的远征军入侵埃及。支持这一计划的包括夏尔 · 莫里斯 · 塔列朗（Charles Maurice Talleyrand）大使，他认为，控制苏伊士地峡（Isthmus of Suez）要考虑到运河的开凿。这样，在商贸领域法国将压制英国，而且重要的是，有了泰普 · 沙西（Tipu Sahib，1782—1799 年在位）做同盟军，法国便能控制印度。要知道，沙西是当时很有势力的国王，并对英国的统治极为不满。

1798 年 5 月，法国远征军从土伦秘密登船。途中，拿破仑对马耳他（Malta）海岛防线发动突袭，并顺利拿下。6 月，他率军登上阿布吉尔湾（Abukir），不费一枪一炮占领亚历山大港（Alexandria），转而进军开罗。埃及名义上从属奥斯曼帝国，但守城的只有本国的一支精锐部队——马穆鲁克（Mamelukes）。尽管他们有出色的骑兵，但无法与训练有素、装备精良的欧洲部队抗衡，最终在金字塔大战（Battle of the Pyramids）中被击败。然而，仅仅过了少许时日，法军便在海战中遭遇惨痛失利。由海军上将霍雷肖·纳尔逊（Horatio Nelson，1758—1805）指挥的英国海军，发动突袭并将运送法国远征军的舰队歼灭，将拿破仑困在了埃及。拿破仑拒绝投降，并入侵奥斯曼帝国控制下的叙利亚。然而，刚刚拿下几场胜利，军队里就暴发了瘟疫，他们不得不匆忙撤回埃及。

与此同时，在1798年初，督政府以罗马城骚乱为借口，将教皇驱逐并建立了罗马共和国。同年，法国政府将瑞士行政区改成了中央集权的瑞士共和国；1795年占领荷兰后，将其变成督政府的体制。不仅如此，法国试图派军支持爱尔兰叛军以对抗英国，结果叛军于1798年被残忍镇压。这一系列行动给法国的对手们敲响了警钟。看到法军已入侵奥斯曼帝国，俄国决定与英国、奥地利结盟，至此，第二次反法同盟（Second Coalition，1799—1802）正式形成，标志着进入一个新的战争阶段。

在国内，督政府极力在雅各宾势力和保皇派势力之间寻求平衡。1797年，大约200人的保守派代表被取消了选举权；第二年，又有一大批激进代表被清除。左派势力就此获益良多。1799年6月，立法议会换掉了4位执政官，理由是他们的思想很激进，其实这只是一种报复行为。其中的一位督政官埃玛纽尔·约瑟夫·西哀士，曾就职于国民公会和立法机构。西哀士很鄙视现有的制度，并决意强化行政机构的权力，必要时候应体现在宪法的章程里。他在军官那里找到了对他观点的共鸣，因为他们倾向于获得更大的行政权力，但是又担心君主制的复辟，毕竟都是共和国的一员。

拿破仑因缺乏补给，军队在埃及日渐衰落，然而他借督政府的混乱，趁机扩大了自己的势力。拿破仑放弃了他的队伍，在 1799 年夏天悄悄从埃及回到了法国。抵达地中海沿岸之后，他与督政官西哀士和罗歇–杜科（Roger-Ducos，前吉伦特派成员）取得了联系，并商量共同合作。曾对政变不屑一顾的西哀士，如今决定借拿破仑的实力来完成自己的计划。

他们达成协议，决定在雾月 18 日（1799 年 11 月 9 日）发起行动。政变的借口是声称雅各宾派图谋反对统治。立法议会被召集起来，假装去巴黎城外的圣克鲁（Saint-Cloud）会合，以免受到巴黎暴动的伤害。西哀士和罗歇–杜科辞掉了督政官的职务。这样，就只剩下了三位督政官。其中的一位巴拉斯被说服也辞去了职务，另外两位被逮捕，继而政府进入了群龙无首的状态。就在这时，拿破仑现身五百人议会，请求议会赋予他特别权力，来应对当下的国家危机。一些议会代表识破了阴谋，要求拿破仑出示雅各宾派密谋造反的证据。当然，拿破仑没有证据，于是代表们下令要求逮捕拿破仑。拿破仑的弟弟吕西安时任下议院主席，他随即下令阻止了整个行动。吕西安将部队集合在议院外，并向部下承诺，如果拿破仑图谋侵害法国人民的自由，他将亲手弑兄。军队被这一承诺所鼓舞，听从拿破仑的命令，将议院的代表全都清理出户。剩下的一些拿破仑的支持者随后选举拿破仑、西哀士和罗歇–杜科三人总揽大权，拥护他们为“临时执政官”。雾月政变（Coup of 18 Brumaire）以胜利告终；法国进入了军事集权时期。就这样，在政治史上略有几分沉闷的督政府也走到了终点。

革命文化

虽然法国大革命以拿破仑雾月政变收场，但这一动荡时期经历的事件对随后的欧洲乃至世界历史的进程，都有着十分重要的影响。在拿破仑时代，欧洲的政治运动集中于解决革命遗留问题，鼓动建立民主制度，“全民族”动员，以及废除社会和法律等级制度。在国内，法国将经历 1830 年、1840 年革命，以及 1870—1871 年的巴黎公社革命，每一场革命都会借鉴 1789—1794 年间首创的象征意义。（的确，这是对革命遗产固执的坚持；1789 年后的两百年，一位法国著名历史学家公开发起论战并坚称“革命已然结束”。）20 世纪，法国的革命思想影响到了俄国、中国及其他地区的社会主义运动，同时也影响到了亚洲和非洲的独立运动。

所有对法国大革命的评论都必须在它多大程度上代表了激进历史的破裂，以及它多大程度上延续了长远意义上的进步，二者之间找到平衡。纵观 17 和 18 世纪欧洲的大部分地区，各个王朝、国家建立了庞大的军队系统，并使管理机构更加集权化和合理化。再者，大革命爆发之前封建组织结构已经瓦解了几百年。在西欧大部，到 18 世纪末期，贵族已丧失了传统的特权，而且很快与经济阶级，而非世袭的等级制度联系在一起。在政治层面，一系列的革命运动在大西洋沿岸爆发，对王权造成了很大的冲击。其中包括 17 世纪的英国革命，1775—1783 年的美国独立战争，以及 18 世纪 80 年代的荷兰人民起义。纵观所有这些革命运动，法国大革命可以说是影响最为深远的，它的作用不仅仅体现在改变历史进程上。

法国大革命有着深刻的新维度，但是缺少一些切实的或者是可以量化的东西：它植根于政治想象的领域。尽管先前在世界各地已经有了不计其数的社会、政治暴动，但没有哪一次能与 1789 年的大革命相提并论。大革命的领导人提出的政治信条须建立在两个前提下：第一，他们认为人类社会可以（而且应该）在纯粹理性的原则上进行组织安排，因此，理性的权力要始终高于传统权力。第二，他们认为通往新理性统治的路径应该是大规模的政治运动，这样，人民的意志将被引导走向乌托邦社会。两者的结合为强有力而活跃的新政治形态奠定了基础，激励着更多法国之外的革命者。

民众的动员

在《第三等级是什么？》一文中，西哀士神父用近乎神化的条款定义了法国人民的力量："国家和民族高于一切。它是万物发展的源泉。国家和民族的意志是合法的意志；事实上，它本身就是法律。”这一大胆的主张体现了法国大革命和以往民众政治运动的最大不同，美国独立战争就是过往民众政治运动的代表。在法国，民众政治行动与早期的运动相比，是通过更加激烈的形式实现的。这一进步反过来对更加极端的政治行为起到了推动作用。

民众政治形式的激进化自大革命爆发的头几个月就十分明显。例如，1789 年 7 月的巴士底狱风暴，就是具有突出性和实效性的事件：摧毁监狱只动用了少量的军队和一些囚犯。这一事件的重要意义至今都无法估量。革命前的新闻人，像著名的西蒙·兰盖（Simon Linguet，1736—1794），曾把巴士底狱描绘成专制独裁的黑暗堡垒。同时期的史学家因此将其毁灭看作法国人民为自由而战的胜利。更重要的是，路易十六本人将巴士底狱的倾覆当作人民意志的传达。因为担心士兵违抗其命令，路易十六放弃了武力解散国会的念头，容许革命在重要历史时刻发展壮大，如此一来，想抵制民众的激进主义变得难上加难。

在 1789 年 7~8 月的大恐慌时期，新的政治象征意义的出现同样推动了激进事件的发展。这一系列的暴动可以看作是相对传统的乡村动乱，这样的情况经常发生在法国农村的饥荒时代。攻占巴士底狱的消息一经传开，全国的农民突然将愤怒转向了贵族，认为他们是造成“饥荒阴谋”的罪魁祸首。国会对这些行为的回应更加极端：8 月 4 日，他们废除了几乎所有的封建残余制度，向代表们所认为的人民意志让步。在这些早期的革命事件中，民众政治运动的有效部分来源于政府的权威，以及那些反抗者。可以说，民众运动是一种可靠的、不可动摇的“国家意志”的体现。

西哀士和其他革命领袖将人民当作合法政治权威，不仅为民众正名，而且要求民众参与到政治生活中来。这一政治热情集中体现在《马赛曲》（*La Marseillaise*）的歌词中，这首曲子由一位年轻的工兵上尉谱写。那是在 1792 年 4 月的斯特拉斯堡革命首场战役的前夜。“公民们！拿起武器！”的歌声久久回荡。敌人已经将刺刀对准了祖国的儿女。公民们必须站起来，用暴君“肮脏的血”浸染这片土地，只有这样，才能从根本上拯救法兰西。

随着革命愈加激烈，让人民参与政治运动的愿望也更加强烈。然而，绝对国家主权理论还存在两个困境：首先，如何将“国家意志”传达给整个国家近 3000 万的民众？其次，面对来自底层的自发抵制运动，革命领袖该如何赢得民众的支持？经过 1789—1799 年这个时期，民众政治运动已经具备了推翻旧制度、支持新领袖的能力。

动员民众的一个十分可行的方法，就是举办革命节（revolutionary festivals），以此来体现爱国主义和民族团结。一些地方首次举办革命节，似乎没有得到上级的认真组织和协调。比如在 1789 年 11 月，来自法国东南部的 12000 名国民自卫兵聚集在罗讷河两岸，共同发誓要维护宪法自由，“在上天的见证下，用他们的胸膛和臂膀”。随后的几个月，更多精心筹划的庆祝活动在许多省会城市蓬勃兴起。1790 年 7 月 14 日，倾盆的暴风雨中，5000 名国民自卫兵和400名群众聚集在巴黎的阅兵场——战神广场（Champs de Mars），庆祝“联邦政府节”（Festival of the Federation）。庆祝活动的组织者有奥坦（Autun）的前主教塔列朗，他负责举行弥撒和祈福；拉法耶特组织自卫军誓言效忠“三位一体”的国家、法律和国王。

许多革命节对参与者来说，激发了他们对乌托邦精神的真情流露。1790年7月，各个阶层成千上万的巴黎民众都加入了联邦政府

路易十六在战神广场挥舞着鹤嘴锄，为“联邦政府节”开辟场地（1790年）。《法兰西和布拉班特革命》卷首插图。

节，为节日准备场地，据当时的描述，甚至连国王也加入挖掘队伍中。然而这些节日也包含了一种不安定成分，一些具有象征意义的因素夹杂其中。这些活动同时也是革命的一种表现，实质上是把国家描绘成一个一体化的公共机构。这些谨慎的游行活动将革命描绘成一项完整的工作，旨在维持政治秩序的稳定。而且，节日体现出的国家之和谐与潜在的不安和暴力，竟不谋而合。第一次巴黎联邦政府节是纪念“巴士底狱风暴”。随后，在 1794 年举办的几次革命节是对几次革命暴动表达敬意：1792 年 8 月 10 日，攻占杜伊勒里宫；1793 年 1 月 21 日，处死国王；1793 年 5 月 31 日，在暴动中逮捕了国民公会中的吉伦特派。

牧月 20 日（1794 年 6 月 8 日），一个更大规模的庆典在杜伊勒里宫花园举行，这一庆典被称为“上帝节”（the Festival of the Supreme Being），罗伯斯庇尔想借此开创一种新的公民宗教，以取代天主教。罗伯斯庇尔的演说将革命带到了更幽暗的基调。他盛赞了“上帝节”和共和国的浩然之魂，并宣布“像怪物一样的皇室幽灵已经被逐出法国”，还大声疾呼：“法兰西人民、共和国子民，现在是时候将暴君玷污的土地彻底净化了，是时候重新找回失去已久的公平正义了。上帝将自由和美德一同赋予我们，我们只有相互依靠才能生存下去。”罗伯斯庇尔为了宣扬智慧的胜利，别有寓意地将象征无神论、罪恶和愚昧的雕像付之一炬，并在废墟上塑起一座“智慧得胜”的雕像。

革命节是表达法兰西民族团结的一种方式。1793 年，艺术家

雅克 - 路易 · 大卫（Jacques-Louis David）提议在新桥（Pont-Neuf）上建一座巨大的赫拉克勒斯*（Hercules）雕像；在整个恐怖时期，赫拉克勒斯的形象频繁出现在革命演说和雕塑作品中，还出现在国民公会的印章上。这一刚健有力的男性形象正好对应了玛丽安（Marianne）这一女性形象，玛丽安常常以一种栩栩如生的象征形象出现在革命中。

另一个革命的象征是自由树，标志着国家的重生，树上装饰有标语和三色的丝带，树顶上是弗里吉亚帽（Phrygian cap，又称"自由帽"），罗马帝国时期的奴隶曾戴过这种帽子。自由树的灵感来源于五月柱（maypoles），1790 年佩里戈尔地区的农民曾在暴动中建造过这种柱子。到 1792 年 5 月，有 6 万棵自由树遍布法国的广场和绿地。这些具有革命象征意义的事物对法国人民的日常生活有着深远影响。村民们种植了自由树，纷纷表示对传统体制的厌恶和对新秩序的忠心。因此，自由树便成了最为重要的革命象征，虽然它们常常遭到反革命者的蓄意破坏和摧残。穿着成为又一个对政治效忠的象征。1792 年 7 月 5 日以后，所有法国人都有义务戴上三色帽徽，除了罗伯斯庇尔之外，大部分雅各宾党人都身着"无套裤汉"式的裤子。许多妇女都穿着飘逸的长袍，就像罗马共和国女性的着装打扮一样。无论男女，都拒绝像旧社会一样戴假发和粉饰头发，转而开始崇尚简单随意的发型。然而，在热月党人统治时期，

* 赫拉克勒斯是希腊神话中最伟大的英雄，他神勇无比、力大无穷，完成了12项被誉为"不可能完成的任务"，此外还解救了被束缚的普罗米修斯。——译者注

所有人又很快回归了艳丽浮华的着装风格。同样的，1794 年之后，法国人摆脱恐怖时期的禁令，再次沉浸在愉悦之中。剧院、咖啡厅、舞厅在自由的氛围里愈加活跃。

在影响力的持续性方面，没有哪一种革命政治运动能够与群众的军事暴动相提并论。尽管自 16 世纪早期以来，欧洲各国的军队人数就稳定增长，但是法国大革命还是促使军事行动在规模和目的上有了质的提升。1788—1789 年间，革命爆发之前，军队有 15 万士兵。到 1793 年 8 月，群众运动前夕，官方的军队人数已达 64.5 万人（虽然有的士兵没有服装、武器或缺乏训练）。到 1794 年 9

《罗伯斯庇尔主持的“上帝节”》。诺德作品。山顶上矗立着“自由之树”；临近山的地方，在一个很高的基座上，是赫拉克勒斯的雕像。

月，共和国军队人数有116.9万人。虽然其中可能只有73万人处于备战状态，但与此前任何时期的欧洲军队相比，这一数字仍然接近其总数的两倍。

群众运动不仅增加了法国军队的绝对数量，而且转变了战争的性质。将全国民众"置于随时备战状态"这一法令开创了全民战争的时代，国家和民族将倾尽所有去摧毁敌人。军队向整个国民经济体系提出保障要求，并有权力征用任何一个成年男性（虽然最初的要求是18到25岁的未婚男性）。每个军营都悬挂着写有标语的横幅"法国人民与暴君斗争到底"。和以往不同的是，新的军队没有包含雇佣兵和不情愿入伍的士兵，这支军队抱有无限忠诚和必胜的信念，为祖国的荣誉而战。

共和国军队取得的胜利已经与招募群众士兵密不可分了。群众运动在法国乡村地区遇到了强大阻力，农民更认同当地的理念，而对抽象的"国家和民族"却没有什么概念。许多年轻人想着躲避军队的征召，还有的从军队中逃跑。尽管如此，意识形态还是扮演了很重要的角色，无论是增强法国士兵的军事思想，抑或是激励革命以及帮助拿破仑的军队取得胜利。普鲁士观察家卡尔·冯·克劳塞维茨（Carl von Clausewitz）说过，革命引发了：

> 一场暴力……超越了所有的想象。突如其来的战争再次进入了人们的生活——3000万的人民，他们都把自己当作公民的一分子……国家的全部负担都放在了平衡各方关系，而不只是之前的政

府和军队上。可用的资源和所有的努力都超过了平时的限度；没有什么能够阻止轰轰烈烈的战争。[5]

崇拜理性

英国辉格党人埃德蒙·伯克（Edmund Burke）认为，法国革命中的首要错误源于人们对理性力量的盲目信仰："古代生活的理念和制度被取缔，所带来的损失几乎无法估量。从那时起，我们像航船失去指南针一样没有了方向；我们更不知道该在哪个港口停泊。"虽说伯克是北美独立战争的热心支持者，但他也是一个刻薄的批评家，早期针对的就是法国大革命。当许多欧洲知识分子陶醉在革命早期的几次胜利中时，伯克在1790年发表了一篇论文，预言了在《人权宣言》条例中所包含的阴暗面：

在这一宣言中，国王仅仅是一名男性；王后仅仅是一名女性，女性只不过是一种动物，动物并不能拥有至高的权力。将忠诚都专注于性别之上，像这样无差别地看待，不是浪漫就是愚蠢了。弑君罪，杀害父母罪，以及亵渎圣物，仅仅成了迷信的虚构，这些都将法律体系的简明质朴毁于一旦。如果谋杀国王、王后、主教、父亲的人只是被定罪为普通杀人犯；如果人们碰巧或者在任何情况下，成为这种谋杀行为的受益者，而认为这种行为完全可以宽恕，那我们何须对此做出极其严厉的审查？[6]

伯克推测说，也许法国大革命最有感染力的方面是，革命者使“历史”这一概念变得不那么重要。美国独立战争起初的动机是恢复传统的“英国人的权利”，诸如代表分配税款的权利。恰恰相反，在法国，激进的革命首先要求完成的是在旧制度的废墟上建立新世界。这一需求在革命的最初几个月显得尤为突出，例如，废除封建赋税，将法国的行政体制重新规划为省级行政区制度。延续到18世纪90年代，在拿破仑征战埃及期间，在许多科学家的协助下，军队从埃及将许多手工艺品运回法国，比如著名的罗塞达石碑（Rosetta Stone）。

一些革命的理性思想长久存在了下来。1790年，国民议会委托法国科学院开发一种新的度量系统，来替代旧制度体系下混乱的序列模式。新的度量系统由约瑟夫-路易·拉格朗日（Joseph-Louis Lagrange）主持开发，这是一套公制度量标准，以长度单位（米）和质量单位（克）为基础。起初，长度单位“米”定义为从北极到赤道距离的千万分之一长度，不过这一定义随后进行了修改，因为在实际测量这一长度时缺乏精确性。质量单位“克”定义为水填满边长为0.01米立方体的水的质量。公制度量系统于1799年12月正式在法国创建，稍晚于拿破仑政变，这一系统自诞生起便广泛应用于整个工业世界。

其他理性的成就有时是短命的，像革命日历。革命日历于1793年10月由国民公会制定，将1792年9月22日，也就是共和国建立的这一年定为元年。它将全年划分为12个月，每个月30天，并根据季节命名月份：葡月（Vendémiaire），雾月（Brumaire），霜月（Frimaire），雪月（Nivôse），雨月（Pluviôse），风月（Ventôse），芽月（Germinal），花月（Floréal），牧月（Prairial），获月（Messidor），热月（Thermidor）及果月（Fructidor）。其余的五天定为秋天节，以庆祝共和国的创立。虽然革命日历一直使用到1806年1月，但它并未得到多数法国公民的支持，因为每个月分为三周，每周十天，周末缩减到每十天一次出现。为了对抗基督教，星期天（礼拜日）也被取消了。另外，由于其余西欧各地已经使用了标准化的日历，新的测算方法带来了很多混乱。同样的原因，其他许多革命时期的发明也是不切实际的，像十进制钟表，它将每天分为十个小时，一小时一百分钟，一分钟一百秒。

对于欧洲政治的革命来说，理性对抗传统的影响力还是非常大的。通过表达用理性来制定规矩的强烈信念，革命活动事实上创建了一个无限的视域，以达到完成政治行动的目的。他们的条例证明，将权力系统废除是不能接受的，也是不合理的。因此，在1789年以后，众多团体寻求转变法国革命的基调，以对抗其他形式的压迫，例如建立在性别、种族或者经济阶层上的压迫。

女性和少数民族的权利

对原则强烈的革命信仰逐渐缓和，因为革命者考虑到如果将理性原则扩展到他们的逻辑推论中，将会引发社会秩序的坍塌。内部的斗争主要呈现在几个问题上：女权，废除奴隶制，以及少数派宗教的地位。

在大革命早期的运动中，女性问题居于中心地位，例如 1789 年 10 月进军凡尔赛，王室家庭被迫迁回巴黎。大革命爆发的前几个月，少数政治积极分子要求扩大公民权利，赋予女性和男性同等的权利。1790 年 7 月，启蒙运动的主要知识分子之一孔多塞呼吁将选举权赋予女性。他认为，法国革命者“违反了权利平等的原则，不声不响地剥夺了公民的半数人权”。1790—1791 年间，一个名为社交圈（Cercle Social）的小型团体为女性权利积极发声。这场运动中的一位重要人物是名叫埃特·帕尔姆·艾乐德（Etta Palm D’Aelders）的荷兰女性，她将专制夫权比作专制的君主。1790 年 12 月，在一个政治俱乐部的演讲中，她宣称：“性别偏见一直在我们身边……将妻子和母亲最亲切、最圣洁的职责变成了痛苦和可怕的奴役。”

尽管有各种各样对女性解放的呼吁，国民议会并没有认真考虑将女性政治权利写入《1791 年宪法》中。塔列朗代表大多数的同僚说，女性加入政治生活是违背“自然意愿”的，“普世的幸福”需要在两种性别之间达到“有区别的和谐统一”。像其他事件一样，在这一问题上，法国革命者的说辞体现了让 - 雅克·卢梭的影响力。早在《论人类不平等的起源》中，卢梭就拿“日内瓦（他的出生地）和蔼善良而又谦逊优雅的姑娘”与其他城市“稚气”而“散漫”的女性做对比。与其他女性有损社会道德和自由的行为不同，日内瓦的女性保持着她们“在婚姻生活中”的“纯洁与高尚”，因而确保了政治上的和谐和家庭的安宁。就像他后来的小说《新爱洛漪丝》(*La Nouvelle Héloïse*)以及教育学专著《爱弥尔》(*Emile*)一样，卢梭在《论人类不平等的起源》一文中同样预测到了19世纪家庭生活的样貌，就是在社会上男性和女性之间存在明显的界限。在大革命期间，卢梭的理念被援引来指责玛丽王后，称其是“坏母亲”、不忠的妻子，她的行为不仅摧毁了她的家庭，更是影响到了整个国家。

在海峡对面的英国，小说家和政治作家玛丽·沃斯通克拉夫特(Mary Wollstonecraft)认为，卢梭、塔列朗对女性表现出的不屑一顾的态度是对妇女权利的挑战。她在1792年发表了题为《女权辩护》(*A Vindication of the Rights of Woman*)的长篇论文。沃斯通克拉夫特说，女性对男性权力的无限期服从使得她们无法充分发挥自身的天赋。因为女性不得不花精力去取悦男性，所以她们难以培养自身的品性。她认为，女性必须独立地、而非从属地接受教育；女性的解放会促使她们成为更贤淑的妻子，更温良的母亲，还会帮助她们将孩子培养成为有道德的公民。

法国剧作家玛丽·古兹(Marie Gouze)，以奥兰普·德古热(Olympe de Gouges)为笔名撰文，犀利地回应了革命党的宪法中将女性排除在积极公民之外的条例。她的《女权宣言》完成于1791年9月，借用了《人权宣言》中“男性和公民权利”的语言表达方式。《女权宣言》的第一条是这样开头的：“女性生而平等，而且与男性有着同等的权利。”在第二条中，玛丽写道：“所有政治性结社的目的是保护女性和男性与生俱来及不可侵犯的权利。”德古热不仅将《人权宣言》中的条款扩大到了女性，而且将这些权利延伸到了社会关系的层面。她意识到，如果没有财产权和离婚权，女性政治权利的价值就微乎其微。然而在 1793 年，雅各宾派的领导人将她送上了断头台，原因是她持“反革命的”吉伦特派观点，并且被贴上了“不正常”女性的标签。

在 1793 年关于新的共和国宪法的讨论中，国民公会的几个代表再次将议题摆上桌面，讨论女性是否应该被赋予更多的权利，然而支持他们提议的人却很少。1793 年 10 月，公会颁布一项法令，禁止女性成立政治社团。雅各宾派的代表让 · 巴普蒂斯特 · 阿玛尔（Jean Baptiste Amar）把这一法令引进了议会，声称妇女“与崇高的理念和严肃的思考几乎不沾边”，她们“天生注定”只是发挥“私人功能”，而非加入到公共生活之中。三周之后，一群头戴红帽的妇女来到巴黎市政厅，皮埃尔 · 加斯帕德 · 肖梅特（Pierre Gaspard Chaumette）作为激进派的领导人，愤怒地谴责她们：“太令人震惊了，你们想越过法律从而拥有跟男性一样的权利？！……什么时候能允许放弃自己的性别了？什么时候看到妇女放下家庭的职责，丢下摇篮里的孩子，跑到公共场所，去画廊听演讲，去议院参与政事了？”[7]

在社会关系的层面，法国大革命同样对女性的权利产生了混合效应。1792 年 9 月，立法议会使离婚合法化，原因是完全禁止离婚意味着对本国公民自由的侵犯。起初和离婚有关的条款都定义得很宽泛，包括“不能相容”“双方愿意”等七个理由，只要符合其中任意一个，都可以合法解除婚姻关系。在随后的十年，法国大约有三万对夫妇离婚，其中 70% 都是由妇女先提出的。这样离婚变得十分容易，而且女性比男性更多地利用了这一权利，这些都与天主教和政治保守党显得格格不入。1797 年，督政府的立法机构改写了离婚法，在“不相容”的基础上增加了六个月的法定等候时间。1804 年颁布的《拿破仑法典》在女性法律地位方面更保守一些，例如，严格限制了离婚权和财产所有权，而且正式规定了妇女在法律上对丈夫的从属关系。

革命时期离婚法的历史与非婚生子女相关的立法，有着惊人的相似之处。1793 年 11 月，公会通过了一项法令，它规定（与革命时人人平等的理念相一致）非婚生的子女和“其他的孩子”享有同等的继承权。然而，这个善意的条款最终给法律所预期的受益人带来了毁灭性的后果。一开始，为了与未婚父母所生的孩子做出区分（他们甚至不怕提及乱伦关系中产生后代的情况），立法的起草人被迫去限制通奸者后代的继承权。到 1795 年，督政府担心家庭的神圣性会受到这一法律带来的破坏性影响，遂将非婚生子女的合法继承权废除。例如，除非父亲自愿承认，否则无法建立亲子关系。（已婚的男性被禁止和任何非婚生孩子建立亲子关系。）最终，根据《拿破仑法典》（*Napoleonic Code*），非婚生子女被界定为更加不利的法律身份，甚至比不上旧制度时期。

总的来说，革命对性别关系有着多重的影响。一方面，它提供了一种新的政治语言，这种语言为家庭范围内的关系再界定提供了法律依据。“人权”这一词构建了一个框架，其中女性能够声张自由和平等，以及反对传统的《圣经》权威中妻子必须服从丈夫的规定。另一方面，革命活动的混乱引发了法国国内守旧势力的强烈反应，他们将妇女遣返回家以保证“家庭的安宁”。许多积极的革命人士强烈反对妇女加入公共生活中。在某种意义上，妇女为获得自由付出了代价，因为法国的政治领袖要保证公民能接受革命准则，防止在私人领域和现有制度下造成混乱。

法国殖民地的奴隶制给革命政治家带来了又一个两难的困境，尤其是在法属圣多明各。在大革命爆发的头几个月，一个名为“黑人之友社团”的组织呼吁停止奴隶贸易并逐步废除奴隶制。这一社团建立于 1788 年，得到孔多塞的大力援助。然而，大多数的革命领导人起初极力抵制这一行为，他们担心国家会丧失贸易财富和对殖民地的控制力。此外，种植园主控制了国民议会的许多代表，并强烈反对奴隶解放运动。

然而，在 1789—1791 年间，圣多明各的白人殖民者的权威遇到了巨大挑战。早在 1789 年 10 月，殖民地的长官就断言：“黑人都在自发地散布一个观念：白人奴隶曾经杀掉他们的主人，于是现在能够当家做主，夺回土地和家园。”如果圣多明各的黑奴效仿法国的“白人奴隶”，那么，此地必将血流成河。殖民地紧张的政治局势尤其体现在它复杂的种族结构上：除了 46.5 万的黑人奴隶，圣多明各还有 30000 白人和 27000 自由黑人和穆拉托人*(mulattoes)。

* 穆拉托人：指黑人和白人的混血人种。——译者注

大部分的黑人奴隶由白人控制，还有四分之一的奴隶由自由黑人控制。当 1789 年法国大革命爆发的消息传到圣多明各，白人殖民者立刻派代表回到法国，加入新的国民议会。像白人一样，穆拉托人也将代表法国并要求加入议会。白人殖民者力图阻止穆拉托人加入国民议会，因为他们担心这会影响到殖民地种族间的关系。而白人和穆拉托人一致同意限制自由黑人及奴隶的权利。

面对这些互相冲突的要求，国民议会起初拒绝了自由黑人和穆拉托人的政治请求，并声称，如再有奴隶策划谋反将直接依法处置。不过，在 1791 年 5 月，议会的政策有所缓和，将政治权利赋予了所有父母是自由身的那部分自由黑人，然而这只是这一群体中极少的一部分人。三个月之后，也就是 1791 年 8 月，在法属圣多明各发生了奴隶暴动；当议会决定收回自由黑人的权利时，他们也举起了反对殖民地白人统治者的大旗。

反叛集团的军事战略首领名为让 – 弗朗索瓦 · 杜桑 · 卢维杜尔（Jean-François Toussaint L'Ouverture），他自学成才。并在叛乱爆发前夕就获得了自由身。他被授予"卢维杜尔"（意为"先驱"）的称号，因为他在 1793 年对抗岛上西班牙人的过程中，打赢了多次闪电战。受到奴隶支持的英国和西班牙联合侵略军让圣多明各的两位法国长官十分不安，他们在 1793 年秋天决定废除殖民地的奴隶制。作为报答，杜桑 · 卢维杜尔带领人马抵抗圣多明各东部的联合侵略军。1794 年 2 月 4 日，国民公会正式废除了所有法属殖民地的奴隶制。

不幸的是，公会的声明并没有解决圣多明各的种族冲突问题。

许多白人殖民者要不无视这个政策，要不就将奴隶制转变成强制劳动。解放奴隶的法令同样遭到了自由黑人和穆拉托人中奴隶主的反对。岛上的动乱持续到了拿破仑时代，随着奴隶起义获得胜利并建立名为“海地”（意为“高地”）的独立共和国，动乱在 1804 年达到了顶峰。

法国大革命中的一些条例对其他组织也有着广泛影响。法国的犹太人根据这些条例与不平等作斗争，例如对犹太人财产和贸易的限制。1791 年 9 月，立法议会通过一项法令，规定犹太人有同等的公民权利。在其他欧洲地区，例如德意志，解放犹太人是整个 19 世纪一个循序渐进的过程，包括废除了一系列歧视性的法令条款。但是在法国，由于《人权宣言》的语言过分直白，导致了更直接、更突然的方式。有一项条例是这样的，犹太人有权成为积极公民并“参加宣誓”，有权放弃之前作为自治犹太人社区成员的“特权和特殊条款”，比如单独的税收制度。这一法令并不意味着反犹太主义在法国的终结，无独有偶，19 世纪 90 年代的“丑陋德雷福斯事件”*（Dreyfus affair）就是另一例证。尽管如此，有关犹太人公平的法律框架还是建立起来了，并且从革命年代以来完整地保存下来。

讽刺的是，普世平等的革命需求却在无形中破坏了底层团体的权利。例如，1791 年的《列 · 沙白里埃法》（*Le Chapelier Law of*

* 德雷福斯事件：1894年法国陆军参谋部犹太籍的上尉军官德雷福斯被诬陷犯有叛国罪，被革职并处终身流放，法国右翼势力乘机掀起反犹浪潮。此后不久即真相大白，但法国政府却坚持不愿承认错误，直至1906年德雷福斯才被宣告无罪。——译者注

1791）禁止在法国成立行业协会和贸易联合会，这样一来，人们为了从雇主那里获得更好待遇而成立的组织就变得不合法了。法律背后的逻辑同解放犹太人的法令是一致的，也就是说，那些包含单一类型公民的“局部协会”（partial association），若是对社团特征具有强化作用，就应该被废止，以建立新秩序。然而，没有任何臣民之道能够阻挠公民建立更大的民族共同体的诚挚忠心。

一次资产阶级革命？

在 20 世纪的大多数时间里，历史学家们有一个共识，即法国大革命是旧制度末期社会经济状况转变的必然结果。在整个 18 世纪，学者们认为，法国资产阶级逐渐变得富裕和自信起来。然而，旧制度时期的政治力量依然集中在垂死的君主和贵族手中。因此，学者们把 1789—1794 年间的政治事件看作资产阶级反思的结果，资产阶级通过获得同等的政治力量，并依靠新兴的社会经济优势，来努力修正这种不平衡。

最近几十年，史学研究认为这种社会化的解读将革命过分简单化。虽然在 18 世纪，法国的商业和工业都有了很大的发展，但其主要的经济成分还是农业，即使是在革命爆发前夕。大多数工业都集中于手工业者的小型商铺，而非大的工厂。直到 1785 年，法国才有了第一台蒸汽机。与英格兰的工业革命自 18 世纪后期就运转良好的情况不同，法国的工业化正式开始于 19 世纪上半叶，那时距大革命爆发已经过去几十年了。

在大革命爆发前的法国，出现了一个新的资产阶级，他们对激进的政治变革并不感兴趣。当时许多法国的企业家都是贵族，而非资产阶级，大多数富有的资产阶级对于花钱加入贵族行列没有多大兴趣，对于推翻传统的社会秩序倒是有些兴趣。在 1789 年的三级会议上，几乎没有第三等级的代表是商人或者实业家。相反，很大一部分的人是律师和政府官员，他们都在旧制度的秩序下享受经济利益。在革命的早期，一些出众的革命领袖本来就是贵族出身，像米拉波、塔列朗、拉法耶特和孔多塞。

法国的资产阶级不仅在领导革命时扮演相对有限的角色，而且不清楚他们是否能从中快速获利。事实上，一些修正主义学者认为革命活动阻碍了 18 世纪末和 19 世纪初法国的经济发展，他们重申了与新兴企业家阶层相比，传统资产阶级社会群体的权威。[8] 此外，革命战争与随之而来的征兵，对一些经济领域造成了巨大损害。大西洋和地中海沿岸的港口城市，例如马赛，遭到了战争的严重破坏，还有北部和东部的纺织重镇也损失严重，例如里昂。用西蒙 · 沙玛（Simon Schama）的话来说 :“马克思主义历史观始终认为的革命受益者——资产阶级，事实上是最大的受害者。”[9]

虽然这一修正主义观点决绝地否认了许多有关大革命的普遍看法，但狭义地讲，1789—1799 年间的事件仍被看作一场“资产阶级革命”。有些学者认为，尽管 18 世纪的法国缺少工业革命，但逐渐发展的消费文化对民主政治社会化起到了重要作用。这一解释着眼于法国中产阶级消费模式的转变，而非产品类型的转变。“到 1789

年，”科林·琼斯（Colin Jones）写道，“这个民族……习惯于做选择……在革命中，我们会假设，有一系列的政治消费的选项会摆在选民面前，让他们分辨好坏并评估政治消费品的用途。”[10]

其他历史学家对革命的起因和结果画出了清晰的界线。他们发现，即使革命不是由资产阶级领导，也能够促进法国社会平等和经济工业化的发展。依照这一观点，革命发展的主要推动力是政治而非经济，革命的主要目标是建立一个政治联合的自由国度，并且有力打击旧制度下的社会结构。因此，自由市场体制的建立可以说是革命政治目标的副产品，而非中心任务。

关于革命特征的解释还是比较具有说服力的。我们很难评估革命对法国经济的短期影响，主要是因为它引发了从 1792 年到 1815 年这 23 年间几乎不间断的各种战事，这对于经济的影响是复杂的。但是长远来看，革命将旧制度下混乱的权利与制度网络一扫而尽，同时消除了妨碍法国工业化的各种因素。例如在 1789 年，法国有超过 2500 家海关邮政所，经过大革命，所有这些机构都被废止。同样的，革命党人将天主教会的土地变卖，来增加土地所有者的流动性，这项措施对经济发展十分有利。废除贸易协会、禁止劳工组织使资本家开设新工厂变得更加便利，他们也更容易控制工厂工人。最后，通过清理贵族头衔，革命将大众的社会理想导向了新的方向。这样，法国民众将目光从如何获得各种头衔转向了如何获得财富。这些都要归功于经济的发展。

大革命不仅对法国经济发展有重要的促进作用，对文化更是具有深远影响。很大程度上，1789—1799年间的革命活动对日后世界范围内的革命运动起到了标杆作用。它在动员民众上是先例，无论是政治运动还是发动的战争，都超过了以往任何一次的规模。也许最重要的是，它创立了为争取平等而形成的公约，这对于那些被剥夺权利的人群有着十分重要的作用，例如对女性、奴隶、产业工人、宗教少数派，以及殖民地被压迫的人民。在过去的两个世纪，纵观全世界，各种各样的选民阵营都想利用公约的感染力去获取政治和社会权利。从这个意义上来说，几乎所有的近现代历史都将法国大革命视为“领航者”，这样讲并不夸张。

第二章

拿破仑时代

无论人们对拿破仑·波拿巴的品格作何评价，无论人们怎样看待他的丰功伟绩，不管是被敬仰为卓越的军事领袖，还是被谴责为20世纪独裁“先驱”，没有人可以否认，拿破仑主宰了自己的时代。他并不是正统的法兰西人，1769年他出生在科西嘉岛一个没落的贵族家庭，就在这一年前，法国刚刚从热那亚手中接管这一地区。青年时期，他争取到了国家奖学金，并在法国的军校深造。或许是把自己看作在他乡求学的“异类”，他想要依靠自己的智慧并且发愤图强。在钻研历史和地理的同时，他也研习军事谋略和战术。1785年，年仅16岁的拿破仑被任命为炮兵少尉，但因他的外来血统，他在法国军队的晋升之路并不乐观。然而革命的到来为他打开了新的一扇门。拿破仑回到科西嘉岛，并在之后的三四年间致力于当地的独立运动，这也是他儿时就有的梦想。这一阶段的结束以他和当地爱国领导人帕斯夸莱·迪保利（Pasquale di Paoli，1725—1807）的决裂为标志，他全家也因此被流放。放弃了早期的计划后，他成为一名热情的爱国者和雅各宾党人。

1793年冬天，拿破仑率军从保皇派和英军手中夺回了土伦港。

这一役使他从上尉晋升至准将，并引起了著名政客巴拉斯的注意，也正是巴拉斯日后给予了他很大帮助。罗伯斯庇尔的垮台给拿破仑的命运带来了短暂的反转。他被当作恐怖分子逮捕，并被剥夺了委员资格投进监狱。然而，随之在 1795 年 10 月爆发的起义，促使巴拉斯派拿破仑去保卫公会，他出色完成了任务，这样他被提拔为国内军队的总指挥官。那时，他遇到了美丽的约瑟芬·博阿尔内（Josephine de Beauharnais，1763—1814），她的丈夫是一位贵族将军，死于恐怖时期的断头台上。她比拿破仑年长六岁，有两个孩子，也不富裕，然而年轻的拿破仑却炽热地爱上了她，并在 1796 年 3 月 9 日与她结婚。

在拿破仑结婚前的两天，他被任命去担任意大利战场的指挥官，在那里，他第一次将自己的军事才能显露出来。在进攻中，他重点运用迅速运动和发动奇袭的战术，大破敌军。在意大利的战事让他成了民族英雄。在 1798—1799 年的埃及远征失败并未削减他的荣耀，部分原因是他远征失败一事当时没有被宣扬出去。

是什么促使拿破仑在 1799 年达到了权力制高点？从同时代人的大量言论来看，几乎不可能得到一个完整合理的判断，因为大多数言论是带有偏见的。安德烈·弗朗索瓦·缪特·梅里托伯爵（Count André François Miot de Melito，1762—1814），是法国的一位国务议员，在 1796 年的意大利战役中第一次遇到拿破仑，并记下了当时对拿破仑的印象：

我看到他的样子时，着实感到震惊。他和我想象中的形象大相径庭……他个子低于正常身高，而且身材极其瘦小。他粉饰的头发梳成奇怪的发型，正正方方地垂到耳朵以下，快要及肩的位置。他身着笔挺的外套，戴着一顶插有三色羽毛的帽子，扣子一直扣到下巴的位置，衣领上是很窄的一条金色刺绣。第一眼看到他时，并没有给我留下英俊的感觉；但是他特征鲜明的外表、敏锐的眼睛、简单而生动的姿态，无不展现出一个炽热灵魂的形象，同时从他宽广沉静的眉宇间又能看得出他是一个有深度的思想者。他邀我坐在旁边，和我谈起意大利的种种。他都是用简短的语句讲话，他说当时的形势并非他所期望。

大多数同时代的人都认为，拿破仑有着非凡的智慧、不同寻常的持久力和强大的专注力。下面的这段评价出自让·夏普塔尔（Jean Chaptal，1750—1832），他曾是拿破仑在带领国内部队时期的长官。夏普塔尔也许比任何一个人都了解拿破仑，他对雾月政变后拿破仑第一执政官的功绩如是说：

每天傍晚，我们都会在第一执政的房间见面，然后从十点到凌晨四五点进行讨论研究。正是这些会议让我逐渐意识到，把政府交给这样卓越的人是值得信赖的。虽然他很年轻，行政经验也不足，但他在会议中体现出的清晰而精确的想法、雄辩力，以及广阔的视野已经使大家折服。他是一个不知疲倦又睿智超群的工作狂，他对这个庞大行政系统下的各个细枝末节都做了十分充足的准备。……即使一天工作十二个小时，身心的疲倦却从未在他身上表现出来。[1]

他有着每位军事指挥官应有的品质，他所做的决定基于细致的策划和详尽的知识储备，而非简单的直觉。每一个看似灵感的火花都是经过细致理性分析的结果。“每一次行动都需要一套体系，”他说，“因为仅仅靠机遇并不能成功。”[2]这一理性的思想让很多人认为拿破仑是启蒙运动的追随者，然而他性格的另一方面又使他成为了罗曼蒂克时代的伟大英雄之一。虽然他并不信仰宗教，但他感觉到妻子被所谓的“星”所引导，而且他频繁提到了“命运”的杰作。虽然他对自己的目标制订了精确的计划，然而他最终的目标似乎是没有界限、无法定义的。他崇拜亚历山大大帝、恺撒大帝和查理曼大帝，崇拜的并非他们的某个功绩，而是建立统一帝国的远见卓识，这些都激发了拿破仑的想象力和行动力。乔治·勒费弗尔（George Lefebvre）在描述拿破仑性格中浪漫的一面时说：“（一个现实主义者）在制定目标时会考虑到种种可能性，如果他的想象力和荣誉感驱使他行动，他也应该知道在何处收手。”[3]从这方面看，拿破仑的确不是一个现实主义者，因为他的野心没有止境。从长远看，这使他走向了毁灭。

人们在讨论拿破仑的国内政策时，最常提到一个问题，即他的管理方式是否顺应了革命，或者用他的话说，是为革命“加冕”，还是与革命相悖。当然，答案在一定程度上与我们对“革命”的定

《执政官波拿巴》（1789）。一幅描绘早期拿破仑的著名半成画像。（作者：大卫）

义相关：我们所定义的革命时期是1789—1792年间国民议会和立法议会的温和统治阶段，还是1789—1799年包括恐怖政府和督政府的这一完整时期。有一派观点认为拿破仑是“大革命之子”，革命初期的建设性成就在国民公会和督政府统治下被中断、妨碍，随着第一执政官波拿巴的上台，革命的任务才得以继续完成。反对派的观点认为，执政府和法兰西帝国时期的许多措施都源于君主立宪时期的改革，但是他们称拿破仑政治体制的特征，也就是他对于舆论的严格控制和对反对派的处理方式，都有违1789年的理念。有些人甚至说，拿破仑和18世纪的独裁君主，而不是和革命者有更多的相同点。根据这一观点，他对理性化和系统化表现出的热情，与腓特烈大帝及奥地利约瑟夫二世十分相似。而且，无论他进行怎样的改革，都脱离不了专制政府的体系。他被当作在启蒙时期专制主义下的独裁者，与逻辑极端主义相抗衡。在接下来的部分，我们将权衡证据以阐明这些对立的观点。

执政府，1799—1804

脱胎于雾月政变的政府仅仅是一个临时政权。政府由三位执政官拿破仑、西哀士和杜科掌控，他们为法兰西构建了新的政体和稳健的政府。经历了十年的革命以及内忧外患，大多数法国人都愿意舍弃这缥缈的自由，来换得和平安宁的政治统治。雾月政变之后，执政官们宣称要结束西部地区还在零星发生的战争，稳定财政，编订法典，并用体面的方式停止对外战争。在随后的五年，第一执政和他的政府都将致力于兑现这一系列的承诺。

宪历八年（1799年），西哀士在拿破仑的协助下，制定了一系列宪法，意在保护共和国体制，但同时给予了执政官更大的权力。虽然宪法规定三位执政官十年一任期并由议会选举，但却指定了第一任的三位执政官，那便是拿破仑和他选定的两位同僚——让·雅克·雷吉斯·德·康巴塞雷斯（Jean Jacques Régis de

Cambacérès，1753—1824）和夏尔·弗朗索瓦·勒布伦（Charles François Lebrun，1739—1824）。国家立法机关用三个议院代替了以往的两个，分别是上议院、护民院和立法机构。但是它们的行动是受限的，而且选举方式也使机构运行效率较低。上议院有八个职位是终身制的。最初，他们中的大多数人都由即将离任的第二任和第三任执政官任命，而执政官本身就是议员。反过来说，这个集团是由立法机构、护民院和第一执政来挑选其余的议员。事实上，终身制议员和其余议员都是由即将离任的西哀士挑选，并经过拿破仑的批准产生的。同样的，拿破仑本人也是第一立法机构和护民院任命议员。

上议院没有直接的立法权，除非讨论中的措施合乎宪法规定，但是他有从其他两个机构的“名流”中选取并任命议员的权力。名流由普选产生，这也是唯一一个表面上民主的条款，但是当时选举权的重要性甚至不及《1791年宪法》或者督政府时期。选民只能从自己所在社区的名流中投票，被选中者又会选出他们中的十分之一进入相关的部门。按照这个程序，再从护民院和立法机构选出十分之一的人成为国家的管理人员。护民院有100人，负责讨论第一执政或其顾问的举措，但是没有表决权。立法机构包括300人，有通过或否决权，但是不参与讨论。因为三个机构的成员都是通过任命而非选举产生，所以执政官并不担心会有反对势力。

尽管精心安排了一系列立法机关，事实上，起草法案的工作还是由国务院来做，这里的专家成员由第一执政任命并对其直接负责。

如果对立法机关的权威有异议，也很少有人说出来，因为选民中支持者与反对者比例悬殊——3011007 名支持者对 1662 名反对者，于是这一体制很少受到质疑。新上任的第一执政认为公民表决是一种绝对信心的体现，因为他自己的名字早已赫然出现于宪法标题之中。

拿破仑的执政

1802 年，拿破仑宣布自己为终身执政并修订了宪法；1804 年，拿破仑称帝。通过公民投票，拿破仑以压倒性优势又一次扩大了自己的权力。作为第一执政及日后的皇帝，他进行了一系列骄人的行政、财政、教育和法律改革。

那些将拿破仑看作大革命之子的人认为，他执行的管理体系的主线是由国民议会制定的。拿破仑保留了 1789 年设立的基本地理区划，但在其他许多方面，他对指导革命者的管理原则进行了很大的调整。例如，他撤销了 1789 年至 1792 年间选举的官员和地方自治形式，进而采用了中央任命官员的方式，从那时起这便成为法兰西行政体系的核心原则——行政长官掌管省级行政单位，副行政长官掌管区级行政单位，市长掌管市镇级行政单位。地方议会依然协助任命的官员，但是议会也是由巴黎任命，而非选举产生。法国显然更倾向于这样一种集权化行政系统，而非美国式的联邦体制，或者英国式的分权体制，然而这一倾向似乎与大革命先驱的理念格格不入。

集权化思想同样体现在拿破仑的财政改革中。督政府试图通过收回曾让革命政府饱受折磨的通胀货币，以及拒绝偿还三分之二的国债，以此来恢复法国的财政稳定。虽然这些措施并未显著增加国家税收，但是政府的信用却得到极大的恢复。拿破仑意识到实行一个有效的评估和征集税收的方法势在必行。因此，他没有把收集税单和征税的权力下放给地方官员，而是赋予了中央政府的代表，分别是巴黎的总督，各省的副总督，以及各市的巡视员和评估员。这样整个税收机制便得到了加强，政府也能够更准确地做出税收预算。虽然法国民众千方百计想出了避税手段，但是拿破仑的这套基本体系还是延用到了今天。

为了支持巨额的开支，拿破仑另一个成功征税的举措是恢复一些消费品如酒、烟草和盐类的间接税。另外，他利用了一个名为“非凡葡萄园”（domaine extraodinaire）的基金来筹款，基金来源于已征服国家的税收、拨款和征用款项。1800 年，拿破仑宣布成立法兰西银行，旨在缓解政府借款压力，稳定汇率，以及促进年金缴纳。1803 年，法兰西银行被赋予在巴黎发行纸币的特别权，到了 1848 年开始在全国范围内发行。严格地说，它是一个私人机构并拥有特殊的地位，因为它的股东包括第一执政及他的家人，还有国家的高级官员。

在经济方面，拿破仑绝对是一个重商主义者，他想用经济的方式壮大法国并通过经济规律来进行指导和干预。对他来说，战争的需求和军队的供给当然是重中之重，而且他对定期的粮食供应也同样重视。尤其是在巴黎，由于食物短缺和物价飞升，随时会引发不满和动乱。在执政府和帝国的统治下，食品供应商和农民基本还是富足的，尤其是一些生活替代品（例如甜菜）的生产商，有了他们便不再需要依赖海外进口。

拿破仑对法国的工业发展也大力支持，但是在这一方面的举措并未获得预想中的成果。在国内事务大臣让·夏普塔尔（Jean Chaptal）的领导下，法国的工业蓬勃兴起，大力招募国内科学家和工程师来发展新兴制造业技术。这对纺织业的发展极为有利，通过仿制和革新引自英国的机器，棉纺织量大幅增加。政府声称在1806年至1810年期间，法国棉纺织厂的产量增长了四倍，虽然略有夸张成分。

采矿和冶金行业的发展就稍显逊色了。尽管对军备的需求量居高不下，但大多数的铁器装备还是依靠小型的、低端的铸造厂提供。许多厂商在拿破仑的体制下都得到了很好的发展，但是他们对一些琐碎的条条框框有所不满，他们最不认可给予商人的经济政策，因为商人们把海外贸易的低迷归结于英国对海洋的控制。为此督政府也进行了新资源和新市场的开发，但是拿破仑时代的对外贸易量始终没能达到旧制度时期的水准。

拿破仑继承和发展了始创于大革命时期的公共教育体系，因此得到世人的称赞。为全部适龄儿童提供免费小学教育的条例首次出现在《1791年宪法》中，并由国民公会重申，不过在革命年代，初等教育的发展相对缓慢。拿破仑政府也没有为初等教育做出十分显著的贡献，据估算，在1813年只有八分之一的适龄儿童接受了初等教育。至于中学教育，国民公会建立了国家支持的“中央学校”（central schools），每省设立一所，巴黎设立五所。虽然在推行的过程中遇到了许多难题，但中央学校的教学水准还是很高的，并且在执政府的早期发展迅速。然而，拿破仑在1802年叫停了中央学校，并用公立中学（lycées）取而代之，以进一步加强政府监管。同时，他还允许开设了少量私立中学。公立中学可以说是“爱国主义教育的温床”。在拿破仑体制下，规定了学校课程、教学计划、任命教师等条例，并设立了与此对应的监察体系。学校实行军事化管理，学生要着统一的校服，上课和下课时要听鼓声，退休军官给学生进行军事化教学。1808年拿破仑建立了公立大学（Université），它与通常意义上的大学不同，这种独立的体系包含了从小学教育到大学教育各阶段的公立学校。同理，这样做的目的是保证对教育的控制力，使其忠于统治者。即使在1808年之后，私立学校和教会学校在国家监管下依然存在，但是由国家控制和资助的公立大学所持的原则是：教育的大门向所有男性公民敞开。女孩有权利接受小学教育，但无权进入公立中学和公立大学。拿破仑认为，女孩接受教育的最佳方式是在家跟母亲学习针线活及从事其他的“女性职业”。

在拿破仑自己眼中以及后人看来，在他执政期间最卓越的一项成就便是编纂了五部法典。法典的编写始于他位居第一执政时期，持续到帝国建立时还未全部完成。其中，《民法典》（*Civil Code*），或称《拿破仑法典》（*Code Napoléon*），是最重要的一部。大革命为第一执政的上台扫清了旧制度时期各种法律条令的障碍，不过各个革命议会在起草新法典的过程中却举步维艰。1800 年 8 月，拿破仑任命法兰西最优秀的律师组成专门委员会来起草法典，他坚信在半年内可以完成。怀着满腔热情与不懈的进取心，第一执政亲自主持安排半数的国务委员，就起草中的细节问题进行监督、讨论。然而，法典的颁布时间一直推迟到了 1804 年初。由于护民官和立法机构反对某些条款，导致了对其中一些细节的修改延期。

最终完成的法典在大革命最重要的理念和拿破仑政权的统治需求之间做出了权衡和妥协。大革命的一项基本原则被保留下来：所有（男性）公民在法律面前一律平等。法典为全国上下提供了一个统一的法律体系，保障了宗教自由和世俗国家至高无上的统治，维护了每个人自由择业的权利。其中的另一些条款带有拿破仑专制独裁观念的深刻烙印。例如，有关家庭生活的部分强化了父亲对孩子的权威，以及妻子对丈夫的从属关系，丈夫对妻子的财产也有合法处置权。革命时期的法律要求财产在继承人中平等分配，而法典给予了一家之主在处置财产时更大的自由。离婚在双方同意的情况下可以得到合法的承认，但考虑到家庭团结，对离婚权还是做出了一定的限制。具体来说，女性比男性更难获得离婚权。丈夫可以因为妻子单方面的通奸行为而提出离婚，但妻子并没有同等权利，除非丈夫将情人带回家同居。女性没有权利提起诉讼或要求辩护，她们仅仅与未成年人的法律地位等同。

后来的一些法典，例如 1806 年颁布的《民事诉讼法典》（*Code of Civil Procedure*）与旧制度统治下的法律有很大相似之处。《刑事诉讼法典》（*Code of Criminal Procedure*）与《刑法典》（*Penal Code*）都起草于执政府时期，完成于1810年，反映了拿破仑统治下不断深化的专制独裁。法典对政治犯罪和侵犯私人及其财产的犯罪，都规定了严厉的惩罚措施。革命时期的法律改变了刑事诉讼程序，它对被告人做无罪推定，除非有证据证明其有罪；而法典又将此规定撤回，将其改为做有罪推定。1807年颁布的《商法典》（*Commercial Code*）没有其他法典完善，只是保留了君主政体下的若干条例。

当时有许多针对拿破仑法典的批评，但从总体上看，这部法典绝对可以说是一项非凡的成就。从语言的简洁性和清晰度来看，《民法典》是无与伦比的。任何一个公民花费最少的精力都能从它那海量内容中找到所需信息，而且完全可以把它当作一本口袋书。虽然立法者设想他们的法典遵循了自然规律并具有普适性，正如启蒙哲学家和革命家认为他们提出的原则是“自然之法”，法典从其起源来看其实具有强烈的民族性。它们借鉴了传播到法国南部的罗马法律的精华，以及北部省份日耳曼人的法律条例。它们同大革命时期的法律相融合，强烈动摇了法国社会的等级架构并改变了个人的社会地位。这一系列的法典适应了资本主义导向的社会，这一源于大革命的社会形态强调了法律面前人人平等，同时也设置了保护私有财产的条例。这在一定程度上解释了19世纪法国的法典被广泛借鉴和模仿的原因。当然，法国也将法典直接应用在其征服的国家和地区，包括奥属尼德兰、荷兰、瑞士、卢森堡及德意志的一些邦国。然而法典的影响力远不止于此，它传播到了诸如加拿大、路易斯安那州，以及美国的中部和南部等新世界的地区，甚至远及日本。

对异议的镇压

批评家们总体上很赞赏拿破仑的成就，尤其是在管理体系、教育和法律领域，但是他们强调拿破仑制度的一些方面是有违大革命初衷的。首先，1799 年建立的政治体系执政府构建的理论是有悖于人民主权论的，而人民主权学说是《人权宣言》的核心观念。

虽然法国公民有选举权，但实则是一种虚权，因为拿破仑制度下的议会成员都来自任命，而非选举。不仅如此，受到拿破仑压制的立法机构在随后的几年里，原本有限的权力被进一步被剥夺。拿破仑声称自己的授权源于民众定期的票选，然而这些选票早已不可避免地成为“审批”通过的决议的一种形式。与之相对照的是，大革命时的基本宪法即《1791 年宪法》，为议会提供了真正的立法权，而且与国王共享主权，虽然因其权力受限也未能达到人民主权的理想高度。拿破仑的议会体制从一开始就是粉饰，其实质就是一种独裁专权制度。

拿破仑制度下对自由的表达也是强烈抑制的。《人权宣言》中第 1 条提到 :“自由地表达想法和意见是人最宝贵的权利之一。因此，每个公民都有言论、写作、出版自由，同时也要对滥用法律范围内的自由负责任。”而拿破仑政府将其改得面目全非。拿破仑执政后仅仅几个月，巴黎的报刊数量便从 73 家减少到 13 家。最终，巴黎和各省剩余的报刊便成了政府的工具，专门负责发布官方新闻，以及打压对当时体制有害的一切消息。政府还负责审查可能造成政治危害的文学作品。另外对剧院也是格外“照顾”，由专门机构对所有的剧本，无论新旧，都做严格审查。

为了强化这类法规，一个大型的、精密组织的警察部队是十分必要的。警察部队的领导任务委托给了臭名昭著的约瑟夫·富歇，他曾在恐怖时期担任要职，因为过度暴行而被解职。富歇创造了一种约瑟芬皇后称之为“邪恶的间谍系统”的监督制度，对私人生活以及带有破坏性质的思想进行密切监视。在宪法中，强制拘禁行为是被禁止的。一部分政敌被软禁在固定处所并受到严密监视；另一部分则被关在精神病院。1810 年之后，这些人被关进“国家监狱”，到 1814 年时狱中人数已达到 2500 人。这样的结果让人想起恐怖时期的巴黎，与 1789 年提出的公民自由平等原则大相径庭。

究其原因，拿破仑毕竟是军人出身，他给法国社会带来的是一种特殊的军事化。事实上，他手下的高级官员享受特权的同时都恪尽职守，组成了为帝国效劳的精英团体。拿破仑可以任命的最高职位是法兰西军队元帅，获此殊荣的人相对较少。其中一部分人因为忠诚获得此头衔，或者是因为某些特定的军阀派系，但是最杰出的元帅往往是优秀的将领，例如百战百胜的谋略家路易斯·尼古拉斯·达武（Louis Nicolas Davout，1770—1823）、在瓦格拉姆战役中脱颖而出的安德烈·马塞纳（André Masséna，1758—1817），还有在大革命和拿破仑时代功勋卓越并被拿破仑称为“最无畏勇士”的米歇尔·内伊（Michel Ney，1769—1815）。虽然他们中的许多人出身于农民或小资产阶级家庭，但都获封了公爵或亲王，以此表彰其功勋战绩。他们还获得了大量抚恤金和遗产，以及在德意志和意大利的“封地”，有些甚至当上了国王。拿破仑妹妹卡罗琳娜的丈夫若阿尚·缪拉（Joachim Murat，1757—1815）也是最著名的元帅之一，他在1808年成为那不勒斯国王。拿破仑“唯贤是举”的用人理念在这些元帅的一生中体现得淋漓尽致。

与教会的和平：协议

拿破仑即位后，没有立即采取措施来针对国内的罗马天主教。但他认为解决宗教问题势在必行，最好是和教皇达成宗教事务协议。法国的神职人员分成了两个阵营，其中支持宪政的阵营对革命政府效忠；而传统的（或者固执的）阵营既不躲避也不外逃，而是忠于法国的天主教。拿破仑意识到要想得到传统阵营的支持，必须向教皇寻求帮助。他进一步和教会协商，争取那些已经获得本土化教会土地但仍心存不安的教徒。虽然拿破仑没有坚定的宗教信仰，也是第一个承认自己在这一方面是投机主义的人，但他认为法国是以天主教为基石的，如果政府对这样一种天启教会给予支持，对于争取到法国民众，使其服从法律和命令是大有裨益的。

1800年，在意大利北部的战役强化了拿破仑的统治，由此也开始了同教皇庇护七世（Pope Pius Ⅶ）的谈判。谈判之时，教皇已经感觉到军队的威胁和领地减少的压力渐渐逼近。然而，教皇的外交官们采取了拖延策略，协议经过21次草案的修改才被罗马和法国共同接受。虽然1801年的协议看上去是一种和解，事实上拿破仑集团是胜利者。天主教已经不再是国教，而是成了“大多数法国人”和共和国三位执政官的宗教。这种似有似无的状态使得天主教斡旋在罗马教皇和传统阵营之间。牧师可以自由进行天主教礼拜，“但需符合治安规则，这也是政府认为换来公共安宁的必要举措”。教皇认同了在革命时期被没收的教会土地用来买卖的合法性。由于让渡了许多土地，同时废除了什一税，教会便丧失了大量税收，根据《市民宪法》，需要支付给主教和牧师薪俸，同时要确保他们对政府的忠诚。法国的主教和大主教由政府提名，并根据教规由教皇任命；与之相应，他们也有权任命低级别的神职人员。

在协议中，拿破仑达到了他的目的。协议结束了法国教会与传统阵营间的分裂，并且对旧时教会土地的领主给予了必要的保护。除了为神职人员提供由国家支付的薪俸，教会最主要的成就是确保了天主教活动能够重新在法国开展起来。但是这一权利的保留条款，即与治安规则相关的协议，为政府掌控教会开了一个好头。另一个让步是法国对教皇国的接受和认可，但是教皇并未收回费拉拉（Ferrara）、博洛尼亚（Bologna）以及罗马涅（Romagna）的领土，以上三地在 1797 年合并成奇萨尔皮尼共和国（Cisalphine Republic）。协议并没有被所有法国人接受，但还是得到超过半数的民众支持。1802 年的复活节周末，人们在巴黎圣母院（Notre Dame）吟唱赞美诗庆祝法国与教皇的和解。

作为同天主教和解的必然结果，拿破仑在法国建立了新教教会的运作模式，它以宗教法院的组织形式存在（平均每 6000 名教徒对应一个宗教法院）；和天主教神职人员一样，新教牧师也从政府领取薪俸。另外，1789 年法国大约有 4 万犹太人，拿破仑对他们采取了一种更为复杂的政策，因为他视犹太人为公民而不仅仅是宗教团体，并且希望逐渐将其同化。1806 年和 1808 年间的法令规定，地方宗教法院受巴黎的中央法院监督，并由皇帝统领。大革命时期，犹太人有了公民身份并有权利进入政界、商界，但很多人依旧从事家畜生意和放债的营生。因为在一些地区犹太人对高利率怨声载道，拿破仑政府在贷款和相关方面为他们制定了特殊条例。犹太人认为这样做是一种差别对待，但是皇帝一定程度上是为了减少对犹太人的敌意，并促进他们更好地融入社会。

国际发展

拿破仑担任第一执政后，向奥地利和英国提出和平提议，这也是第二次反法同盟仅存的两个国家。当提议受到蔑视后，拿破仑决定对奥作战，并获得了一系列决定性的胜利，加速了同奥、英两国的和平进程。

第二次反法同盟的终结：与奥地利和英国的和平

拿破仑 1800 年的对奥战争再一次为他的英雄事迹增添了一份传奇色彩。随着他的军队穿过德意志和意大利，拿破仑亲自率领一支 4

万人的队伍穿越圣伯纳德大山口（Great St. Bernard Pass）进入意大利。他突袭奥军侧翼，并攻占米兰城。在马伦哥战役中（Bataille de Marengo,1800 年 6 月），拿破仑遇到了奥军主力部队，当时，只有路易 · 德赛将军（General Louis Desaix，1768—1800）的支援部队及时赶到才能帮助法军化险为夷。当拿破仑准备乘胜追击意大利的奥军时，奥皇已发出求和请求。1801 年 2 月停战协议在吕纳维尔签订，协议重申奥地利将其在《坎波福米奥条约》中占领的地区割让出来，并交出意大利半岛（除了威尼斯和周边地区），以及承认巴达维亚共和国、赫尔维蒂共和国、利古里亚共和国的独立。这样，先前法国对奥属巴达维亚领土的承认便失效了，法国转而声称自己拥有专有权处理失去莱茵河西岸领土的德意志诸侯的赔款问题。

英国再一次成为反法同盟坚持到最后的一员。虽然英国从拿破仑手里夺回了马耳他岛，从埃及赶走了法军，并占领了一些之前属于荷兰和西班牙的殖民地，但是其和平愿望还是很强烈，因为英国商人希望能够重新打入欧洲大陆市场。同时，拿破仑也渴望和平，这样他就有精力巩固自己在法国乃至整个欧洲的地位。在接下来的谈判中，英国处在了弱势地位，因为皮特在 1801 年春辞去了首相职务。他的继任者亨利 · 阿丁顿（Henry Addington，1757—1844）是一位比较逊色的政治家，其实力显然无法与法国抗衡。《亚眠条约》（*Treaty of Amiens*，1802 年 3 月）对英国是个不小的打击，条约中英国似乎将一切都拱手让给了法国。更为重要的是以下条款：英国将战争开始以来除特立尼达（Trinidad，割自西班牙）和锡兰

《拿破仑翻越圣伯纳德大山口》（1800—1801）。这幅浪漫主义油画由大卫创作，过程中受到了拿破仑的干预。古迦太基统帅汉尼拔的名字同拿破仑的名字一同刻在画面的左下方。而真实的历史场景是十分平淡无奇的：拿破仑骑着驴子翻越山口。

（Ceylon，割自巴达维亚）之外的所有殖民地，都归还法国及其盟国，例如西班牙和荷属巴达维亚共和国。

法军同意从那不勒斯王国和教皇国撤退，并将马耳他岛归还给马耳他骑士团，这里曾被拿破仑攻占，日后被英国夺回。法国也承认了爱奥尼亚群岛的独立。位于希腊西海岸，密布在爱奥尼亚海的七座岛屿曾在1797年被法军占领。但在1799年，俄国舰队夺取爱奥尼亚群岛并建立了赛普丁修拉共和国（Septinsular Republic），它由俄国提供担保，并受到土耳其的保护。事实上，直到1807年这里才被俄军完全占领。在英国人看来，这一条约的疏漏远比其条款更为致命。其中没有提到法国在欧洲大陆的许多征服地。法国失去了对荷兰省、比利时、莱茵河西岸、瑞士及大部分亚平宁半岛的控制。在法国操控下的众多独立共和国并没有保障，充其量只是法国的卫星国。最重要的是，法国对德意志的重塑给予了放任态度。对于重开欧洲大陆的通商口岸，英方谈判者也未确保实施与法国相关的任何条款，虽然大多数的口岸都在法国人手里。期待复兴贸易的英国商人成为这一条约的最大“受害者”。

我们在尝试理解为何英国政府愿意接受《亚眠条约》时，必须考虑到英国人在九年战争（又称为“大同盟战争”）之后对和平更强烈的渴望，以及新任政府相对的积贫积弱。而且，这一条约使英国的“最强武器”海军得以完整保留。英国的海上统治地位并未动摇；事实上，战争强化了其海上优势。而法国丧失了几乎一半的舰队，与此同时英国海军扩充了其实力。因此，英国处于一种同法国进入新对峙状态的形势，并静观其变，等待时机。同时，他们也在观察拿破仑是会满足现状就此收手，还是有进一步扩张的野心。

德意志的重建（1803）

拿破仑利用《亚眠条约》带来的短暂和平，着手彻底重建德意志的版图。他这样做依靠的是《巴塞尔条约》（*Treaty of Basel*，1795 年法国同普鲁士签订），以及同奥地利签订的两个条约，即 1797 年的《坎波福米奥条约》和 1801 年的《吕纳维尔条约》。通过这些条约，法国得到了莱茵河西岸的所有德意志领土，这也是实现其“天然国境线”长远计划的重要一步。就德意志而言，条约带来的核心问题是如何补偿和保护这些失去领地的诸侯。这些条约本身就提出了一个解决方案，建议将一些传统的德意志教会公国世俗化，并给予其一定的补偿，这些地方已经被大主教和主教用世俗权力和精神力量统治了几个世纪。

普鲁士和一些较小的国家对世俗化的提议表示支持。即使是曾与罗马天主教密切相关的奥地利，对于萨尔茨堡（Salzburg）大主教之职及小一些的教会领地也是垂涎三尺。1797 年在拉施塔特（Rastatt）成立的皇室议会援引了《坎波福米奥条约》中的条款，却没能与德意志各邦国在赔偿问题上达成一致。为了破解此僵局，皇室议会同意让一个包含八人的皇室代表团（德意志代表团）介入进来。然而，在这之前，拿破仑对如何应对德意志问题已有自己的打算。德意志各地领主为了获得想要的领土，向外交部长塔列朗行贿，塔列朗接受了贿赂并草拟了协议条款。拿破仑在与普鲁士及附属各邦国签订单独的条约之后，将整体计划放在帝国代表团，实际上就是奥地利皇帝身上。

最终的条款通过一份名为《1803 年帝国壁龛》（*Imperial Recess of 1803*）的文件确认下来。根据条款规定，神圣罗马帝国的 112 个邦国将被废除，其领土被并入邻国。除了美因茨王国（Mainz），其余所有的教会国将被取消，甚至连美因茨的大主教都丧失了不少领地。在接近 50 座自由城市中，只有 6 座保留了下来：法兰克福、奥格斯堡、纽伦堡，以及三座汉萨同盟*城市——吕贝克、汉堡和不来梅。德意志主要的条约受益国是普鲁士和巴伐利亚，它们得到了相当于当时莱茵西岸所失去土地五倍的领土面积，此外，受益国还包括西南地区的巴登和符腾堡。虽然奥地利在南部得到的领土可以弥补被帝国占领的西部领土，但是总体的条约相对于德意志来说，进一步瓦解了奥地利的地位，条款削减了一直以来支持哈布斯堡的教会国并增强了普鲁士和一些邦国的力量。拿破仑试图介入德意志，部分原因是为了将一些邦国纳入法国的势力范围，以借贷的模式赢得对其控制和领导，进而降低奥地利和普鲁士的影响力。在这一行动上，拿破仑可以说是成功的，因为巴伐利亚、巴登和符腾堡在接下来的十几年渐渐开始依赖法国对它们的统治。

海地独立

1802—1803 年间是欧洲战火暂时平息的一段时间，拿破仑此时欲建立法兰西在新兴世界的统治地位。他意图巩固法国对盛产糖料的殖民地圣多明各的控制力，同时将其影响力扩张到美洲大陆的北部和南部。然而，殖民地奴隶和自由人群的激烈抗争对法国远征军造成了巨大损失，拿破仑不得不放弃在美洲建立帝国的野心。

* 汉萨同盟：指德意志北部城市之间形成的商业、政治联盟。汉萨（Hanse）一词，德文意为“公所”或者“会馆”。13世纪逐渐形成，14世纪达到兴盛，加盟城市最多时达到160个。1367年成立以吕贝克城为首的领导机构，由汉堡、科隆、不来梅等大城市的富商、贵族组成。——译者注

抵抗拿破仑的主要力量来自杜桑·卢维杜尔，他也曾是一名奴隶，在18世纪90年代起义并控制了当地的岛屿。卢维杜尔在1797年被法国国民公会任命为当地统帅，虽然还保持着同法国的关联，但是他逐渐开始谋划使海地获得独立的行动。1798年，卢维杜尔开除了当地的法国官员并说服英国撤回其军队。他重新组织规划种植园经济，雇用自由工人取代奴隶。最初，拿破仑是支持卢维杜尔的，并授予他“黑人华盛顿”（black Washington）的称号，以表彰他“为法兰西争取了一块重要殖民地”。然而，拿破仑最终还是要打算重新控制这一岛屿。1802年1月，夏尔·勒克莱尔将军（General Charles Leclerc）率军登陆海地；四个月之后，拿破仑宣布将再次实行法国在加勒比殖民地的奴隶制度。

历时五个月的苦战消耗了大量兵力，卢维杜尔觉得是同法国寻求一个解决方案的时候了。当他现身准备和谈时，法军却将其抓捕并押送回法国，他随后死在了法国侏罗山脉的茹城堡（Fort-de-Joux）地牢中。卢维杜尔遇害的消息一经传开，再加上法国要重新实行奴隶制，激发了海地的奴隶再次拿起了武器。一场黄热传染病在法军中爆发，造成了大量士兵死亡。截止到1802年10月，登陆海地的34000名法国士兵中已经有24000名丧生、8000名受伤，只剩下2000名仍有战斗力。面对如此大的灾难，拿破仑放弃了建立西方殖民帝国的计划。“该死的糖，该死的咖啡，该死的殖民地！”听到勒克莱尔将军丧生于黄热病后他愤怒地喊道。为了不再受到损失，拿破仑将海地的军队撤回，并在1803年把路易斯安那的土地卖给了美国。1804 年 1 月 1 日，让 – 雅克 · 德萨林将军（General Jean-Jacques Dessalines）宣布自己是独立海地的统治者。

不幸的是，海地的独立是以人民付出巨大代价换来的。1804 年 10 月，德萨林加冕皇帝。几个月之后，他发动复仇战役，将矛头指向了海地的白人种植园主。他派士兵对圣多明各进行了长达 22 天的围攻，直到一支法国舰队到达圣多明各才得以解围。因为担心法国人会卷土重来，德萨林下令对岛上的法国白人实施大屠杀，但他放过了所有英国和美国白人，以及牧师和能工巧匠。德萨林并非首个在海地发动种族战争的人，勒克莱尔将军在登陆海地后，曾将超过 1000 名海地角的黑人溺死在海湾。但是，屠杀白人种植园主给海地带来了长期的经济和政治隔绝，造成了岛上几代居民的贫困潦倒。

帝国，1804—1814

1802 年，所有法国人民都应该对拿破仑表示感激，因为在不到三年的时间里，他不仅为法国同时也为欧洲带来了显而易见的和平时期。《亚眠条约》的签署意味着法国的最后一个敌国也与其达成了和解，随后的几天紧接着就是与罗马教皇的协议获得通过的庆典。随着执政府早些年的成果接踵而至，许多先前的敌对者开始调转方向。其余的人主要是顽固的雅各宾派和以叛变革命为由逮捕拿破仑的共和党人，都被清理出户或者投入监狱。对于保皇派和流亡的贵族来说，拿破仑的政策比较仁慈。1800 年法国在马伦哥战役中获胜后，拿破仑将大革命时期大约 5 万名流亡者从名单上一笔勾销。（此名单包括一些实际上并未离开法国却被写入的流亡者。）1802 年春，和平协议签订后，他又特赦了另外 5 万人，条件是他们在 1802 年 9 月之前回到祖国并效忠于国家的宪法。对于财产被扣押但未被变卖的那部分人，拿破仑许诺将他们的财物如数归还。只有大约 1000 名不妥协的贵族被排除在特赦名单之外。这些措施都是为了清除那些与国家对立的反动势力。至此，拿破仑已经为建立帝国迈出了第一步。

帝国的声明（1804）

早在 1800 年，拿破仑的弟弟吕西安就曾尝试建立波拿巴家族的世袭统治，但是他发现这个想法有些草率。1802 年，形势有了好转，护民院宣称国家应该将“一种感激之情”献给第一执政，感谢他为和平做出的贡献。参议院对此做出回应，他们建议将拿破仑的任期延长十年，而非终生执政。拿破仑对此十分不满，将该提议交给公民进行投票。无所不能的国务院将这个问题浓缩成一句话：“拿破仑 · 波拿巴是否应该终生执政？”法国民众给出了压倒性的票选结果（2568885 人赞成，8374 人反对），于是终生执政一事便在 1802 年 8 月定了下来。为了迎合这一变化，参议院对宪法做出了调整，加强第一执政的权力并强化了参议院（现在很显然在拿破仑的掌控中），同时牺牲了护民院和立法机构的一些权力。尽管其余的两名执政官还在任，而且表面上与第一执政分享权力，事实上第一执政除了名号之外已然成为独裁者。

然而，拿破仑认为要做一些更为深入的准备，可谓“欲戴王冠必承其重”。他要让自己变成国家不可或缺的统治者，成为法兰西和无政府组织之间的坚固堡垒。他下决心这样做是因为他发现有一个复辟波旁王朝的阴谋正在酝酿，并且对现今的政权造成了威胁。许多在外的流亡者无疑助长了复辟行动。在适当的时候，拿破仑政府的特务人员潜伏在英格兰，假扮成保皇派并用资助国库这一借口，接近谋划这起政变的头目，这些头目接受着英国政府的补助金，急切地试图策划推翻第一执政的行动。当阴谋者登上法兰西的领土时，所谓的“卡杜达尔阴谋”随即暴露。1804 年年初的某天，政府的谍报人员撒网逮捕了布列塔尼的保皇派人乔治 · 卡杜达尔（Georges Cadoudal，1771—1804）和夏尔 · 皮舍格吕（Charles Pichegru，1761—1804）将军——他曾是大革命时期的一名将军，还有拿破仑的主要敌军的指挥官让 · 维克多 · 莫罗将军（General Jean Victor Moreau,1763—1813），他也是最初在巴黎策动谋反的人之一。这三人都被投进了监狱，他们的谋反细节也被公诸报端。很快，皮舍格吕便因窒息死在了狱中。卡杜达尔和其他同谋经过审判被处死刑。而莫罗将军事实上并未参与谋反，虽然被判有罪，但只是被流放到了美洲。即使在谋反头目被逮捕之后，也没有找到波旁家族中与此事相关的人员。唯一的线索便是昂吉安公爵（duke of

Enghien)，他是波旁旁系家族的亲王，曾在德意志的巴登州居住并与斯特拉斯堡的英国间谍保持着联系。于是，拿破仑派一支部队入侵“中立国”巴登，逮捕了昂吉安公爵并将他带回巴黎。拿破仑坚持要判处公爵死刑。虽然在昂吉安公爵到巴黎之前拿破仑就发现对他的控诉是有误的，但还是在公爵到达后的24小时内，执意进行了军事审判并将其处决。这一迅速而残暴的行为造成了部分地区的人们对拿破仑一时的反感，但是大多数法国人是感到欣慰的，因为阴谋被揭露，这样对政权的威胁就暂时消除了。当护民院提出拿破仑称帝时，所有在当时状况下存在利益关系的群体都表示赞同，而且认为帝王之尊应当在拿破仑家族世袭。当时的状况是：农民接受了在大革命时期国有化的土地，商人在执政府体制下获得了利益，官员和军人的财富甚至与波拿巴家族持平。事实上，公民投票再一次证明有些事情的发展是不可逆转的。

新修订的宪法（有时也称作《宪历七年宪法》）第1条写道：“共和国的政府委托给皇帝。”然后文件详细说明了波拿巴家族继承皇位的方式。这一古怪的政体融合方式同样出现在新生词语中，随后相继出现两个互相矛盾的新词，一个是“法兰西共和国”，另一个则是“拿破仑皇帝”。拿破仑决定称帝的理由其实并不复杂，他一般不自诩皇帝。波旁家族的觊觎者还没有放弃对皇位的诉求，而且不管怎么说，这一称号与拿破仑政府在大革命时期的初衷并不相符。另外，“皇帝”这一称谓含有更多浮夸的寓意，让人联想起罗马统治者和查理曼大帝，他们都成了皇帝及“法兰克的国王”。有了这个称号，就意味着他的权力可以扩张到本国之外，毕竟法兰西对君主制还是不太拥护的。

拿破仑的野心驱使他最大化其权力的合法性，甚至超出了法兰西议院授予他的权力。于是，在1804年12月，他成功说服庇护七世教皇来到巴黎参加自己的加冕仪式。这需要教皇抛开种种顾虑，因为一位合法的天主教王子声称对法国皇位拥有继承权，但是欧洲最强大的统治者的善于请求也不能被轻易拒绝。另外，教皇被拿破仑的使团告知，他将要为拿破仑施以膏油并为其加冕。但是就在加

加冕礼的重要时刻。拿破仑突然转过身，从教皇（画面右侧）手中夺过皇冠，面向众人，用一种夸张的姿势，将皇冠戴在自己头上。图画根据大卫的名画《拿破仑一世加冕大礼》创作，原画现藏于巴黎卢浮宫。

冕礼开始前的几个小时，教皇才得知加冕程序做了改变。加冕礼在巴黎圣母院举行，当万众瞩目的典礼进行到高潮时，拿破仑突然从教皇手中夺过皇冠，背对着教皇，面朝众人，将皇冠戴在自己的头上。他的这一举动向教皇也是向所有在场人宣布，自己凌驾于任何世俗的权威之上。

与英国和第三次反法同盟的战争

历史学家曾假设过，如果拿破仑帝国能在十年间安于和平，历史将会怎样发展。从总体上看，如果统治者能够结束革命年代的不安定并且创造一个稳定的政权，实现相对的繁荣，法国民众会非常满足于此的。但是拿破仑·波拿巴能够挺过十年的和平安宁吗？他的声望基本是建立在军事成就之上的。尽管在 1799 年之后他在国内推行了许多积极的改革，但他的权力依赖于对军队的统治力和他所创造的军事成就。此外，拿破仑性格中的浪漫主义成分使他更无法控制自己的野心。试问，如果一个人在短短几年内就实现了对法兰西的统治，并且接二连三地击败欧洲众多强国，他能安于塑造一个相对朴实无华的政府和行政体系吗？拿破仑不仅被进一步的军事扩张所驱使，而且希望为自己新建立的帝国开疆拓土。

在 1803 年 5 月，关于英法之间是否重新开战成了摆在法国面前的问题。在欧洲大陆经历了几十年的战争后，其余的欧洲国家积极准备着建立一个和平时代。到 1803 年，法国吞并的领土很大程度上象征着“天然国境线”的形成。的确，法国的影响力扩展到了所谓的姐妹共和国，例如荷兰、瑞士和意大利，但是这些地区的人民依然享有一定的自治权，而且他们从法国的制度中也取得了一定的利益。其他主要的欧洲各国显然是默许了法国势力的进入，至少他们与法国签订的条约并没有明确阻止法国的这种扩张行为。英国首相阿丁顿肯定地认为《亚眠条约》不仅是暂时的，而是有效期更长的停火协议，但拿破仑却不这么想。拿破仑有一堆理由认为与英国重新开战是不可避免的，或者说，他采取的一些手段让战争变得不可避免。

首先，他很快就表现出自己无意保持欧洲大陆的现状。即便已经与英国正式签订了和平协议，他还是在奇萨尔皮尼共和国（此后改名为意大利共和国）强行颁布了新的宪法，并亲自任命了总统。几个月之后，法国正式吞并了邻国皮埃蒙特（Piedmont）。赫尔维蒂共和国关于中央集权制和联邦制的争论给了拿破仑插足和调停，以及建立新国家瑞士联邦的借口，瑞士联邦成了法国的军事盟友。关于德意志的剧变和重组之前已经讨论过。

其次，法国在地中海东部有了新的计划，这也给英国敲响了警钟。拿破仑将他的手下奥拉斯·塞巴斯蒂亚尼上校（Colonel Horace Sébastiani，1772—1851）派去当军事观察员，随后这位观察员在1803年1月30日的政府官方报纸《箴言报》（*Moniteur*）上发表了自己的调查结果。塞巴斯蒂亚尼最挑衅的结论是法军能够不费吹灰之力将埃及收回，理由是埃及目前的军事实力非常薄弱。

再次，拿破仑始终拒绝承认英国在商业和殖民地上的霸主地位。他认为，只要英国保持其优势，法国在欧洲大陆的经济统治地位就注定会受挫。如何破解这一局势是拿破仑职业生涯的一个遗留问题。拿破仑首先通过在西半球建立自己的帝国来挑战英国的殖民霸主地位。然而，从 1802 年在海地的一败涂地中清醒过来后，他决定将重心转移到商业领域。因为一直以来拿破仑都有重商主义传统，他相信如果将欧洲大陆与英国制造业间的联系切断，原本的购买力就会转向法国，这样一来法国的工商业就会得到进一步的发展。实际上，他这一系列的政策可以追溯到英法两国在 17 和 18 世纪的商业和殖民地竞赛。正如我们所见，拿破仑的基本革新方法是将欧洲的政策运用到法国和 18 世纪 90 年代从属于法国的地区，而这些方法如今被加上很多限制条件。现在，法国将变成欧洲经济体系里的“大股东”。但是这个体系是否能够成功，取决于法国对整个欧洲大陆的统治力，以及法国是否能凭自己的力量处理与英国之间的贸易关系。直到 1806 年，拿破仑对欧洲有了足够的控制力后，才推行他著名的大陆封锁体系（Continental System），目的就是摧毁英国的贸易并实现对欧洲大陆经济的掌控。1802 年他的政策就成了大陆封锁体系的先导，因为他拒绝在《亚眠条约》中补充任何开放同英国展开贸易的商业条款，并且将这一禁令延伸到其同盟国。拿破仑的种种行动让英国人更加坚定了一点，与法国再次开战是迟早的事了。

英法之间开战的紧张局势在 1803 年 5 月达到了顶点。拿破仑要求英军撤出马耳他岛，然而被英方拒绝，这件事成为了法国开战的借口。这对于《亚眠条约》来说是一个以花招促成的违约，但是他在意大利甚至整个欧洲大陆扩张的野心给了英军充足的理由，对马耳他岛这一地中海上的军事前哨保持控制。战争开始于1803年，并断断续续拖延了两年时间。拿破仑发现难以达成快速取胜的愿望，部分原因是法国军舰被强大的英军舰队压制在自己的港口不得动弹，但主要是因为很快又有其他国家加入到英方，与英国组成了第三次反法同盟。

一开始，拿破仑入侵英国的决心十分坚定。1803年秋天，他在布伦港（Boulogne）集结了一支15万兵力的部队，并命令组建一支有12艘平底船的小舰队，准备将士兵运往海峡对岸。随后，他发现这支部队需要支援，于是心生一计，令困在海港的法军舰队掉头撤退，把英军舰队引到公海并将其歼灭，然后返回海峡沿岸，并入先前的侵略部队。1805年3月，他最终落实了此项计划。在海军上将皮埃尔·维尔纳夫*（Admiral Pierre Villeneuve，1763—1806）的指挥下，一支法国舰队悄悄溜出土伦港，随后并入了一支西班牙舰队（西班牙在这场战役中加入了法国一方，共同对抗英国），这样便形成了西印度群岛（West Indies）的联合舰队。正如拿破仑所料，英军上钩了。海军上将霍雷肖·纳尔逊**率领英军舰队追击法军。当维尔纳夫准备歼灭纳尔逊的舰队然后与侵略部队会合时，计划出了岔子。纳尔逊探听到了法国军舰的方位并把情报传回英国海军部，接着英

* 事实上维尔纳夫的军衔是少将。——译者注
** 事实上纳尔逊的军衔是中将。——译者注

国派军队镇守西班牙西北沿海岸，一举将维尔纳夫的舰队拦截。于是维尔纳夫躲在加的斯港口避难，再一次被英军围困。

虽然维尔纳夫因为计划失败受到了惩罚，不过在他兵败之前，拿破仑就决定了放弃入侵英国的计划。他公开宣称的理由是布伦港的法军受到了莱茵地区奥地利军队的侵扰，但是最主要的原因很可能是纳尔逊舰队返航，因为他心里明白，法国和西班牙的联合舰队仍然难以与之抗衡。

拿破仑的担忧在那一年晚些时候得到了戏剧性的印证。维尔纳夫对皇帝的命令不屑一顾，放弃了地中海港口，驶出了加的斯港。纳尔逊截获了维尔纳夫的信号，并在直布罗陀海峡（strait of Gibraltar）静候其到来。1805 年 10 月 21 日，在特拉法加角（Cape Trafalgar），纳尔逊率军与联合舰队进行“肉搏战”，仅用了六个小时就获得了最终胜利。到最后，33 艘法国和西班牙的舰船只剩下 11 艘。英军舰船一艘未毁，但是损伤了主将，纳尔逊在刚开始的激烈战斗中受到了致命伤害。特拉法加之战无疑是拿破仑战争时代最具决定性的战役之一，因为这场战役宣告了法军彻底放弃挑战英军海上霸主地位的念想。

法军在特拉法加完败的同时，2 万奥地利军队在巴伐利亚乌尔姆向拿破仑投降，这堪称历史上最具讽刺意味的转折事件之一。拿破仑没有时间带领他的大部队（Grand Army，当时这支部队是打算入侵英国的）进军莱茵地区，然后入侵德意志领土。现在，他的目标是击败第三次反法同盟，这一同盟在 1804—1805 年成为法国最主要的敌人。

在第三次反法同盟中，俄国沙皇亚历山大一世（Alexander Ⅰ）在 1804 年与英国政府达成一致，组成联盟共同对抗法国。亚历山大作为那个时代个性最鲜明的人物之一，当时年仅 23 岁，三年前就已经登上了王位。他是俄国 1801 年至 1825 年间的统治者，至于他在位期间的功过，后续章节将有详述。

在这里我们将关注他作为军事领导人和外交家时期的行为。亚历山大的军事政策和他的国内政策一样，充满了不可预测性和不一致性。他的父亲是性情多变的独裁者保罗一世（Paul Ⅰ），他从小由祖母叶卡捷琳娜二世（Catherine the Great）抚养带大。祖母安排了瑞士学者弗雷德里克·塞萨尔·拉阿尔普（Frédéric César de La Harpe）作为他的老师，给予他自由主义和人文主义的教育。然而这样的教育理念与他本身作为一名军人的理念格格不入，他继承了父亲多变的性情。亚历山大一世这样的性格（有人说他曾被诊断为精神分裂症）因为对父亲遇刺身亡怀有负罪感而变得愈发难以捉摸。虽然他没有直接参与保罗一世的谋杀案，但是他被认为明知有人谋反却没有加以制止。他继位后就召集众多自由主义的能臣，商讨为俄国制定新的宪法，但是除了一些行政和法律改革，其余的想法均未实现。随着亚历山大一世一天天长大，而俄国也加入了与法国的战争中，他变得越来越保守。最后，他将自己看作上帝派来的欧洲救世主，使命就是打败拿破仑这一反基督者。

1804 年，亚历山大一世接受了和英国建立同盟关系的邀约，主要有两个原因：首先，他认为法国皇帝违背了国际关系中被广泛认同的约定和准则，最明显的例子就是拿破仑从独立国巴登绑架了昂吉安公爵；其次，他认为拿破仑威胁到了俄国的利益，不仅关系到巴尔干地区的爱奥尼亚群岛，而且对在他计划插足的欧洲中部也造成了影响。1805 年，英俄同盟正式形成，重申了第二次反法同盟的一些目标：独立的荷兰要包含比利时省，并且在北部设置抵御法军的屏障，在南部也是如此；独立的萨丁尼亚王国要掌控萨伏依、皮德蒙特，以及之前的热那亚共和国。其他没有详述的目标，包括消除法国在德意志和意大利的影响，并强化莱茵河地区的普鲁士王国。亚历山大一世还表达了要重新建立波兰国家的意图，并提议战后要成立一些国际组织，以促进安定和平。

奥地利国王弗朗茨二世对于是否加入反法同盟犹豫不决，因为在前两次反法同盟的战役中奥地利丧失了大量的领土。然而，当拿破仑意欲控制意大利北部时，奥地利在 1804 年 11 月与俄国达成一个防御性条约，其目的就是联合抵制法军对意大利和德意志的进一步侵略和扩张。1805 年，当拿破仑决定将意大利共和国改为意大利王国并亲自担任国王时，奥地利已经准备好了加入英俄同盟。正如我们所知，奥地利军队的行动给了拿破仑调兵的理由，他将海峡沿岸的部队调往了莱茵边境。

奥军在德意志的指挥官卡尔·马克·冯·莱贝里希（Karl Mack von Leiberich，1752—1828）将军，从一开始就过于冒进，直接进入拿破仑的控制区，并且离自己的增援军太远，因而法军能够在乌尔姆从侧翼包抄并围困其部队。从乌尔姆开始，拿破仑的部队就一路畅通无阻，直抵奥地利首都维也纳。此时拿破仑已经获悉特拉法加战役的失败，他意识到第三次反法同盟除了俄国、奥地利和英国之外，将会有另一个成员普鲁士的加入。普鲁士国王已经维持了十余年的中立地位，然而拿破仑在德意志各国的扩张，以及在拿破仑对奥战争中，让·巴普蒂斯特·贝纳多特将军（General Jean Baptiste Bernadotte，1763—1844）率领的法军对普鲁士领土的威胁，使得普鲁士不得不加入反法同盟。但是，在这些计划实现之前，拿破仑在奥斯特利茨（Austerlitz）的村庄摩拉维亚（Moravian）附近遭遇了俄国军队，俄军得到了奥地利军队的支持，不过拿破仑在这里取得了十分辉煌的一场胜利，而1805年12月2日正好是他加冕一周年的庆典。在战役中，他有意减弱了右翼部队的力量，以此吸引俄国的火力，这样便能集中力量直取敌军的心脏地带。他的策略十分成功，在摧毁敌军中心地带之后，再把火力转向俄军所在的右翼，并将其一举歼灭。奥斯特利茨一战造成反法联军大约有25000人至30000人的伤亡，而拿破仑军队的伤亡人数不到9000人。

法军奥斯特利茨大捷的消息传到俄军耳朵后，俄军决定撤退，并通知奥军他们需要派遣更多的支援部队，这样，第三次反法同盟土崩瓦解。奥地利别无选择，向法军议和。普鲁士慌忙放弃了反法计划，反而提出同拿破仑谈判，不仅与法国结成同盟，而且割让少部分领土给法国，作为普鲁士吞并汉诺威的补偿。这些条款让奥地利被迫签订了屈辱的《普莱斯堡和约》(*Treaty of Pressburg*，1805年12月26日)，条约规定，战争结束后，奥地利将所有在意大利拥有的土地以及在巴伐利亚、符腾堡和巴登所获得的皇室领土，都拱手交给拿破仑。

击败普鲁士和俄国：《蒂尔西特条约》(1807)

1805年末的奥斯特利茨大捷和1806年2月法国—普鲁士同盟的形成，对拿破仑的军队来说是一次很好的休整时机。拿破仑曾与普鲁士交战数月，但如今这支力量已经不与法军为敌了。

普鲁士政策转变的一个理由可以从他们的君主方面来看，腓特烈·威廉三世（Frederick William Ⅲ）于1797年登基，是一位很有个性的统治者。虽然他有一腔热血，但是缺乏意志力和决断力，这对于一个统治者来说是致命的弱点。腓特烈·威廉三世用内阁顾问的方式维持着叔祖腓特烈大帝（Frederick the Great）打造的政府体系。在强有力的君主的统治下，这些官员当然唯命是从，而在腓特烈·威廉的统治下，他们反而对君主施加着不小的影响。不幸的是，这些顾问大臣在内部就分成了两派，一派愿意同拿破仑和解、向其妥协，另一派则要求同奥地利或俄国结盟以对抗法国。因而，在腓特烈·威廉执政的初期，普鲁士的政策是飘忽不定的，而且内部愿意向拿破仑妥协的派别逐渐占到了上风。然而，到1806年夏天，另一派指出，现在对抗法国的唯一办法只剩和拿破仑开战了。

普鲁士对法国的怨愤一部分源于拿破仑对德意志领土中与普鲁

士和奥地利接壤的部分的垂涎。因为当时（1806 年 7 月）拿破仑建立了莱茵邦联（Confederation of the Rhine），一共包含 15 个德意志国家，包括巴伐利亚、符腾堡、巴登、黑森—达姆施塔特（Hesse-Darmstadt）和贝格（Berg）。邦联内各国的领导者没有实权，都服从法国的统治，这些国家随时都可能被法兰西帝国吞并。拿破仑是这一邦联的控制者，它最大扩展到除了奥地利和普鲁士之外的所有德意志国家。在莱茵邦联建立后不到一个月，拿破仑便宣告神圣罗马帝国灭亡，这一存在了一千年的大帝国就此终结。当邦联内各国的领导者不再承认弗朗茨二世时，他不得已放弃了自己长久以来神圣罗马帝国皇帝的称号，只保留了他在两年前曾经设想过的新称号：弗朗茨一世，奥地利皇帝。

法国和普鲁士之间另一个麻烦的源头存在于它们所建立的联盟之中。《普莱茨堡和约》将莱茵河东岸的汉诺威划给了普鲁士，作为其将莱茵河东岸的领土划给法国及其盟国的补偿。但在随后的几个月，普鲁士国王听说拿破仑要将汉诺威交给英国管辖，交换条件是英国从西西里岛撤军，他本能地意识到这个交易是最糟糕的背叛。随后，英法之间的协议由于种种原因未能达成，而这并没有消除腓特烈·威廉对拿破仑口是心非的怨恨。

为了回应拿破仑的这一行为，普鲁士国王和沙皇亚历山大秘密商定，在与法国交战时，俄国向普鲁士提供援助。甚至还没等俄国完全确认这一密约，普鲁士便发起了对法国的军事行动。一位名叫约翰·菲利普·帕尔姆（Johann Philipp Palm）的纽伦堡书商，因为散布一本名为《德意志处在深深的耻辱中》（*Germany in Her Deepest Humiliation*）的小册子而被拿破仑残忍处死，这一事件导致法国和普鲁士的关系最终破裂。这本小册子呼吁萨克森（Saxony）和普鲁士从法兰西帝国的“魔爪”中拯救濒临毁灭的德意志。法兰西的表里不一带来的严重性后果让德意志蒙冤，这也更加激发了普鲁士对法国的仇恨。于是，在 1806 年，战争爆发了。

腓特烈 · 威廉还没等俄军支援到位，就匆忙发动战争，事实证明这一决策是错误的。普鲁士军队的人数是法军的两倍，然而还是无法战胜训练有素的拿破仑军队。1806 年 10 月 14 日，在俄军到达时，普鲁士已经很快在耶拿（Jena）和奥尔施泰特（Auerstedt）的战役中败下阵来。法军乘胜追击，普鲁士军队穿过自己的国土最终被围困在柏林。国王被迫躲到东普鲁士避难。

这样一来，拿破仑将势力扩张到了德意志北部和中部，此时正好和沙皇亚历山大的俄军相遇。拿破仑的想法是迅速击败俄军并结束战斗，但是地形条件和普鲁士战役的整体形势都不是很有利。严冬快要来临，他十分担心东普鲁士泥泞的河段会将他的军队拖入苦战进而造成损失。他决定碰碰运气，结果在 1807 年 2 月的艾劳会战中，法军折损了 15000 人，无功而返。俄军的伤亡更加严重，双方都被迫撤退一段距离，等到来年开春再战。

情况常常如此，拿破仑总能在休整时期比敌人获益更多。当俄军和普军等待英军的增援并大动干戈地说服奥军加入时，拿破仑从法国和意大利调来 80000 生力军，因此获得了更大的优势，进而在

1807 年 6 月的弗里德兰战役（battle of Friedland）中大获全胜。

尽管亚历山大的军队也伤亡惨重，而且决定继续同法军作战，但是他心里已经有了求和的想法。奥地利和英国增援部队的迟缓已经让他感到十分失望，而且他担心持续的战争会引发波兰人的起义。另外，在他的随从中，一拨“亲法派”力量逐渐壮大，试图说服亚历山大与拿破仑议和。拿破仑对于沙皇的和平提案表示接受，一部分原因是法军在过去这几年遭受了不小的损失，还有一个原因是拿破仑希望与俄国签订和约后，能够封锁波罗的海（Baltic）港口，以切断英国的航运和物资运输。

拿破仑与沙皇亚历山大的和约签订过程，可以说是拿破仑时代一段十分具有戏剧性的插曲。在停泊于涅曼河（Niemen）中央的一只木筏上，两位年轻的皇帝展开了一系列的讨论，他们看上去像均分欧洲世界的一代人。也许是为了增加戏剧性，倒霉的普鲁士国王腓特烈·威廉被留在了岸上，他就在岸边来回踱步，等待着谈话的结果，这一结果将决定他国家的命运。经过多日的斗智斗勇，两位皇帝最终达成了协议，他们都心满意足地认为自己是获胜方。

这次讨论达成了两项条约（并称为 1807 年 7 月的《蒂尔西特条约》）：一项是有关法国和普鲁士的；另一项是有关法国和俄国的。第一项条约中，对于普鲁士这个曾结盟的但又对抗自己的国家，拿破仑做出了“羞辱性”的规定：普鲁士国王可以保留其称号，但是其最重要的领土和半数人口都要被割让出来。易北河（Elbe）西侧的土地都归属法国；邻近的地区组建成新威斯特伐利亚王国（Kingdom of Westphalia），拿破仑将其交给自己的弟弟杰罗姆（Jerome）掌管。在东边，普鲁士将18世纪瓜分波兰时获得的省份割让出来；这些省份合并为华沙公国（duchy of Warsaw），并分配给萨克森国王管辖。一份独立的军事协议规定，普鲁士须裁军到最小化，法军可以占领普鲁士的要塞地区，直到普鲁士还清战争赔款。

在与俄国的条约中，沙皇亚历山大正式承认了莱茵邦联和拿破仑在欧洲中部和西部的控制权，以及拿破仑的兄弟在荷兰、那不勒斯和威斯特伐利亚的君主地位。既然俄国承认了法国在德意志和意大利的霸权地位，作为回报，拿破仑也认可俄国建立东欧帝国。特别要指出的是，条约规定拿破仑要派出一些能人将士，去调停俄国和土耳其之间的冲突，这场爆发于1806年的战争有拿破仑的原因，因为他怂恿了土耳其苏丹，激化了土耳其和俄国的矛盾。其中一个秘密条款规定，如果调停失败，拿破仑就会和俄国协同一致对抗奥斯曼帝国，而且法国答应将土耳其在欧洲的省份割让给俄国，包括摩尔达维亚和瓦拉几亚。同时，俄国答应将军舰撤出地中海，并把爱奥尼亚群岛的控制权交给法国。最后，沙皇亚历山大试图调解英法之间的关系。但是，如果英国拒绝归还1805年以来占领的土地，而且不尊重各个海域的自由和主权，俄国就会对英国宣战，禁止英国商品运入波罗的海，并呼吁波罗的海国家、奥地利、葡萄牙加入反英行列。因为英国接受这些条款的可能性几乎为零，所以拿破仑想通过俄国的帮助切断英国与欧洲大陆之间的往来。至于拿破仑和沙皇亚历山大谁占到更多便宜，不能仅仅从条约本身来看。我们会发现，无论是拿破仑还是亚历山大，都没有严格遵守《蒂尔西特条约》，而且双方很快对新的同盟国产生不满。两位皇帝究竟对这一联盟有多少诚意，我们很难得知。也许，他们都没有对条约的有效期限抱多大的希望。到1810年时，双方一致认为再次开战已经不可避免了。

拿破仑帝国

1805年奥斯特利茨战役之后，拿破仑开始公开宣称要在欧洲建立大帝国，以取代名存实亡的神圣罗马帝国。正如我们所知，早在1804年，作为神圣罗马帝国的皇帝，奥地利人弗朗茨在拿破仑加冕法国皇帝时就有了不祥的预感。而弗朗茨也加强了防备措施，以保证自己成为奥地利的世袭君主。

首先，拿破仑帝国包括法兰西帝国本身，除了法国固有的土地，再加上正式吞并的区域，例如在意大利一块相当可观的条状领土，从西海岸一直延伸到罗马和那不勒斯的中间地带。1810年，荷兰被取消了卫星国地位，随后直接并入帝国。帝国的核心部分由巴黎直接管理；当有新的领土并入时，将其分成省级行政单位，由地方长官管理，和最初的83个省级行政区一样。在法兰西领土之外，拿破仑设立了一系列附属的卫星国。它们同法国的关系并不是一成不变的，这些卫星国的统治者要由拿破仑任命（事实上，很多都来自拿破仑家族），并且对其效忠。在这些国家中，有不少是革命时

1807年，弗兰卡蒂沙龙（Salon Frascati），富人聚会的地方。图中人们的穿着和场地的装饰，带有明显的大帝国时代的特点。

期建立的“共和国”。在随后的帝国中，加入了第三种国家，特征是保持其独立性，但是要成为法国的“盟友”，将经济和军事指挥权上交拿破仑，并与其一起参加对敌作战。有一段时间，普鲁士和奥地利都属于这一范畴的国家。

给卫星国任命统治者的方式始于1805年的意大利半岛。在拿破仑当上皇帝之后，他已经不仅仅满足于意大利共和国“总统”的身份。因此，他决定将意大利共和国转变为意大利王国，他假意将王位授予哥哥约瑟夫及继子欧仁·德·博阿尔内（Eugène de Beauharnais），然后宣称他们都不愿接受，只能自己当国王了。拿破仑称王位只是暂时的，新的王国最后会交给自己的继承人，他会放弃法兰西王国的权力并接手意大利王国。而欧仁·德·博阿尔内此时被任命为意大利王国的总督。

1805年末，在奥斯特利茨战役之后，拿破仑给大帝国增加了第二个王国——那不勒斯王国。那不勒斯的波旁家族统治者违背了中立的承诺，将英国和俄国军队带进那不勒斯港，拿破仑对此十分恼火，宣布将“结束那不勒斯王朝的统治”。1806年3月，在法国军队占领那不勒斯的一个月内，拿破仑宣布他的哥哥约瑟夫成为那不勒斯和西西里的国王。1808年，约瑟夫转战西班牙，于是拿破仑的妹夫若阿尚·缪拉接任了王位。

在意大利建立的这种模式同样也运用在了欧洲大陆的其他地方。1806年，拿破仑解散了存在了11年的巴达维亚共和国，并任命弟弟路易接手了短命的尼德兰王国。同年，他将新成立的莱茵兰的贝格公国交给了妹夫缪拉，后来这一公国不断蚕食着普鲁士王国。1807年《蒂尔西特条约》缔结后建立的威斯特伐利亚王国则封给了拿破仑的弟弟杰罗姆。从私人关系上看，帝国的这些皇室亲属当然受制于拿破仑本人，虽然名义上他们是独立于法兰西的。

这些由帝国蔓延开来的法兰西体制，究竟在欧洲有多大的影响力？这些被迫向拿破仑军队缴纳人力和财富的德意志和意大利的卫星国，它们是否真正从法兰西的统治中得到了些许好处？在帝国的不同区域，由于统治者和管理人员的个性及理念不尽相同，法兰西的改革和立法体制在各地的深入程度也各不一样。在一些直接被法国吞并的地区，从制度理论上来看，行政体制与法兰西自身的制度具有高度相似性，当然在语言和社会环境上还需要转变。在新成立的省份及附属卫星国，国王或者他的臣子都会引进一系列拿破仑法典、法兰西的行政和财政体制，以及和当地相适应的政治制度形式。在总方针中，同样废除了农奴制，消除了封建税收，并禁止大地产的继承制。为了表示对教会的尊重，拿破仑希望将成功运用于法国的政策移植到其他各国，比如：坚持教会在世俗国家的绝对权威，废除僧侣制度，建立公共指导体系，等等。正如人们所预料，在意大利的部分地区，世俗对教育的控制遇到了很大的阻力。通常，附属卫星国的领导者在实施法国的行政体系时会灵活变通，因为他们比皇帝更了解当地的情况。荷兰的统治者路易·波拿巴对拿破仑法典中的一些条例提出了抗议，认为它们有违当地的风俗习惯。而他收到了这样的回应："如果你修改了《拿破仑法典》，它就不再是《拿破仑法典》了……罗马人将自己的法律传给了盟国，法兰西为何不能让荷兰也接受她的法典呢？"

生活在拿破仑帝国的许多公民可以说受益良多，不仅享有更加有效的行政机构，更公平的法律，更合理的税收责任分配，还有其他诸多由法兰西规章带来的进步。对于长期生活在一些德意志的小邦国和那不勒斯王国的人来说，改变是十分巨大而有利的，与其曾生活于其中的陈旧的等级制度体系形成了鲜明的对比。对于借用上述的机构来改变固有的成见、私人关系及日常生活的做法，人们的态度则有所保留。即使对那些从改变中获益最多的人来说，也是一样。对于一个人来说，通过自身的努力来实现改革是一方面，另一方面则需要征服者来授权改革。

没错，与其说拿破仑是一位解放者，不如说他是一位征服者。帝国的全体成员国得到益处的同时也受到了伤害。随着拿破仑在战争中的深入，附属国为了表现对法兰西的支持，就需要贡献更多的军需支持，除了财政补贴，还需要贡献征募来的士兵和补给，以充实帝国军队。（在 1812 年入侵俄国时，帝国军队一共有 60 万人，其中只有三分之一是法国人，其余的人来自 20 多个不同的民族。）对于一些没有直接遭到战争蹂躏的地区，一般都要为战争提供人力支持。最让商业和贸易阶级感到苦恼的是拿破仑大陆封锁体系中那些限制经济的条款，而且，大批法国的代理人和监察员都会强制执行这些规定。

在拿破仑战败和被流放的那些年，他试图保留自己在位时期的影响力，向人民昭示他曾为捍卫德意志、意大利、波兰及其他地区的民族主义愿望而战斗。在帝国垮台后，他就会拿自己与那些欧洲小国的统治者做比较，那些统治者只会征服各民族的人民，或者只是阻碍他们对统一的希望。这个说法在多大程度上是合乎情理的呢？拿破仑是否如他的一些辩护者所说，是德意志和意大利统一的缔造者，以及波兰民族主义的捍卫者？

他在两个方面的确激发了欧洲各族人民的民族主义情感，虽然与他后来所描述的并不完全一致。通过减少德意志和意大利境内邦国的数量，拿破仑重新规划了欧洲大陆的版图，这对两个民族的团结统一来说，具有重大意义。18 世纪末期，德意志包括近 1800 个邦国、公国、自由城市以及较小的半自治行政单位。但是在大革命时期和拿破仑军队的数次征服之后，只剩下散布在普鲁士和奥地利的几个小国、莱茵邦联（一开始的 15 个国家），以及其他较小的地区。另外，拿破仑在 1806 年颁布了法令，终结了名存实亡的神圣罗马帝国。无意之间，他便为那些支持德意志统一的人扫清了道路。在意大利半岛，法兰西建立的政治组织在 1815 年被摧毁，但是值得注意的是，每当意大利人提起拿破仑统治时期，都会想到无数的小国被拿破仑合并成了三个独立的部分：直接受法兰西帝国管辖的区域、意大利王国，以及那不勒斯王国和西西里王国。自罗马帝国之后，意大利已经很久没有达到如此统一的局面了。此外，拿破仑于 1807 年建立了华沙公国，并在 1809 年将西加利西亚并入，实现了波兰人民建立一个独立统一的国家的夙愿。

拿破仑促进欧洲民族主义情绪增长的第二个方式，也是更为重要的一个方式，就是在法兰西统治时期，在当地民众中激起一种极端爱国主义情绪。要想知道这样的情绪在民众中到底有多强烈，其实并不容易。在任何与法军敌对的军队中，士兵与法军作战可能是迫不得已而不是源自于对国家的忠诚。农民毫无疑问对战争给农作物和其他财产带来的损害充满怨恨，这样一种情绪并不能使得他对统治者忠心，也不能促使他的爱国之心增强。然而，从这一时期的少数知识分子身上发现了一种新的爱国主义精神。例如，哲学家约翰·戈特利布·费希特（Johann Gottlieb Fichte，1762—1814）试图通过他的《致德意志民族》(*Address to the German Nation*)，来鼓舞整个德意志的民族情感，这一作品在 1807 年和 1808 年的柏林得到了广泛传播。诗人和历史学家恩斯特·莫里茨·阿恩特（Ernst Moritz Arndt）在拿破仑时代末期发表了一系列诗歌，来呼吁普鲁士从法兰西暴君手中解放德意志人民。在意大利，一个名为烧炭党*（Carbonari）的秘密组织开始致力于抵制法兰西的统治，这一组织日后成为促成意大利统一的重要因素。在 1815 年之前，无论是个人还是群体组织都没能吸引更多人的加入，但是这颗种子在拿破仑时代就已种下了，终于在 19 世纪随着民族主义运动的爆发结出了果实。

至于拿破仑本人对各种民族团体的态度，他在位时期的行动可以说明一切。为了法兰西民族的目标抱负，他无情镇压大帝国的各族人民，将法兰西的制度强加给各附属国，一切都显示出他对民族差异，以及对民族主义目标的认同感，似乎没有更深层次的理解和认同。在摧毁了欧洲中部小国的传统体制后，他并没有去激发德意志和意大利的民族精神，而是用更加无情的手段加强统治，并大肆搜刮当地的资源，为自己的军队和经济发展所用。如果拿破仑在征服过程中能吸收一些卓越的思想理念，结果就不只是建立一个由平等国家组成的大邦联，更有可能形成一个统一的帝国，就如同罗马帝国或者是查理曼帝国那样。

* 烧炭党：19世纪后期活跃在意大利各国的秘密民族主义政党，追求成立一个统一、自由的意大利，在意大利统一的过程中发挥了至关重要的作用。——译者注

大陆封锁体系（1806）

大陆封锁体系并不是突然出现的，而是经过了较长时间的酝酿。从大革命时期开始法国就对英国实行了贸易限制政策，到拿破仑执政后达到了顶峰。只有在1806年末，拿破仑才觉得对欧洲拥有了足够的控制力，他才能倾尽全力去摧毁英国与欧洲大陆的贸易。那一年在得到那不勒斯王国后，他便封锁了英国进入欧洲大陆的一处至关重要的入口，也就是那不勒斯港口。更重要的是，法国击败了普鲁士，继而控制了德意志北部的港口，这样就控制了英国商品进入欧洲大陆的又一处关键入口。1806年11月，拿破仑颁布了著名的《柏林敕令》（*Berlin Decree*），正式推行大陆封锁政策，禁止同英国的一切商贸往来。从那以后，英国商人在欧洲大陆的主要遭遇就是被拘押；所有从英国运来的或者英国及其殖民地生产的货物都要被无条件没收。不论国籍和民族，所有直接从英国港口来的商贩都被禁止进入欧洲大陆。因为这一敕令也同样在法兰西的各附属国和盟国推行，所以，拿破仑要建立的是一条长长的封锁线，从德意志北部港口一直延伸到意大利半岛南端。由于法国舰队的实力有限，拿破仑并不指望能封锁英国港口，所以敕令的主要目的是阻止所有的船只（中立国的和英国的）把英国及其殖民地的商品带入欧洲大陆。拿破仑的目标是保护欧洲大陆，尤其是法国的制造商和商人能摆脱从前被英国人控制市场的局面。

其实在《柏林敕令》颁布之前，英国人就建立了一条封锁线，以保护自己的货物在北海和英吉利海峡的流入和流出。敕令颁布之后，英国宣布所有的中立国船只，凡是经过不允许英国船只进入的海域，都要被扣押起来，变成英国合法的战利品。英法之间的经济斗争一直持续到了1812年，然而大陆封锁体系的最基本目的即摧毁英国贸易，并未实现。拿破仑的计划很明显：如果他能成功将英国商贸逐出欧洲大陆，英国的信用体系就会随之崩塌。但是英国的贸易从未与欧洲大陆分离，他们的商品仍然通过各种各样的方式流入欧洲大陆。英国甚至在很大范围内，尤其是在荷兰和西北德意志的港口采取走私的手段。很多情况下，海关的官员都接受贿赂并将货物放行。1810年，英国人通过售卖大量的"贸易许可证"来保障中立商船不被扣押，从而保证它们将装载的英国商品安全运往欧洲大陆。这一类的船只携带仿冒的许可证，显示着他们的出发点为除了英国港口之外的其他港口，货物的来源地也是除了英国之外的其他地方。

总而言之，拿破仑没有强大的海军、忠诚的公务人员和海关监察员来支撑这一体系。法国人也许会遵照大陆封锁体系的条例，以响应拿破仑抵制英国的爱国主义行动，但是附属国和盟国的公民却很少能做到这一点。当商人看到贸易量不断下降，消费者买不到想要的商品时，他们就会钻一些空子躲避这些禁令。最让拿破仑感到沮丧的是，法国的商业和贸易活动不升反降。因此英国建立封锁线的主要目的达到了，他们并不是为了阻止进口商品进入欧洲大陆，而是通过毁灭法国的商业与航运来削弱敌人。无数的法国航运商和商人被迫放弃贸易，只因为他们的船只难以通过重重把守的英国海军封锁线。

到 1810 年，大陆封锁体系已经难以维系，拿破仑决定发掘它的薄弱环节并将其转化为法国发展的利好条件。事实上，他所做的事和走私者是一样的：如果谁能支付 40% 的税，他就批准“战利品”货物可以被竞拍拿走（包括那些禁运的货物）。拿破仑指示海关人员可以批准禁运品进入，条件是它们被商人错误地贴上了“战利品”的标签。通过这一方法，税收增加了不少，还有许多特殊的必需品进入了市场。但是，拿破仑的这步棋放弃了大陆封锁体系，而且很明显地破坏了整个行动。因此，当拿破仑还沉浸在政治和军事胜利的喜悦中时，他早已在经济上一败涂地。

半岛战争，1808—1813

1807 年，欧洲中部和东部暂时能保持和平态势，拿破仑开始在欧洲大陆的其他地区发起战争。他对葡萄牙统治者表现出的忠诚早已心存不满，因此决定粉碎这个伊比利亚半岛王国，让他们也遵守大陆封锁体系。为了与葡萄牙作战，拿破仑需要带领法军安全穿过西班牙。他含糊地向年迈的波旁君主卡洛斯四世（Charles Ⅳ，1788—1808 年在位）许诺，法国会和西班牙一同分割葡萄牙的领土。但是如我们所见，当法军登陆西班牙并站稳据点后，事情就发生了转变，拿破仑找了一个借口，将西班牙皇权也一并推翻。入侵葡萄牙的行动只是拉开了他征服整个伊比利亚半岛的序幕。

半岛战争（Peninsular War）在拿破仑的整个军事生涯里占有

重要地位，很多历史学家认为，这场战争是这位法国皇帝军事命运的转折点。这是他第一次严重低估了敌军抵抗的激烈程度和多山的地形给战事带来的天然不利条件及其对战争结果的影响。法兰西最初的一些败仗可以归因于指挥官的无能；当拿破仑亲自上阵指挥时，情况就会大为好转。但是在西班牙的战役使拿破仑军队的给养几乎消耗殆尽，战事陷入胶着状态。1813 年，法军不得不选择撤退。

面对拿破仑的入侵，虽然葡萄牙皇室早已逃往巴西，但是国内的抵抗仍在继续，并且得到了英国军队的支援。英军一开始由阿瑟·韦尔斯利爵士（Sir Arthur Wellesley，1769—1852）统率，后来换成了威灵顿公爵（duke of Wellington），他第一次遭遇法军时便将其击败。与此同时，一支 10 万人的法国军队已经穿过西班牙边境，表面上是对抗英军，保护西班牙海岸。1808 年 3 月，一场反抗国王卡洛斯四世的暴动来得恰逢其时，据说是因为王后的心腹曼努埃尔·戈多伊（Manuel de Godoy，1767—1851）不得人心。卡洛斯四世禅位与他的儿子斐迪南七世（Ferdinand Ⅶ）以表示对他的支持。拿破仑拒绝承认斐迪南七世的地位，并且穿过法—西边境将斐迪南、卡洛斯四世连同戈多伊一起控制起来，看起来像是要帮助解决他们之间的争端，但实际上他从西班牙不稳定的局势和皇室内部的对立中捞到了好处。结果就是斐迪南被强迫退位，这样王位就空了出来。继而拿破仑组织了一些西班牙的重要官员共同请愿，推举约瑟夫·波拿巴上位。当然，拿破仑自是喜上眉梢，于是约瑟夫放弃了那不勒斯的王位，成了西班牙的国王。

拿破仑没有意识到西班牙人民对新的统治者的反感情绪与他们对法国人的态度并不一致。他们热情拥护法国人的统治，因为法国人废黜了波旁家族，而大受暴动者的欢迎，也正是这些暴动者在马德里的行动将法国人引入了西班牙。在 1808 年夏天发生了几场政变之后，拿破仑决定亲自指挥驻于西班牙的军队，并成功夺回了对马德里的控制权。但他还是无法了解西班牙人民的动机，于是采取了一系列的改革措施，包括削弱天主教会的措施，例如废除宗教裁判所（Inquisition），减少修道院的兴建，结果却使他更加不得人心。尽管在许多对抗西班牙军队及英国增援军的战斗中取得了胜利，但拿破仑却难以结束长期的战争状态。许多居民都迁往山区并加入了游击战；因为国家已经进入分崩离析、混乱无序的状态，敌对势力越来越多、难以根除。事实上，西南部城市加的斯从未屈服于法兰西的控制，1810 年这里不仅通过选举成立了国家议会，还为西班牙起草了新的宪法。

与奥地利的短暂战争（1809）

拿破仑军队在伊比利亚半岛遇到了意料之外的激烈抵抗，还遭遇了重重困难，这大大鼓舞了散布在欧洲各地的敌国军队。1808 年，拿破仑被迫从驻在德意志的大军团中调来大量的分遣队支援西班牙战役，奥地利宫廷的主战派请求国王弗朗茨抓住这个机会，给老对手拿破仑一点难堪。自从奥地利在奥斯特利茨战役失败以来，弗朗茨的弟弟查理 · 路易大公（Archduke Charles Louis）就对军队进行了局部重组；这次军队重组配合了相应的行政改革，从而加强了国家实力，使奥地利有了对抗拿破仑的资本。如果没有盟国，弗朗茨本人是不愿意和拿破仑开战的，他也准确地猜到了难以得到有效的外部支援。沙皇亚历山大名义上还是法国的盟友，实际上法俄缔结的《蒂尔西特条约》在 1808 年 9 月于爱尔福特（Erfurt）召开的会议上被重新强调。普鲁士的领土依然被法军占领，国内经过了大刀阔斧的改革，无论如何都不可能奋起反抗法国了。尽管充满了担忧，但弗朗茨还是被说服去冒一次险。因为他被告知法国的半数军队牵制在西班牙战役中，而法国国内民心不稳，并且德意志的民众还没有放弃从法国统治下解放国土的希望。

1809 年 4 月，奥地利不顾一切地发动战争，首先入侵了巴伐利亚。拿破仑此时意识到了形势的危急。很明显，俄国的援军不可能很快到达，拿破仑于是迅速征召新兵入伍，并从西班牙调遣两个师火速赶往东线。尽管这些部队都是临时组建和调动的，但拿破仑的第一反应还是体现了他作为一名指挥官的出色军事素养。经过短短几天，他便发动反攻并阻击了奥军。拿破仑乘胜追击，带领军队沿多瑙河进军维也纳，日行军速度达到 20 英里。同时，查理 · 路易大公在多瑙河西岸重新集结了部队。当拿破仑渡河进攻时，遇到了奥军的顽强抵抗。经过两天的战斗，他被迫再次穿越多瑙河，大约损失了 2 万名士兵。奥军同样遭受了严重的伤亡，但是他们十分有成就感，因为他们击退了拿破仑率领的军队。这场交锋之后，两军修整了七周，直到增援军抵达。当拿破仑再次发动进攻时，他成了占优势的一方，并在瓦格拉姆（Wagram）打了胜仗。这场战斗并不像奥斯特利茨战役那样具有决定性意义，但是奥地利大公意识到继续打下去也没有取胜的希望了，于是在一周后发出了停战请求。

奥地利又一次挑战了征服者，并且第四次尝到失败的滋味。1809 年签订的《申布伦条约》（Treaty of Schönbrunn）使奥地利失去了 32000 平方英里的领土及这片土地上的 350 万民众。被割让土地中的相当一部分分给了巴伐利亚，而华沙公国将西加利西亚吞并后实力也增强不少。在南部，拿破仑正式将奥地利的领土和爱奥尼亚群岛合并，建立了新的伊利里亚行省（Illyrian Provinces）。最终的条款迫使奥地利加入大陆封锁体系，并切断了同英国的所有联系。

1810 年的帝国

从法国所控制的领土面积来看，1810 年时拿破仑帝国达到了顶峰。1809 年在瓦格拉姆击败奥地利之后，法兰西领土南部和东部又得到了扩张，直抵亚得里亚海岸。由于弟弟路易 · 波拿巴在当上荷兰国王之后，对荷兰民众利益的关切更甚于对法国民众利益的关切，而且允许英国货物通过荷兰走私，持续破坏着大陆封锁体系，于是拿破仑在 1810 年废除了路易的王位，直接将荷兰王国并入法兰西帝国。随着北海沿岸的地区也并入进来，法兰西帝国已经包含了 130 个省（最初有 83 个），其领土从波罗的海的丹麦半岛开始，以圆弧状展开，一直到罗马王国南端的意大利海岸。大帝国西南边从西班牙海岸开始，东至华沙公国，也就是俄罗斯帝国的边境处。

拿破仑似乎已经达到了权力的制高点，实际上，放眼欧洲已经难寻敌手。除了在伊比利亚半岛未完的战争以及和英国的经济斗争之外，1810—1812年可以说是大帝国相对和平的时期。在这时，他开始着手考虑如何解决一个困扰他多年的问题——还没有儿子来继承自己辽阔的帝国。他于1796年与约瑟芬成婚，却一直没有子嗣。自从当上皇帝之后，他不止一次考虑结束这段婚姻，而婚姻的双方都不再忠于对方。然而拿破仑似乎还不太愿意和约瑟芬一刀两断，毕竟这个女人曾唤起他巨大的热情。

但是，与沙皇亚历山大的妹妹成婚一事早已在1807年《蒂尔西特条约》中商讨过，并且在1809年再次提起。然而沙皇最终拒绝了这一提议，表面原因是自己的妹妹年龄还太小。1809年击败奥地利之后，拿破仑的代表前往奥地利宫廷进行了谈判，并安排拿破仑迎娶18岁的奥地利公主玛丽·路易斯（Marie Louise，1791—1847）。时任奥地利外交大臣的梅特涅（Metternich）亲王立即采纳了这个建议，他认为这对奥地利来说是个好机会，起码能与法国保持暂时的和平关系。对拿破仑来说，这次婚姻不仅让他重新看到自己后继有人的希望，而且与欧洲大陆历史最悠久的皇室家族联姻将提升他的威望。因为和约瑟芬离婚没有获得庇护七世的同意，拿破仑通过巴黎的一处对他唯命是从的教会机构，将约瑟芬送到了玛拉玛颂（Malmaison）的一座城堡，并在1810年4月迎娶了玛丽·路易斯。不到一年，她就生下一个儿子，这个孩子随即被封为罗马国王。这时的王朝看起来是安全稳固的。

在1810年至1812年这个时期，帝国表面上的稳固之下已经出现了一系列衰落腐朽的征兆。在前文中已经提到，大陆封锁体系以及为支持拿破仑四处征战而进行的强制征兵和课税，给众多附属国带来了怨恨情绪。即使在法国国内，不满的情绪也越来越强。1810—1811年间一场商业衰退大大削弱了帝国最强有力的后盾资产阶级。西班牙的战事并未得到法国民众的支持，而且引发了人们对拿破仑极大的不满。为了应对西班牙战役和1809年的奥地利战役，在法国国内，征募新兵的年龄一降再降，而且在1810年，即将与俄国开战的令人不安的传言不胫而走。还有那些虔诚的天主教徒，他们在宗教协定达成时将拿破仑看作法兰西信仰的救世主，但是拿破仑在宣布法兰西信仰独立后还与教皇有着不可告人的交易，这一事实让他们感到震惊。1805年之后，教皇和拿破仑的关系不断恶化，原因有两个，一是在双方协议执行时困难重重，二是拿破仑对教皇在意大利的领地采取了专横的行动。渐渐的，那些拿破仑在意大利建立王国之后遗留下来的教会领地，既没能融入意大利，也没被法国占领。1809年5月，拿破仑准备正式把教皇国并入法兰西帝国，教皇得知后，以将拿破仑逐出教会作为威胁。拿破仑当然给予了回应，他将庇护七世逮捕起来，送进热那亚附近的萨沃纳（Savona）监狱。1812年，教皇被转移到了法国境内的枫丹白露（Fontainebleau）。这一举措使得整个反教会行动达到了高潮，拿破仑因此成为全欧洲虔诚的天主教徒的敌人。

早在1809年，有一批人已经看到了不祥之兆，他们开始着手准备建立能够接替拿破仑统治的政权。其中最为活跃的是手段高明的机会主义者夏尔·莫里斯·塔列朗，在1789年到他去世的1838年这段时间里，塔列朗在相互接续的大多数政府中，都担任职务并经历了历次政权更迭。塔列朗于1754年出生于一个贵族家庭，他最初的职业是自由牧师，并在大革命前夕升职为奥坦地区的主教。作为三级会议的成员，他站在第三等级这一边；在国民议会中，他支持没收教会土地以及神职人员的《市民宪法》。1791年，他被教皇逐出教会，转而进入了外交部门。路易十六被处决后，他去往美国避难，并在1795年督政府成立后返回法国。他担任了两年的督政府外交部长，并于1799年辞去这一职位，及时帮助拿破仑在雾月政变中成功夺权。作为拿破仑1799—1807年间的外交部长，他帮助法国站稳了欧洲霸主的地位，在1806年，拿破仑皇帝封赏他为贝内文托亲王（prince of Benevento）。1807年，塔列朗辞去外交部长的职务，随后在1809年他带着对未来可能发生的突发事件做出预案这种观点，与奥地利外交大臣梅特涅开始往来。在后文中我们会看到，在1814年，塔列朗在说服胜利的联盟国接受波旁王朝复辟时扮演了积极的角色，并又一次以外交部长的身份出现，不过这一次他代表的是波旁国王路易十八。另外在1814—1815年维也纳会议期间，他又代表法国出现在会议上。在他去世之前，又帮助另外一位法国统治者路易·菲利普于1830年登基；最后，在19世纪30年代，他以法国驻英国大使的身份结束了自己的职业生涯。

塔列朗的名声因历史学家的批评而饱受争议，历史学家们将他看作马基雅维利式的政治家和不忠诚的外交官。历史学家认为，塔列朗一生都在考虑如何让自己富有、如何让自己在不断更迭的政府（1789—1830）中掌握重权。甚至连他的拥护者都认为他是一个自负的人，他之所以能幸存下来，要归功于他能在特定的时候用合适的言辞，无论在公共的还是私人的场合，都应对自如，以及在特殊的时刻把握了占主导地位的意识形态。这对他来说并非难事，归根到底，他从不遵循抽象的理念和原则做事。但是他的辩护者认为，在塔列朗漫长的职业生涯中，始终有一条潜在的主线：他关心法兰西，并对之忠心耿耿。他作为一名外交官和谈判人所具备的理念，就是提高祖国的国际地位。人们认为，塔列朗“抛弃”拿破仑，是因为他发现自己难以约束皇帝无止境的野心，而这种野心发展下去最终会毁了自己的国家。离开拿破仑之后，他开始筹划复辟波旁王朝。在拿破仑战败后的和谈中，他通过和平解决方案几乎立刻让战败的法国回到了欧洲强国行列，在这方面，可以说他立下了大功一件。

入侵俄国（1812）

尽管对拿破仑统治不满的迹象日渐明显，他还是决定在 1812 年春天发动入侵俄国的战役，这一行动最后被证明对他是一次毁灭性的打击。就像 130 年之后的阿道夫 · 希特勒一样，拿破仑认为阻碍自己统一欧洲的两大障碍就是英国和俄国。也和希特勒一样，拿破仑在征服英国的过程中吞下了失败的苦果，转而掉头东进，因为他相信，如果打败了俄国，英国自然也会屈服。

我们已经看到，拿破仑和亚历山大这两位皇帝之间的关系从一开始就是不稳定的。1807 年的《蒂尔西特条约》签署还没过多久，拿破仑就要将新建立的华沙公国兼并到莱茵邦联之中，并派遣 30000 军队进入该地区，这一行动显然对俄国构成了巨大的威胁。在 1809 年击败奥地利之后，在拿破仑将西加利西亚并入了华沙公国后，他加强对波兰人控制的欲求与日俱增，而这些都被亚历山大看在眼里，让亚历山大开始怀疑还能否收回自 18 世纪就分裂出去的波兰。另外，在《蒂尔西特条约》中规定俄国完全接管土耳其，而拿破仑对此事显然心存不满，对此亚历山大同样看得十分明白。随着俄国和土耳其的战事拖延不前，亚历山大意识到即使自己获胜，拿破仑也会阻碍自己入侵土耳其在欧洲东南部省份的计划。拿破仑在巴尔干半岛的真实打算虽然还不十分明朗，但可以肯定的是，他一定会阻止俄国占领君士坦丁堡。而且，对于拿破仑在 1810 年迎娶玛丽·路易斯以及随后同奥地利结盟，亚历山大也是心怀忧虑的。

拿破仑对沙皇亚历山大的不满主要是，亚历山大没能在自己的港口强力推行大陆封锁政策。根据《蒂尔西特条约》，俄国要对英国宣战，但是亚历山大对此事并不上心，而且针对英国的贸易政策在俄国的推行也乏善可陈。1810 年，拿破仑要求俄国将停在自己港口的那些载有英国货物的中立国船只全部扣押，却遭到亚历山大的拒绝。相反，亚历山大同年发布了一条法令，鼓励中立国船只进入俄国港口。对于拿破仑来说，与俄国的联盟很显然走到了终点。在

1810 年末，俄国正式退出大陆封锁体系。

两位皇帝都预见到冲突在所难免，于是都开始寻找盟友。他们都希望得到奥地利和普鲁士的支持，但是拿破仑在德意志驻扎了军队，而且普鲁士和奥地利刚刚被拿破仑打败，使得它们不得不屈服于拿破仑的命令。于是，在 1812 年，普鲁士和奥地利分别承诺向拿破仑的大军团贡献 2 万人和 3 万人。由于得不到德意志的支持，俄国与瑞典结成了同盟。根据协议，瑞典同意加入俄国军队共同对抗拿破仑，条件是在战争结束后，俄国协助瑞典吞并挪威和丹麦。具有讽刺意味的是，同意瑞典和俄国联手的是贝纳多特王储（Crown Prince Bernadotte），他曾是拿破仑手下的一名将军，在 1810 年被封为瑞典皇储。在这段时间，俄国已经与土耳其和英国停战，并与英国结成同盟，共同对抗法国。

为了准备这次入侵，拿破仑在东欧集结了他的大军团。在 1812 年 6 月战争前夕，拿破仑军队人数是 45 万，等到增援部队到达后，数量达到了 60 万，这几乎是有史以来他召集的最庞大的部队了。在这支军队中，除了法国士兵之外，还有来自意大利、波兰、瑞士、荷兰以及德意志（来自莱茵邦联、奥地利和普鲁士）的士兵。拿破仑将主力军也就是法国士兵安排在核心地带，将奥地利军队安排在南部，将普鲁士军队安排在北部。6 月，拿破仑渡过涅曼河，他打算以楔形攻势分割俄国的两支主力军，然后将它们分别包围，各个击破。他在 1812 年的目标是占领斯摩棱斯克（Smolensk），并强迫沙皇签订条款。如果亚历山大拒绝投降，他就打算在斯摩棱斯克过冬，等来年开春再进军莫斯科。

他根据计划按部就班。然而一开始计划就受阻，在进入俄国前，始终没能与俄国的主力军交手。俄军的将领因为看到对方人数占据明显优势，屡次避而不战。迎着 7 月酷热的太阳，拿破仑率军队马不停蹄地穿越俄国平原地带，由于遭受炎热、疾病、饥饿的侵袭，再加上途中有士兵逃亡，他已经损失了几千人。8 月中旬，拿破仑终于抵达斯摩棱斯克，然而俄军只是用后备部队抵抗，接着便弃城而逃了。根据原计划，拿破仑要在这里停留一段时间，他的部下也希望如此。但是，他却做了一个致命的错误决定——进军莫斯科。米哈伊尔·库图佐夫将军（General Mikhail Kutuzov，1745—1813）奉命在博罗季诺（Borodino）拦截拿破仑，于是在 9 月 7 日拿破仑遭遇了俄军主力部队。两军展开了惨烈的战斗，这场战役死伤人数达到 7 万人。最终，双方都声称取得了胜利，但是俄军却撤退了，去往莫斯科的路畅通无阻。然而当拿破仑在 9 月 14 日到达莫斯科时，这里几乎成了一座空城。几个小时后，有人在莫斯科燃起了大火。由于莫斯科大多数建筑都是木质，火势迅速蔓延，不到一周时间，整座城市四分之三都被烧成灰烬。五个星期过去了，拿破仑还停留在这座满目疮痍的空城，军队的士气也很快衰竭了。他向沙皇提出停战请求，结果被拒绝了，他只能无助地等待着沙皇的妥协。最终，由于军队难以得到大本营的补给，又难以取得真正的胜利，还担心即将到来的严冬，拿破仑决定在 10 月 19 日从莫斯科开始进行后来被认为是

《大军的残余人马抵达斯摩棱斯克》，法布尔·杜·福尔（Faber du Faur）作品。1812年12月初，寒冷的天气使得法国军队更加饥寒交迫。

灾难性的大撤退。法军不断遭到库图佐夫军队的袭击，而且难以通过更短的路径回到斯摩棱斯克。11 月初，寒冷的天气侵袭而来，法军更加饥寒交迫。到达斯摩棱斯克时，与从莫斯科出发时的军队相比，只剩下半数人马。11 月末，更大的灾难到来了，当法军准备穿过别列津纳河（Berezina River）时，受到阻截和追击他们的俄军两头夹击，遭到了疯狂的火攻。这成了战争的转折点，撤退军队开始溃败，丧失了一切组织性，只剩仓皇逃命了。12 月 18 日，拿破仑大军的最后残余的部队零星地通过涅曼河，这里曾是他们在 6 月时穿越的地方。当时的 60 万人现在只剩下不到 3 万人。其余的人除了逃命的，不是被杀就是被俘。

在军队到达涅曼河之前，拿破仑就在12月初匆匆赶回了巴黎。关于这场灾难惨烈程度的消息并没有很快传到法国，但是流言还是一点点渗入巴黎，拿破仑希望亲自回到首都，平息国内的疑虑和不安。但是，拿破仑回国的最主要原因却是集结一支新的军队。他不但没有被失败吓退，反而决意要同俄国和英国这两大敌人战斗到底，他的这一意愿比以往任何时候都强烈。在回到巴黎三周之后，拿破仑要求议会发布征兵告示，重新组建一支35万人的军队。

1812年12月26日，拿破仑军队在别列津纳河的大溃败。

解放战争，1813—1814

从俄国战役大溃败，到1814年3月31日联盟军获胜并进入巴黎，中间经历了15个月。让人感到惊讶的是，法国人竟将敌人的胜利拖延了这么长时间。拿破仑成功地在1813年春天集结了一支25万人的大军，这可以说是一个奇迹。当然，这些新兵很难与跟随拿破仑经历过奥斯特利茨战役和耶拿战役的经验丰富的老兵相比。再者，拿破仑的最后几次战役都受制于武器、弹药、装备的严重不足。的确，一些军事史学家认为缺少军备物资和缺兵少将一样，都是造成拿破仑失败的原因。但拿破仑战败的最重要原因来自他的敌人们，在经过20年断断续续的反法斗争后，他们终于暂时放下了彼此的分歧，联合起来获得了最终胜利。

最终将拿破仑击败的同盟形成于1813年3月，当时普鲁士和俄国已经组成同盟，并邀奥地利和英国一同加入。后者并没有立即响应，但是随着英国和瑞典王储贝纳多特的协议达成，这一同盟形成的可能性加大了。作为对英国提供大量资助的报答，贝纳多特同意提供3万人的瑞典军队去对抗法国。1813年春，这支人同盟军和新组建的拿破仑军队再次开战。尽管拿破仑在5月取得了两场名义上的胜利，但其损失也相当惨重，他在6月和敌人达成停战协议，一停就是整个夏天。这段时间对拿破仑对手的益处要远远大于对他自己的益处。当8月重新开战时，梅特涅决定让奥地利加入同盟一方，而英国签署了协议，同意为联盟军提供大量的援助。促使梅特涅做此决定的，是拿破仑拒绝接受为了达成欧洲大陆势力均衡而要求法国放弃战略征服的协议。拿破仑战争生涯第一次发现自己成为了欧洲四大强国的共同敌人。除了本国军队之外，仅仅有莱茵邦联的几支分遣队支持他。尽管如此，在1813年8月，拿破仑仅用了不到两周时间，就在德累斯顿（Dresden）给予一支同盟军部队沉重打击，这也是他在德意志土地上最后的一次重要胜仗。但是从那时起，拿破仑的境况开始急转直下，他的部下也屡尝败绩。10月初，巴伐利亚从莱茵邦联退出，并加入了反法同盟。10月中旬在莱比锡的几场重要战役后，秋季战役的高潮也随之来临，所有的同盟军都向法军聚拢过来，历史上称之为"民族之战"（Battle of the Nations）。在几天的初步战斗之后，同盟军经过一次九小时的围攻，终于拿下了一场恶战，迫使法军撤退到莱比锡边境处。被仅有的德意志盟国抛弃之后，拿破仑不得不撤退到莱茵河对岸，莱茵邦联也随之瓦解。

帝国其他地区的一系列挫败让德意志的崩溃变得更加严重。随着同盟军入侵荷兰，在当地引发了一场暴动，结果是奥兰治亲王（prince of Orange）重新成为荷兰统治者。在拿破仑的煽动下，欧仁·德·博阿尔内在意大利北部起兵，结果被奥军击败。最后，1813年，威灵顿公爵向一支因重要分遣队被调往德意志前线而被削弱的法国军队发起进攻，西班牙的形势也接连出现了逆转。在1813年年中，约瑟夫·波拿巴逃回法国，而法军也节节败退。11月，威灵顿穿过西班牙边境进入法国，并包围了巴约讷（Bayonne）。

在反法同盟军从法国东部入侵之前，他们曾向拿破仑提议签订和约，同意给法国保留阿尔卑斯山脉和莱茵河形成的“天然国界线”。梅特涅后来在回忆录中坦白，同盟军并不打算信守这一承诺，因为他们相信拿破仑会拒绝提议，从而使他们有了继续征战的借口。事实证明梅特涅的推测是正确的。拿破仑没有直接拒绝提议，但是拖着迟迟不决定，于是同盟军决定撤回提议，并指责拿破仑是延长战争的罪魁祸首。

1814 年年初，20 万同盟军浩浩荡荡穿过莱茵河。而拿破仑只剩下 9 万人，大部分还是年轻的新兵，却在绝境中又打了一场漂亮的防御战。拿破仑将军队调转方向，逐个击破分散的同盟军军队，在对抗普鲁士格布哈德·冯·布吕歇尔将军（General Gerhard von Blücher，1742—1819）和奥地利卡尔·菲利普·施瓦岑贝格亲王（Prince Karl Philipp Schwarzenberg，1771—1820）的军队时分别取得了胜利。然而，军队经验不足，加上数量上的劣势及装备的匮乏，最终决定了战争的走势。当拿破仑孤注一掷地将自己的军队带到同盟军的后方洛林（Lorraine）时，同盟军的先遣队已经逼近巴黎。在蒙马特高地（Montmartre）遭到同盟军最后的暴风雨般的袭击后，法军终于支撑不住投降了。3 月 31 日，沙皇亚历山大和腓特烈·威廉国王以胜利者的姿态进入巴黎。与此同时，拿破仑火速赶回巴黎，希望能进行最后一搏，但为时已晚，结果只能退往枫丹白露。即使已经到了这个地步，拿破仑还是命令各位元帅同他一起进攻巴黎，然而他们都无心应战并拒绝了。留在巴黎的塔列朗，利用

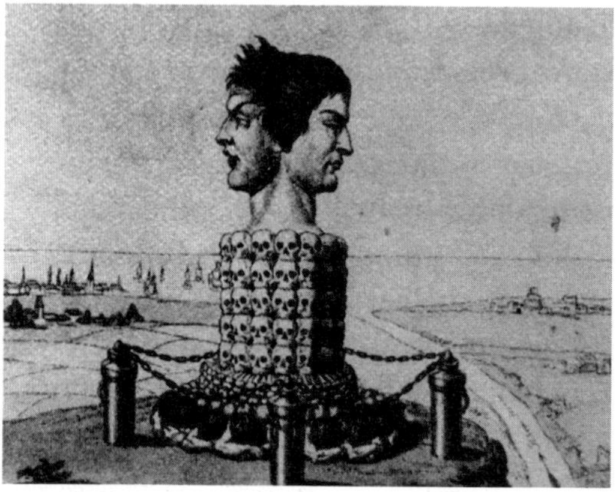

《拿破仑雕像》。一座刻有双面脸（Janus-faced）的拿破仑雕像，一面看着过去，一面看着未来；雕像成于1814年，在莱比锡战役法国战败后不久。

他第二大选举人的身份召集参议院成员，并对他们施加影响，宣布拿破仑及其家族被剥夺了法国皇位。经过权衡之后，拿破仑宣布退位，条件是由他的儿子取而代之。但是同盟国拒不接受他的提议，他们强迫他无条件退位。不到一个月内，拿破仑就被送到了一座临近意大利海岸的名叫厄尔巴岛（Elba）的小岛上。同盟国授予拿破仑对这座小岛的统治权，这可以说是一个莫大的讽刺。

波旁复辟与百日王朝

尽管在战争的最后阶段，反法同盟的各国领袖对于拿破仑的继任者一事还各有异议，但在拿破仑战败时，这件事情基本上定了下来。一部分原因是塔列朗施展了巧妙的诡计，他是一名未成年的皇室成员在巴黎的发言人。同盟军决定选择普罗旺斯的伯爵（count of Provence)，也就是被砍头的路易十六的弟弟，以路易十八的身份成为新的法国统治者。路易十七的称号留给了路易十六在大革命期间被关押时死去的次子。波旁皇室重新上位的消息一传出，法国人民并没有表现出多大的热情和拥护，但是国王一开始就向人民承诺，他不会因为任何人过去的观点而歧视他，而且会为法国制定一部自由的宪法，这打消了人们对皇室复辟可能带来可怕后果的忧虑。

1814年5月30日的《巴黎和约》(*Peace Treaty of Paris*)可以说是同盟国给法国的一个相对宽大仁慈的条约，从中很明显能看到，同盟国的目的就是扶持波旁皇室复辟。起草这个条约的政治家希望建立新的势力均衡，但他们认为将法国降到二等或三等国家的位置并无益于达成这个目标，而且还会降低复辟的波旁王朝的威望。毕竟，新的国王并不需要对法国在业已结束的战争中的侵略性征服负责任，他的政府也不用偿还战争赔款。于是，法国被允许保留1792年11月1日攻占的领土，包括萨伏依、德意志和奥属尼德兰的部分土地，以及少数飞地，比如阿维尼翁(Avignon)。但是法国必须承认奥属尼德兰、荷兰、德意志邦国、意大利城邦及瑞士其余领土的独立。除了特立尼达(Trinidad)、多巴哥(Tobago)、圣卢西亚(St.Lucia)及印度洋上的毛里求斯之外，剩余所有的殖民地都要归还英国。英国也保留了马耳他岛。最令人惊讶的是，法国不需要向战胜国支付战争赔款。另外，拿破仑在战争期间从其他国家掠夺的艺术珍宝也都不用归还。

尽管得到了这么多“优待”，新的政权在一开始还是举步维艰。

而《1814 年宪章》作为新宪法，其提出的方式刺激了法国民众的神经，因为国王明确地声明这一宪章是他在“统治的第十九年”授予法国人民的“礼物”。通过这一举动，路易十八不仅否认了人民主权论，而且试图忽略大革命时代及拿破仑时代这两段插曲曾经存在。宪章本身的条款就包含了这种观点，这份文件结合了《人权宣言》和《1791 年宪法》的许多特征，并保留了帝国时期的行政机构。但是随着皇帝的弟弟阿图瓦伯爵查理 · 菲利普（Charles Philippe，1757—1836）对宫廷的影响越来越大，自由派变得越来越不安，因为查理 · 菲利普比国王更加保守，是一个名为“极端保皇派”的非官方派系的领袖。极端保皇派公开宣称宪章只是一个权宜之计，呼吁建立专制政体，并将罗马天主教恢复到先前的特权地位。最终，新政疏远了许多特殊的团体。和平时期的军事改革使得官兵们的薪水大幅缩减；制造商对于突然削减关税怨声载道，因为如此一来他们不得不受制于来自国外的竞争；农民因为政府将未出售的大片国有土地归还给原始的土地主，而感到忧心忡忡。

1814—1815 年间法国民众遭遇的各种困难，是与战时到和平时期的经济转型密切相关的，但是新政府却不愿承担这个责任。而此时被软禁在厄尔巴岛的拿破仑 · 波拿巴对自己的处境愈发焦躁不安，而且遥知自己曾经的臣民对现状十分不满，于是在 1815 年冬至时他觉得是夺回自己权力的时候了。趁着英国官员离开厄尔巴岛之际，拿破仑强行征用了几艘船只，起航回国。1815 年 3 月 1 日，他在戛纳登陆，并穿过多菲内山口一路向北，沿途几乎没有遇到反抗。事实上，拿破仑之前手下的士兵大多数依然对他忠心耿耿。其中最为杰出的埃尔兴根公爵米歇尔·内伊（Michel Ney，the duke of Elchingen），曾是拿破仑最得力的将军之一。内伊在1804年被封为法兰西帝国的元帅，在1814年5月劝说拿破仑退位，并成为了路易十八复辟王朝的贵族。当听到拿破仑从厄尔巴岛逃走时，内伊一开始强烈谴责，随后他被派遣率军前往法国南部拦截拿破仑，此时他却突然“叛变”，归顺了自己的旧主。拿破仑沿途经过的城市都大开城门，欢迎曾经的“皇帝”归来。拿破仑在3月20日到达巴黎，此时路易十八已经携随从逃亡到了根特（Ghent），皇位再一次易主。就这样，历史上的“百日王朝”由此开始，它结束的标志就是同年6月拿破仑兵败滑铁卢。

为了争取到曾经反对他政权的人的支持，在这段短暂的时间里拿破仑采用了自由的政策，他在后来被流放的生命中的最后几年，更进一步地阐述了他的这种自由政策。他称自己先前之所以没有改革，是因为忙于应对欧洲各国的国王和贵族，于是拿破仑在新宪法中规定将扩大选举权的范围，建立责任制的行政机构，以及废除出版审查制度。他的这些声明受到了民众的欢迎，但仍有不少质疑的声音。拿破仑意识到，要想重新确立自己的地位，必须取得一场军事上的胜利。

拿破仑出逃厄尔巴岛绝对是一条爆炸性的新闻，震惊了欧洲各国首脑。很快，各国首脑齐聚维也纳，1814年秋天，正是在这里，同盟国召开代表大会，慎重讨论如何处置拿破仑先前的帝国。得到消息后不到一个小时，梅特涅即征得了奥地利、俄国和普鲁士君主的同意，再次结盟对抗拿破仑。随后英国宣称拿破仑就是“亡命之徒”，并和东欧三国结成新的同盟。

拿破仑意识到自己的处境十分危险。同盟国拥有70万大军，而自己仅能集结一支20万人的军队，而且其中超过三分之一要用来保障国内的治安和保卫前线。尽管如此，他仍然决定再一次浴血奋战。6月15日，拿破仑穿过比利时边境，正面迎敌，一面是布吕歇尔率领的普鲁士军队，另一面是威灵顿率领的比利时、荷兰、德意志和英国联军。他打算将两支敌军分开，然后分别击破。起初对布吕歇尔的一场胜利让普军撤退了一些，拿破仑派3万军队乘胜追击，自己则转向另外一个战场，帮助内伊元帅攻打威灵顿的军队。然而拿破仑错误地估计了布吕歇尔的撤退方向。普鲁士军队躲开了法军的追击，布吕歇尔在距离威灵顿很近、能够获其支援的地点重整军队。而拿破仑认为普鲁士军队已经不在附近了，而且被他派出的军队牵制着，于是他决定在滑铁卢（Waterloo）对威灵顿发起进攻。威灵顿有人数上的优势，又借助了山脉的屏障作用，成功地将后方的大规模军队隐藏起来。当拿破仑和威灵顿双方陷入长时间僵局的时候，布吕歇尔率各师杀回，并直击法军右翼，至此胜利的天平开始倾向同盟军。傍晚时分，拿破仑的军队和中午相比，少了一大半，而剩余的这部分也都惊慌逃散。即便是拿破仑，面对此败局也无力回天。四天后，拿破仑再次退位，他试图逃往美国却未能成功。拿破仑在拉罗谢尔（La Rochelle）海湾的英国军舰上签署了投降协议书。这次由英国人担任拿破仑的“狱卒”，而他被遣送到了南大西洋的圣赫勒拿这座孤岛上。

拿破仑的成就与思想遗产

在拿破仑一生最后六年的时光里，他除了回味和追忆自己史诗般的戎马生涯，过得有些百无聊赖。这个身材矮小、外貌亦不出众的人也许会沉溺于悔恨之中，悔恨自己做过的错事，悔恨错过的机会，悔恨遭到自己信赖的人的背叛，的确，拿破仑的回忆录中充满了这样的遗憾。但是，他更专注于改编和整理自己戎马生涯中那些壮丽辉煌的事件，使之看起来能与他取得的成就相互辉映。在他的回忆录中，这种努力造就的“成果”比比皆是，并且常常被人们引用为“圣赫勒拿岛上的信仰”。但事实上它们与事件的原貌相去甚远，尤其在关系到皇帝本人的意图和动机时，许多事情往往被避而不谈。而这些并不重要，因为在拿破仑死后被发现的由他本人在圣赫勒拿岛上写就的回忆录，成了他传奇一生的蓝本，后世的传记作家和拿破仑的仰慕者乐此不疲地对它进行改编和润色。

这位被迫退位的皇帝在这段传奇故事中想让人们了解的最基本的一点是，他是“大革命之子”和一名自由主义者，他的目标是完成革命的纪元未竟的改革，并将成果带给欧洲民众，帮助他们摆脱旧制度桎梏下陈旧的体制和保守的统治者。记录这样一个充斥着旧时统治者和旧体制复辟的年代，他意识到他所创作的时代画卷将具有特别的感染力。

我们已经见证了拿破仑在执政府时期和帝国早期的一系列成就，如编制了《拿破仑法典》、彻底改革了行政结构、稳定了财政，这些可以说是革命年代改革的开先河之举，并促成了改革的完整实施。在这些方面，拿破仑将这些成果以法律的形式确立了下来。此外，他将这些变革推广到附属国家和整个法兰西帝国。这一切表明，正如拿破仑本人所称，他是整个欧洲革命时期的旗手。

另一方面，这些改革是在整个政治体系的大环境下展开的。在这个环境下民众在政府事务中没有真正的发言权，长期被审查制度压制，不能自由发表意见，一旦被怀疑对政权持反对意见就会受到监视。这样一种氛围显然违背了《人权宣言》的精神，而且令拿破仑所说的他是真正的“大革命之子”的论调变得不那么令人信服。

如果从整个欧洲的层面来评估拿破仑带来的长期影响，则很难将他的政策及其影响与他之前的革命政府的政策割裂开来。但是毫无疑问，1815 年的欧洲与它在 1789 年时的样子有着很大的不同，而大部分变化的发生都与拿破仑的政权有关。特别是在那些曾直接并入法兰西帝国的地区，许多拿破仑时期的体制一直沿用到 1815 年之后。人们常常提及，在低地国家、普鲁士莱茵河地区、那不勒斯王国和一些较少的德意志邦国，《拿破仑法典》保留使用了相当长的时间。即便在法典被禁止推行的地区，它对替代它的法律所产生的影响也显而易见。尽管 1815 年之后，帝国时期的行政区划分方式被很多不再归属于法国的地区所废除，但是拿破仑高效组织的官僚体系，以及由中央政府直接任命官员的方式，依然被一些希望增强对国家的控制和提高管理效率的统治者所赞赏和效仿。还有很多其他拿破仑时期的体制沿用下来并被许多地方效仿，如警察制度、税收组织、与天主教会的宗教协定，当然，还有拿破仑的军队组织形式和军事教育体系。

在社会变革领域，农奴制和其他封建制度的废除（一些由革命政府下令，一些由拿破仑政府下令），帮助低地国家、莱茵兰地区，以及部分德意志邦国和意大利城邦，改变了旧时的社会秩序。我们清晰地看到，当普鲁士被法军击败后，普鲁士国王受到极大刺激，进行了一系列大刀阔斧的改革，其中就包括在 1807 年废除农奴制。所有的这些改变都贯彻了《拿破仑法典》的主张，如：法律面前人人平等，土地所有者拥有自由的权利，私人财产应受到保护，这些都从根本上保障了资产阶级和农民的利益。换而言之，西欧国家和部分中欧国家的社会模式发生了翻天覆地的变化。1815 年之后的政治体系可能倒退回大革命之前的形式，但是社会变革却已经无法逆转。

拿破仑一开始是受欢迎的，至少在部分地区是这样，因为他以一个解放者的姿态，帮助平民阶级从传统的债务和约束中解脱出来。但是，从长远来看，热情逐渐转变成了憎恶，因为很明显，帝国的成员国仅仅是法国的卫星国，它们的主要作用就是为拿破仑提供人力、财力和其他给养，来支持他进一步的征服和扩张。拿破仑的新秩序尽管很大程度上不像下一个世纪希特勒的政策一样冷酷无情，但是对当代人而言，也不会更具吸引力。自然，当拿破仑于1814年垮台时，整个欧洲除了法国之外，几乎没有人为其感到遗憾。

也许拿破仑最为长远的影响存在于欧洲领土之外。在1799年拿破仑政变之前，他在埃及的战役就已经将大革命的理念传播到中东地区，许多统治者受其鼓舞进行了政治现代化的改革，比如1805—1849年的埃及总督穆罕默德·阿里（Muhammad Ali）[4]。1808—1813年的半岛战役，动摇了西班牙和葡萄牙在拉丁美洲的殖民统治，直至19世纪20年代西、葡在拉丁美洲的统治地位完全瓦解。新一代的拉美独立战士在传奇人物如西蒙·玻利瓦尔（Simon Bolívar，1783—1830）和安东尼奥·何塞·苏克雷（Antonio José Sucre，1795—1830）的领导下，效仿拿破仑的方式争取独立，也体现出受大革命思想影响之深。拿破仑去世后很长一段时间内，他的思想依旧余波未平，相继影响了亚洲、非洲和其他地方的革命领袖。因此，在将革命的火种播撒到整个世界的过程中，拿破仑起到了积极的推动作用。

虽然“圣赫勒拿岛上的信仰”并未被普遍接受，只有时间可以证明拿破仑在法国及世界的影响。拿破仑绝非传播自由主义和民族主义事业的信徒。相反，给后世留下的最深刻印象是，他作为普通民众中的一员走上权力的巅峰，他是一名英勇无畏的将军、一位才华横溢的战略家，指挥数百万人浴血奋战，直至征服了整个欧洲大陆，荣极一时。在他垮台后相对平淡的岁月、长久和平的时代，他作为军人的丰功伟绩、他无所不至的勃勃雄心，使他成为一位比任何文学作品中的虚构人物都更加魅力四射的浪漫主义英雄。

第三章

工业革命与欧洲社会的重建

以 1789 年法国大革命为起点的大动荡永久性地改变了欧洲的政治局面。尽管一些保守的统治者试图控制大革命思潮的传播，但是在 1815 年拿破仑退位后，只有极少数的政权“复辟”成功。纵观整个欧洲，19 世纪的各国君主一直在与民主主义和民族主义运动做斗争，为的就是保全自己的统治，而旧社会的精英阶层则在一直抵制个人主义和平等主义思潮。

然而，相比这个时期的政治变革，工业化开端给欧洲民众带来的更显著变革发生在社会生活领域。工业革命包括一系列复杂多样的变革，它们首先发生在 18 到 19 世纪的英国，然后在 19 世纪上半叶传播到欧洲大陆西北沿线的国家，这个时候已经发生了一些变化，1850 年后传到了德意志的部分地区及意大利的北部，然后在 19 世纪末至 20 世纪初传到欧洲东部和南部的部分地区。事实上，工业革命被贴上了“经济发展”和“经济现代化”的标签，它带来的发展成果在今天的亚洲、非洲和拉丁美洲依旧发挥着巨大作用。

尽管工业化为各地带来的巨大变化不尽相同，我们依然可以从它的发展历程中找到些许共同点，尤其是在首次接触工业革命的欧洲国家。起初，英国和欧洲大陆工业革命的特点是水力和蒸汽动力取代简单的手工劳动。这一发展反过来又给生产组织的形式带来重要改变。以纺织业为例，它的生产模式由个体织工在家里纺纱织布转变成工人在工厂用机器纺织，因此，工厂的选址要考虑到资源的聚合程度。这一转变加大了对新型原材料的需求量：国内的纺织作坊主要使用羊毛纺织，而新设立的工厂则要依靠棉花纺织，这些棉花主要来源于美国南部的奴隶种植园。如此一来，就需要大幅提高生产效率，而重要原料短缺及工人的心理状态不稳定就成了主要的阻碍因素。由于对移民有大量的需求，于是导致新城市的出现和老城市的扩张，进而造成工人生活方式的改变。

除了棉纺织业之外，还有两类产业，即煤炭开采业和金属制造业，在英国工业革命中扮演了重要角色，而且在欧洲大陆的工业化进程中起到了关键作用。这两类产业在发展过程中和棉纺织业相互作用，促进双方共同进步。18 世纪 70 年代改良蒸汽机出现并有效运用在纺织厂中，同时蒸汽机也成为英国开采煤炭资源的一种新动力。铁是制造机器和发动机的基本原料，而这些机械设备又运用于工厂和矿井中。第一次工业革命的浪潮持续到了 19 世纪中叶，紧接着就是第二次工业革命，它以新能源的发展为标志，尤其是石油和电力能源，还有钢和铝等新材料。第二次世界大战之后，以微电子发展为标志的第三次工业革命应运而生，这也是尚在进行中的一次工业革命，它同样给全球经济带来了显著的变化。

就像法国大革命一样，工业革命为时代进步奠定了基础，为 19

世纪的欧洲创造了巨大的发展机遇。随着城市化进程加快和财富的分化，以及不断加剧的人员和社会流动性，给欧洲社会带来了强大的推动力。早期的工业化伴随着旧时稳定的农耕社会的瓦解，同时促进了个人主义色彩不断增强，两极分化越发明显的经济的形成。欧洲的市民不得不向这样一个机械化的新世界“妥协”。

工业革命的起源

一些历史学家对于是否能把始于18世纪晚期的经济变革叫作“革命”持有不同的观点。不同于同时代的政治革命，工业化是一个循序渐进的过程。早在17世纪，一个被称为“工业化原型”的过程在西欧的许多地区悄然萌生，在此期间的乡村家庭手工业小作坊，出现了纺纱、印染、织布等生产。荷兰、英国和法国的城市中产阶级财富的增长，刺激了人们对高档消费品的需求，于是大量的作坊生产出诸如家具、瓷器、玻璃制品和精致服饰等商品。历史学家有时将这种经济需求的增长称作“消费者革命”，这一革命通过创造新兴市场，为大规模的生产铺平了道路。工业化不仅根植于早期的生产实践中，而且在19世纪末期工厂系统不完善时依然发挥着重要作用。在欧洲大部分地区，绝大多数的生产活动还集中于小的作坊和农业生产中。

但是从增长速度来看，1750—1850年欧洲的发展代表着有史以来最大的一次经济转型。1750 年，欧洲陆路旅行的速度还不及罗马帝国时期。到 19 世纪 60 年代，从伦敦到罗马的路程只需要 60 小时，而环球航行所需要的时间比 1750 年从伦敦到那不勒斯往返的时间还要短。19 世纪 20 年代，第一辆蒸汽机车在英国诞生。到 1850 年，欧洲已经铺设 1.45 万英里的铁路轨道；到 1880 年，这一数字激增至 10.2 万英里。1700—1709 年的十年间，英国诞生了 22 项专利产品。一个半世纪之后，1840—1849 年的十年，这一数字井喷至 4581 项。正如这些数据所示，这一时期见证的不仅是物质生活条件的重大转变，还有人们不断增长的期望，他们相信经济和科技的改变将会带来前所未有的进步。

“工业起飞”的条件

18 世纪中叶后，欧洲经济的快速发展并非单一因素促成的，这一发展有时被称作欧洲的“工业起飞”。促成工业大发展的原因是多重的，包括人口的增长、农耕方法的改良、海外贸易和银行系统的发展、交通运输网的完善、政治的自由化，以及技术的创新。

早在工业革命给欧洲社会带来转变之前，人口快速增长已然开始影响欧洲人的生活方式。18 世纪初，尤其是 1750 年之后，欧洲大多数国家的人口开始快速增长。在 18 世纪，哈布斯堡王朝人口自 2000 万增至 2700 万，西班牙人口自 500 万增至 1000 万，普鲁士人口自 300 万增至 600 万。法国人口增长更为迅速，从 2000 万增至 2800 万，而英国人口则自 900 万增至 1600 万。这一增长势头一直持续到19世纪，但各国增速却又大不相同。19世纪，英国及德意志帝国于1871年所统一的各邦国持续高速增长，人口都增长了两倍之多，而法国人口增速明显放缓。欧洲南部及东部各国则停滞些许，直到1870年之后才迅猛发展。就欧洲整体而言，1800年到1900年期间，其人口总数翻了一番。与1650—1750年间欧洲整体人口增速仅3%的数据相比，自1750年后其人口激增的累积效应十分惊人。即便没有经历工业化，欧洲社会也会面临前所未有的巨大压力。

由于缺乏关于18世纪人口的详细数据，人口统计学家对于这一人口激增的解释不尽相同。有些专家注意到初期出生率有所增长（至少在某些国家中），但大多数专家还是强调了自1750年后死亡率的大幅下降。更多的婴幼儿存活下来，成年人的寿命也更长了一些。上述情况有若干原因：一是卫生条件改善和医疗水平提高，因而欧洲人得以免受恶性传染病及瘟疫之灾。二是食物供给增加，因而避免了时常发生困扰欧洲的大饥荒，同时又给人们提供了更好的饮食。在这一点上，土豆种植的引进对于西欧及中欧而言，堪称最为重要的农业革新之一，正是这项技术让人们尽管可能生活在贫穷之中，但好歹生存了下来。某些地区，未耕土地的开辟也助推了粮食高产，同时也促使农民生下更多孩子。最后一点是，社会公共秩序维持有序、治安良好，这都意味着人们生活的不再是抢劫、暴力遍布的时代，也不是内战、宗教战争时有发生的17世纪。

欧洲人口剧增对于欧洲社会及制度带来了一系列动态影响。激增的人口无可避免地给可用资源带来压力，也激发了人们对于获取这些资源的竞争。举例来讲，尽管土地可供人们开垦，但农村人口的增长还是远超可供使用土地的产出量，因而许多农民或其后代被迫另寻出路。初始阶段，人口增长会导致社会中青壮年比例较高，这一方面给社会带来活力，同时也带来了更多动荡不安的因素。从长远意义来看，人口增长模式的转型影响了传统的家庭结构，父母因而需要承担更多家庭负担，或者由于一些家庭成员背井离乡去谋生，他们眼睁睁看着原本完整的家庭变得支离破碎。而人均寿命的延长又意味着更多老人需要得到照顾。

因此，欧洲自 1750 年以来的人口转型产生了多重经济效应。一方面，它促进了工业化的发展，因为它带来了庞大的流动人口，可以满足新兴城镇工厂对劳动力的需求，还增加了人们对于批量生产商品的需求。另一方面，它有时也限制了可供使用的投资资金量，这是因为更多的资金需要被投入到维系国民基本生存所需的资源中去。经历过 18 世纪人口爆炸的一些地区，其人均收入和经济增速都较低，如俄罗斯及东欧其他国家。

在英国，工业革命与 18 世纪耕作及畜牧方法的变革（形成了农业革命）息息相关。这些变革的背景如下：大地主阶级，在 17 世纪君主制改革中大获全胜并获得政治自由，自此开始擅用其权，以期中饱私囊。他们大力寻求更为高效的耕作方式，引进改良的畜牧方式，但却又受限于早期流传下来的敞田制、共用耕地和半集体耕种的体系。为了获得成功，他们需要进行试验，需要圈占大片土地，因而地主拥护所谓的《圈地法》的通过，试图加快“圈地”进程（即将土地圈占起来）。由于这些法案在议会中无人反对、顺利通过，大片土地得以更为高效地进行耕种，而地主也的确提高了生产效率，但代价却是成千上万的农户从家乡和祖辈几世纪以来耕种的土地上被驱逐出去。圈地运动带来了粮食高产，英国农场也可以用更少的人手养活更多的人口。那些被迫离开农庄的人最终也在新兴的制造业中心找到工作，同时提供了部分剩余劳动力，而正是因为这些剩余劳动力的存在，工业革命才得以发展迅速。

新财富的另一源泉是剧增的殖民贸易。对于大西洋沿岸的各欧洲国家，尤其是英国、荷兰、法国、西班牙和葡萄牙等国家来讲，这种贸易不仅给商人带来高利润，同时也提供了原材料来源，打开了工业制成品的市场。美洲各殖民地为其宗主国提供糖、朗姆酒、烟草、银器、木材，以及皮草等原材料，而宗主国则提供制成品。由于殖民地十分依赖奴隶劳工，许多欧洲商人参与了三向的“三角贸易”：他们将工业制成品运输到西非，换来奴隶，再到美洲，用奴隶换来殖民地产品，随后再将产品运回欧洲。18 世纪期间，英国、法国、荷兰的商人，以及美洲人，都在这种贸易中扮演着十分重要的角色。19 世纪早期，欧洲向非洲及美洲运输了更多批量生产的棉布。因此，欧洲工业革命在一定程度上是通过非洲奴隶化而进一步完成的。

经济繁荣对于18世纪欧洲工业扩张来讲，仅是必要条件，而非充分条件。与欧洲大陆的国家相比，英国拥有更为完善的银行体系及信贷业务，因而更容易将农业及殖民地贸易所获资金投向新兴工业企业。伦敦证券交易所成立于17世纪末，企业可通过该交易所出售其公司股份，以此来筹募投资资金。相反的，欧洲大陆的大多数国家只能自募资金。英国还建立了保险体系及自由主义公司法，领先于欧洲大陆，这二者皆为企业家的兴起埋下伏笔。

发展完善的运输网络加快了制造商与市场之间的商品流通，这也是经济增长的另一项先决条件。就这一点而言，英国及欧洲西北部的其他国家（如法国和其他低地国家）抢得了先机。举例来讲，17世纪到18世纪间，法国的专制君主已着手兴建道路及运河等庞大工程。1820年后，随着蒸汽船及火车的到来，运输系统发展更为迅速。而这些发展最初也或多或少影响了欧洲北部及西部各国。西班牙则由于缺乏可通航河道及铁路，其工业化发展受到限制，直到1850年后这一问题才解决。德意志国家人口稀少，高昂的港口税及关税壁垒导致其国内贸易深陷泥潭，直到1834年德意志关税同盟成立并废除了其境内关税，这种情况才得以缓解。

政治自由主义与工业化之间的关系在历史学家中颇具争议。不少专家一度认为自由主义经济政策是解释英国早期经济领导方式的重要因素，该政策是指政府放任市场自由运行。近期的研究也在一定程度上印证了这一点。18世纪期间，英国政府开始征收关税，并根据1651年的《航海法》颁布其他贸易相关政策，随后又对诸如铁路及运河等各个行业进行管制，同时还颁布了关于工作环境、公共卫生、贫民救济及其他方面的规章制度。专家下结论称，英国政府经常性地干预市场，而欧洲其他国家的政府规章有时也利于经济发展。这对于随后在19世纪才进行工业化的国家尤是如此，比如说德意志国家，在这些地区中，保护性关税及政府补助有助于保护本土企业免受外来掠夺性竞争。[1]

《政治经济学的国民体系》是德意志政治经济学家弗里德里希·李斯特（Friedrich List，1789—1846）于1841年出版的，在这本书中，他做了一项强有力的案例研究，即关于保护性关税的选择性使用，这项研究随后也影响了中欧不少地区的政策制定者。李斯特是一位自由主义者，1825—1831年间，他背井离乡在美国度过了六年。基于长年以来对于两国的经验，他认为完全的自由贸易往往只会巩固主流经济体的优势地位（比如英国），而欠发达的国家（比如说德意志及美国等）则依旧处于劣势。他下结论称，关税往往只是鼓励了羽翼渐丰的国有工业，因为这类措施被视为“通往普遍自由贸易的道路上的第一步”。

尽管在19世纪市场很少会达到完全自由的状态，但是某些自由主义社会和经济政策可以说是助推工业化进程的重要因素。不同于欧洲大陆的大多数国家，英国由于国内关税及港口税的存在，释放了庞大的国内市场（包括英格兰和苏格兰）。此外，英国还废除了封建农奴制，并解除对于自由主义的限制，这都促进了城镇流动劳动力的形成。早在1800年之前，英国便废除了农奴制，但在普鲁士及德意志其他邦国中，该制度直到拿破仑时代才予以废除。俄国也是到1861年才废除农奴制的，其工业化直到19世纪末才真正开始，这并非偶然。同样的，法国、普鲁士及其他国家政府鼓励制造业竞争，消除对城镇手工业的经济垄断，最终也促进了经济增长。除此之外，英国在18世纪采纳了一套贫民救济新体系，助推了流动劳动力的出现。这些关于贫民救济的法律是后来社会保险的雏形，目的在于增强农村居民的信心，让他们相信，即便他们离开家乡也不用担心挨饿。[2]

另外，在建设大型工业企业的过程中，技术的创新是一个不可或缺的因素。经过几个世纪的发展，如果没有科学的机械知识做保障，在欧洲新建工厂中的机器就不会有革新和发展。但是，技术进步并非只靠纯科学领域的进步就够了，而是需要将科学知识转化为具体的经济需求。这个道理用18世纪英国纺织业的发展历史来说明，再恰当不过了。

英国工业革命的开端

英国在18世纪末之所以能够进行工业化经济转型，有诸多因素，不少因素其他欧洲国家也具备：那个时代，欧洲各地人口都有所增长；而科学知识传遍了整个欧洲大陆。包括荷兰及法国在内的几个国家，国力均可与英国相媲美，也拥有高度发达的运输网络及相当的农业剩余。那么为何工业革命开端于英国呢？答案并非简单的某个原因，而是英国独特的社会及经济条件共同作用的结果，包括由于圈地运动造成的农村人口转移，新兴贸易带来的可供使用的原材料及投资资金，以及可供纺织品和其他制成品投放的殖民地市场。

革新纺织业的几项关键发明都是英国的成就，但这些发明与其说是得益于其人民的天赋才能，倒不如说是为了满足人们对于更加高产而又低廉的产品的需求。英国手工业劳动者生产棉布的效率比不上亚洲的劳动者，但如果棉纱可以用机器纺织的话，英国制造业完全可以占领市场。正是这一点激发了人们灵感，并最终发明了改良的纺纱机及更高效的织布机。

因而，可以预见，在工业革命早期，改革最为显著且结果最为惊人的领域便是纺织制造业，尤其是棉布制造业。有趣的是，生产过程某一环节的改进会提高其他环节的技术水平。第一项著名的发明产生于 1733 年，是一台手摇织布机，它将纺织所需时间缩减了一半之多。正是这台织布机刺激了人们对纱线的需求，人们因而试图找寻一种更高产的纺纱方法。詹姆斯 · 哈格里夫斯（James Hargreaves，去世于 1778 年）发明的珍妮机满足了这项需求。珍妮机是一款简单的手摇纺纱机，有六或七个纱锭可以同时纺纱。理查德 · 阿克莱特（Richard Arkwright，1732—1792）原是兰开夏郡的一名理发师，他在大约 1770 年左右改进发明了水力纺纱机，因而进一步推动了纺织工艺的发展。水力纺纱机以水为动力，可以同时纺出多缕纱线。但这种水力纺纱机体积庞大，并且需要利用河流

哈格里夫斯发明的珍妮纺纱机。珍妮纺纱机是纺织业革命最重要的创新之一。

作为动力来源，因而想要实际使用，则需要将它投放在作坊或工厂里。阿克莱特的第一家水力纺纱厂建于 1771 年，雇用了大约 600 名工人。纺织业这一革命性质的突破，使得纱线生产效率迅速超越了手摇式织布机，因而也推动了动力织布机的发展。仅仅过了半世纪，纺纱与织布工艺都实现了机械化。但是这些发明距离得到推广使用，以及纺织生产工厂化还需要些许时日，甚至直到 19 世纪 30 年代，还有些小作坊在生产布料。

英国的另外两个行业也有新技术涌现：一是煤矿开采，二是冶金。煤是新型发动机的燃料来源，铁则是制造机器本身的重要原材料。显而易见，纺织制造业之所以发达，离不开先进的煤生产和铁制造工业。由于那时的主要燃料是木材，不列颠群岛丰富的煤矿资源大多未被开采。18 世纪早期，英国的森林资源近乎耗尽，木材变得十分珍贵，不能再被当作燃料，而木炭也变得稀缺，不再适用于冶铁。因此，找寻新的燃料资源及冶铁方法迫在眉睫，而煤的出现满足了这些需求。到 1700 年，第一座矿井已经开始运行，但是由于地下水的存在，矿井深度较浅。因此只有找到途径将这些地下水抽掉，才能解决矿产开采受限这一问题。托马斯 · 纽科门（Thomas

纽科门蒸汽机，1712年发明。纽科门蒸汽机是第一个实用蒸汽机，适用于矿井排水。

Newcomen，1663—1729）于 1712 年发明了蒸汽泵，并在随后的二十年间对其不断改进，可以使蒸汽在水面上下工作，因而大大提高了矿井产量。但由于蒸汽泵自身存在局限，纽科门的这项发明仅是用来从矿井中抽水。18 世纪 70 年代，苏格兰人詹姆斯 · 瓦特（James Watt，1736—1819）在马修 · 博尔顿（Matthew Boulton，1728—1809）的财力支持下，改良了原有蒸汽机，发明出一台更有实用价值的蒸汽机，并将其投入使用，为各个工业部门提供了新的动力来源。

英国铁矿资源丰富，却因尚未找到不依赖于木炭的冶铁方法，这些资源一直未被开采。来自科尔布鲁克代尔的亚伯拉罕 · 达比（Abraham Darby，1678—1717）第一个提出新的冶铁方法：1709

“火箭”——乔治 · 史蒂芬森在1829年发明的蒸汽机车。

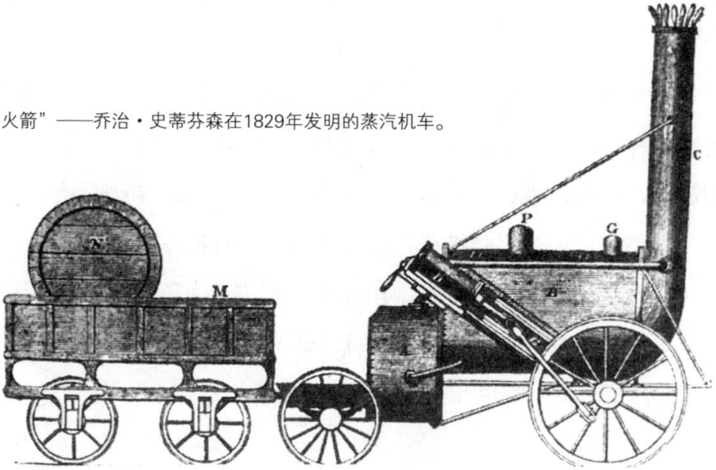

年他用焦炭替代木炭成功地熔炼了优质生铁。然而，这项发现并未立即引起行业改革，因为达比所用的铁仅适用于铸件，要作为冶铁原材料，其纯净度还不够。1783 年到 1784 年间，亨利 · 科特（Henry Cort，1740—1800）发明了“搅拌法”，也叫“碾压法”，指的是用焦炭燃尽生铁中的杂质，这样一来生铁便适合用于冶炼了。科特的这一发明让冶铁工艺不再依赖于木炭，因而冶铁工业一时间得到了迅速发展。

到 1800 年，工业革命所应具备的先决条件都一一出现了；以煤为主的燃料十分丰富；优质铁可供机器生产或其他用途；蒸汽机也提供了可靠的动力。或许现存最大的需求就找到更为快速高效的运输途径，将这些生产要素同时投入生产实践。自 1760 年到 1830 年间，庞大的河道运输体系开始修建，极大程度上加快了英国内部货物运输，同时大大削减了大宗商品的运输成本（如煤、铁、木材、石料、泥土等）。到了 19 世纪 30 年代和 40 年代，铁路的出现实现了现代工业社会典型的原材料与制成品的快速分销。煤最初是由马车运输的，这种情况持续了数十年，直到 19 世纪 20 年代第一台可投入使用的蒸汽机车出现，铁路运输才成为了现实。1829 年，乔治 · 斯蒂芬森研制的“火箭”号机车在新开通的利物浦到曼彻斯特的路线上成功运行，其速度达到每小时 16 英里，标志着大英帝国铁路时代的真正开端。1830 年后短短 20 年间，英国修建了 6500 多英里铁路，而铁路所带来的影响也开始渗透到英国人生活的方方面面。

欧洲大陆的工业化

当 1815 年拿破仑战争进入尾声时，英国已经逐渐成为世界上最强大的工业国家。当欧洲大陆的国家对蒸汽机还充满好奇时，英国的纺织厂和矿井早已大规模使用蒸汽机了。英国生产的煤和铁分别占全世界产量的五分之四和二分之一，原棉产量和 50 年前相比，扩大了 20 倍。然而，在整个 19 世纪，其他国家都在向英国的经济统治地位发起挑战。德国在 19 世纪末期飞速发展，并在 1910 年经济总产量超过了英国（虽然人均产值远不及英国）。美国在 1850 年之后的工业化进程也是相当惊人，在第一次世界大战前夕，他们的人均产值已经超过英国 4%。

在 19 世纪早期，欧洲的许多国家是十分贫穷的，尤其是东欧和南欧的国家，而且工业化程度也非常低，但是随后欧洲的贫富差距却迅速拉开。1800 年，欧洲“最富裕的三个国家”的人均国内生产总值比“最贫穷的三个国家”要高 45%。到 1860 年，这一数字增长到了 160%；到 1913 年，则变成了 240%。

从现代的标准来看，19 世纪欧洲的经济增长就略显迟缓和不稳定了。1830 年至 1910 年间，欧洲国家的国内生产总值平均每年增长 1.7%，而人均国内生产总值只增长 0.9%。今天来看，1% 甚至 2% 的年增长率都被看作经济停滞的信号。但是，在工业革命之前的 1500 年至 1800 年期间，“最富裕的三个国家”人均收入年增长率只有 0.2%~0.3%。从这一数据来看，19 世纪是欧洲经济活动的真正爆发期。下表统计了欧洲各国与美国的国内生产总值情况：

1820—1913年人均国内生产总值估值表

单位：美元（1990年汇率）

	1820	1850	1870	1890	1913
奥地利	1528	1661	1875	2460	3488
比利时	1291	1808	2640	3355	4130
丹麦	1225	1700	1927	2427	3764
德意志	1218	1669	1858	2354	3452
匈牙利	1112	1476	1913	2539	3833
爱尔兰	—	—	1269	1682	2098
意大利	954	—	1773	2225	2733
荷兰	1561	1888	2640	3113	3950
葡萄牙	—	1100	1085	1227	1354
俄罗斯帝国	751	—	1023	925	1488
西班牙	1063	1147	1376	1847	2255
瑞士	—	1147	2172	—	4207
大不列颠联合王国	1756	2362	3263	4099	5032
美国	1287	1819	2457	3396	5307
西欧	1292	—	2110	—	3704
南欧	804	—	1108	—	1572
中欧	772	—	1085	—	1690

数据来源：

安格斯·麦迪森．观测世界经济，1820-1992 [M]. 巴黎，1995：194-200.

保罗·贝洛赫．欧洲经济史 [J].1976 (5)：276-277, 285-286

尽管在19世纪上半叶，欧洲经济增长迅猛，尤其是西北沿海一带的国家，但其中也有特别突出的个例。比如，在欧洲大陆各国中，比利时是第一个开始工业化的国家，从19世纪30年代起就开始发展基础的纺织业和炼铁业。到1860年，比利时就成为欧洲大陆铁路网最密集的国家。与之相比，荷兰的工业化进程就稍显缓慢，尽管荷兰在18世纪有着良好的经济基础，例如：荷兰人获得的商业财富远远超过英国人，他们有高效的农耕方式，高度发达的水路运输网，以及灵活的社会架构。与荷兰以及其他欧洲大陆国家相比，比利时成为佼佼者是有其独特原因的。比利时比荷兰拥有更丰富的煤和铁矿石储藏量。由于其处于英国和德意志北部之间，他们可以建造更多的货运铁路线。有了交通的发展，反过来又能刺激经济的进一步增长。还有，比利时政府实施各种各样的政策来支持工业化，尤其大力投资交通运输的建设，同时颁布保护性的关税条例，以帮助新生企业在与外国企业的竞争中渡过难关。

虽然说法国有一定的商业积累和其他经济优势，但是其工业化的进程要比英国慢。在19世纪，法国的人口增长率要低于欧洲大多数国家，农业政策倾向于小农经济，那就意味着农业人口更愿意固守他们的土地，而不愿进入城市之中。因此，与英国相比，法国的工业劳动力明显不足。相比廉价的大规模生产，法国人更青睐奢侈的消费品，所以在大多数时间，他们的小型工厂依然比大型工厂要重要。尽管如此，这一时期还是有许多大机器工厂在法国建成。1815年至1870年间，法国是欧洲大陆最大的生铁生产国；到1850年，法国的工厂拥有450万台棉纺织机，几乎是其余欧洲大陆国家拥有量的总和。

1789年至1815年间，法国的政治动荡对经济的长远发展造成复杂的影响。一方面，国内政局频繁更迭，对外又连年征战，使得法国与英国之间的贸易被迫中断，同时也抑制了本国的经济发展。拿破仑法律体系中的一些条款对于新的投资产生了一些负面影响，例如，它对公司破产制定了严格的惩罚条例，对新公司的成立也有苛刻的限制条件。另一方面，革命将纺织同业协会、国内的税费、传统的经济法规都一一废除，这又为资本主义经济的发展扫清了许多障碍。进一步来说，1791年颁布的《勒沙普利埃法》禁止了罢工行为，禁令一直到1864年都有效，这样就使得工商业在与工人的“斗争”中，占据了更主导的地位。从这个角度看，法国是超过英国的。

到1850年，德意志、瑞士在纺织业上达到了最大程度的工业化。从1830年以后，机械化的纺织产品在德意志西部的莱茵兰地区、东部的萨克森和西里西亚都得到了普及。不过，在一定程度上，德意志跳过了以纺织业、煤炭土、铁产业为主导的“第一次工业革命”。在19世纪末，德意志成为“第二次工业革命”的先驱，他们运用新技术锻造高质量的钢铁，反过来又促进研发制造新型机器，例如油气动力的涡轮发动机。到1900年，德意志在化工产品、精密机械和电气化设备的生产上也已经遥遥领先。

以丹麦、瑞典为代表的斯堪的纳维亚国家在19世纪末期也经历了快速发展的经济繁荣期。发展的原因除了大幅增长的钢铁生产之外，还有飞速发展的铁路建设。但是，大多数的斯堪的纳维亚国家还是以农业和采掘类工业为基础。例如：丹麦是奶制品和猪肉的主要出口国；瑞典则生产大量的木材制品。

而欧洲南部国家的工业在19世纪发展则较为缓慢，其限制条件包括落后的交通运输网、匮乏的原材料和能源，以及政策上缺少有利条件。尤其是葡萄牙和西班牙受到的冲击较为明显，要知道，这两国在16、17世纪曾是欧洲大陆经济的主导。1800年，葡萄牙还排在欧洲最富裕国家的前五位，一百年过后，则成了最贫穷的三到四个国家之一。在意大利半岛，南北经济发展迥异，北方的皮德蒙特和伦巴第发展成为制造业中心，南方的那不勒斯和西西里则基本没有参与工业化。这样的南北差异在今天依然存在，一定程度上对形成一个紧密团结的国家是一种阻碍，即便在意大利1860年代正式宣布统一之后。

在大多数欧洲东部的国家，则缺乏许多经济发展的必要条件。比如，交通运输网十分滞后，而且这些地区缺少投资资本和大城市的依托，继而无法开展工业和贸易。更严重的是，以俄国为首的东欧国家固守农奴制和严格的贵族秩序，不仅阻碍了流动的工业劳动力，而且抑制了企业中产阶级的形成。奥地利哈布斯堡帝国的工业化也有一定的进展，主要是在维也纳和布拉格周边的波希米亚地区。但是，其余地区的资本主义经济发展却极为缓慢，有的国家直到第一次世界大战前夕才稍有起色。

工业化的社会影响

技术和生产组织的变革不可避免地对欧洲社会产生了重大影响。人们经常会提到，工业革命致使社会阶级的结构发生变化，中产阶级急剧扩张，新兴城市无产阶级开始出现。阶级变化对个人，尤其是对工人，诸如矿工、工厂工人的影响，更需要人们仔细审视。整个人类历史上，在人类的职业层面和物质环境中，从未发生过如此彻底的改变。越来越多的劳动人口离开他们世代耕作的土地，从闭塞的小村庄走出，到工厂或矿井辛苦劳作，并开始扎根于人口众多的大城市。

人们易于将发生在英国的这种转变加以夸张，而英国表面看来是变革最大的国家。由集镇搬往城市，英国人民付出了沉重代价。尽管在18世纪最后数十年间，圈地运动愈演愈烈，许多小农场主虽无土地，仍然作为农业劳动者，或者纺织工作者，苦苦挣扎，勉

曼彻斯特——通往伦敦和英国西北部的铁路枢纽。

强糊口。棉花生产者发现难以招收劳工，于是以招学徒为名，招收来自伦敦或者南方的贫民儿童。但自1800年后，随着水力广泛运用于棉花生产，工厂多半建在市区或靠近煤源的地方，这些地方劳动力充足。一些重要城市迈入大发展始于19世纪上半叶。例如，1801年至1850年间，曼彻斯特人口由7.7万增至30.3万，利物浦从8.2万增至39.7万，伯明翰人口从7.1万增至24.2万。一些城市的人口甚至仅在十年间就增长了40%。有人可能会猜测，增长最快的地方应该是那些工业城市，但港口城市凭借自身海外贸易优势，一些旧行政区从政府那里获得更多职能，人口的增长速度有过之而无不及。整个19世纪，巴黎和伦敦的发展得益于新兴工厂企业，但更取决于贸易的增长，金融机构（管理大量资金）的发展和国家行政人员的大量涌现。之前那些住在小镇上的工匠和商店主也被吸引到更大的城市，因为那里似乎有更多机会。而未被工业企业波及，或未通铁路的老城镇，人口反而出现了缩减。总之，受工业化和人口增长影响的国家，国内都经历了大规模的移民和迁徙。

工人阶级的境遇

我们过多地关注新兴工业城市带来的物质变化，却忽视了城市工人的生活状态和内心感受。[3]对于那些从乡村来到城市的人来说，城市生活意味着和过去决裂，极其需要适应能力。枯燥乏味的流水线，拥挤的人群，陌生的新环境，无一不给进城的劳工严重心理创伤。查尔斯·狄更斯（Charles Dickens，1812—1870）在小说

《艰难时世》(*Hard Times*，1854）中生动刻画了这些工业城市压抑的氛围。这是其笔下的“焦煤镇”（Coketown），用虚构的方式描绘（有人说是一种讽刺）了兰开夏郡的一个工业城镇：

> 这是个清一色红砖房的镇子，如果说没有被烟和灰所笼罩的话；但是，事实摆在面前，这个镇确实有一片不自然的红色与黑色，就像野蛮人涂了花脸一样。这个镇子到处都是机器和高耸的烟囱，无穷无尽，如长蛇般的浓烟不停地从烟囱里冒出来，却无法消散开去。镇上有一条黑色的水渠，还有一条河，河水被难闻的染料冲成了深紫色，许多庞大的建筑物上开满了窗户，里面整天传来嘎啦嘎啦的颤动声响，蒸汽机上的活塞不停地移上移下，就像一只患了忧郁症的大象的头。镇上有好几条大街，看起来都是同一个样子，还有许多小巷也是大同小异，那儿的居民也个个相似，他们同时进门，同时出门，走在同样的人行道上，发出同样的脚步声，做着同样的工作。而且，对于他们来说，今天跟昨天和明天毫无区别，今年跟去年和明年也是一模一样。[4]

不难想象，如果一个人突然置身于这样一种环境之中，那种迷失方向、倍感孤独的情感溢于言表。不仅如此，英国工人的经历在19世纪很快被复制到了欧洲大陆，大量的乡村人口都涌入新兴的工业城市。

有数据表明城市对个人和家庭的影响。城市中自杀、精神错乱、侵犯财产等行为发生的概率远高于农村，违法生育率也是农村的两倍。年轻的城市移民给城市带来了活力，也带来更多的骚乱和动荡。许多第一代城市移民，不忘故土，条件或者机会合适的时候他们会选择返回家乡。随着时间的推移，城市与农村的界限已经不再明显。随着工业革命，在越来越多的国家，城市居民和农村居民的比例发生了变化。到 1850 年，有一半的英国人已是城市居民，德国和法国分别在 1900 年和 1930 年才达到同样的城市化程度。

工业城市的生存环境通常很差。一些英国城市尽管在铺设大街马路和修建下水道等方面早有建树，却无法安置大量涌入的新居民，只能任由境况恶化。在新兴城市里，即使是中央街道也不比乡间小道强多少。市政府无力提供充足的水源，污水处理也无法完成。下水道敞开着，河流被废弃物所污染。埃德温·查德威克是英国早年一位公共健康立法的改革者，下文引用了其在 1842 年发表的名为《劳动大众卫生条件的报告》中的内容。这篇文章描述了坐落于兰开夏郡的工业城市利兹的情况：

街道林立，房屋没有地表排水系统，没有排水设备，如果下水道可以称得上排水设备的话，它们几个月下来就堵塞了，如果是一同堵塞，情况就更加糟糕。这些街道的地表，由于难以分解的尘土和脏物的累积而显著抬升，成了各种病源的温床。在这里，污水四溢，暗沟密布，恶心到令人难以忍受的程度，逆来顺受的穷人们居于此；厕所里粪便成堆，难以立足；因为这些秽物四处散溢堆积，街道上的情况也好不到哪儿去，令人反胃。总之，这些地方，普遍缺少日常便利设施。[5]

已用于居住的建筑楼里面，最贫困的家庭仅有一个房间，甚至和其他家庭共用一个房间。新盖的房屋同样破陋不堪，摇摇欲坠。毫无意外，疾病和传染病在新工业城市疯狂传播，死亡率高居不下。

对于研究工业革命的学人来说，最具争议的问题是，受雇佣于新兴工业城市的劳工的物质条件和心理状况。一些作者认为，新工业下的工人受资本家雇用，受其摆布，形体和心理均遭受着严酷折磨，与奴隶无异。支持者认为，劳工工作时间长，工资低，生存条件恶劣。他们强调了招收童工、离间工人和雇主的罪恶。毫无疑问，和当今同行们比起，早年的工业化革命浪潮下的劳工其生存境况极其穷困潦倒。然而反对者认为，不应该用现今标准而应该以其同时代的标准作为比较。早期的工厂劳工的生存境况一定比同时代或稍后时期的农业劳动者要差吗？他们如何评价自身的境遇？所有历史学家都不否认，早期的工业革命时代，无论是英国还是欧洲大陆，这些罪恶的现象都存在过。但最近的解读指出，即使对于工人，工业革命带来的益处不容小觑，挑战并质疑了传统学派关于工业革命的旧有定论。

首要的原因是工业革命给生产力带来巨大的飞跃，因而实实在在地增加了人均收入。另外，正如大卫·兰德斯（David Landes）所说，这种快速增长是可以自给自足的：

从前，随着生存和生活条件的改善，人口的增长会促进经济的发展，从而带动消费，进一步刺激经济增长；如今，经济和人们的见识都飞速发展，促使投资和技术创新不断前行，这一势头甚至超越了马尔萨斯（Malthus）“积极抑制”（positive checks）理论的上限。工业革命开创了一个充满新希望的时代。[6]

总的来说，要证明工业化对工人阶级的影响是一件很复杂的事。许多研究表明，19 世纪 20 年代之前英国工人的平均收入是呈现递增趋势的。[7] 许多工厂工人挣的钱比在乡村时要多，这样他们的衣食条件就比之前要好得多，当然有些做得不好的工人还在为基本生计挣扎。“悲观”学派认为，这类作者过早地从带有偏见的证据得出了片面化的结论。指出他们所谓的论证来自于 19 世纪早期的议会报告，而这些报告的作者是那些意在揭露滥用职权的改革家。此外，英国劳工的艰辛不能统统归结于工业化。其他因素，诸如人口增长，战后萧条（拿破仑战争），都导致了大面积的不景气。

直到 19 世纪中叶，工人们才享受到工业革命带来的大量物质利益。早期的工厂劳动者不得不面对工资的巨大波动，突然失业的可能性，以及自身与城市中产阶级日益扩大的收入差。对工人工资的“乐观”分析，通常忽视了工人生存受到的负面影响，例如工作日的时长和强度。他们同样忽视了，工人通过家政，例如从事园艺和烘焙、参与贸易等获得收入的能力正不断下降。在新工业城市，工人阶级中新生儿和儿童夭折的概率之高令人震惊。在法国的一个纺织小镇牟罗兹，1823—1834年之间，出生在纺织工家庭的56%的儿童没能活到两岁。在1837年的曼彻斯特，“机械工人，工厂劳工和他们家人”的平均寿命只有17岁，而其他专业人士和贵族家庭成员的平均寿命则是38岁。[8]

即使是收入不菲的劳工，由于工业萧条也会突然陷入失业状态。因为对于他们中的大多数而言，收入的绝大部分在一般情况下用于日常必需品，而在失业、生病期间没有收入来源。尽管慈善组织或工人互助团体能提供短时间的救助，却无力长时间支撑大量的失业者。在此种情况下，工人开始陷入绝望，最终发起暴动。法国的1848年大革命即是一个典型的例子，工业和农业的大萧条使大量的工人失业，食不果腹，最终导致大革命的爆发。

在比较工厂工人和农业劳工时，一定要考虑特定的无形因素。农场主或者农民，他们和工人的劳动时间相同，而生存条件无疑更简陋、原始，因而成为各类疾病的受害者。但不同于工厂条条框框众多，单调乏味，他们工作于户外，日常任务更多样化，休闲机会无疑更多。在那些丑陋的、草草建成的城市里，大量的人流涌入，人们的不满情绪也日渐激化。最终，纺织工厂和矿井对童工的滥用，成了工业化进程中的一个臭名昭著的特征，拷问着企业家、人道主义者和改革家们的良心。自北方的棉花工厂，一些儿童学徒，有的年仅七岁，被迫一周劳动六天，每天干上12到15个小时，令多数英国人大为震惊，也促使1802年关于限制雇用童工的立法诞生。但由于执法不严，对儿童的剥削一直持续到1833年首部有效

孩子们被送到棉纺织厂做工，1840年。

的《工厂法》的颁布。该法令禁止棉花厂雇用九岁以下儿童，将九岁至十三岁的儿童每周工作时间限制在 48 小时以内。尽管从长远来看，工业革命带来的好处不容忽视，但我们也应该清晰地认识到早期的工业革命使人们饱受苦难。

中产阶级的扩大

19 世纪有时被称作“中产阶级的世纪”，充分反映了当时中产阶级力量的发展壮大。准确地说，把资产阶级称作中产阶级更为恰当，因为资产阶级的社会构成极为不同。不同的中产阶级，因其财富相差悬殊，生活方式迥异而千差万别。远在19世纪以前，富有的商人和银行家构成了社会的精英团体，他们中的资产阶级过着和贵族一样的生活，甚至超过了贵族。这个群体蔑视那些因工业革命而发家的企业家们，尽管他们相互之间的利益往来最终缩小了这一隔阂。在19世纪，一些职业人士，例如律师、医生、政府工作者、作家，是中产阶级另外的重要组成。他们的政治影响力与日俱增，影响范围也不断扩大。对于那些受店主雇用的低级中产阶级，虽然其收入较之商人要低很多，但他们也是财富拥有者，并以不用做体力劳动而自豪。在19世纪，这个群体的财富分布情况也是迥然不同，他们有的在新兴城市不断壮大自己的产业，有的却止步不前，更有甚者因为竞争被淘汰出局。

上文中已经讨论过法国大革命提高了中产阶级的地位，主要包括：废除了贵族和神职人员的传统特权，组建给予中产阶级更多利益的政府组织，消除阻碍中产阶级进步的法律障碍，声明人人不因出身皆享有基本权益。这些理念和组织在法国大革命期间及以后，传播到其他民族，为欧洲其他国家的平民开展类似的运动提供了理论基础。

工业革命促进了财富的增长，催生了更多中产阶级。毫无疑问，更为重要的是对权力和特权进行了打击。即使早在工业革命以前，商贸的兴盛在整个欧洲已极大提高了中产阶级的经济实力，但资产阶级在1750—1850年这个工业化的一百年内才被创造出来，用卡尔·马克思的话讲，就是“这个时代的生产力比以往任何时代所有的生产力加起来都更强劲”。新的生产力产生的财富，将资产阶级置于领导地位，使其领导者在发挥权力时能够果断、明晰。当然，在欧洲不同的时期和地点，这取决于工业化的进程，以及人们对传统阶级和政府的反抗力度。在英国、法国和一些“低地国家”，生产力带来的经济增长最为强劲，直至19世纪30或40年代，中产阶级通过控制政府机器，取得了巨大发展。而在欧洲中部，工业化却相对滞后，资产阶级作为政治力量稍后才出现。欧洲中部的资产阶级缺少团结，没有共同目标，他们在1848年的革命期间努力争取权利，却遭到旧权贵阶级的顽强抵抗。然而，长此以往，凡是工业化发生的地方，中产阶级对权利的争夺势不可当。所有的欧洲统治者不得不对资产阶级做出让步，要么给予他们政治参与权，要么制定有益于其经济利益的法律法规，甚至二者并行。

尽管资产阶级精英，包括企业家、商人、专业人士，在工业化的这个世纪愈发壮大，而许多工匠、手工业者则面临着不断增长的经济不安定因素。工匠是19世纪社会的重要组成部分，不好划入广义上的社会阶级，一些社会历史学家将其纳入低等中产阶级，有的则把他们划归工人，还有的将他们看作对社会有着特殊贡献和态度的独立团体。工匠靠传统的技艺谋生，包括裁缝、印刷工、屠夫、铁匠等。按这种划分，工匠还包括木匠、石匠、画师、瓦匠，等等。这些人绝大多数集中于城镇，通常会组建行业协会，虽然行会组织在17世纪和18世纪走向了衰落。工匠常为自己的技艺而自豪，这是他们在制定了高标准、精湛技术的行会中长期做学徒、苦练而习得的。技工通常自己开展生产经营，独立工作或与少数其他手工业者协作。显而易见，工匠们对工作的态度和对其产品的自豪感和工厂工人及矿工截然不同，后者的工作更按部就班，而且只在成品完成过程中的一小步中发挥作用。

许多积极的工匠在工业革命中保存了下来，并较少受其影响。例如，直到1850年，英国的工匠和工厂工人数量一样多。特别是在法国，人们对大规模生产憎恨已久，工匠在整个世纪依旧是一个重要的社会团体。然而在某些情形下，工业化最终迫使工匠和新企业展开直接竞争，最终工匠被新企业所取代。那些依靠手工织布机和家庭式纺织作坊的工匠的命运就是最明显的例子。之前提到过的纺织制造业的变革，在短短几十年内最终使传统技术拥有者走向了末路。由于不能和更廉价更高效的机械生产相抗衡，他们苦苦挣扎，企图花费更多时间获得效益；另一些干脆放弃，并来到工厂工作。工匠们偶尔也会采取暴力抗争。当我们仔细研究法国及欧洲中部发生于19世纪上半叶的暴动和革命，就会发现，在许多情况下，那些被称为“工人”的革命者其实就是工匠甚至小店铺的所有者。

日常生活的机械化

在19世纪中叶，英国的农业人口只剩20%，要知道在工业革命之前，这一比例还是80%~90%。在其他欧洲国家，工业对农业的影响则相对小一些，但是从人口迁移方面来看，还是有大量的人口从乡村迁往了城市。不断加快的城市化进程，以及产品生产的机械化，改变了 19 世纪欧洲各个阶层的生活节奏。以前人们日出而作，日落而息，按季节从事生产，现在他们仅仅按照时间就可以了。在新工场企业，雇主通过严格控制时间来掌控雇员，将生产效率最大化。中产阶级者随身携带怀表，使自己遵守更为严格的工作时间表。19 世纪中期出现的电报也使远程即时交流变为了现实。事实上，时间自身也变得更为标准。英国在工业革命之前就已经使用格林尼治时间（Greenwich Mean Time）了，起先这么做是为了使全国所有的驿站马车时间表保持一致。但自 19 世纪 30 年代之后，随着铁路运输量的增加，更多的人需要更为精准的时间度量。1884 年，格林尼治时间开始成为全球通用的时间基准。

欧洲人在恐惧和不安中迎来铁路时代。当时的火车以 15~20 英里的时速行驶，这是前所未有的，引发了某些对乘客可能造成的不适的质疑。普鲁士国王腓特烈 · 威廉三世曾担忧极速的城际铁路运输会造成潜在的“大众盲从”效应，然而当他乘马车行走于位于柏林的宫殿和波茨坦之间时，看到火车从自己的马车后呼啸而过，从此他也开始乘坐火车。约瑟夫 · 马洛德 · 威廉 · 透纳在 1844 年的画作《雨雾、蒸汽和速度——西部大铁路》中，准确刻画了工业革命给人们带来的惊喜和恐惧。在这幅画中，一列火车灯火通明，正从一座高架桥下飞奔而过，前方是无数的观众。火车头前一束黄光闪耀着，象征着人类的智慧和力量。这幅油画混合了蓝色、金色和黑色，而周围的景观和天空的细节则没有凸显，相反是火车的风驰电掣格外引人注目。

虽然 19 世纪的城市生活还比较艰苦，但是工业化带来了许多令人称奇的新发明。1851 年万国工业博览会（Great Exhibition）在伦敦举行，这场博览会最具特色的建设非水晶宫（Crystal Palace）莫属，该建筑作为展览的主要会场，也是当代建筑方面的一个大胆尝试，由铁为骨架、玻璃为主体，建成之后果然一鸣惊人。水晶宫占地 19 英亩（约 7.7 万平方米），最高处达 108 英尺（约 33 米）。

《雨雾、蒸汽和速度——西部大铁路》（1844），约瑟夫·马洛德·威廉·透纳绘。

这次博览会历时六个月，从英国和世界各地的 100 多万工业产品中选出 14000 多件进行展览。大约有 600 万人次前来参观，许多人都在路途中体验了新建成的铁路交通网。

工业化不仅为运送乘客和货物提供便利，而且消除了许多人类由来已久的苦难。工业革命以前，欧洲国家经常由于作物歉收而陷入饥荒，最后一次饥荒则爆发于 19 世纪中期。1847 年，在普鲁士和德意志的其他地方，作物歉收导致大量人口营养不良和死亡。更为严重和漫长的饥荒爆发于 1845—1851 年的爱尔兰，由于土豆患

水晶宫，1850—1851年由约瑟夫·纳什制作。教堂内部甬道，由南向北视角拍摄。

枯萎病，造成上百万人饿死，迫使将近 200 万人迁徙到英国和美国。这些饥荒有多重影响。例如，在爱尔兰，信奉爱尔兰天主教的农民佃户要向英国新教地主缴纳高昂的租金，他们的极端的贫困更加剧了爱尔兰的危机。另一个问题是，缺少健全的交通基础设施，妨碍了受灾地区接受有效的食物救助。

自从 19 世纪 50 年代以后，欧洲极少因为作物歉收遭受粮食危机，而在此之前这种情况频繁发生。（之后往往是因为战乱或政治动荡的缘故，例如 20 世纪 30 年代，斯大林时期的苏联集体经济就没能消除饥荒。）部分是因为过去一个半世纪的风调雨顺，促使了欧洲农业的繁荣。长远看来，这是工业化两个方面的直接作用：首先，是欧洲的整体繁荣，使得欧洲可以从外国进口食品；其次，是运输网络的优化，使不易保存的物品能迅速运到远方。即使在人口激增的时代，欧洲人民依旧衣食无忧，这便是工业革命带来长远利益的明证。

对新社区的追求

对于全社会各个阶层来说，工业革命都是一次十分深刻的社会转型。在新兴的欧洲工业城市，生活在陌生城市的最早一代工厂工人，常常会面对一种社会隔离感，正如历史学家爱德华·帕尔默·汤普森（E.P.Thompson）所说，工业化打破了家长式的“伦理经济”，同时也打破了英国人的传统生活状态。[9] 贵族和神职人员发现自己的权威在瓦解，不仅仅因为法国大革命和拿破仑时代的法律改革，而且受到了深入工业化带来的资本主义经济发展的巨大影响。对于资产阶级来说，工业化从根本上改变了生活节奏，例如，家和工作场所之间有了明显的界线，男性和女性的经济角色也发生了变化。

这种旧有社会结构的断裂，促使人们寻求新的社会形式，或对现有社会进行重塑。一些政治意识形态，例如将会在后续章节中讨论的保守主义和民族主义，于瞬息万变的世界中试图通过将个人置于更具有历史感的社会中，以期为社会提供固定的思想支撑。在日常生活中，社会的意义表现在这些方面：城市空间的重置，对资产阶级家庭生活的改变，以及创造新组织以利于工人阶级的团结等等。19 世纪的欧洲人通过这一切手段，使自己对于急剧转变的社会泰然处之。

城市和郊区

19 世纪早期见证了欧洲中部和西部城市的迅猛发展。在 1800 年至 1850 年间，伦敦人口从 111.7 万增至 268.5 万，巴黎人口从 58.1 万增至 105.3 万，维也纳人口从 24.7 万增至 44.4 万，柏林人口从 17.3 万增至 41.9 万，马德里人口从 16 万增至 28.1 万。居民人数激增通常因为中部城市房价的上涨，迫使工人搬向城中或者市郊的廉价房。对于中产阶级，新工业城市的污染、吵闹和拥堵进一步促使他们搬离市区。

现代化之前，富人和特权阶级通常住在城市中心地带，郊区则是穷人们的所在地。在18世纪早期，按照《牛津英文辞典》的解释，“郊区”一词暗示了“某种低等、放纵的生活场所”。这种对周边的划分从来都不绝对。令人感觉矛盾的是，因为贫富之间的社会差距极其鲜明，在选择住处时，城市资产阶级感觉没有必要与工人阶级分离开来，因此富有商人的住处很可能被穷人环绕。

19世纪及以后，在欧洲大陆的绝大多数地方，中央城市一直是资产阶级活跃的地带。大规模的城市规划，例如在欧仁·乔治·豪斯曼男爵的倡议下，于1850年开始重建巴黎的计划，为富有居民的享乐而大兴土木，却把工人赶到市郊的预留房屋。然而在19世纪的英国，中产阶级却抛弃了城市生活，乐于在郊区生活开始流行起来。

早在18世纪中期，富有的英国财主和商人就已经在乡间建造用于周末休假的别墅，这样既可以享受到田园生活又能兼顾城中的工作事务。18世纪末，许多富有的资产阶级家庭开始在克拉彭这样的社区永久定居下来。那片社区距离伦敦五英里，可以俯瞰泰晤士河。到1830年时，这种做法被中产阶级竞相效仿，他们也开始大量建造别墅，并以优美的名字为之冠名，例如“帕克”“新月”“维多利亚”等等。“帕克”一词暗含田园风光的意思，已成为人们喜爱的代名词，而周边是否真有这种地方反而不那么重要了。

资产阶级向郊区搬迁的运动，给英国的社会关系造成巨大影响。家庭和工作地点的隔离加剧了性别的分工，妻子们和孩子们待在家里，而丈夫们则进城工作。此外，这也疏远了工人和雇主，使阶级差异更加突出。一份 1857 年的曼切斯顿旅行手册，将市郊和毗邻商业中心的工业区做了一番对比：前者遍布别墅，美不胜收，如同人间仙境；后者则充斥着迷宫一样脏乱的矮房，各色劳工蜗居其中。正如帕金森牧师在 1839 年形容的：这是世界上贫富差距最大的地方，也是贫富间鸿沟最难逾越的地方。在这里，棉纺织工厂主同工人间极少有人际交流，甚至远不如威灵顿公爵与其家中最卑微的下人交往频繁。城市学家罗伯特 · 费什曼（Robert Fishman）坦言："贵族想寻求可以把自己姿态放低的地方，资产阶级则寻求一种隔绝之感，而郊区正好达到了二者的要求。"[10]

摄政公园中的公园东村，19世纪20年代由约翰·纳什设计。

家庭生活

在 1864 年曼彻斯特的一次系列讲座中，文艺评论家和散文家约翰 · 拉斯金（John Ruskin）将家定义为“纯洁神圣的殿堂”。因为“在开放的世界中，男人要艰苦工作，还要面临千难万险……还要保护女人不受伤害”，所以家庭就成了“平静安宁的地方”。他说：“这个地方不仅是远离伤害的避难所，还要将恐怖、怀疑和分裂拒之门外。”拉斯金关于家的观点引起了其他维多利亚时代作家的共鸣，例如考文垂 · 巴特摩尔（Coventry Patmore）写道，真正的妻子就如同“家中的天使”。还有查尔斯 · 狄更斯，他小说中的女主角作为“救赎的代言人”而被世人熟知。历史学家有时将 19 世纪欧洲的这一社会现象称为“对家庭生活的迷恋”。

在工业时代到来之前，工作场所和家庭之间其实是没有明显界线的。在农业社会，每个家庭成员几乎都扮演相同的角色——种植庄稼，喂养牲畜；同样的，诸如纺织等市场化的劳动方式一般由女性完成，场所通常也在家中。对于在城市的中产家庭，事实上，家庭生活和经济生活之间的界线也是很模糊的。家中除了丈夫、妻子、孩子和其他家庭成员外，还会包括学徒、劳工和用人。资产阶级家庭的男人往往在外面做生意，虽然男人要负担整个家庭的经济来源，但有时也无法独自承受。这时妻子就会扮演“贤内助”的角色，去分担一些比较重要的活儿，比如管理账本、照看店铺，而孩子们负责跑腿或者其他杂活。于是妻子参与经济活动就变得至关重要，遇上丈夫离世等特殊情况时，妻子就有能力作为一家之主，将生意继续经营下去。

工业城市的发展进一步割裂了家庭生活和经济生活。随着房屋建造太少和工厂的兴起，工人们愈发觉得自己的工作地离家越来越远。对于搬到郊区的中产阶级家庭，丈夫往返于工作和家庭之间，早出晚归，而妻子和孩子们一直待在家里。有越来越多的资产阶级家庭坚持核心家庭的理念。这种核心家庭除妻儿以外，仅有用人，而不是充斥着亲戚、学徒或所谓的使自己生活变好的各类人员。妻子们开始从实际工作中抽出身来，把精力主要用于照顾孩子和管理家务。只是程度不同，这种将家庭从工作中分离出来的趋势显而易见，在资产阶级主要分布于城市的欧洲大陆也是如此。

对核心家庭的推崇，以及对“和谐婚姻”的强烈情感，一部分来源于不断上涨的生活预期，因为它们被认为是有利于家庭稳定的因素。正如劳伦斯·斯通所言，婚姻中的感情联系的增强，是商业资本主义的反映，因为通过强调个人自主权利，资本主义价值观鼓励男女选择自己的人生伴侣。[11] 其他文化因素也对此做出了诠释。例如，18 世纪中期，英格兰的福音复兴运动称家是躲避社会腐败污流的避风港。这一运动的领导者之一威廉·威尔伯福斯称赞女人“相比男人，更倾向皈依宗教”，因此女人天生适合相夫教子，为丈夫提供精神支撑。他还称：“女人的这些角色，使其成为我们与尘世交流的媒介。”总之，在维多利亚时代，英国资产阶级文化对于婚姻和家庭寄予了情感和精神上的厚望。在这一时期的文学作品中，妻子和母亲越来越多地被描绘为文明和道德的楷模，她们同工业社会中的卑劣行径做着斗争。

劳动历史学家黛博拉·瓦伦兹（Deborah Valenze）发现18世纪时的英国社会彬彬有礼，相比维多利亚时代，更显风趣幽默。道德学家们经常谴责那些露骨的、离经叛道的行为，例如女子满口粗话，男子当街小便等。在捍卫社会秩序的努力中，中产阶级的妇女“被称为是捍卫家庭道德和道德本身的卫士”。[12] 照这种情形发展，那些得体的中产阶级妇女和那些“迷失”的不顾道德准则的底层妇女间的差别会越来越大、越来越明显。资产阶级妇女越来越多地参与慈善事业，例如拯救堕落失足者，并教育其家仆。因此，这种新形成的阶级差异塑造了新的性别角色。在另一方面，维多利亚时代说教式的文学作品，常把中产阶级女性塑造为文明的化身，把工人阶级女性描绘成愚昧的缺少道德修养的受害者的形象。同时，中产阶级看中个人雇用仆人的能力，资产阶级女性更乐意看到贫富阶层之间阶级对立的加深，而不是消融。

资产阶级女性的慈善工作在传播这种家庭生活观念时起到了重要作用，使其不仅局限于中产阶级。但在工人阶级家庭中，家的意识形态必然不同于此，很大程度上是因为丈夫一人的工资不足以维持整个家庭舒适的生活。在19世纪中期的英国和法国，女性构成了30%的劳动力，即使是儿童也频繁被送去工作，以贴补家用。如果参看不同家庭成员的经济状况和生活状态，劳动力人数也不尽相同。总之，年轻女性在单身的时候会工作赚钱，直到婚后生第一胎的时候依然如此。在工业化欠发达的地区，人们可以在家劳作获取收入，所以许多已婚女性即使是在生育时期依旧坚持工作，但在工厂占主导地位的地方这种现象就罕见多了。总的看来，仅有 10% 的已婚女性在家庭以外工作。工资水平折射出人们的期望，即男人要成为整个家庭经济收入的顶梁柱。对于计件工作和计时工作，女性获得的收入大概是男性收入的 60%，这种情况从 1750 年一直持续到 1914 年。工人中男性和女性各自总的收入相差悬殊，因为许多女性只是业余工作者。在纺织厂工作的儿童的收入仅占他们父亲收入的 5% 到 25%。

维多利亚时代有关社会变革的文学，反映了工业化对工人阶级家庭腐化影响的恐惧。工薪经济对妇女和儿童的影响，被认为会妨碍家庭的稳定。某作者声称："家庭归属感的失去，以及家长权威的沦落，使我们的社会万劫不复。我们必须解决这个问题，防止家庭走向分裂。"这种文学作品中常出现某些固有人物形象，即某个女孩被迫在难以维持生计的工厂生活和沦为娼妓之间做出决定。作者也描述托儿所的情况，说婴儿被送往乡间收费的护士看管，以保证其母亲的工作不被打扰。在这种情形下，婴儿的死亡率一直居高不下。

纵然我们不能粉饰 19 世纪工业化时代城市生活真实而悲惨的现实。虽然资产阶级担忧自身的土崩瓦解，工人阶级家庭却展现了匪夷所思的坚韧性。不同于中产阶级家庭中核心家庭愈发成为主流形式，工人阶级家庭在这一时期不断扩大。那时的孩子一般和父母居住的时间更久，而在之前的时代，他们在青春期时就已经成为学

《生活大萧条》（或《妇女求职记》）卷首插图，亨利和奥古斯塔斯·梅修作。配文写道：“妇女因为面临失业几乎被折磨疯了。”

徒或从事农业生产服务。通常，工厂所有者将那些孩子的工资直接发给他们的家长，如此一来使这种工作形式更加稳固，因为这样加深了孩子们对父母的经济依靠。许多家庭也收留亲属，不论孤儿寡母；同时也向进城的农村族人提供引导。因此，工人阶级家庭不断调整自身，以减缓农业社会向工业社会转变带来的冲击。

阶级认同

在 19 世纪的前十年，“阶级”这一概念代表着一个很重要的社会范畴。根据通识的定义，爱德华·帕尔默·汤普森（Edward Palm

Thompson）给出的理解如下：

> 由于共同的经历（习得的或者分享的），人们相互之间因为志趣相投会产生认同感，反之，没有共同的兴趣爱好就会有不认同感，这样，阶级就开始出现了。这种阶级的共同经历很大程度上由生产关系决定，可能是与生俱来的，或者偶然习得的。[13]

因此，汤普森认为阶级的形成不是一种结果而是一个过程，是在社会交互作用中“产生”的。进一步讲，他将这一过程描述成工人客观工作环境和主观经历相结合的结果，换句话说，只有当工人相互之间有了共性，阶级才会形成。

在汤普森发表了关于英国工人阶级的著作以后，19世纪的欧洲曾就阶级形成的问题，展开了几十年的争论。很多历史学家分析了阶级关系和性别关系间的联系，使汤普森的学说又向前迈进了一大步。对于19世纪形成的统一的工人阶级，其他学者在程度和范围上提出了问题。当我们提到“工人阶级”的时候，他们与职业人群有何深层次的不同？例如，工匠与工厂工人有何区别？在这一方面，汤普森方法的重要性是不言而喻的，不过需要注意的是，阶级的出现不仅是简单地由经济因素决定，而且要依靠文化和社会的作用。

法国大革命之前，西欧关于社会身份的定义更多取决于阶级而非“等级”或“秩序”。等级以前被认为是先天世袭的，这是极不公平的反映。社会组织、政治组织和宗教组织通常按照“家长作风”组建。在天主教大教堂，教皇拥有绝对权威。同样，在庄园，地主对农民的统领如同父亲对孩子那样；在行会，师傅对学工、学徒也是拥有绝对权威。相比而下，“阶级”一词最初就缺少按等级划分的内涵。在出版于1789年的《第三等级是什么？》一书中，西哀士神父用“阶级”一词划分四类实用的劳动行业：农业、工业、商业、服务业，并认为这四种行业从本质上讲没有孰优孰劣。到1810年，普鲁士改革家卡尔·奥格斯特·冯·哈登伯格将“阶级”这个中性词语加以推广，以取代之前带有偏激色彩的“等级”一词。

在英格兰，政治宣传手册开始使用“中产阶级”一词始于1790年。这些手册的作者把中产阶级标榜为社会中政治进步的团体，其中包含商人、企业家，进而包括所有对立于腐败权贵和底层穷人的团体。19世纪前期，“中产阶级”作为一个英国政治词语，深入人心。例如，在1809年游说拿破仑争取和平时，查尔斯·克尔顿表明：

> 必须支持中产阶级，不然整个社会将轰然倒塌；如果上层阶级能在光鲜的社会上游手好闲，中产阶级才是他们最强大的支撑。中产阶级构成了我们的全部，而我们则是上层建筑的产物。

继中产阶级之后，工人阶级这个字眼才开始逐渐被人们广泛使用，而直到18世纪末，工人共同体意识才逐步兴起。这种意识得以形成及发展，不仅基于工人们共同的工厂生活体验，还得益于其他领域的发展变革。又因为新兴工业城市中，贫穷的工人阶级与中产阶级之间存在着日益严重的实质隔离，从事不同职业的工人群体开始团结起来。18 世纪末到 19 世纪初，卫斯理宗风靡整个英国，给工人灌输了平等主义的宗教思想，人们也开始相信这种思想有可能也适用于政治社会。此外，社交俱乐部及以“友谊社”著称的兄弟会也加固了不同职业群体之间的文化联系。

19 世纪初期爆发了第一股工人罢工热潮，从某种程度来看，这股热潮可以视作工人阶级为保护传统职业免受工业资本主义冲击的一次尝试。1811—1812 年爆发了卢德运动，英国手工纺织业者为了维持生计，做出焚烧纺织厂、砸毁机器等行为。自 19 世纪 20 年代直到 40 年代，英国、法国及德意志多地也相继发生失业手工业者打砸机器的闹剧。1844 年爆发的西里西亚手织工起义，是 19 世纪上半叶德意志最为严重的动乱之一。由于受尽大企业家的剥削，也饱受棉布生产机械化带来的竞争压力，数千名纺织工焚烧并洗劫了雇主的房子。19 世纪末，德国剧作家哈特·霍普特曼在其戏剧《织工》中将这些起义搬上了舞台。

不少专家称，早在 19 世纪 30 年代，一股新的工人阶级意识在英国及法国已然形成。法国七月革命及 1832 年英国宪章运动浪潮的风波中，英法两国罢工及劳工行动频繁发生。到这个时候，“工人阶级”及“中产阶级”两个词语开始频繁出现在大众报纸上。而到了 1840 年，德意志各邦国有不少作家也开始提到“工人阶级”及“工人运动”的存在。

然而，重要的是应该认识到，整个19世纪，工人在社会及政治上的身份认同仍然不全面，他们的团结也受限于性别、职业及种族等因素。比如在欧洲的大多数地区，女工在农村加工业、服务业及工厂劳动力中占有很大的比重。然而，19世纪的工人团体却往往将女性排除在外。而男性之所以罢工，竟然是为了迫使工厂主解雇女工。从19世纪30年代起，英国的男性技术工人开始要求雇主支付其“家庭工资”，这样一来，工人们仅靠自己的工作便可以负担家庭生计，因而维护了其颜面。上述例子中，男性工人的团结可以说是建立在男女性别的巨大差异之上的。正如本书第五章将要讲述的那样，工人阶级的男性利用卢梭的“与生俱来的性别差异”理论试图提高其政治、经济地位。他们将自己描述成理性的群体，完全不同于不理性又靠直觉驱使的女性，以此索要选举权。

除了性别差异，手工业者与工人之间也存在巨大差异，前者主要工作于公会及小型店铺，而后者则工作于大型工厂。举例来讲，19世纪初期，法国的工人运动主要集中在传统手工业，如制革、制鞋及成衣等行业。手工业者协会常被称作“同业公会”，这个概念原本是指法国旧制度时的行业公会，该公会后来被1791年的《勒沙普利埃法》正式废除。不同于等级森严的旧式公会，新公会相对平等，包容全体工人。但是，类似于旧式公会，这些新团体依然只限于某些职业群体，因此其政治活动也相应受限。19世纪30年代，某些工人运动中的积极人士开始呼吁“公会应包容各行各业工人”。19世纪40年代，诸如路易·勃朗这样的法国社会主义者也明确发声，呼吁保护全体工人的统一利益。然而，直到 1848 年大革命发生之时，人们试图协调工人公会参与政治活动却鲜有成功，因为这些团体大多还是只考虑自身利益。

以卡尔·马克思及弗里德里希·恩格斯为代表的某些社会主义理论家预言道，工人阶级与资产阶级之间注定存在斗争，但是彻底的斗争却很难发生。这是因为许多工人只看到了局部利益，而看不到整体的利益。除此之外，他们也并非总能看清自身与其雇主之间存在的固有矛盾。工人阶级身份得到认同，很大程度上得益于他们为了提高生活条件团结起来所做出的努力，但是工人中却很少有人参与工人阶级与资产阶级的全球性斗争。1848 年大革命期间，法国社会主义者倡导“文明人类意识，而非阶级意识”。作家威廉·西威尔也写道：“他们并非为了报复剥削者，而是为了战胜剥削，创造一个公平世界。”[14] 在他们的愿景中，阶级之间应相互协同，而非争斗不休。

政治意识形态

自由主义和社会主义是 19 世纪最主要的两种意识形态，它们在很大程度上反映了工业化的实践经验。两种思潮的政治理论都根源于启蒙运动和法国大革命，但是两者在吸收转化过程中却体现出截然不同的方向。19 世纪欧洲的自由主义主要和资产阶级相结合，强调将个体经济和政治自由放在中心地位。社会主义则与中产阶级相结合，主要任务是关注工人阶级的生存状况。社会主义者更强调集体而非个体，他们声称如果社会不平等一直存在，那么所谓的法律和政治自由就是无意义的。因此，社会主义者借用大革命的遗产，宣传“平等”的意义，既体现在经济福祉上，又体现在政治权利上。

自由主义

19 世纪欧洲的“古典自由主义”与我们今天的自由主义有很大的不同。从 20 世纪早期开始，自由主义就不仅包含政治权利，而且包含各种社会权利，例如最低生活标准权利，包括食物、住房、教育和医疗。虽然 19 世纪的自由主义者支持法律之下的人人平等原则，但他们并不认可这些社会权利。他们把最高价值寄托于人类个体之上，声称如果有足够的行动自由、不受政府的约束，人类将是发挥自身潜能的最佳群体。“自由”是他们信条的核心，包括免遭任意逮捕和监禁，拥有言论自由、集会自由和出版自由。最后，自由主义者还强调理性的权威，与传统观念不同的是，他们认为社会机构和政治机构是可以达到完美的。守旧派总是把过去理想化，相比之下，自由主义者倾向于将历史看作本质上的一种循序渐进，他们相信，理性的政府将会促使社会更加完善。

19 世纪早期的自由主义将道德与经济连接在一起。德意志自由主义者威廉 · 冯 · 洪堡在启蒙运动哲学家伊曼努尔 · 康德

（Immanuel Kant，1724—1804）的基础上建立了自己的学说，而康德认为自由是道德判断发展过程中不可或缺的因素。洪堡提出“人的真正目的”是“使他的权力在一个完整而持续的过程中得到最高最协调的发展”，而达到此目标的最佳方式是严格限制国家的权力。在英国和其他地区，自由主义的形成和发展受到苏格兰政治经济学家亚当·斯密（Adam Smith，1723—1790）经济理论的影响，亚当·斯密主张自由放任政策，同时让政府对经济的干预最小化。他在1776年问世的《国富论》一书中，批判了盛行的重商主义理论。这一理论的含义是政府通过重商主义思想来管控制造业和商业，以寻求税收的最大化。斯密认为，政府的这些做法绝对是起反作用的。例如，重商主义政策通过设置高关税来限制国外货物，而造成经济增长速度放缓，这对国家繁荣是十分不利的。相反，他提倡在经济生活中建立一个“天然自由的体系”。按照斯密的观点，政府的主要功能是维护竞争环境，因为只有在这样的体系下，不受束缚的个人利己行为才会“被迫”体现在一般商品之中。

欧洲各地自由主义群体的具体行动在不同地区也不尽相同。当土地贵族或者神职人员还在巩固和延续其独有的特权时，自由主义者已将抨击目标锁定在这些特权之上。在法国，这些特权绝大多数已被大革命摧毁，但是从1815到1830年，贵族和神职人员试图恢复这些特权，使得自由主义者不得不持续应对来自这一势力的攻击。而在英国，工业革命已经对社会结构造成了巨大改变，新兴制造业集团的代表们力图将自己从前工业化时代的束缚中解脱出来，而且迫使旧土地贵族和商业阶层将下议院的控制权“分享”出来。

历史学家曾说，比起欧洲大陆的自由主义者，英国的自由主义者更强调个人以及对个人自由的需求。杰里米·边沁（Jeremy Bentham，1748—1832）在英国自由主义理论和斯密自由市场理论的影响下，提出如果每个人在追求个人兴趣时，尽可能小地受到外界干涉，那么“事情的效用就能最大化”。在欧洲大陆，对于那些没有实现政治统一或者还受到外国势力控制的地区，当地的人们所需要的自由就是摆脱外来控制和实现国家自由。对希腊人来说，“自由”就是摆脱土耳其人的控制；对意大利人来说，“自由”就是推翻奥地利人的统治。德意志许多的自由主义者认为，如果没有所有德意志民众和整个“民族”的自由，只关注个人的自由是没有意义的。对于他们来说，自由主义和民族主义是紧密相连的。事实上，民族主义者的抱负常常使其他观念，尤其是自由主义价值观变得不那么重要，有时还会占据压倒性地位。

在中欧、南欧和东欧的国家，宪法和代议制事实上是不存在的，自由主义者的目标就是建立一部书面的宪法，用来约束统治者的权力并规定成立选举议会来为立法做准备。对于德意志和意大利的一些自由主义者来说，“宪法”一词包含一种神秘的意义，他们相信仅用这样的一份文件就能解决所有的难题。但是在西欧国家，1815 年宪法和议会早已形成，自由主义者自然就有了不同的目标。他们的主要任务是判断代议制机构能否起作用，使政府真正对民众负责任。因此，他们试图去限制国王的特权，让部长和大臣对议会的行为负责。有人甚至建议扩大选民的基数，来接纳那些并不富有的人。

尽管自由主义者呼吁人们参与政事，但他们还远非激进的民主主义者。在大多数欧洲国家，至少是 1848 年以前，自由主义者大体上还是支持君主政体的保守统治的，而且他们强烈反对全民普选的原则。例如，法国著名的自由主义者本杰明·孔斯坦（Benjamin Constant，1767—1830）声称，暴民的暴行和暴君的暴政一样危险。“如果给予足够的空间，单单依靠财富就能让一个人行使到政治上的权利。”在证明财产资格问题上，他强调选举权应该是归属全体男性的，穷人在拥有一定数量的财产的情况下才能参与选举。

19 世纪的大多数时候，自由主义理论家几乎一致认为女性不应参与选举，他们认为女性和儿童一样，在政治上缺少理性判断的能力。不过有一位重要人物约翰·斯图亚特·穆勒（John Stuart Mill，1800—1869）是个例外，他坚称普选权应该既包括男性也包括女性。穆勒在《女性的屈从地位》（*The Subjection of Women*，1869）一书中说，女性的现状就是充当她们的丈夫和父亲的合法“奴隶”，所以她们无法发展自己的本能。

如果 19 世纪早期的自由主义者经常说到“自由”，那他们就很少会提到“平等”。当然，他们看到整个欧洲在财富分配上极度不平等，但是从本质上看又没什么错误。事实上，以托马斯·马尔萨斯（Thomas Malthus，1766—1834）和大卫·李嘉图（David Ricardo，1772—1823）为代表的古典经济学家利用斯密的逻辑，来证明自然之“法”将贫穷强加于工人阶级。他们认为工人阶级为获得更好的生活条件而做出的所有努力，仅仅能帮助他们的家庭养大更多的孩子。而这导致了劳动力储备量的增加，在劳动力市场供求法则的作用下，工人阶级的工资水平进一步降低。而自由主义者所坚持的理念，就是法律面前人人平等。这一原则早已在英国被广泛认可，后来被写入《拿破仑法典》，逐渐在法国传播开来，但是在欧洲的许多地方，这一思想并不被认可。废除贵族和神职人员的法定特权，成了自由章程的核心内容。

空想社会主义

总的来说，自由主义者是欧洲新经济秩序的守护者，而社会主义者则是工业资本主义的批判者。19 世纪的前十年，一群名为“乌托邦社会主义者”的创始人认为，在当前这种无拘无束的竞争环境中，有着明显的不公平和不平等。这一概念只是在局部地区传播开来，因为他们自己或者他们的信徒大多数还身在美国。他们这群社会主义者和后来的马克思主义者是有区别的，马克思主义者称自己为“科学社会主义者”或者“共产主义者”。马克思认为，乌托邦（空想）社会主义者表现出的是对工业化前社会的过度怀旧之情，他们没有认识到历史发展的洪流是不可阻挡的，即便是新建立的资本主义秩序。尽管空想社会主义和马克思主义有较大区别，但是其共同目标都是讨伐资本主义，认为资本主义是造成社会隔绝和感情疏远的罪魁祸首。于是它们去寻求新的社群体系，帮助个体重新建立一个和谐的社会秩序。

这些空想社会主义者所提出的想法都建立在伦理道德的基础之上，例如圣西门、夏尔·傅立叶和罗伯特·欧文。他们坚称，现有的经济制度过分强调商品的生产，而严重忽视了商品的分配，结果就是那些最需要工业产品的人往往无法得到。于是欧文主义者在1821年公开提出了这个问题：

> 英格兰拥有最强大的工业生产力量，所制造的工业品已经超出了全世界的消费能力；其土地所种出的粮食足以供应好几倍于本国的人口。
>
> 尽管它拥有如此强大的力量，却无法满足民众的基本生活需求，数以百万计的本国民众还没有过上小康生活，更别说那些忍饥挨饿的人们。无论是从基本生存需求，还是幸福指数来看，这样社会经济秩序与民众所期待的还相差很远。

社会主义作家还提到，大规模失业人群和贫苦民众使得这个社会危机四伏，可以说在这样的社会体系和无序竞争中，危机是无法避免的。这一体系的最大缺陷是什么？空想社会主义者没有给出明确的答案，但是他们认为过分的个人主义和利己主义是资本主义的特点，并提出建议，社会组织应建立在合作与相互尊重的基础之上。

圣西门（Henri de Saint-Simon，1760—1825）是法国社会主义

者的先驱，他认为工业社会应当建立在一个“科学的”基础之上，这一基础要根据对历史的研究来确定相关的社会“法规”。他抵制政治和社会平等的理念，并提出了阶层等级制度，认为与普通民众相比，统治阶级应当是才智和道德上的精英群体。在这之下是有产阶级——工业的领导者，同时也拥有政府管理和行政职能。最后，在底部的是“大多数”阶级，也就是无产阶级工人，他们的财富要依靠上层的阶级。圣西门的合作型联邦最重要的特征是它的目标：提高最底层阶级的物质生活条件，以及促进他们才智和道德的新生。

夏尔·傅立叶（Charles Fourier，1772—1837）是法国的另一位社会主义者，他系统全面地揭露了当时资本主义的恶习和浪费行径，因此得到了后来社会主义者的敬佩。但最让人印象深刻的也许是他描绘了合作型社区的蓝图，他想通过改变人们的生活环境，继而从根本上改变人们的行为。他的理论基础是人类的行为由一系列的“激情”或者本能所控制，然而现状却是“激情”和本能被误用和误导，一切又源于错误的背景环境。于是，他提议建立一些小的社区或独立的社群，命名为“法郎吉”（Phalanges）*，在其中的工作和社会生活都是井井有条的，从而能最有效地发挥“激情”的作用。为了使工作更有吸引力（也就是能够与人们的激情相匹配），工作被设置成轮换的形式，让每个人都有机会去完成社区里那些

* 一个“法郎吉”通常由大约1600人组成。在“法郎吉”内，人人劳动，男女平等，免费教育，工农结合，没有城乡差别、脑力劳动和体力劳动的差别。——译者注

“愉快的”和“必要的”工作任务。另外，傅立叶还提出社区里的所有人都应该去做他们天生最适合做的工作。例如，老妇人去当媒人；小男孩和小女孩负责处理垃圾，因为他们喜欢玩泥巴。尽管这些企业都是公有的，但傅立叶并不打算取缔私人财产。事实上，他期望在财富归属的问题上，还是要区别对待的。傅立叶自己财产有限，于是在发表自己的构想之后，告诉人们他每天中午会在自己家里，迎接有兴趣资助兴建法郎吉的同人。他希望能建立为数不多的几个法郎吉，如果能证明是非常成功的，就会向全世界推广。据传闻，他每天准时在中午回到自己家中，日复一日等了十年，然而不曾有任何一位愿意资助他的人出现过。

空想社会主义的传播范围不只是在法国。另一位主要的社会主义者将他的理论变成了现实，他就是威尔士人罗伯特·欧文（Robert Owen，1771—1858）。他在苏格兰新拉纳克（New Lanark）自己的几个纺织厂内进行了空前的试验，将社会主义互助合作原则运用其中。同傅立叶的观点一样，欧文也相信人性本善，如今善良本性受到损害完全是因为错误的环境。如果人们生活在一个合作有序、相互尊重而不是自私自利、相互竞争的社会中，他们的本质就会自然而然地显现出来。大概从1800年开始，欧文在新拉纳克将一个废弃的工厂城镇转变成一个干净有序的社区，不仅为孩子提供了完善的教育设施，而且有着高质量的生活水平。这样的成就是源于合作型原理的运用，或是欧文本人的善举，还引起了不小的争论，但是这一方案被看作早期最为成功的社会主义尝试之一。与傅立叶一样，欧文尝试着把自己建立合作型社区的想法传播开来并引起他人的兴趣，尤其是他的工厂主朋友们，然而回应者寥寥。他想到自己的理念如果能在更为开放的美国实践，也许会获得更大的成功，于是在19世纪20年代，欧文买下了印第安纳州的一个社区并将其重新命名为“新和谐”（New Harmony），然而这次尝试因为内部纷争，仅仅过了三年就失败了。欧文后来又积极参与英国工会运动并为工人兴建消费合作社，但是在晚年还是经历了一次次的失败和理想的破灭。

法国的社会理论学家路易·勃朗（Louis Blanc，1811—1882）被认为在19世纪上半叶是一位乌托邦社会主义者，而下半叶却成了“无产阶级社会主义者”。与圣西门和傅立叶相比，他关于法国工人阶级的理念相对简单和直接，并通过代表作《劳动组织》（*The Organization of Labor*，1839）展现出来。在一个不景气的时代，他的文章控诉了在放任竞争的环境中，工人的基本权利往往被忽视，他们无法通过劳动来换取体面的生活。而国家则有义务保障工人的这些权利。他意识到资产阶级统治的七月王朝根本不会履行这一职责，而政治改革和扩大选举权才是社会变革的先决条件。一旦国家支持工人运动，就会有益于“社会工场”（social workshops）的形成，这一合作型生产的企业就会很快控制工业中的各个分支机构。工人自己也会掌管起“工场”，几年之后自然将有能力偿还政府贷款。勃朗更希望工人之间的经济合作能够将他们带向义务型合作，继而也能满足其他类型的需求。换言之，社会工场将成

19世纪早期，欧文在苏格兰新拉纳克进行的乌托邦社会主义试验。

为一个合作型社会的核心部门。勃朗提出的理念一定程度上满足了这样的诉求，尤其是他所强调的：工人有工作的权利，国家有提供工作的义务。19 世纪 40 年代，《劳动组织》被编写成各种版本传播开来，而且得到相当广泛受众的认可。1848 年革命时期，他的宣传理论都反映在巴黎工人“有工作权利”和革命政府建立“国家工场”的需求中。然而，这些与他最初的理论相比，是极具讽刺意味的。

像路易·勃朗一样，早期的社会主义者在当时的影响是相对有限的。除了少量的一些信徒和几次夭折的实践之外，他们想要建立社会主义秩序的理想都落空了。关于失败的原因，众说纷纭。

不过有一个空想社会主义者们普遍用到的假设可以解释他们失败的原因，那就是：他们的信仰和理念来源于 18 世纪的哲学思想，也就是认为人的本质是善良的，而当社会环境和政治条件发生变化的时候，负面的和黑暗的东西都被下意识地忽视掉了。他们固执地坚守这一想法，结果只能是无法看清社会变革背后那些深层的、复杂的原因。

共产主义

19 世纪中期，新一代的“激进”社会评论家开始挑战空想社会主义者所建立的思想体系，代表人物就是卡尔·马克思和弗里德里希·恩格斯。马克思和恩格斯都出生在普鲁士莱茵兰地区。马克思的父亲是一名犹太律师，拿破仑战争后爆发了反犹太人的冲突，他不得不改宗为基督教徒。马克思在波恩大学和柏林大学粗略地学习了法律专业，随后又在耶拿大学（University of Jena）获得了希腊哲学的博士学位。在寻找教书的工作碰壁后，马克思在《莱茵报》成为一名记者和报纸编辑，1842 年，正是在这里他认识了恩格斯。1844 年，普鲁士因为马克思激进的观点开始将其“封杀”，随后马克思辗转居住在巴黎、布鲁塞尔及伦敦。和马克思有所不同，恩格斯一直没有从事过固定的工作，他最后在曼彻斯特开了自己的工厂。在好友马克思创作经济学巨著《资本论》的几十年间，他一直在物质上为好友提供帮助，终于在 1867 年，《资本论》第一卷问世，后续的几卷在马克思去世不久后也相继出版。

马克思和恩格斯的政治理论一直以来都受到格奥尔格·威廉·弗里德里希·黑格尔作品的影响，黑格尔也是当时最著名的德国哲学家。黑格尔将历史看作不同矛盾力量间的辩证冲突，从而引出了“世界精神”（world spirit）的概念。黑格尔认为，精神是一种普遍存在的、有生气的原则，同时又具备创造性和毁灭性。黑格尔提出，在历史上和自然界，新事物的出现必定要伴随着旧事物的灭亡。“毛毛虫”破茧成蝶就是一个“克服”和“否定”的过程；橡树的成长也一定要冲破橡实的束缚。黑格尔认为，要想实现世界精神，就必须有类似的一系列质变过程来实现通往人类自由这一目标。根据黑格尔的历史观，首先是在东方的历史舞台上，只有君主是完全自由的；在古希腊和古罗马，只有极少数人实现了自由；最终，只有在德意志才能实现全民的自由。从黑格尔的一些观点来看，他是一位十分保守的哲学家，因为他似乎认为只有普鲁士王国才能配得上世界精神。不过黑格尔还是激发了一大批的追随者，也就是左派黑格尔主义者（马克思也算其中之一），他们认为只有经过政治和社会巨变，才有可能实现最终的普世自由。

19 世纪 40 年代中期，马克思果断地放弃了以空想社会主义和黑格尔哲学为基础的唯心主义理论，而转向了以“辩证唯物主义”为基础的社会理论。根据这一理论，推动历史进步的是经济力量，而非精神力量。1848 年革命前夕，马克思和恩格斯发表了《共产党宣言》（*The Manifesto of the Communist Party*），书中提到：“迄今为止的历史都是阶级斗争的产物。”在中世纪时期，传统世界的奴隶经济被封建主义所取代；在1789年的法国大革命中，资本主义的资产阶级又战胜了封建主义的贵族阶级。但是，马克思和恩格斯指出，资产阶级的胜利其实已经为他们最终的垮台埋下了种子。资本主义经济一定是将最大数量的财富集中在最少数量的企业家手里，而工人阶级或者“无产阶级”却在不断地扩大，而且越来越穷困。矛盾的是，受到残酷剥削的无产阶级成为一股革命力量，因为剥削摧毁了无产阶级之前貌似存在的“宗教和政治信仰”（比如基督教信仰和爱国主义情感）。马克思和恩格斯预言，工人阶级的苦难能够帮助他们实现阶级稳定的“真知”，然后用暴力革命来挣脱资产阶级强加于他们的枷锁。

和空想社会主义一样，马克思主义理论对欧洲政治的直接影响是微乎其微的。1848年革命爆发时，马克思和恩格斯匆匆回到莱茵兰，但是他们的共产主义纲领却没能得到更多的支持，而且在第二年反革命运动占据了上风，当时他们是深感失望的。从长远来看，资本主义体系有更强的适应性，超出了他们的预期。不过，马克思和恩格斯预言，社会主义革命将首先在最发达的工业化社会中爆发，例如英国和德意志，因为那里的潜在矛盾和危机是最深刻的。但是，在实际情况中，共产主义革命却集中爆发在经济相对不发达的国家，而且在战争和殖民地统治的遗留问题的影响下，政治基础都受到了动摇。此外，这些共产主义革命大多不是由工人阶级组织起来的，而是由一群有影响力的资产阶级激进分子发起的。

尽管马克思主义作为一种社会科学存在于两个世纪之交，必然有一定的历史局限性，但是仍无法掩盖其作为一种政治理论无可替代的重要性。在冷战局势最紧张的时期，世界上三分之一的人口都生活在马克思主义为指导的政体下，包括苏联、中国、东欧，以及很多新兴独立的亚非国家。即使在 1989 年欧洲社会主义阵营解体后，马克思主义理论对欧洲大陆的许多政党依然有着重要作用。也许马克思主义能长盛不衰的一个秘密在于，它能够正确处理空想与科学之间的关系。就如同之前的浪漫主义和空想社会主义一样，它们都在寻求一种更加公正和谐的社会状态，克服工业化资本主义带来的社会冷漠和情感疏离。有所不同的是，这种美好的理想最终成了科学理论，客观地说明只有人人参与斗争才能换来工人革命的胜利。对于身处左派的人来说，在一个残酷的现代化工业世界，共产主义似乎为人们维护和谐状态的心愿提供了最美好的希望。

第四章

复辟与浪漫主义

1815年，拿破仑战败，那时欧洲大部分地区还未出现工业革命的影子。但当时距法国大革命爆发已有26年了，拿破仑时代的到来不可逆转地改变了欧洲大陆的政治面貌。他横扫欧洲，废除了当权王朝，消灭了数百小国。法国霸权所及之处，根深蒂固的传统等级制度都被抛到一边。天主教会失去了土地，也失去了特权；贵族的地位受到挑战，新的平等条例也被写进法律。为对抗法国霸权，众多欧洲国家的统治阶层都选择采取拿破仑带来的新举措，比如废除农奴制、制定宪法，并试图调动国内的民族主义情绪。

虽然人们普遍把1815—1848年的阶段称作“复辟时期”，但事实证明，这一时期在社会和政治上并未出现深刻改变。绵延不断的革命和战争席卷了整个欧洲，为结束这一情况，众多政治领袖奋起抗争，在新旧两种秩序的博弈中被迫达成妥协。1815年，为维护和平、保持权力平衡，《维也纳条约》（*The Vienna Settlement of 1815*）建立的国际外交秩序推动了欧洲各国的合作。各国政府意图压制民族主义运动与民主运动，因为这些运动对他们的统治构成了威胁，但很多拿破仑时代出现的社会变化却被原封不动地保留下来。与此同时，工业化与城市的发展也改变了欧洲人的生活面貌。

19世纪的前几十年里，浪漫主义运动兴起，这是一场文化运动的高潮。尽管无法简单定义这场运动，但可以肯定的是，浪漫主义者常常关注人们在近代社会中的异化，并渴望社会和谐，希望整个社会成为有机的共同体。浪漫主义气息不仅出现在文化领域，还出现在了保守主义和民族主义运动中。那时，保守主义人士和民族主义人士时常发生政治对抗，但双方都反对现代社会的分裂现象，而且都以重建和谐共同体为目标。如此看来，人们似乎将摈弃隔阂、享受到自由权利。

1815年和解与欧洲协调

1815年的《维也纳条约》、1648年的《威斯特伐利亚和约》、1713年的《乌得勒支和约》及1919年的《巴黎和约》*，是近现代欧洲史上最重要的四项国际协议。与会政治家在维也纳所做的就是处理二十多年来被法国军队占领的土地，他们签署的这项协议在之后的一百年内深刻影响了欧洲的政治秩序。1830年后，人们又对此协

* 《巴黎和约》指一系列在巴黎或凡尔赛签订的战争和约。1919年签订的《巴黎和约》是结束第一次世界大战的一系列和约之一。——译者注

议做了一些调整，这些调整意义深远，涉及后来的1848年革命和发生在德意的一系列起义运动。那段时期，欧洲大国间没有爆发任何武力对抗，但这一局面在19世纪50年代的克里米亚战争*后发生了改变。1914年，欧洲爆发了一场大冲突，其规模和激烈程度堪比拿破仑时代的战争。回顾这段历史，可以发现更值得注意的是结盟后的政治领袖在1815年建立的国际关系体系，这一体系被称为“欧洲协调”。该体系中的“大国”（英国、俄罗斯、奥地利和普鲁士）确立了定期召开会议的制度，目的是协商影响欧洲和平的各类问题。这一制度几经修改，一直延续到了19世纪下半叶。经历了一段考察期的法国也在1818年加入到这一行列。然而，俾斯麦最终用联合与结盟的外交策略取代了这一体系，但通过国际会议和平解决分歧这一方式已被各国接受，在20世纪又重归历史舞台。

维也纳会议

1814年3月，拿破仑战争尚未结束；当时，大英帝国、俄罗斯、奥地利及普鲁士协商签订《休蒙条约》（*Treaty of Chaumont*），奠定了“四国同盟”形成的基础。该条约规定签订国须保持长期结盟，不仅在打败法国之前，也包括战争结束后的二十年，以此确保法国遵守和约，避免发生战争。拿破仑战败两个月后，这四个国家召集了维也纳会议。从1814年9月到第二年6月，维也纳先后举

* 1853年，因争夺巴尔干半岛的控制权而在欧洲大陆爆发的一场战争，是拿破仑帝国崩溃以后规模最大的一次国际战争。——译者注

行了多次会议，但其中有些未能实现。其实，该会议最初计划仅召开四周时间，但会议代表的尖锐对立延长了协商周期。期间，尽管“双方全部参战国”都受邀参会，但其实各国代表从未在全体会议中露面。关于《巴黎和约》的一篇秘密报告指出：涉及领土分配及其他重大决议时，起决定作用的都是四国同盟。1814 至 1815 年冬天，来自部分小国的代表在霍夫堡宫（Hofburg）受到了盛宴款待，还出席了很多舞会，即便如此，他们仍被排除在重大外交协商会议之外。他们对此非常恼怒，于是，面对那些“大国”私自做出的决议，他们的赞成票投得极不情愿。

尽管这些小国代表受到了不公平待遇，但可以看出，和平决议在很大程度上反映出了法国及四国同盟的关系。唯一亲自参加协商会议的统治者是亚历山大一世（Alexander Ⅰ），他领导俄国取得了反抗拿破仑战争的主要胜利，居功至伟，因此主导了和平协议的起草工作。操持国会的是奥地利皇帝弗朗茨，但他仍把外交协商事宜交给了首席大臣克莱门斯·文策尔·冯·梅特涅（Klemens Wenzel von Metternich，1773—1859）。1814 年的梅特涅早已是一名外交老手，他从 1801 年开始就供职于奥地利外务部，起初管理萨克森地区，后来管辖普鲁士，1806 至 1809 年拿破仑在位时又成为驻法大使。1809 年，他当上了外交大臣，一直到 1848 年。代表大不列颠出席谈判会议的是外交大臣卡斯尔雷子爵（罗伯特·斯图尔特，第二代伦敦德里侯爵，1769—1822），而 1815 年 2 月后这项工作又被转交给了威灵顿公爵（Duke of Wellington），这位公爵当时已是英国第一任全权代表。维也纳会议中，普鲁士并没有起到什么作用。这种局面的形成，一方面是因为其主要代表卡尔·奥古斯特·冯·哈登贝格（Karl August Fürst von Hardenberg，1750—1822）盲目无知，在会议讨论期间手足无措、无所适从；另一方面是由于普鲁士国王腓特烈·威廉三世屈从沙皇的权威。法国首席代表塔列朗亲王最初没有参与关键会议，但在整个会议过程中他的影响力有很大提升。

由于政治观点不合及领土分配不一致等因素，四大战胜国之间

1814—1815年召开的维也纳会议，主要代表包括哈登贝格（坐于左前）、惠灵顿（哈登堡旁）、梅特涅（站于左前）、卡斯尔雷（中部左方）、塔列朗（桌右）。

矛盾不断。亚历山大一世行为古怪，在面对涉及俄国利益的问题时会摇摆不定，不知道什么才是最好的治国理念、宗教教旨和精明筹划，对那些要和他打交道的人来说，他的作为无疑会令人失望。梅特涅可谓是纵横"现实政治"*的高手，尽心尽力地维护奥地利在欧洲中心的统治地位，同时阻止法国侵略势力卷土重来。他自视甚高、虚荣心强，在那个时代是出了名的，1819 年，他在回忆录中写道："我心中自有万千丘壑。大多数人都不及我思虑周全，我思想的边界绝非他们所及。每日，我都会有这样的想法：'我是这群人中最清醒、最明智的'。出现这样的想法每天不下二十次。"梅特涅主张整个社会应处于理想的均衡状态，即"平衡"，但这种平衡状态会时不时地被打破。在他掌权期间，法国大革命和拿破仑战争严重破坏了他所倡导的平衡状态。到了这一时期，摆在欧洲众多统治者眼前的任务就是恢复平衡，这对维护和平来说非常重要。英国代表卡斯尔雷子爵没有分割欧洲大陆的野心，他主张从公平的角度来抑制法国。他之所以这样做，主要是出于维护英国的海上贸易安全和商业利益的考虑，而且他还能在欧洲大陆充当一个公正调停人的角色。那时，英国几乎收回了曾被法国夺去的全部殖民地，因此有能力要求从其他盟国那里分一杯羹，这也进一步提高了卡斯尔雷子爵的地位。

维也纳会议期间，如何处置波兰的事宜成为最关键的问题，这

* "现实政治"主张当政者应以国家利益作为从事内政外交的最高考量，而不应该受到当政者的感情、道德伦理观、理想、甚至是意识形态的左右。所有的一切都应为国家利益服务。——译者注

引发了各方的相互猜疑。那时，俄国军队早已占领了前华沙公国，沙皇亚历山大希望建立一个由俄国庇护的波兰王国。经沙皇重建后的波兰，将不仅包括华沙公国，还会包括18世纪末期被普鲁士和奥地利分割的领土。在亚历山大的领导下，这项计划持续了一段时间，波兰统治阶层因此倍受鼓舞，亚当·恰尔托雷斯基亲王（Adam Jerzy Czartoryski，1770—1861）就是其中之一，他成了亚历山大的外交大臣，沙皇向他承诺建立一个拥有自由宪法的波兰王国。鉴于此，普鲁士将不得不放弃之前得到的一部分领地，但腓特烈·威廉三世并没有反对沙皇的计划，而条件就是要以其他领地作为补偿，最好是萨克森王国，因为其执政者弗里德里希·奥古斯特一世（Frederick Augustus Ⅰ，1806—1827年在位）在拿破仑战争的最后阶段和法国走得很近。然而，对于任何要让奥地利放弃领地的提议，梅特涅都持怀疑态度。另外，梅特涅和卡斯尔雷都不相信亚历山大对波兰人的承诺——让他们保有自由的权利，反之，在他们看来，沙皇的整个计划就是为了拓展俄国在中欧的领地。将波兰置于统治之下后，亚历山大的军队将能轻易地到达柏林和维也纳。如此一来，沙皇就会成为第二个拿破仑，这将对欧洲的和平稳定造成巨大威胁。

1814年秋，身处维也纳的卡斯尔雷一方面竭力劝阻沙皇亚历山大侵占波兰领土，另一方面试图寻求某种折中办法，但最后未能成功。梅特涅也试着和亚历山大直接协商，但这让沙皇最终恼羞成怒，于是他采用武力威胁梅特涅，还在三个月内拒绝和他见面会谈。当时，甚至哈登贝格也参与到劝说亚历山大的行列中，意在求得一个折中的方案，普鲁士坚持要得到整个萨克森王国的打算，然而并未能让沙皇改变决定。当年 10 月，英国和奥地利、俄国和普鲁士之间的火药味已十分浓烈，战争一触即发。在这关键时期，塔列朗亲王参与其中，最终用计策解决了危局，虽然起初他似乎让情况变得更糟。他建议梅特涅和卡斯尔雷建立一个秘密联盟，以此对抗俄国和普鲁士。他们在 1815 年 2 月 3 日签订盟约，规定法国、奥地利和英国互相支持，如果任何一方遭受俄国或普鲁士攻击，则其他盟国都应参与抵抗。他们有意让组建联盟的消息传出，于是这些消息很快传到了俄国和普鲁士。实际上，组建这个秘密联盟的目的是为了威慑俄国和普鲁士，而卡斯尔雷是在违背本国政府命令的情况下签订此盟约的。尽管如此，预计到进一步的尝试会导致全欧洲的战争，沙皇及其普鲁士的追随者放弃了计划，欧洲危局就此平息。塔列朗的介入也产生了另外一个结果：与两个打败法国的战胜国结盟来对抗其余两个，这成功终结了法国面临外交孤立的局面。从此，塔列朗跻身会议核心成员之列。

波兰与萨克森事件解决后，危机基本不复存在，参加维也纳会议的各方可以在关于领土处置的其他方面达成协议。其成果就是著名的《最后议定书》（*Final Act*），这份议定书于 1815 年最终完成并签订。从该议定书的条例来看，波兰表面上已成为一个独立王国，但实际还是处在沙皇的统治之下，只不过他的影响力被大大削弱，而普鲁士和奥地利则分别保留了波兹南（Posen）和加利西亚两地，这是普奥两国之前在分割领土时得到的。波兰的克拉科夫被定为一座自由城市，但实则受到重重包围。名义上是独立的，其实随时处于奥地利、普鲁士和俄国的“保护”之下。前华沙公国的其余部分组成了新的荷兰政府，但也处于沙皇的统治下。沙皇及时地在波兰王国施行自由宪法以保证王国的完全独立及波兰人民的政治权利。然而，沙皇此举很清楚地表明：自由宪法的实行只是一种恩赐，而不是授予权利。此外，这还意味着波兰王国将成为罗曼诺夫王朝的世袭财产，其外交权也将处在俄国的操控下。

普鲁士并没有得到所有它想得到的，但实际上已收获颇丰：五分之二的萨克森领土和 85 万人口。剩下的萨克森人重新扶植此前的统治者，仍保留了其国王之名。在德意志，普鲁士也得到了一些领土，即瑞典的波美拉尼亚及威斯特法利亚和莱茵兰部分地区，这些地区都是给予普鲁士的补偿，因为它之前把一些领地割让给了汉诺威和巴伐利亚。

维也纳会议的主要目的是防止法国再次妨碍欧洲和平进程。最终，与会各方在法国周围建立了由近法国家组成的两大防御屏障。

第一道屏障就是那些与法国接壤的国家，其最北端是新建立的荷兰王国（尼德兰王国），统治者是荷兰前总督（奥兰治皇室继承人），被称为威廉一世（William Ⅰ）。在新荷兰王国，两个“低地国家”地区实现了统一，这两个地区是在 1648 年《威斯特伐利亚和约》（*Peace Treaty of Westphalia*）签订后正式分离的，但这种统一持续的时间并不长。语言和宗教方面的差异引起了南方诸省的不满，于是它们在1831年发动叛乱，宣布独立，建立了比利时。

沿着法国东部边界分布着很多德意志国家（普鲁士就是其中之一，它控制了莱茵河左岸的领土）；瑞士也在战争后进行了重建，成了一个独立的联邦国家；此外，还有萨丁尼亚王国，它不仅涵盖了萨丁尼亚岛，也包括意大利北部山麓地区。随着热那亚、尼斯和萨伏依部分地区的加入，萨丁尼亚王国的领土范围得到扩大，实力也增强了。在法国西南边界，波旁皇族再次统治了西班牙；在半岛战争的最后阶段，威灵顿将王权还给了斐迪南七世（Ferdinand Ⅶ）。

第二道防线就是沿着法国边界分布的多个国家，这道防线向东进一步拓展，包括普鲁士、奥地利及保留下来的德意志国家。英国意图让普鲁士成为中欧的一股强大势力，以此来抵御法俄的侵犯。最终，尽管其他奥地利官员强烈抨击此计划，认为这会威胁到奥地利在德意志诸国中的统治地位，但梅特涅仍表示支持。

奥地利收回了大部分南方失地，包括意大利半岛上的伦巴第和威尼西亚两省，以及达尔马提亚海岸上的伊利里亚各省，这些地区全部被并入了奥地利帝国。奥地利还收复了萨尔茨堡和蒂罗尔，这两个地区之前在拿破仑战争期间被巴伐利亚夺去。德意志邦联（“日耳曼联盟”）也建立起来了，用以取代已经灭亡的神圣罗马帝国。它由39个国家和地区组成，包括四个自由城市及奥地利、普鲁士（当然，这两个国家的非德意志领地没有被纳入进来），其主席国是奥地利（邦联议会由奥地利代表任主席），但在组织上比较松散。

在第二防线没有触及的意大利半岛上，许多统治者东山再起，重夺王权。这一时期，教皇重新掌控了教皇国。意大利中部和北部地区，托斯卡纳、帕尔马及摩德纳三个小公国被划入奥地利皇室，由其亲王执政。可以说，1815年后的多年里，奥地利在意大利半岛上一直保持了强大的影响力。那不勒斯和西西里（两西西里王国）最终在若阿尚·缪拉的领导下重建了，若阿尚是拿破仑的妹夫，但他在“百日政变”期间为了保住在那不勒斯的王位，背叛了拿破仑。

《维也纳条约》中的其他条款规定瑞典可以保有挪威，因为这是瑞典之前从丹麦手中取得的，但瑞典也被迫同意俄国占领芬兰。英国自愿放弃所有的殖民区，但这不包括它在第一版《巴黎条约》中得到的那些法国殖民地和黑尔戈兰岛（Helgoland）、荷兰在锡兰曾经的殖民地、开普殖民地，以及圭亚那地区的德梅拉拉（Demerara）。

第二版《巴黎和约》与“神圣同盟”

拿破仑逃离厄尔巴岛，发动百日政变，这让维也纳会议的讨论工作延迟了一段时间，但并未影响整体的领土划分方案，因为《最后议定书》早在滑铁卢之战发生前就签订好了。但拿破仑重返战场还是给会议的决议造成了一些影响，主要表现在对法国处置方案上的变化。拿破仑战败后，法国对他的惩罚并不到位，相反，有相当多的法国人支持拿破仑卷土重来。这种情况让会议成员不得不考虑对法国采取比第一版《巴黎条约》中更为严厉的制裁措施。

对此，英国很快就采取了行动，这促使路易十八第二次上台。用当时的话说，路易十八是“乘着联盟军的辎重”而来的，因为他们在抵抗拿破仑的战争中起了主要作用。事实上，第二版《巴黎和约》是由英国和普鲁士主导起草的，草案完成后，各方争论了五个月之久，最终在1815年11月正式签订。期间，哈登堡不得不满足普鲁士总参谋部的强烈要求，即制定条约，把阿尔萨斯–洛林一带、萨尔河谷及萨伏依剩下地区的法国人驱逐出去，同时向法国索取巨额赔偿。然而，这样带有复仇目的的“和平”要求也遭到了卡斯尔雷的反对，他在7月匆匆赶往巴黎，在那里待到了11月。那时，他一直坚持争取拟定适度而温和的条约。在他看来，坚持一年前温和的对法惩治措施仍有必要，而且这些措施在当时还比较令人满意。然而，经过一番妥协，最终出台的条款并不那么“温和”。第一版和约已经让法国版图回到了1792年的情形，而第二版条约又将其退回到1790年，这意味着法国失去了若干处要塞、一些在比利时和瑞士边境的带状领地及割让给萨丁尼亚王国的萨伏依地区。此外，第一版条约中并没有赔款要求，而第二版则规定法国向战胜国赔偿七亿法郎并连续五年支付15万占领军的费用（这支军队人数在1817年缩减至3万，1818年全部撤离法国）。该和约的最后一项还要求法国归还之前劫掠的艺术珍宝，但第一版和约中原本是不要求归还的。

法国在百日政变中再一次表现了对欧洲其他国家的轻视，这让重新巩固四国同盟显得尤为紧要。第二版《巴黎和约》签订当日，各方还发表了一份声明，用以保障《和约》的实施。在声明中，四个大国保证每方出兵6万用以保证《巴黎和约》的各项规定不受侵犯，尤其是要防止波拿巴王朝复辟。出于对特殊利益的考虑，这份声明号召四大国定期举行会议，集中力量讨论有关“共同利益”的问题，以及“对关乎各民族重大利益和欧洲长久和平的……措施进行评估”。这标志着会议体系的出现，这种体系在19世纪也得到了很好的延续。

四国同盟明确了签订该声明的目的仅仅是为了防止《巴黎和约》受到侵犯，而不是为实施维也纳会议通过的边界问题解决方案或各国君主的其他意图提供保障。但是，在公众看来，这份声明和另外一份盟约很难分清，那份盟约由沙皇亚历山大提出，签订于1815年9月，签订方是普鲁士和奥地利。通过这份盟约，俄国、普鲁士和奥地利建立了“神圣同盟”，在盟约中，三方君主宣称“他们信念坚定，目标明确，即正义、慈爱与和平……胜过神圣宗教的那些理念……因为那三大主张是联合各方、弥补不足的唯一途径”。此外，盟约还提到那三位君主亲如基督教兄弟，无论何时何地，都将助对方一臂之力，以维护信仰、和平及正义。准确来说，目前尚不明确亚历山大到底为何想出建立神圣同盟这一主张，但有一点可以明确，那就是虔敬派中的神秘主义者芭芭拉·冯·克吕登纳男爵夫人（Baroness Barbara von Krüdener，1764—1824）对他产生了极大影响。号召欧洲国家签订抵制战争、建立国际秩序的共同协议这一想法，在亚历山大那里至少酝酿了十年之久，而且他也乐于看到此提议得到宗教上的支持，这可以从他那段时期的情绪中观察出来。

无论神圣同盟建立的动机是什么，有一件事可以确定，那就是该同盟被梅特涅和沙皇控制了很多年，目的是镇压整个欧洲的自由解放运动，这些运动的发展给英国和东部三大国带来了巨大压力。因此，由四国同盟建立的会议体系在很多人看来仅仅是为了促进反动政策的实施。

会议体系与南欧革命，1820—1823

1815 年后的数年里，为应对共同问题，各大国定期举行了一系列会议。其中，最后一场会议是在 1822 年召开的。事实上，那个时候，甚至在更早之前，英国和奥地利、俄国、普鲁士三国的矛盾愈发尖锐，这些矛盾围绕着同盟的性质和目的，已经使得这几个国家不再可能展开长期合作。然而，定期举行会议的计划虽然失败了，但“欧洲协调”却没有终止。只要有危机发生，由英国号召的大陆国家都会继续共同应对，而且很多人坚持认为任何对欧洲和平的威胁都是事关全局的重大问题。可以说，1815 年后的一段时期并不太平，但大国间没有发生战争却是事实，在一定程度上要归功于这种新的欧洲外交体系。

和平会议结束后的头三年，落在四国同盟各方代表肩上的初期责任就是监督《巴黎和约》的执行及对法国的占领。到 1818 年，法国支付完了最后的赔款，四国同盟决定撤回驻军、调整法国与其他各国的关系。这就是 1818 年亚琛会议（the Congress of Aix-lachapelle）承担的主要任务，这次会议将四大国及法国的领导人集中了起来。显然，这场会议进展顺利，实现了既定的目标。各国领导人同意从法国撤回军队，不仅如此，作为再度进入签约国行列的象征，法国和其他四国组建了新的五国同盟。

然而，在亚琛会议开展讨论期间，对于同盟本身及其目的问题，英俄产生了尖锐对立。沙皇亚历山大趁机提出要签订《同盟团结条约》(*Alliance Solidaire*)，如此一来，无论政体如何，欧洲各国不仅可以保证互不侵犯边境，还可以保证各国内部的安全。然而，卡斯尔雷坚决抵制这一提议，宣称除了防范法国的军事侵略这一具体目标，四国同盟还没有做出过其他承诺，更不会去维护已建立的政体或者逾越革命的范畴。面对如此坚定的立场，沙皇不得不撤销了这项提议。

两年后，即1820年，西班牙本土和意大利半岛爆发了一系列革命，这是对欧洲大国联合精神更为实际的考验，大国之间的种种矛盾也被首次公开。西班牙发生的第一次叛乱是针对斐迪南七世的，他于1814年重新登上了波旁王朝的王位。西班牙的加的斯地区在拿破仑战争期间没有受到任何侵略，在那里，独立后的人民选举出了国民大会（即西班牙议会），该议会于1812年制定了一部民主宪法，而斐迪南七世返国的条件就是要掌控这部宪法。他掌权后的第一件事就是解散西班牙议会、废止1812年宪法，以及重新有计划地迫害曾为自由宪法做出过贡献的自由主义者。因此，当时的西班牙处于政府无能、腐败不绝的情况，加上经济危机，西班牙人民对斐迪南政权十分不满。最初，在军团中出现了反叛的迹象，他们本来要去镇压西班牙在拉丁美洲殖民地的反抗者，但中途却倒戈相向了。军队的抗议很快得到了中上层商人的支持，因为他们在战后这段时间内生意很不景气。同时，一小部分赞同法国大革命精神的自由知识分子也表示支持军队。虽然西班牙革命得到的支持很有限，但反叛的浪潮还是迫使国王在1820年3月签字同意尊重宪法、重启议会。这一局面持续了两年时间，在法国解救斐迪南之前，他一直遭到革命分子的拘留。

纵观全局，欧洲各大国对西班牙革命活动的反应大不相同。当然，其中反应最强烈的当属沙皇亚历山大。这一点都不让人意外，在革命成功前，他向同盟中的其他国家发了很多文件，要求以某种联合形式干预西班牙革命，维护斐迪南七世的统治。对于沙皇的提议，法国的回应最积极，因为它邻近西班牙，享有特殊利益，而且法国认为可以借助此项干预措施来抑制英国在伊比利亚半岛上的影响力。尽管普鲁士牵涉不深，但还是跟随俄国的脚步。梅特涅对再次爆发大革命心存恐惧，考虑到这一点，那他对沙皇的提议持犹豫态度确实让人有些惊讶，但他知道伊比利亚半岛在英国的影响范围中处于特殊位置，因此决定等待英国政府表态。

英国对此事的反应非常明确。尽管卡斯尔雷不赞同大革命，但出于某些原因，英国决心要阻止对西班牙采取联合干预措施。首先，对他国内政采取干预行为不符合英国作为四国同盟成员所持的观点，而且英国国内的新教领袖也不希望去援救信奉天主教的西班牙皇室。其次，若同盟势力进行干预，可能会影响英国在西班牙的商业利益。再次，英国认为同盟国家对西班牙的干预可能导致拉丁美洲独立运动的失败。西班牙在拉美的一些殖民地已经独立了，包括阿根廷（1810）、巴拉圭（1811）、智利（1818）和哥伦比亚（1819），尽管如此，独立运动仍方兴未艾。墨西哥在 1821 年实现独立，巴西也在 1822 年摆脱了葡萄牙的殖民统治。在委内瑞拉、厄瓜多尔、秘鲁及玻利维亚，西蒙 · 玻利瓦尔与其副将安东尼奥 · 何塞 · 苏克雷领导起义军持续开展反抗殖民者统治的运动，这些运动一直持续到 1824 年苏克雷在阿亚库乔战役 * 中消灭大规模西班牙军队才结束。

这一系列的独立运动为英国与美洲开展贸易、谋取利益提供了机会，这样诱人的时机实在是让人难以抗拒。出于坚持原则和资金问题的考虑，1820 年 5 月 5 日，英国政府向反对插手西班牙内政的同盟国家提交了一份备忘录，重申了同盟建立的初衷是要抑制法国，而不是要成为“监管世界和干预他国内政的联合机构”。面对英国如此坚决的态度，俄国只好暂时搁置提议。

1820 年，由于西班牙国内革命的影响，欧洲其他地区爆发了一系列革命运动，这让亚历山大的提议得到了更多有力的支持。事实确实如此，比如梅特涅就此问题提出了比较夸张的说法，指出这些革命就是“熊熊烈火”“惊涛骇浪”，还是“骇人的大地震”。紧邻西班牙的葡萄牙也在 8 月受到了影响。当时有一个特别的情况 ：在

* 阿亚库乔之战是拉美独立战争中最著名的一次战役，它发生在1824年12月9日。这是哥伦比亚–秘鲁联军同西班牙殖民军，在秘鲁南部山区阿亚库乔附近进行的最后一次决战。——译者注

拿破仑战争期间逃往巴西的葡萄牙国王若昂六世（John Ⅵ）仍在那里。那时的葡萄牙政府被控制在一位摄政王手中，国内还有来自英国的驻军，而这位摄政王有驻军长官威廉·卡尔·贝尔斯福德将军（General William Karl Belsford，1768—1854）的支持。借着贝尔斯福德暂时离开的时机，一些葡萄牙军官组织叛军、建立临时政府，宣称支持国王重返葡萄牙。与此同时，新组建的国会开始按照西班牙模式起草本国宪法。

发生在那不勒斯的反抗运动让欧洲巨头尤其是梅特涅倍感恐慌，因为这一运动威胁到了奥地利对整个意大利半岛的控制。谈到这个问题时，梅特涅说这是他职业生涯中“最大的危机”。反抗运动针对的是斐迪南一世（Ferdinand Ⅰ），他是西班牙国王的舅舅，两人在很多方面都很像。跟西班牙国王一样，他并未履行 1815 年回国时对国民做出的承诺，而是废除了拿破仑占领时期施行的种种改革措施，恢复了葡萄牙贵族和教士的特权地位。另外，由于梅特涅曾助他登上王位，斐迪南一世就被认为受到了奥地利的支配。很多反对斐迪南的声音都来自此前支持西班牙叛军的群体：部队军官和商人阶层。事实上，这些人还得到了其他方面的支持，比如烧炭党这样的秘密民族主义团体，这些团体是在拿破仑侵占时期出现的，在当时就已把矛头对准了奥地利及斐迪南反动政府。最初，那不勒斯起义军提出的要求并没有实际意义。他们迫切希望在 1812 年西班牙宪法的基础上制定本国宪法，但有证据表明他们忽略了西班牙宪法的实际条款。

那不勒斯起义运动在整个半岛掀起了轩然大波，但只有意大利北部的萨丁尼亚王国出现了实际暴动。在那里，革命者把希望寄托在了查理·阿尔贝特（Charles Albert）身上，他是国王维克托·伊曼纽尔一世（King Victor Emmanuel）的侄子，也是王位的继承人。1821 年 3 月，起义军坚决要求查理领导军队，但这位年轻的王子优柔寡断、决心不足，注定了起义运动的失败。

那不勒斯的暴动让梅特涅倍感惊骇，但他没有立即采取镇压措施。对一支奥地利军队而言，占领王国、消灭起义军并不是什么难事，但梅特涅更希望在行动之前得到"欧洲协调"的支持。尽管英国拒绝谅解对西班牙内政的干预行为，但梅特涅还是请求卡斯尔雷回到意大利。卡斯尔雷本人的回应甚是有趣。梅特涅担心起义运动会很快蔓延至半岛上的其他地区，卡斯尔雷对此表示理解，并强调英国不会反对奥地利军队以斐迪南的名义干预那不勒斯，但他也声明将坚守同盟干预行为的原则，如同曾对西班牙革命做出的回应一样。梅特涅在英国人那里吃了闭门羹，于是不太情愿地向他方求助。1820 年秋，梅特涅召集奥地利、俄国和普鲁士三国在奥地利的特罗保（Troppau）开会。英法两国都在官方名义上拒绝参加这次会议，但也都派遣了观察员与会。显然，梅特涅想把会议讨论的话题限制在对那不勒斯的干预问题上，但亚历山大坚持要在会议期间起草一份更全面的声明，那就是《特罗保议定书》（*Troppau Protocol*）。这份议定书确定：对已爆发革命的国家，欧洲大国有权进行干涉，在必要的时候可以采取武力让这些国家"回到同盟的怀抱”。这份文件自始至终都在提及“欧洲同盟”的概念，但没有具体指出到底是打着神圣同盟的旗帜，还是以四国同盟的名义。

随着议定书的公布，欧洲东部诸国赞同对那不勒斯进行干预，但并未决定采取怎样的手段，一直到 1821 年 1 月莱巴赫会议召开，他们才最终决定如何进行干预，斐迪南也受邀参与协商。这次会议确定派遣一支奥地利军队以同盟军的名义去往那不勒斯镇压起义。这支军队很快就抵达了目的地，平息了起义运动，斐迪南借此重返王位。接着，同盟军北上，帮助萨丁尼亚王国的保皇派对抗革命者，在这两股力量的双重攻击下，起义军失败了。

很明显，梅特涅已经实现了他的目标，即获得国际社会对镇压意大利革命活动的支持，但也失去了与英国的友好关系。针对意大利的镇压行动打的是同盟军的旗号，这让卡斯尔雷十分恼火，于是他在 1821 年 1 月发表的官方声明中对其他强国的所作所为表示不满，并公开宣告了英国的立场。这份声明并不承认《特罗保议定书》，宣称英国政府“无法认同这样的权利（干涉他国内政）能广泛且无差别地应用到所有革命运动中，对于某些特别的国家而言，没有考虑情况就迅速采取行动是万万不行的，这项权利也不能指望成为同盟的基础”。神圣同盟的巨头意图监管欧洲大陆、镇压各地的自由主义运动，这是有目共睹的。因此，该声明一发出，即受到了整个欧洲自由主义人士的热烈欢迎，他们把英国视为反抗神圣同盟巨头的自由主义战士。

然而，那些认为英国是在维护自由主义的人其实大错特错，因为以利物浦伯爵（罗伯特·班克斯·詹金森，Robert Banks Jenkinson，1770—1828）为首的托利党政府并没有这样的打算。英国的这份声明反映出的仅仅是它与东部三国的矛盾不断加深。事实上，与任何一位英国前任外交大臣相比，卡斯尔雷都要更亲近欧洲大陆的同僚。的确，他是四国同盟成立的主要推手，也在四国同盟建立欧洲会议体系的过程中起了重要作用。但当卡斯尔雷发现这个体系偏离初衷、受到诸多批评时，他认为英国政府除了撤回对同盟的支持，别无他法。那时，卡斯尔雷已经开始实施了一项疏离同盟的政策，这项政策后来被称作“光荣孤立”（splendid isolation）。卡斯尔雷由于工作过度、身心俱疲，最终选择了自杀。他去世后，乔治·坎宁（George Canning)接替了他在外交部门的工作，继续积极实施这项让卡斯尔雷留有遗憾的政策。

1822年，坎宁接手外交大臣这一职位时正面临一个特殊的局面：几周后维罗纳会议（Congress of Verona）就要举行，这是同盟国家在战后举行的最后一次常规会议，在这场会议中，英国和其他同盟国的矛盾最终被搬上了台面。这次会议召开的前一年，希腊爆发了反对奥斯曼土耳其帝国的独立战争，所以这一会议召开的目的是讨论继续干涉西班牙的措施，以此来应对希腊的革命运动。会议虽然制定了处理希土冲突的暂行办法，但鉴于斐迪南的权威在逐步下降，大部分同盟国家还是想继续干涉西班牙内政。这些国家中，冲在前面的就是法国。对于1820—1821年间出现的危机，法国的态度不是很明朗。跟英国一样，法国也只派遣了一名观察员去参加特罗保会议，尽管它没有正式承认《特罗保议定书》，但也未表示反对。在特保罗会议和维罗纳会议的影响下，巴黎的极端保皇派逐渐占了上风。如此一来，法国做出了发兵西班牙的决定，恢复了斐迪南的皇权，也进一步扩大了在伊比利亚半岛的影响力。在维罗纳期间，除英国以外的其他三个东部强国均对法国表示了支持，并授权法国作为协调体系的代表。然而，这项决议做出之前，坎宁就已授意出席会议的代表威灵顿宣告英国“在任何情况下”都不会参与干涉西班牙内政的事务。

英国有能力对其他同盟国家的行为表示抗议，但阻止不了已经做出的决定。西班牙革命政府拒绝了欧洲强国的要求，坚决不修改宪法，于是法国派遣了一支军队跨过比利牛斯山脉（1823 年 4 月），将革命政府从马德里（Madrid）赶了出去。当年秋天，最后一点起义力量也在加的斯被消灭了，西班牙国王就此重新掌权。法国建议斐迪南七世保留立宪政体，但他对此置之不理，而是继续清除立宪制度、对自由主义者进行打击报复。很多自由主义者受到折磨甚至被判处死刑，而那些侥幸逃生的人要么入狱，要么遭到流放。正如《特罗保协定书》中所言，西班牙已经“回到了同盟的怀抱”。

虽然未能阻止其他国家对西班牙的干涉，但坎宁还是希望能防止西班牙重新占领拉丁美洲的独立国家。对此，当时的美国总统詹姆斯·门罗（James Monroe）有着相同的想法，而美国在 1822 年就承认了这些新成立的国家。但是，由于怀疑英国对古巴有所企图，门罗拒绝了与英国采取联合行动的提议，而选择了单独行动。1823年12月，门罗在一份声明中阐述了“门罗主义”（Monroe Doctrine），宣布从那时起欧洲在美洲的殖民和干涉行为都与美国有关，相关战事若发生在美洲，美国将视其为敌对行为。接着，英国承认拉美国家脱离西班牙和葡萄牙获得独立，此外，还派遣本国的海军保障这些国家不再遭到西葡的侵略。1826年，面对时局，坎宁颇为得意地说：“我创造了一个新世界，旧世界的力量对比将会改变。”

1815年和解评价

在维也纳举行的和解会议推动了欧洲的长久和平，这是值得注意的：在拿破仑战败后近四十年时间内，欧洲强国间没有爆发任何战争，只是到1914年才第一次出现了欧洲范围内的战争。这种长期和平局面的出现，有一个很重要的原因，那就是这些国家摒弃意识形态的差异，在很多问题上达成了显著共识。1815年后的几十年里，欧洲所有的大国领袖都遵循了力量均衡原则，在没有他国的许可下都未擅自出兵去扩大影响力。因此，各国政府在国际上的表现都有所收敛。另外，这些强国都尊重和约条款，共同努力维护和平与稳定。

强国能够互相约束，在一定程度上是因为当时它们并没有开疆拓土的迫切需要。例如，19世纪20至30年代，俄国、法国及英国都试图扩大在奥斯曼帝国的影响力，但这三个国家都没有吞并新的土地。这种稳定局面的形成，还有一个更为基本的原因，那就是这些国家害怕再一次引发整个欧洲大陆范围的战争。1792—1815 年的这 23 年间，发生在欧洲的战争冲突和政治动荡几乎没有中断过。拿破仑战败后，欧洲各大强国的领袖都决心要恢复稳定的国际和国内环境。为达到这一目的，法国在会议期间受到了优待，因此没有产生强烈的复仇情绪，也未曾提出要处理国界问题。第一次世界大战后，为处理战败国问题，各国于 1919 年召开“巴黎和会”，但这次会议对战败国采取的惩治措施与维也纳和解会议处理战败国的方式大相径庭，它采取的严厉措施使得德国国内的复仇情绪异常高涨，结果导致了阿道夫·希特勒（Adolf Hitler）的势力扩张。

一方面，这些国家的领袖害怕出现另一个“拿破仑”；另一方面，他们也担心国内会出现颠覆势力。他们清楚地看到，拿破仑战争的爆发已经造成了整个欧洲的政治动荡。为此，他们决定采取措施，避免引发潜在的革命运动。那时，反对派的成员，比如法国和英国的自由主义者，时常会在波兰、意大利及其他地方以受压迫民族的名义要求开展军事行动，尽管如此，各国政府仍坚持拒绝这些要求。在这样的情形下，发生在 1854—1856 年间的克里米亚战争就不是一次巧合，这是 1815 年后在欧洲爆发的第一次大规模战争，与 1848—1849 年出现的一系列失败的革命运动仅仅相差几年。席卷整个欧洲的政治暴动最终被镇压了下去，于是欧洲强国的领导者得以重拾信心，相信他们能在不影响本国政治稳定的情况下冒险对外出兵。

浪漫文化与政治

本书第三章探讨了工业革命，从中可了解到在19世纪早期，欧洲人面对当时的社会动乱，经过努力创造了很多共同的应对办法。比如，在那样的一个工业社会，人们希望有一个平安和谐的私人空间，可以成为逃离种种危险的避难所，这种需求引发了中产阶级“家庭至上”（cult of domesticity）的热潮。那时的社会主义政治理论家，从夏尔·傅立叶（Charles Fourier）到卡尔·马克思，都希望他们对资本主义的批判可以帮助人们建立有机的共同体，在这些共同体中，人道主义可以得到全面的展现。浪漫主义是那个时代最有影响力的潮流之一，而追求和谐及归属感的愿景恰恰反映了其独特气质。法国大革命后的数十年中，出现了种种不同的政治理念，如保守主义和民族主义，这两者都在欧洲大陆遍地开花、盛行一时，而浪漫主义却以截然不同的方式证明了自身价值。

浪漫主义

18世纪晚期至19世纪中期，欧洲很多地区都出现了浪漫主义运动，但这些运动都没有固定的形式。可以说，浪漫主义者对启蒙运动持反对态度，也可以说是反对倡导启蒙运动的那些作家所提出的观点。然而，在探究真理的路上，启蒙运动者早已从总体上强调了理性和才智的重要性，但浪漫主义者却认为情感更加重要。对他们而言，人类的真实体验存于灵魂而非思想、存于心灵而非头脑。

《浮士德》（*Faust*）的作者歌德虽然认为不应区分古典主义者和浪漫主义者，但他却深受浪漫主义时代的影响，成为那个时代的典型学者。长期以来，他都在追求用智慧的眼光看待世界，但正因为如此才导致他迷梦幻灭、一蹶不振，最终只能依靠激情、梦想及行动来救赎自己的灵魂。

这一时期，浪漫主义情绪是怎样影响视觉艺术的呢？人们可以从当时的一些画家身上找到解释：德意志的卡斯帕·大卫·弗里德里希（Gaspar David Friedrich，1774—1840）；英国画家约瑟夫·马洛德·威廉·透纳（Joseph Mallord William Turner，1775—1851）；还有法国的欧仁·德拉克罗瓦（Eugène Delacroix，1798—1863）。这三个人都不能称为典型的浪漫主义作家，但他们的作品却共同展示了浪漫主义时代一些最明显的特点。当问题涉及主题选择、绘画创作或者绘画技巧时，他们都反对已有的艺术传统和规则。与几乎所有浪漫主义时期的画家一样，他们相信艺术家需要通过作品表现自己，表现自己的本能和激情。一幅画作并不是某种既有规则下的形式化代表，而是画家从个人角度对这个世界的表达，也是画家想象力的载体。一幅成功的画作可以影响观赏者的情绪和情感，也可以激发他们的想象力。

弗里德里希最有名气的是他的山水画和海景画，这些画作反映了浪漫主义者对自然的挚爱。从其工笔画中可以看出他对自然风景的细节非常熟悉，但他画出的山景却给人另一番感受——建筑物高高地浮于浓厚的晨雾和扭曲的树枝之上，在依稀的月光下显现出黑色的轮廓，这一景象传达了自然的理念，以及一种近乎超自然的或者精神上的感觉。他的风景画风格较为统一，都有着神秘或阴暗的气息，还带有一丝寓言般的色彩。为表达自己对人和宇宙关系的理解，弗里德里希会在风景画里的明显位置摆放一两个背对观者的独立形象，以此来隐喻对恢宏的自然现象的思考。通过这样的艺术创作，他似乎想传达这样的理念：在自然伟大的力量面前，人类如此渺小、如此微不足道。然而，他同时也表达出了这样的观点：人类是渴望无限的，也渴望沉浸在广阔的宇宙之中。

《雪中的修道院废墟》（*Abtei im Eichward*，1809），卡斯帕·大卫·弗里德里希绘。

与弗里德里希类似，透纳的山水画和海景画也很出名，但他作品里没有那么明显的对人与自然关系的理解。他的绘画主题不拘一格，包括：神话和历史的场景；失事的船只；引人注目的重大事件，如发生在1834年的英国国会大厦的火灾事故。除了这些，还有海上日出日落的景象。他们两人也有不同之处：弗里德里希在绘画技巧方面不是很有创新精神，而透纳开创了一种新的自由运笔方式，不但如此，他在色彩明暗的控制上也颇有造诣。通过对水彩颜料的娴熟应用，透纳成功表现出了自然景物在明暗和颜色上的细微差别，之后他又在油画上实现了同样的效果。随着年龄的增长，他的绘画风格越来越有这样的倾向：对绘画对象的轮廓进行模糊处理，如此可以创造出不一样的绘画效果，比如一艘经过模糊处理的船看起来就像与海天融为一体了。透纳希望之后的印象派画家能够使用他的这些技巧，即让这些画家和他一样，都更喜欢给观者留下一种整体的景物印象，而不是去追求那些客观细节。

德拉克罗瓦或许是最著名的法国浪漫主义画家，他在日记里这样写道："我的创作跟那些艺术院校里的创作很不一样，那些创作都是在重复别人的东西，实在是令人厌倦。我也很讨厌那所谓的艺术准则，相反的，我喜欢自由展现自己的想法，或许这就是人们口中所说的浪漫主义吧，如果确乎如此，那我的的确确是一个浪漫主义者。"在选择绘画主题时，德拉克罗瓦不会遵循常规，而是发挥自由创作的精神、充分展现对于美学的想象。他精心设计绘画形象、大胆使用各类色彩，体现了他对美的独特追求。他特别关注诗歌、音乐及视觉艺术之间的相互关系，认为绘画中的色彩调和可以给人带来别样的感受，这些感受类似于人们听到和谐乐曲时产生的感受。因此，他的很多绘画主题都来源于拜伦（Byron）、沃尔特·司各特爵士（Sir Walter Scott，1771—1832）和莎士比亚的作品。与很多其他浪漫主义画家一样，德拉克罗瓦会通过画作来讲故事或表达赞颂之情。他是一名积极的自由政治主义者，为纪念法国1830年发生的革命运动，他创作了《自由引导人民》（*Liberty leading the People*，1830）。在这幅画中，他向人们展现了一位裸胸的女性形象，她站在街垒上，一手高擎三色旗，一手提枪，号召革命者勇往直前。她的脚下横七竖八地躺着倒下的尸体，身后的背景是燃烧着的建筑物，那冲天的火光照亮了整个场景。在德拉克罗瓦的其他众多画作中，人们可以发现同样的风格和动感，这是他偏好的绘画风格。例如著名的《希俄斯岛的大屠杀》（*Massacre at Chios*），描绘了希腊革命运动期间，发生在希俄斯岛的大屠杀事件，在这起事件中，大量希腊岛民被土耳其人杀死了。浪漫主义者倾向于追求异域情调和古怪风格，如与同时代的人一样，德拉克罗瓦对东方主义非常着迷，这也反映在他的作品当中。

与视觉艺术相比，浪漫主义时代的音乐并不具有很强的革命性。通常，音乐史学家将18世纪看作是古典主义阶段，而把19世纪看作是浪漫主义时期，他们同时也强调了这两个时期的连续性，并指出由海顿（Haydn）、莫扎特（Mozart）及贝多芬（Beethoven）发展或改善而来的古典音乐形式，仍然延续到了浪漫主义时期，这些音

《自由引导人民》，欧仁·德拉克罗瓦绘。

乐形式包括奏鸣曲、弦乐四重奏和交响乐。19 世纪，有的浪漫主义作曲家已经摆脱了古典和新音乐的束缚，但这种音乐形式在当时仍处于统治地位。早期的浪漫主义作曲家，如弗朗茨·舒伯特（Franz Schubert，1797—1828），罗伯特·舒曼（Robert Schumann，1810—1856），费利克斯·门德尔松（Felix Mendelssohn，1809—1847）及埃克托·柏辽兹（Hector Berlioz，1803—1869），为传统音乐形式赋予新的内涵，并重新诠释了音乐的功能和作用。这些作曲家试图用音乐直接影响听众的头脑和知觉，由此引导听众对音乐产生无限的思考、情感和印象。而有的作曲家，比如柏辽兹，则通过更加多样复杂的管弦乐和“标题音乐”*（program music）来达到相同目的。在此过程中，他们借助音乐中的种种暗示来激发听众的想象，以此讲述一个故事或者表现一首诗歌。比如，门德尔松在《意大利交响曲》中表现了欢快而亢奋的心情，而在《苏格兰交响曲》中却用风笛和英雄歌谣传达出了低落而忧郁的情绪。德意志的浪漫主义作曲家，尤其是舒伯特和舒曼，他们对音乐和诗歌的结合进行了更为明确的尝试——在“利德”（Lied，即歌曲）这门艺术中完美地将歌词与旋律进行了结合。在舒伯特创作的乐曲中都有对各种情绪和细微情感的展现，但主要的基调还是悲伤、怀旧，或是渴望。

文学方面，18 世纪中叶的浪漫主义文学运动在很多国家都未能开花结果，这种情况一直到 19 世纪中期才出现变化。尽管如此，反对启蒙运动的声音也早在 18 世纪中叶就产生了。例如，自然神论在 18 世纪颇为盛行，而 1740 年后，在英国循道公会（British Methodism）的发展过程中出现了一股反对自然神论的风潮，同时，逐渐抬头的宗教热情也遭到打压。法国启蒙哲学家让·雅克·卢梭（Jean Jacques Rousseau，1712—1778）在其著作中预示了浪漫主义的不同方面：对微妙感觉极端敏感、关注个体人格、专心研究自然及“自然之态”。在德意志，从 18 世纪 70 年代起，由浪漫主义引

* “标题音乐”就是有文字作为标题的音乐。标题音乐是浪漫主义作曲家将音乐与文学、戏剧、绘画等其他姊妹艺术相结合而产生的又一综合性音乐形式，这是一种用文字来说明作曲家创作意图和作品思想内容的器乐曲。这种说明主题思想的文字，就是标题。——译者注

发的文学运动—— “*Sturm und Drang*”（即“狂飙”运动）蓬勃发展。19 世纪初期，浪漫主义文学运动在德意志产生了全方位的影响，在英法两国也出现了这项运动的代表人物。

文学风格方面，浪漫主义者一反古典文学传统，在规约和形式等方面摆脱了严苛的桎梏。17 世纪时，拉辛（Racine）和高乃依（Corneille）在戏剧创作中，借用常规的十二音节诗行编成了很多形式固定的亚历山大式诗篇（Alexandrine verses），而现在人们认为这些诗篇僵化刻板、“人为痕迹明显”。相比于此，浪漫主义者所创作的文学作品则更加自由，也更加“自然”。并且，大部分浪漫主义作家对个人的态度都与启蒙运动时期盛行的观点迥异。启蒙运动者曾表示过对个人及其权利问题进行探究的兴趣，但他们主要的工作还是去研究是什么让人类有了共同之处，以及什么样的个性特征把人类团结起来。而从另一方面来讲，大部分浪漫主义作家都认可个体人格的独特性，而且质疑前人总结出来的普遍特征。对这些作家而言，差异化不仅是自然而然的，也是正确而合乎追求的。这一观点发展到极端，就会出现孤僻或变异的个性趋向，也会导致自吹自擂和自怨自艾的现象。许多浪漫主义文学形象，如歌德创作的小说《少年维特之烦恼》（*The Sorrows of Young Werther*，1774）中的主人翁，就在孤僻和自怨的情绪里饱受煎熬，这导致很多文学形象最终选择了以自杀的方式寻求解脱，但也有像维特这样没有走上绝路的。在一些浪漫主义者那里，对个性的强调也展现出了反抗社会及其传统的一面。

约翰·沃尔夫冈·冯·歌德的肖像，蒂施拜因绘于意大利坎帕尼亚。

在其他一部分人看来，浪漫主义就是对早期时代和怀旧情绪的回归，尤其是对中世纪的回归。像伏尔泰（Voltaire）这样的启蒙运动作家，对中世纪怀有鄙夷的态度，认为那是一个充斥着迷信和蒙昧的时代；然而，法国的弗朗索瓦·勒内·德·夏多布里昂(François René de Chateaubriand，1768—1848)、德意志的诺瓦利斯（原名弗里德里希·冯·哈登伯格，Friedrich von Hardenberg，1772—1801）及英国的沃尔特·司各特爵士，都将中世纪描述为一个浪漫的时期，并积极地把这一时期和他们自身所处的时代相比较。他们既没有从过去的中世纪时期找出相同的优点，也没有反对与他们所处时代相同的事物。但是，从一定程度上看，中世纪时期的流行风尚不接受丑陋的事物，也不接受物质主义和无情的工业文明，而那时候的工业文明似乎已在萌芽。那时，浪漫主义者认为他们已经发现了存在于中世纪的社会形态，在那样一个社会里，个人享有安全感和归属感，并且生活在一个有机群体中。在这一群体里，穷人对自己的身份地位没有不满之处，而且服从于那些比他们更优越的人；反过来，处于社会上层的人会保护依附于他们的人，并将其视为一种责任。

然而，在这些作家看来，最重要的或许是他们发现中世纪是一个信仰盛行的时代，而不是像启蒙运动时期那样充斥着冷冰冰的理性主义和怀疑精神。信仰可以凝聚和团结一个社会，而当时社会缺乏的正是信仰。于是，一些较为保守的浪漫主义作家倾向于用怀旧的观点回顾过去那充满信仰的时代。确实，浪漫主义一个非常重要的特征就是回归宗教，尤其是回归天主教。在很多人看来，相对于天主教而言，基督教有着形式更丰富的仪式或典礼，这让基督教拥有特别的吸引力，也赢得了更多人的信仰。这一时期，人们也能从众多建筑中找到哥特风格复苏的痕迹，而就在几十年后，英国建造了哥特式的国会大厦、哥特式的纪念馆，也重修了长期被忽视的哥特式大教堂。

浪漫主义情绪在政治和意识形态上对这些作家产生了实际影响，其影响力存在于方方面面，不能就某一点进行定义。很明显，政治保守派对浪漫主义者有许多推论和成见，包括反对启蒙运动、过分强调理性、宣扬复古精神，还包括号召人们回归基督教正统。尤其是在德意志，主要的浪漫主义作家还很保守，确实，德意志人的保守传统可以说是深受浪漫主义的影响。那时，像诺瓦利斯这样的浪漫主义作家非常推崇中世纪的有机社会，这让他们忽略了另外一个浪漫主义特征，那就是对个性的强调。并且，由此也产生了一种教条式倾向，即个人要完全服从于国家。由此可见，德意志的浪漫主义既保守又带有国家主义色彩。然而，以上对德意志浪漫主义的概括其实也存在着例外的情况。比如，19 世纪上半叶，伟大的德意志现代抒情诗人海因里希·海涅（Heinrich Heine，1797—1856）就投身于个人解放的事业中，而且强烈反对那些民族主义作家采取的极端立场。在大不列颠，开始的时候，一些著名浪漫主义作家非常激进，而到后来，却站到了保守主义一边。例如，在法国大革命初期，威廉·华兹华斯（William Wordsworth，1770-1850）毫无保留地对这一运动表示了支持和赞赏，但到后来却逐渐投入了反对的一方，最后成了一名顽固的保守主义者，甚至对议会改革也表示反对。另外，塞缪尔·泰勒·柯勒律治（Samuel Taylor Coleridge）也在观点和态度上经历了相似的变化。但到了第二代英国浪漫主义诗人时期，情况就出现了转变，比如，拜伦勋爵乔治·戈登（George Gordon, Lord Byron，1788—1824）不仅坚决反对民族主义，而且参加了希腊独立运动。此外，珀西·比希·雪莱（Percy Bysshe Shelley，1792—1822）推崇的无神论和无政府主义观点让其同辈作家倍感震惊。

浪漫主义理念中含有的民族主义因素是另一种反对启蒙运动的体现。启蒙主义哲学家趋向用世界性的眼光看待事物，同时也强调各个民族、各个国家之间的相似之处，但浪漫主义作家却把目光放到本国、本民族之上，对民族自身的来源和传统有着强烈的好奇心。毫无疑问，这些富于创造力的作家对本民族语言很有兴趣，而且时常从民间故事和传说中获取灵感。由此，他们逐步地意识到了不同文化间的差异，并且强调这些文化在民族特征方面的特殊性。

从浪漫主义历史学家的文字中，人们也能觉察出他们具有与作家们相似的民族自豪感，但到底哪一些历史学家可以归于此类尚存争议。当把“浪漫主义”这个词放到法国历史学家儒勒·米什莱（Jules Michelet，1798—1874）身上时，恐怕没有人会对此产生质疑。这位历史学家写出了多卷本的《法国史》（*History of France*），他也因此声名远播；在这部作品里，他表达了自己对法国及其历史的极大热情。同其他很多历史学家一样，米什莱将历史视为一种文学类型，甚或是一门艺术，他笔下的历史篇章色彩斑斓、充满富有想象力的语言和精细化的描写，而他的这些描写也力求贴近真实。他本身是一位人民作家，因此他对国家历史的记叙是以展示法国真实生活和法国人民精神风貌为目标的，而不是去给国王和王后立传，或者记下那些国家机关的来龙去脉。英国的托马斯·巴宾顿·麦考莱（Thomas Babington Macaulay,1800—1859）是一名辉格派历史学家，他对祖国的热情和骄傲可以比肩儒勒，因为他从道德和物质两方面促进了英国人对自由的热爱之情。麦考莱创作了经典的《英国史》(*History of England*)，这本历史书语言灵动、富于动感和戏剧感，体现了作者对英国历史的深刻把握，成为一代又一代英国人的必读之书。浪漫主义在德意志的兴起和其民族意识的复苏是紧密相关的，历史学家在写中世纪德意志历史时，叙述了弗兰克尼亚（Franconian）和霍亨斯陶芬（Hohenstaufen）的帝王开拓史，也讲述了曾定居普鲁士的日耳曼骑士的故事。19 世纪，尽管当时声名最为卓著的历史学家利奥波德 · 冯 · 兰克（Leopold Von Ranke, 1795—1886）也从浪漫主义者的角度出发来记述德意志历史，但他又创造了一种新的历史研究方法。当时，德意志很多历史学家都按照传统从早期历史记述中寻找依据，但兰克别出心裁，强调要对历史寻本溯源、要批判地利用现存资料和其他方面的记录。兰克写出了《教皇史》(*History of the Popes*）和《宗教改革时期的德国史》(*German History in the Era of the Reformation*）两本历史著作。在这两本书中，他挖掘了之前没有用过的史料，比如威尼斯大使的外交活动报告。通过这种方式，兰克得以"深入"到他所研究的时代，并使用那些时代的术语来研究。虽然他的作品无可避免地包含了自己对于历史的解读，但其观点在研究历史事件的过程中还是非常客观的。此外，他始终认为，对历史事件的结论必须要严谨地从历史实据中得出。兰克的史学作品成为专业或者说"科学"历史观念的起源，对其后的历史学家产生了深刻影响。

说到这里，不得不提到最后一方面的问题，那就是浪漫主义情绪影响了19世纪30年代和40年代社会改革的成因。当时，社会改革者为了能唤起整个社会的人道主义精神，用戏剧化的手法描述了非洲奴隶的悲惨境遇和本国贫民阶层的困难处境。1830年后，法国出现了多起由共和主义秘密团体进行的冒险活动，这些活动带有共谋的意味，契合了当时盛行的浪漫主义精神，但与业已建立的平庸秩序格格不入。社会主义者的理想就是建立乌托邦共同体，创造完美无缺的社会，这在一定程度上和启蒙哲学家的观点相似。然而，他们的这些理想诉求存在着非理性的因素，因而与18世纪的乌托邦理念有所区别。

总而言之，浪漫主义是一个多面的、具有普遍意义的现象，在这一现象中，几乎所有的学说或者理念都被涵盖了。其中，一些学说或理念可以看作是受到浪漫主义情绪影响而产生的——19世纪上半叶，很多思想和文字中都反映出了一种意志薄弱和模棱两可的倾向。从这一角度出发，浪漫主义时代的思想可以说是介于两种思想之间的一段插曲：其一是18世纪理性主义者持有的世界观，这种世界观倡导个人要更加自律，同时也反映出了牛顿学说解释下的世界的秩序和规律；其二是实证主义者倡导的科学成果观，这一观点盛行于19世纪下半叶。不过，可以确定的是，这样的解释还是太简单了。政治方面，整个19世纪以乃至之后的时期，浪漫主义情绪一直影响着民族主义者的行动。科学方面，出现了新的研究方向，如1850年后崭露头角的地质学和进化生物学，这两个学科在特性上来讲，都摆脱了呆板的条条框框，显得更加有机而完整。在一定程度上，这是在浪漫主义影响下形成的。然而，如果很难判断一个人是否属于渴望重现业已消失社会的浪漫主义保守派，或是为解放受压迫民族而奋斗的浪漫主义自由派，抑或是梦想着建立没有贫穷和问题社会的社会主义改革派，那么，发生在19世纪中期，即1848年的一系列革命运动，就可以彻底拨开一切迷雾、还原历史真相。那一年，很多起义运动都以失败告终，从最后的分析看来，这似乎说明了光有理念还不够，还要有强大的体力支撑、物质支持和武装力量，这几个方面才是影响人类关系的重要因素。

保守主义

保守政治思想经常在很大程度上被看作对启蒙运动和法国大革命的反应。当时，保守主义哲学家中最有天赋、影响力最大的当属埃德蒙·伯克（Edmund Burke），他写成了《法国革命论》（*Reflections on the Revolution in France*）一书，他在书中对革命的整体基础提出了质疑，此书日后还成了数代人传阅的保守主义指南。成书之时，法国大革命才刚刚爆发。18世纪90年代，移居法国的约瑟夫·德·迈斯特（Joseph de Maistre，1753—1821）和博纳尔德子爵（viscount of Bonald，1754—1840）在流亡生涯中撰写的专著，详细阐述了应维护绝对的君主制和天主教会的权威性的观点。而在1815年前后，梅特涅及其助手弗里德里希·冯·根茨（Friedrich von Gentz）两人都加入到了攻击革命原则的队伍中，并且呼吁恢复传统的制度，但他们的行动并不成体系。在德意志，一些哲学家，如费希特（Fichte)和格奥尔格·威廉·弗里德里希·黑格尔（Georg Wilhelm Friedrich Hegel，1770—1831），在关于国家重要性的论述中很明确地传达了对19世纪早期保守派的设想。其实，相比于那时期出现的自由思潮，勃发于1790年至1820年间的保守主义理念从很多方面来看，出现的时间都更早。

虽然存在着个体差异，但从所有保守主义知识分子的作品来看，还是有一些共同的主题和内容。在很大程度上，他们把法国大革命看作一次契机，通过这次契机，他们对革命原则展开了长期攻势，还对启蒙运动理念进行了批评，他们这样做主要是想追究1789年事件的责任。值得注意的是，保守派反对从理性层面对启蒙哲学家的过度依赖，尤其在抽象理性层面，这种理性被用来证明“自然权利”，也被用来引入新的政治和社会潮流。伯克对英国不成文宪法倍加推崇，而对革命事业采取坚决的反对态度，他这样写道：

“与其他实验科学一样，联邦的建构、更新或是改革的科学不是‘先验的’……因此，政府要在实际工作中应用科学的方式管理自身，并以实际意图为其目的。这一过程需要经验，需要超乎一个人一生所得之经验，而且不在乎这个人到底多么睿智、多么有洞察力。另外，在这一过程中需要始终保持警醒，不然，任何人都可能毁掉宏伟的事业。这在一定程度上可以回答多年以来的问题，那就是社会的共同目标究竟是什么，或者，这也可以再次建立社会的共同目的，而不必在允许的范围内借鉴已有的模板和类型。”[1]

伯克呼吁用“经验”来指导政治，这一倡议得到了其他保守主义者的赞同，尤其是英国的保守主义者。其实，人们可以从保守主义政治思想的核心中发现在更大范围上的与“传统”和“历史”有关的倡议，而伯克的倡议只是其中的一部分。这一倡议认为，由于社会和政府都是历史长期发展的产物，所以应该得到人们的尊重。若要进行改变或变革，就必须循序渐进，而且还要适当考虑以前的历史进程和国际惯例。之前平衡的组织结构是精心建立起来的，若对其进行调整，则可能危害全局，上述提议正是从逻辑上考虑到了这个极端，所以才被用来证明保持完整现状的正确性。人们可以从中看到一种明显的趋向，那就是抵制任何对传统秩序的改变。这种趋向在当时是很明显的，只是程度上有所不同，既体现在了诸如博纳尔德和德·迈斯特这样的法国作家笔下，也体现在了瑞士政治理论家卡尔·路德维格·冯·哈勒（Carl Ludwig von Haller，1768—1854）的作品中。然而，伯克的观点却与之背道而驰，他是一位顺应时势、心思缜密的思想家，坚持认为变化是必然会发生的事，是自然的趋势，非人力所能改变。事实确乎如此，从某些角度来看，伯克的保守主义观点带有达尔文自然选择原理的特征，因为他强调一套政治体系只有在经受了实际检验后才能长期存在。

关于启蒙运动，保守派认为其第二个弱点就是对个性和个人权利的关注。约翰·洛克及其追随者建立的传统在英国和欧洲大陆都受到了攻击，因为按照他们的观点，为了维护个人天然拥有的权利，社会和政府必须变得强硬。对保守派来说，谈论“个人解放”

是毫无意义的，更不用说谈论整个社会的解放了，因为只有通过群体才能实现自由。个人并不能独立于社会，也不能仅仅依靠自身存在，也就是说个人是集体的一部分，而且这里所指的集体在意义上要比社会上各类人员的集合更为宽泛。从很多方面来看，保守主义政治思想家都持有上述理念，但几乎所有观点都认为社会是一个经过数百年发展演化的有机体，在这个有机体中，每个个体都不可分割地联结在一起，共同构成了一个整体，而且构成这个整体的不仅有同时代的人，还有以前的人和后来的人。

那时，迫害教士和攻击基督教义的情况正发生改变，在此过程中，保守派发现人们并不尊重业已建立的宗教，也不敬畏教会的权威，这或多或少地让他们感到不满。其中一些人，尤其是约瑟夫·德·迈斯特坚持怀疑主义和反教权主义，而这两大主义正是由伏尔泰等人为大革命所倡导的。对很多保守主义者来说，他们之所以重视宗教，主要是因为宗教是维护社会秩序的一种手段。另外，他们认为天主教会是一种社会传统，而这些社会传统的命运是与皇室和贵族相联系的。在德·迈斯特看来，天主教是维护社会秩序的重要基础。他相信，所有的主权都来自上帝，并由上帝授予皇室。正由于权威来源的神圣性，国王在其管辖范围内拥有绝对权力：臣民无法用任何方式来限制国王。从这里可以看出，宗教劝导人们臣服于国王，同时也让人们接受了社会中本来存在的不平等现象。德·迈斯特证明了皇权的绝对性后，又主张教会和国家必须密切配合，以此来提高人们的道德福利和维护统治秩序。一旦双方发生冲突，那么教会权威就要高于皇权。最后，德·迈斯特认为教皇是政治和宗教上的最高领袖，这一理念可以看作是一种广泛的神权政治观。

德·迈斯特在其作品中提到，统治阶层对天主教会的支持在1815年比1789年时要更强，这一点是毫无疑问的。旧制度（the Old Regime）时期，很多知识分子接受了启蒙运动带来的理性主义和反教权主义，而在革命进行的那些年里，信仰和宗教热情又在这部分群体中复苏了。值得注意的是，革命期间，一些上流社会人士目睹过同时针对教会和贵族的攻击行为。另外，皇室会习以为常地把自身的命运与有组织的宗教紧密联系起来。教会成员在革命政府手中经受了很多磨难和牺牲，他们对此也无动于衷。不仅如此，面对遭受过拿破仑残酷折磨、尊严尽失的教皇庇护七世（Pope Pius Ⅶ），他们的态度也是一样的。总之，无论由于何种原因导致了天主教复兴，它在1815年确乎成了维护社会秩序的一道壁垒，得到了很多欧洲统治者的支持。

尽管保守派强调重建传统型的社会政治等级，但就在恢复1789年前制度的过程中，他们却突然停止了。若在维也纳活动的执政者把立法原则置于一个极端的情况中，那么神圣罗马帝国就会重建，而且，在革命之前从德意志分出来的三百多个小国家也会重现。事实上，对立法原则的应用是杂乱无章的，这导致了若阿尚·缪拉的失败，他作为拿破仑的妹夫，如果没有冲动地放弃已有地位而去支持拿破仑的百日政变，那么他就能以波旁统治者的身份在那不勒斯长期执政。然而，维也纳的政治家把皇权世袭视作一种基本传统而保留了下来，因为他们认为这样就能人为地保证政府权力的持续和稳定。人们通常认为梅特涅是复辟时代所有保守主义者中的一个典型代表，他不赞同君权神授论，但他接受了君主的代代传承是稳固所有其他社会制度的保证这一观念。沙皇亚历山大一世建立起来的神圣同盟就是一个君权的同盟，在此同盟中，各君主宣誓互相帮助，保卫彼此的领土、维护和平与公正。

复辟运动几乎在每个欧洲国家都带来了贵族地位的上升。革命期间，在法国及欧洲很多被法国征服的地区，那里的贵族都经历了命运的剧变，损失了财产，丧失了免除流放或死刑的特权。即便是未被法国控制的其他地区，发生在18世纪90年代的一系列事件还是使贵族阶层感到深深的恐惧，因为他们亲眼看到了传统特权受到革命思想的巨大威胁。复辟时期，贵族阶层竭尽全力恢复失去的特权和财富，于是，他们和皇室走到了一起，共同阻止可能会让他们陷入危局的种种变革。很讽刺的是，在像法国这样的国家中，国王和贵族竟然联合起来维护业已建立的社会秩序，这一做法其实在传统上是遭到封建贵族反对的。当时，由于崛起的资产阶级要求维护革命果实、巩固政治权力，皇室和贵族都受到了限制。欧洲中部地区的资产阶级力量仍比较弱小，其造成的威胁也没有那么强烈，但梅特涅却联合皇室贵族反对中产阶级，因为他认为中产阶级严重地滋长了“革命的毒瘤”。那时，英国贵族阶层其实早已是土地利益集团和商业利益集团的混合体了。1815年，有人提议扩大众议院的代表名额，以此来涵盖新的制造商阶层，却遭到了托利党的强烈反对。之后，欧洲大陆上就出现了两种利益的混合体，保守派的反应与托利党极为相似。

保守派提出了很多主张，其中至少有两个产生了超越他们自身阵营的巨大影响力。他们把注意力重新放到历史中所有社会制度的调节现象上，事实证明，此举正契合了修正启蒙运动中出现的反历史观的需要，同时也有助于19世纪的人们形成从历史观角度看问题的习惯。其实，除了保守派，还有其他人也主张用历史的观点来看现在。19世纪中期，卡尔·马克思就已经发展了关于社会进步的理论，而其基本前提就是运用历史观。另外，“古典”自由主义者也调整了他们的思想主张，以此来树立历史观和形成用历史思维看问题的意识。

同样，保守派注重群体意识（一个世纪前，卢梭就已预示过了），而注重个人主义和个性的社会观点曾盛行于上一世纪，但在群体意识的影响下渐趋衰弱。社会主义者认为个人对群体的牺牲是一项基本前提，而其中一部分人主张只有一个强大的国家才能最终实现社会变革。自由主义者，至少是英国的自由主义者，坚持认为政府的存在是罪恶的但却是有必要的，而且他们也在种种社会约束中尽力追求个人自由和个人解放。但是，即使是主张个人解放的旗手约翰·穆勒（John Stuart Mill）也不得不承认完全的个人主义是不适宜的，他也认识到社会中的个人要承担维护群体利益的责任，而这份责任整个履行的过程也可能会受到政府的监督。

民族主义

19 世纪早期，民族主义盛行于欧洲，这可能是那时政治发展中最重要的现象。过去的两百年里，民族主义展现出来的强大吸引力让很多政治理论家倍感困惑。其实，早在 19 世纪 40 年代，马克思就已经预言：走投无路的工人会奋起革命，这种革命是不分国界的。近来很多社会科学家和历史学家提出，现代社会的民族主义力量正在减弱。[2] 然而，冷战末期以来，欧洲及世界其他地区都出现了民族主义运动复苏的迹象，这表明宣扬民族主义衰弱还为时过早。法国大革命和拿破仑战争期间，民族主义出现在了欧洲，若能明白其中的方式和原因，就有助于理解它为何在今天还生机勃勃。

19 世纪，“民族”本身其实不能算是新词汇。拉丁语中的“natio”一词就是指“种族”或“族群”，该词来源于罗马帝国时期。在欧洲中部，从 15 世纪以来，“德意志民族的神圣罗马帝国”这一说法就已广为人知。但是，这些词的早期用法和现在关于民族的概念有很大不同。在中世纪和早期现代的欧洲，“民族”一词最多含有语言和文化上的共同体之意。而在近现代，“民族”被看作一个政治意义上的实体，这个实体由共同生活在一片互相联系且有界线的领土范围内的全部本土居民组成。由此，这个词带有民主的含义，因为它暗示着生活在同一民族国家中的每个人都有政治权利，而且在某种程度上他们的政治权利是平等的。

然而，要验证民族的定义问题是一件麻烦事。1882 年，在一次题为《什么是民族？》的著名演讲中，来自法国的哲学家、历史学家欧内斯特·勒南（Ernest Renan）抛开了很多对“民族”的传统阐释，比如民族是在共同语言、土地、文化、历史或种族的基础上从自然约定中形成的。勒南指出，在世界上的一些区域（比如拉美）中，不同民族可以说同一种语言，而在其他地方（比如瑞士），一个单一国家中就可能存在着多语言种群。同样，有人认为欧洲的地理界线自然划分了民族界线这一观念也是不合理的。勒南提到，莱茵河时常被法国一些爱国人士看作法兰西的“自然”边界，而这条河流也可以被视作联结单一政治版图的纽带，而不是将一个完整的国家分成两部分。之前很多人认为可以从客观角度定义民族，即自然存在的实体，但勒南却从主观角度提出了定义。他认为，民族是一个通过“公民投票”得以维持的“一种灵魂和精神上的本源”，换句话说，民族的存在要归功于公民对其持续不断的拥护和忠诚。[3]

与勒南一样，很多现代学者不赞同“民族可以被认为是‘不知源于何时的自然而原生的共同体’”这一理念。[4]人类学家本尼迪克·安德森（Benedict Anderson）把民族定义为通过“主权和界线”实体化的“想象出来的政治共同体”。民族有传承而来的一些特性，这些特性是有一定限制的，而且正是这些特性把民族和早期政治和文化共同体区分开来，比如罗马帝国和天主教会，这两大共同体都曾被认为具有一定程度的广泛性。安德森认为，从 16 世纪开始在欧洲盛行起来的印刷业“为构建民族意识奠定了基础”，因为印刷业通过本土语言将“不同地区的物物交换及信息交流统一了起来”。从另一角度来看，民族定义的出现为统一不同区域提供了基础，而这些不同区域会通过观念和经济上的交流逐步联结起来。此外，经过观察，安德森发现民族主义可以解答一个深刻的文化问题。他指出，民族主义和“很多宗教意象非常贴近”；在“理性主义者的世俗主义”中存在的“现代黑暗”的一面，民族主义以“将世俗的终止转变为持续、将偶然转化为必然”为目的。[5] 在19世纪，整个欧洲的传统等级和共同体都已被政治和经济领域中的巨大变革瓦解，民族主义运动为其追随者提供了新身份和新意义的来源。

学者有时会把民族主义中“文化”和“政治”两类形式区分开来。从历史角度看，文化民族主义通常会出现在政治民族主义之前，它会对民族共同体进行初期的定义，之后政治活动家就会对其加以运用。在德意志，约翰·戈特弗里德·赫尔德（Johann Gottfried Herder, 1744—1803）是早期为文化民族主义出现做出贡献的人。他是一名新教牧师和神学家，他的作品涵盖哲学、历史及文学等领域。赫尔德出生时，德意志还是统一国家，人们说着共同语言。后来，德意志分裂为数百个小国，因此德意志人逐渐丧失了“德意志是统一民族国家”的观念。与之不同的是，一些德意志知识分子试图将启蒙运动的世界观加以扩散，而且普遍对法国启蒙哲学家持赞赏态度。很多人认为德意志知识分子阶层对法国思想和行为方式过于依赖，这引起了一些人的不满和反对，赫尔德就属于其中最早的一批，他也呼吁本国同胞要大力发展本土文化。他认为，每个民族，即每个有着共通语言的族群实体，都拥有独特的“Geist”（即“灵魂”，或者说“精神”），而这种“Geist”必须依靠自身独特的方式来发展。从现实意义上来看，民族文化须从普通大众（或者人民）的日常生活中来，而且要从中获取自身灵感。可以看出，赫尔德所说的民族主义其实仅限于文化层面。他没有涉及政治方面，也从未提出德意志政治上的统一须和文化复兴同时进行。另外，赫尔德关于民族发展的理论对德意志民族以外的其他民族也是适用的，他也并未曾暗示过德意志文化优于其他文化。

在赫尔德探索德意志文化历史的过程中，很多德意志浪漫主义文学形象都在其中起了很大作用，如格林兄弟；这些文字也体现了德意志在民俗、法律和宗教上的特点。然而，1800 年后，德意志民族主义在赫尔德的一些追随者中开始产生了变化。哲学家约翰·戈特利布·费希特（Johann Gottlieb Fichte）比赫尔德小 20 岁，他在著作中提到了德意志的民族主义开始向更具侵略性的政治倾向转变。费希特的看法在他对一些事件的反应中得以形成，这些事件包括法国侵略德意志，尤其是拿破仑军队在 1806 年打败了普鲁士，促使费希特在 1807—1808 年的冬季发表了一系列著名的“对德意志民族的演讲”。在此过程中，费希特呼吁对德意志进行民族主义教育，这最终重建了德意志人的道德原则。通过教育，德意志人认识到他们是一个独特民族，开始认清自己的民族特征，而且也学会去热爱自己的祖国。这种民族精神是在民族陷入危机时迸发的，所以费希特在描述这种精神时写道："（它）的出现，不是和平时期的人民出于对宪法和法律的热爱而产生的，而是在熊熊战火中随着人民爱国热情的高涨而来。人民将用这种精神庇护自己的民族，这会永远持续下去，因为不仅高尚的人愿意做出牺牲，鄙贱的人也会因为他人的原因而做出同样的牺牲。"其实，费希特在早期作品中表达的是对个人自由问题的思考，而到后来，他认为一个强有力的国家才是人们获得真正自由的前提条件。对于"自由"，他给出的定义并不简单，但他后来相信只有从民族的大前提出发，个人才能获得自由。与赫尔德不同的是，费希特为德意志带来了一种未经其他民族影响的对民族起源的追溯和对民族精神的阐释。他并未将这些理念极端化，但他所做的"对德意志民族的演讲"为随后的德意志民族主义者带来了灵感，并成为他们的思想武器。

赫尔德强烈呼吁德意志民族关注自己的文化遗产，这一做法也被其他民族主义者采纳了，而且他们在本民族历史、语言、文学和艺术上又开拓了新的领域。比如，欧洲东南部的斯拉夫民族之前在奥地利或土耳其帝国的统治下度过了数百年时间；他们的文化于 18 世纪末期开始复兴，1815 年后，这一复兴历程进入到全方位进步的时期。斯拉夫的语言学者、历史学者和文学家都深入挖掘其所崇敬的民族传统文化，收集整理民间传说、诗歌和编年史。此外，还通过编辑语法资料和词典的方式系统整理本民族的语言知识。若发现早已不用的语言，他们就会尝试将其恢复，而恢复的方式就是把这门语言应用到学校、书籍和报纸中。

一开始，这样的民族主义运动几乎只涉及文化层面，其领袖也多是知识分子，包括学者、牧师及自由贵族。随着时间推移，这一运动不断触及政治层面。尽管塞尔维亚人在1804年对土耳其人发起的反抗运动并不根源于这场文化复兴，但1821年希腊人的反抗斗争毫无疑问在某些程度上受到了这场语言和文学复兴运动的影响和激励，而这场语言和文化复兴运动正是在18世纪的最后几年里开始的。哈布斯堡帝国时期，斯拉夫民族主义运动还停留在初期的文化层面，但匈牙利在语言和文学上的复苏使得匈牙利国会产生了扩大自主权的强烈需求。意大利在1814—1815年间丧失了一些领土，而在19世纪30和40年代，由于民族主义运动的影响，这些领土上发生的纷争也越来越多。

19世纪早期，民族主义与自由主义非常贴近，因为两者在人口主权方面有着共同的信仰基础。对这一时期的民族主义者来说，法国大革命就是展现在他们眼前的令人震撼的例子，因为它让人们意识到：若一个民族在自己创造的政府下团结起来，将会取得难以想象的成就。极大释放的民族力量和鼓舞人心的爱国热情曾在革命军队中得到体现，这给1815年后那些仍处于分裂状态或处于异国统治下的欧洲人留下了深刻印象。在他们看来，只要能激发起相似的民族意识和民族热情，他们也能克服难关，走上互依互靠和团结一致的道路。在王权或阶级统治下的人民，其命运与统治者似乎截然不同，因而很难认同《人权宣言》中所提到的“整个主权的本源根本上乃存在于国民”。只有当政府贴近全体人民，一个民族的“自由”才能得以实现。

另外，19 世纪上半叶，由于自由主义还未像后来那样排斥异己、狭隘自用，自由主义者和民族主义者能够紧密地团结在一起。那时，一些民族主义领袖仍受到启蒙主义的影响，这似乎很矛盾。因此，1850 年前，著名民族主义者朱塞佩·马志尼（Giuseppe Mazzini，1805—1872）认为对民族的忠诚和对人性的忠诚是无法

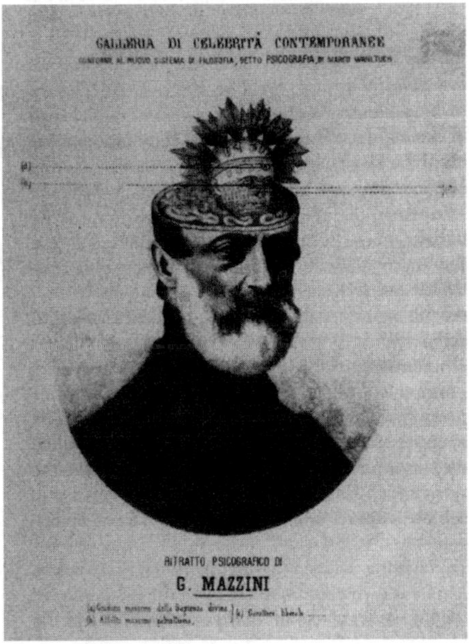

朱塞佩·马志尼的“心理画像”。字母“a、b、c”分别象征“神圣智慧”（devine wisdom）、爱国情怀（partriotism）和自由理念（liberality）。

共存的，他说：“就劳动而言，从真正为了国家的原则来讲，我们要为人性而劳动；国家相当于一个杠杆的支点，而我们必须力求实现共同利益。”从民族自身的“存在状态”而言，每一个民族所取得的成就仅仅是形成民族共同体的前提。与此同时，马志尼向人们传达了自由主义者的一些观点，这些观点指出了民族应该具有的一些特征。在他看来，真正的国家是这样的：“具有广泛的自由和平等的人格，人们如兄弟般团结在一起，向着共同的目标前进。”不可否认，马志尼倡导建立共和政府和彻底的平等主义，这超越了大多数同时代的自由主义者。

尽管民族主义和自由主义有很多重要的相同之处，但两者在理念上也存在着不容忽视的根本差异。自由主义理念是以面向全人类的共同原则为基础的，但民族主义者更多关注自身民族在历史层面上的特点。正如安德森经过观察后所言，因为人们认为民族是一个有着传承“界线”的实体，所以民族主义作家和活动家通常会把大量精力投入到确立和强化自身民族共同体的界线上。例如，法国大革命期间，“民族”一词在1789年时还被用来反对贵族和教士的特权。如同西哀士等人所言，这些特权并不是属于民族的一个完整的部分。1792年后，法国内外都出现了“反革命力量”，而在对抗这些力量的军事武装中，还是可以看到人们的革命热情的。拿破仑战争时期，西班牙、俄罗斯及德意志诸国的政治领袖都借用民族主义来调动民众反抗法国统治的积极性。由此，我们可以这样总结：民族意识在发展过程中，为抵抗外国“异己”，会醉心于巩固自身的政治共同体，这是无法避免的。然而，这种民族主义的发展趋势带有潜在的排外倾向，这种倾向会在不同的政治环境和时间内发生不同程度的变化，而且其变化的范围是很大的。

19 世纪，发生在德意志（从一定程度上来看，还包括欧洲其他地区）的民族主义运动出现了很多问题，其中之一就是政治层面上的反犹太主义（anti-Semitism）。德意志民族主义者中有一些反犹太主义者，其中的典型领袖就是弗里德里希·路德维希·雅恩（Friedrich Ludwig Jahn，1778—1852），他在体育界发起了名为“特纳”（Turner）的运动，创建了第一个民族主义学生组织（即“兄弟会”）。雅恩在其作品中强调保持德意志民族纯洁性的必要。同时，他也批判犹太主义和法国文化，称这二者与德意志精神格格不入。1817 年 10 月，在瓦尔特堡（三个世纪前路德翻译《圣经》的地方）举行的一次节日期间，“兄弟会”成员一边念着反犹太主义的标语，一边烧毁“反德意志”书籍。

拿破仑战争后，生活在欧洲中部的犹太人受到了大范围的强烈抵制，而学生“兄弟会”中宣扬的反犹太主义则是抵制运动中的一部分。《拿破仑法典》解放了犹太人，但好景不长，在反犹太主义运动中，位于莱茵兰的很多德意志国家都废除了《拿破仑法典》中保护犹太人的规定，即使这些国家还原封不动地保留了另外一些条例。1819 年经济低迷时期，德意志很多地区都出现了反犹太主义暴动。1816 年，作为康德学派领袖人物之一的耶拿大学哲学教授雅各

1817年10月18日在瓦尔特堡举行的联谊会。学生们正在焚烧反民族主义作家的书籍。

布·弗里德里希·弗里斯（Jakob Friedrich Fries）恶毒地诽谤犹太人，说他们是“捡破烂的”“劫掠人民的罪犯”。此外，他还认为，欧洲中部的犹太人形成了一个排斥德意志的“隔绝民族”，因此，有必要“将这群人连根拔起、枝叶尽除，因为他们对这个国家的机密和公共政治安全造成了巨大威胁，这再明显不过了”[6]。一百多年后，阿道夫·希特勒的政治诡辩与弗里斯这番冷酷的反犹太主义言论，惊人地相似。

德意志或其他国家中，虽然不是所有民族主义者都反犹太主义，但他们都很关注民族共同体，这是民族主义著作的共同特征。

很大程度上，民族主义可以被视作一种政治浪漫主义。与很多其他浪漫主义者相同，19 世纪的民族主义者认为现代的个体已经脱离了与其同时代的人，他们迫切需要重新整合，以此融入和谐的民族共同体。这种浪漫主义产生了很多影响，就我们自身所处的时代而言，其影响就是带来了持续不断的民族主义运动。

第五章

政治与社会变革，1815—1848

复辟时期，很多地区都想维持现状，这种情况在欧洲尤为明显，持续时间也较长。1830 和 1831 年，大不列颠、法国和低地国家的政治思潮出现了重大变化，1815 年决议也发生了大的变动。而在欧洲其他区域，维也纳会议的影响力至少持续到了 1848 年革命时期，但期间也因种种事件发生过中断。这一阶段，中欧和东欧都出现了经济和社会层面上的变化，但相比于西欧，这些变化发生得较为缓慢，而且其带来的政治影响至少到 19 世纪中期才显现出来。

英国的反动与改革

尽管英国在 1815—1848 年间没有经历过革命性剧变，但这一时期社会和政治领域发生的抗议活动还是产生了长时期的影响。1815 年后，坚持保守主义的英国托利党设立了一系列政府部门，而这些部门在 1830 年都让步于更加进步的辉格党政府。辉格党领导英国在1832年制定了《改革法案》，这项法案既推动了选举改革，也出台了促进自由贸易的经济政策。

保守党执政，1815—1830

1760年，乔治三世（George Ⅲ）登上王位，他在拿破仑战争末期仍然统治大不列颠。然而，从那时起，乔治三世的精神疾病就时常发作。他死后，在1811年就已成为摄政王的太子加冕为乔治四世，执政的时间是1820—1830年。乔治四世掌权期间，英国皇室的威望逐渐下降。乔治四世本人很聪明，但名声不太好，因为他在1820年时想与分居多年的妻子卡罗琳离婚，如此一来卡罗琳就无法加冕成为王后，但这一做法遭到部分国内忠良的反对。

统治者的昏庸无能让托利党执政显得更为重要，该党在之前的30年一直处于执政地位，几乎没有中断过，这种情况一直延续到1815年。然而，1815年的辉格党和托利两党还依旧处在土地贵族的控制中，尽管如此，这一阶层的组成成分已经在过去的数百年中发生了巨大改变。17世纪起，英国的商人和企业主就逐渐掌握了大量财富，他们在商业活动中获益惊人。议会方面，上议院的成员被限制为拥有头衔的贵族和主教，而下议院的成员则通常是没有头衔的土地贵族。

伯克曾在《法国革命论》中赞扬过英国保守主义的社会观念和传统，而从政治哲学的立足点来看，托利党更多地倾向于支持伯克的观点。此外，在与法国对战期间，托利党领导下的英国对激进主义和以改革为目的的运动都持坚决的怀疑态度。辉格党得到了新兴金融资本家和新教反对派的支持。因此，对于法律和政府体制的渐进改革，辉格党更乐于接受，也更加支持取消对工商业的限制。

1815 年后的若干年内，托利党的保守主义思想兴盛一时。其实，1812—1827 年正是利物浦勋爵政府统治时期，而该政府是英国近代史上最保守的政府之一。1815—1820 年，利物浦勋爵政府推行了很多政策、采取了诸多行动，但这些政策和行动都与当时的历史背景相悖，因为那时正处于从战时经济向和平经济转变的大萧条时期。政府支出骤降，英国手工业市场衰落，粮食作物减产，这些都导致了物价下跌、通货不稳、失业者增加。面对这种情况，政府采取了一系列补救措施，但很多都不合众意，比如 1815 年颁布的《谷物法》(*Corn Law*) 规定提高对外国进口谷物的关税，以此来限制进口，这项法律规定一直实施到英国谷物价格超过每夸脱 80 先令。(应该说，《谷物法》主要针对的是进口自欧洲的小麦，而非美洲产的玉米)。显然，这项举措对地主阶层十分有利，而对那些被迫为粮食付出高价的城市劳动者来说，这并不是一件好事，反倒会惹怒他们，因为其处境已经十分艰难了。那时，两党都不愿站出来支持劳动阶级，所以这一任务落到了激进的鼓动者和作家肩上，也落到了以改革为目的的团体手中。当时，威廉·科贝特（William Cobbett，1762—1835）是激进作家中最著名的一位，以他为代表的一些人对滥用权力的行为进行了攻击，但大部分的激进人士还是把注意力集中在改革下议院的代表选举上。之所以这样做，是因为他们认为只要下议院的控制权把握在土地贵族手中，那么建立一个能惠及整个国家的法律体系就没有希望。

1815 年后，严峻的经济形势导致了发生一系列的公共集会。这些集会中的激进派演讲者要求废除 1815 年《谷物法》(还包括仍在实施的早期谷物法令)，除此之外，他们还呼吁进行议会改革。这些示威活动中，几乎没有任何暴力行为发生，即便如此，保守党政府为了保险起见（同时也是出于对四处出现的革命危机的考虑），于 1817 年采取了抵制改革团体的措施，即临时禁止所有公众集会，压制所有未经政府许可的团体，而且还推迟实施《人身保护法》(*Habeas Corpus Act*)。这些措施使当时普遍的改革热潮暂时平息了下来，但在接下来的一年里，新一轮的经济衰退促使北部和中部地区的一些大城市中出现了很多大型集会。政府的禁令此时显得苍白无力，很多集会都陆陆续续地开展起来，其中最著名的就是 1819 年 8 月在曼彻斯特举行的圣彼得广场集会。6 万人聚集在广场上，包括热情澎湃的激进演讲者亨利 · 亨特，但当地政府派遣一支骑兵部队冲入人群中逮捕了他。这场混乱造成了 11 人死亡、数百人受伤。之后，人们就把这次事件称为“彼得卢大屠杀”(the Battle of Peterloo/the Peterloo Massacre)。面对公众对此事的强烈抗议，政府方面采取的回应只是加强了镇压。当年 11 月，议会通过了著名的“六项法案”(*Six Acts*)，意在通过严厉手段禁止大规模公共集会，镇压或大幅度地削弱激进媒体，并且加快对违反公共秩序者的定罪。三个月后，由于针对整个内阁的暗杀活动、英国银行的突然崩溃，以及敌方阵营建立临时政府等事件的影响，同时也为了让这些法案发挥作用，政府方面实施了由亚瑟·西斯尔伍德（Arthur Thistlewood，1770—1820）牵头的计划。由于内奸的出卖，政府人员在伦敦卡托街的一间屋子里抓住了很多反叛者，不出所料，托利党政府果然大肆宣传卡托街的“阴谋事件”，声称英国几乎陷入了灾难之中。

或许是因为镇压措施起了作用，又或许是因为经济形势好转，1820 年后的英国激进运动几乎平息了十年之久。期间，托利党政

1819年彼得卢大屠杀的情景。当时有人给这幅图加上了一些说明，意思是“身负武装的曼彻斯特及柴郡骑兵对人们发动残酷进攻，现场混乱而惨烈”。这次事件造成11人死亡、600人受伤。

府势力急剧扩张。1822 年，外交大臣卡斯尔雷子爵去世，利物浦勋爵随之在内阁中增加了三名成员，这三个人相比其同僚更具有改革热情，他们分别是：外交大臣兼下议院领袖乔治·坎宁（George Canning，1770—1827）、同业公会领袖威廉·赫斯基森（William Huskisson，1770—1830），以及内政大臣罗伯特·皮尔爵士（Sir Robert Peel，1788—1850），而这对罗伯特·皮尔来说，仅仅是其漫长职业生涯的开端。此时，这三人都未采取进一步行动来推动重大的议会改革，但他们已经针对法律和制度做好了实施一系列零散而又切合实际的变革计划的准备，这些变革有助于英国政府对经济和社会问题采取更为贴切的应对措施。

皮尔建立了修订刑法的长期机制，之后的两百年间，死刑一直是刑法修订中的一部分，而涉及死刑的罪行包括了偷窃、偷羊及制伪。由于陪审团拒绝对犯下这些轻微罪行的人定死刑，于是导致了很多人漠视法律权威。鉴于此，皮尔减少了死刑罪数量，还对刑罚进行了调整，使其与人们所犯的罪行更为相当。皮尔此举成效卓著，而后他于 1829 年在伦敦设立了常规性的都市警察机关（人们以皮尔的名字为根据，把这些警察称为“博比”，这正是皮尔的名字“罗伯特”的昵称），这两项措施极大地降低了伦敦的犯罪率。

赫斯基森一开始所做的就是清除自重商主义时代以来对英国贸易的种种限制因素。英国的制造商需要进口商品，而赫斯基森可以减少很多商品的关税，还可以减少很多日用消费品的税收，比如酒类、咖啡，还有糖类。然而商业贸易中仍然存在大量的限制因素

（包括对玉米进口的限制），但好在后来的官员都坚持执行了赫斯基森的措施，英国也在19世纪40年代达到了完全自由贸易的高潮。

此前，托利党政府颁布了《结社法》（*Combination Acts*），禁止任何形式的工人结社，但此项法案遭到了一些人反对，而皮尔和赫斯基森对该法案在1824年被撤除确实功不可没。经过一年的罢工和暴力活动，撤销这项法案所带来的影响力下降了。1825年，议会通过了一部法律，限制工会对工资和工时进行干涉，有效地避免了罢工行为。虽然如此，组织工会的权利却得到了承认。

尽管这些法律的实施取得了一定成效，但托利党政府依旧不得人心。1827年，利物浦勋爵逝世，政权一度掌握在坎宁政府手中（几个月后坎宁就病逝于任上），其后权力转移到了戈德里奇勋爵（Lord Goderich，即弗雷德里克·约翰·罗宾逊，1782—1859）手中，但并没有发挥什么作用。1828年，声名远播的民族英雄威灵顿公爵出任首相一职，担起了领导托利党政府的责任。然而，威灵顿选择和党内最反动的势力站在同一阵线，因此疏远了尚在发展期的自由派托利党人，也导致了辉格党反对势力的增强。且不论威灵顿本人的好恶，他在上任期间确实进行了更为重大的改革。1829年，他颁布了解放天主教的法案，允许天主教徒出席议会、在公共机关任职，但上议院大法官和爱尔兰总督不能由天主教徒担任。其实，此前这项改革已经被提及多次，但屡屡遭到国王和上议院的反对。那时，爱尔兰大律师丹尼尔·奥康奈尔（Daniel O’Connell，1775—1847）在爱尔兰领导了天主教解放运动，最终迫使威灵顿颁布了该法案。威灵顿和皮尔都认为若不实施该法案，英国将不可避免发生内战，所以他们通过上议院推行了这项法案，而威灵顿又以卸任作为威胁强行取得了国王的同意。该法案并没有解决英国和爱尔兰关系的问题，尤其是在爱尔兰推行选举中对财产资格做出限制后出现的问题，根本没有得到妥善处理；但对消除宗教歧视的进程而言，这是非常重要的一步。

托利党把持政务将近半个世纪，而《天主教解放法》（*Catholic Emancipation Act*）可以说是托利党在移交权力前所做的最后一项重大贡献。1830 年发生了两起事件，导致了威灵顿政府的垮台，也为《1832 年改革法案》的横空出世铺好了道路。第一起事件就是发生在法国的七月革命，这次革命摧毁了重建的波旁政权，建立了受中产阶级支持的政府。另一起事件就是国王乔治四世（King George Ⅳ）驾崩，其弟威廉四世（William Ⅳ）继位。根据宪法惯例，英国举行了普选。经过选举，获得较多支持的改革人士崭露头角。然而，还有一件事比这两起事件产生的意义更加重大，那就是发生在英国的工业革命。工业革命带来了一系列新的社会群体和社会力量，也引发了新的社会问题，而这些都是托利党领袖无法应对的。对辉格党来说，有两项任务落到了他们肩上：一是冲破旧秩序；二是要和旧贵族联合起来，成为新的“工业巨头”。

如上所述，制造商和工人对自由贸易的需求日益增加，在这样的情况下，赫斯基森采取措施，减少对特定进口商品的税收，另外还创下了进一步减税的先例。1828 年，《谷物法案》发生了调整，允许依据变动的税收方案来进口谷物。然而，地主阶层仍在议院呼风唤雨、掌控全局，在这种形势下，新兴的生产制造商（以前被称为“曼彻斯特人”）无法实现自由贸易的愿望。鉴于此，改革下议院代表选举办法成为他们的迫切需要。

议会改革、自由贸易和宪章运动，1830—1848

工业革命对英国社会产生了巨大影响，带来了多方面的变化，其中，政治生活上的变革就是在辉格党领导下通过了《1832 年改革法案》。1832 年前，工业化进步带来的工人移民、新兴城市的出现，以及部分旧城市的巨大跨越，都表明 17 世纪以来那种固定不变的代表体制是不合时宜的。这种代表体制最明显的缺陷就是英国西部和北部的新兴人口中心代表名额不足，有的甚至没有代表。而人口已经明显减少的东部和南部各郡居然都能派出两名下议院代表。这些“有名无实的选区”中，老塞勒姆（the Old Sarum）是最著名的地区之一，这个地方已经没有什么城镇了，却仍拥有代表权。然而，如曼彻斯特、伯明翰、利兹和谢菲尔德这样兴旺繁荣的新城市却在议会中缺乏代表。另外，当时还存在所谓的“口袋选区”，这些选区并没有真正意义上的选举，因为名额都掌握在当地有实力的大地主的“口袋中”，他们利用自己的影响力来任命自己的候选人。从这些情况来看，只要托利党仍把持政权，改革事业就会停滞不前。但是，随着 1830 年国王乔治四世的离世和威廉四世的继位，普选势在必行，而且从改革的角度出发，竞选活动是无论如何都要举办的。托利党在下议院失去了大概50个席位，其中大部分都流向了辉格党或其他提倡改革的人手中。此时，下议院已然处于辉格党的控制中。这种情况下，威灵顿公爵仍然顽固地反对改革，但他最终在1830年失去了权力，其职位由第二代格雷伯爵查尔斯·格雷（Charles Grey，1764—1845）继任，他是一名决心改革的辉格党人。然而，为了让议会通过改革法案，格雷用了一年半的时间。这对辉格党而言，是一段惊心动魄的时期，暴行肆虐、路途艰辛，因为上议院的托利党人仍在负隅顽抗。最后，在格雷的施压下，国王强行在上议院增加了很多辉格党人，从而保障了法案顺利通过，这也使那些反对改革的人不得不放弃了自己的立场。

《1832年改革法案》实行后，英国的政治生活并没有立即发生革命性改变。当时就有人这样说道："事实证明，法案实施后举行的首次普选中，新的下议院'和之前的议院如出一辙'。"[1]确实，根据法案进行投票的那些人并不愿意在大不列颠创建完全民主的政治体系。1832年后，尽管选民人数增加了约一半，但仅有五分之一的英国人拥有投票权，而且对拥有投票权的人有最低财产要求。尽管如此，《1832年改革法案》仍旧是近代英国发展历程中最重要的举措之一。上议院席位的重新分配扩大了新兴城镇和城市的代表数量，从而使新兴的产业工人和生产商阶级开始从旧地主和商业贵族手中抢夺政治话语权。在1832年，尽管工业精英没能掌控英国政权，但在接下来的数十年里，权力的天平已然逐渐倒向了他们。此外，从另外两方面来讲，《1832年改革法案》具有特别重大的意义。

一方面，这项法案为英国在其他方面的一系列改革打开了道路，包括市政管理、扶贫济困及政教关系。更为重要的是，该法案开创了进一步扩大公民权的先例。若制造商代表要参与到国家管理中来，那人数更多也更可靠的工人群体为何不能有自己的代表呢？这个问题由宪章运动的组织者提出，存在了十年之久。

当时的大不列颠，支持不干涉主义的人通过议会改革对立法有了更多的发言权，这为经济自由主义取得最后的胜利提供了可能性。虽然如此，新的经济理论却没能很快站稳脚跟。经济自由主义者的迫切要求就是取消谷物法案，尽管他们采取了积极行动，进行了大量宣传，但这一需求在十年半的时间内都未能实现。很明显，主要的障碍来自于地主阶层，因为他们害怕价格便宜的外来谷物会破坏英国农业生产。1838 年，支持取消法案的人聚在一起，组成了“反谷物法联盟”。这是一个经济雄厚、运作高效的组织，组织里的支持者中不乏杰出人士，比如制造商约翰 · 布赖特（John Bright，1811—1889）和理查德 · 科布登（Richard Cobden，1804—1865）。在他们看来，取消法案是有益于国家的，而且自由贸易可以加深国与国之间的理解及推进和平事业。然而，若没有劳动阶层的支持，这场运动就有可能失败，而劳动阶层之所以支持取消谷物法案的运动，是因为他们相信这样能降低粮食价格。后来，这件事情迎来了一个转折点，那就是身为托利党领袖的罗伯特 · 皮尔勋爵改变了自己的看法，认为坚持《谷物法》对英国繁荣而言是不必要的。1845 年，爱尔兰的马铃薯产量下滑对此事产生了进一步的影响：整个大不列颠笼罩在饥荒的阴影下，只有在提供本国小麦的同时进口外国谷物才能渡过难关。1846 年，《谷物法》最终被废除了。对英国来说，自由贸易时代开始于这一年，并一直延续到第一次世界大战爆发。这项法案被废除后，其他很多进口商品的关税也都被免除或降至最低额度。

对自由主义者来说，若自由贸易是其主要目标之一的话，那么摆脱政府对国内经济的控制就是另一个重要目的。亚当·斯密对这一目的的关注比通常意义上的更为浅显。然而，对那些以古典经济学家身份而闻名的英国作家来说，这个目的意义重大，而且他们对斯密的理论进行了详细阐述。这些思想家“发现了”在充满竞争的经济体系中存在一种全面的经济“法则”，这种法则就像支配全社会的法则那样支配着经济运行。他们认为，经济法则自发地发挥着作用，而政府对经济的干预会阻碍其发展。这一观点得到了很多人的支持，比如经济学家大卫·李嘉图就表示了赞成。尽管支持李嘉图的人对其关于工资的观点理解得比较死板，但他确实是站在顺应劳动力价格涨落的立场上，号召人们要坚持严格的不干涉主义。或许工人注定要永远陷入一种循环中，那就是更高的工资就意味着会有更多的家人要养活，如此一来，工作的竞争会相应加剧，而工资水平就会无可避免地下滑。虽然如此，政府也不能为了把工资保持在较高水平而对自由竞争进行干涉，因为工资水平的起伏应该由劳动力市场的供求规律决定。

那么，19 世纪上半叶的不干涉主义究竟在英国发展到了何种程度呢？毫无疑问，这一观念的影响力在此期间确实在持续增强。但如果仔细研究英国政府在 19 世纪中期经济生活中扮演的角色，不难发现，在自由商业体系扩张的这些年里，其实也形成了代表工人阶层的一种政府干预传统和行业管控机制，这和不干涉主义的立场是不一致的。事实上，市场作用的过度发挥似乎会让工人受到经济“法则”的控制，而这恰恰是被很多人批评的。改革法案颁布一年后，制造商获利颇丰，这使得他们在下议院的代表席位得以增加，而更为讽刺的是，议会通过了第一部有实际作用的《工厂法》（*Factory Act*），这部法律限制了纺织厂童工的工时，而且提出了其他对待童工的规定。接下来的十年里，又出现了限制矿厂雇用妇女和儿童的法律，还强制矿厂引进安全设备和更佳的清洁方式。从官方层面看来，1847 年出台的《十小时工作日法案》（*Ten Hours Act*）仅仅是针对妇女和未成年人的，但实际上该法案也影响了对成年男性工作日的要求。这些法律法规表明了政府对自由竞争的干预，但这种情况遭到了制造商的反对。尽管如此，这些法律法规的通过和强制实行说明了这样一个事实：在当时的英国，不干涉主义并没有占据绝对的主导地位。

若从纯粹的阶级层面来看，反对经济自由主义这件事情就比较简单了。尽管资产阶级生产商支持不干涉主义、反对针对他们的限制条件，但土地贵族会尽力推行既有的政府干预措施，或针对快速增长的工业出台新的限制政策，因为他们在政治和经济方面的统治地位受到了威胁。从这个角度出发，工人阶级的立场就显得比较模糊了。在自由贸易的层面，工人阶级和他们的雇主是站在同一阵线的，因为他们希望能降低关税、减轻生活压力；而从另一层面来看，他们也认为其雇主就是剥削者，剥削劳动力和获取最大利益，所以他们会去寻求和地主阶层的联合，以此来对工业领域进行限制。

从阶层的角度对当时的现象进行阐释是有足够现实依据的，也正因为如此，这种阐释才具有魅力。一开始，地主阶层顽固地反对取消《谷物法案》，但到最后还是在制造商和工人阶层的压力下被迫妥协了。维护有产阶级利益的托利党领袖为了报复制造商，同意立法对工厂的工作条件进行限制。最终，工人阶级运动逐渐背离了其目标。

但从当时的情况来看，阶级之间的分歧其实并没有那么明显。例如，将妇女和未成年人每天工作的时间限制在十小时的运动得到了来自不同阶层的支持。这项运动在议会中的两位主要领袖是迈克尔·萨德勒（Michael Sadler，1780—1835）和阿什利勋爵（即安东尼·阿什利·库珀，之后成为沙夫茨伯里伯爵，1801—1885），他们都是托利党人。在参与社会改革之前，萨德勒是一名商人，而阿什利则是一名土地贵族。对阿什利而言，报复生产商并不是其参与改革的主要动力，而是出于宗教和人道主义的考虑，因为这两方面关乎传统意义上"位高则任重"的观念。推行《十小时工作日法案》的运动得到了很多自称是"激进分子"的人的支持，但同时也有一些持不同观点的制造商支持这一运动，比如约克郡的约翰·伍德（John Wood）和兰开夏郡的约翰·菲尔登（John Fielden）。从这个角度看，改革并不单单是一个社会阶层或群体的目标。

在那几年里，工人运动层出不穷，其中最重要的便是宪章运动。这一运动的出现，似乎并不是由于对不干涉主义的经济政策不满或者出于对新制造商阶层的抱怨，而是肇始于 19 世纪 30 年代和 40 年代工人阶层所经受的苦难，这些苦难让他们发现了一剂良方，那就是寻求自身的政治权利。工人阶层意识到《1832 年改革法案》存在一些不合时宜之处，于是他们就和中产阶级一起采取了行动，其目的是推动进一步的议会改革。在工人阶层中，至少有三种不同的群体支持人民宪章运动，其中之一便是由伦敦工人协会（London Workingmen's Association）的工匠组成的。他们相对而言更加温和且倍受尊敬，这一群体是在 1836 年由家具工威廉·洛维特（William Lovett，1800—1877）组织起来的。第二个群体的成员来自更为激进的伯明翰政治联合会（Birmingham Political Union），该联合会是在 1816 年由伯明翰的激进银行家托马斯·阿特伍德（Thomas Attwood，1783—1856）创办的，到 19 世纪 30 年代的时候得到复兴。第三个群体的领袖是费格斯·奥康纳（Feargus O'Conner，1794—1855），他是一位热心的爱尔兰地主，也是一位政治煽动者，受到利兹和北部诸郡群众不满情绪的号召而投身到运动中来。宪章运动催生出了“人民宪章”（People's Charter），而这三个群体都支持实施这一文件。“人民宪章”向议会提出了一系列政治要求，提倡普选权和平等选区（即选区居民数量相同），实施不记名投票和年度议会选举，废除议会成员的财产资格审查，以及发放下议院成员的津贴。最后的一项要求是很重要的，因为如果下议院成员得不到津贴，那么工人或者代表工人的那些人几乎无法将议会的工作进行下去。

1838—1839 年间，一场大规模的支持人民宪章的运动爆发了，这场运动的形式包括大型公共集会、鼓励人心的演说和持火炬游行等行动。1839 年，这场运动达到了高潮，与之同时进行的是“国民公会”（National Convention）的召开（之所以叫“国民公会”，是因为这与法国大革命是有联系的）。此外，还有一项由几百人参与的请愿活动，他们在宪章上签字并将其呈送给了议会。这次运动虽然得到了大规模的公众参与，但议会还是拒绝了他们的要求，甚至对请愿也置之不理。这时，宪章运动者已是进退两难了。他们当中一部分更为激进的人选择通过暴动和罢工的方式进行抗争，而其实大部分的人都没有做好通过暴力达到目的的准备。1839 年后，这场运动最终分化出了敌对阵营，因此暂时中断。在 1842 年，国家宪章运动者协会（National Chartist Association）继续高举宪章运动的旗帜，向议会提出自己的要求。而在 1848 年，他们又采取了相同的行动，那一年正值欧洲大陆革命运动风起云涌。但 19 世纪 40 年代进行的宪章运动却没有像开始时那般强劲，因为这些运动的领袖并不是很负责任，如费格斯·奥康纳，他想利用运动来争取更多的私人利益。

从性别关系的角度来看，19 世纪早期工人选举权运动比较引人注目的一点是女性公众角色的淡出。1815—1820 年间，英国出现了众多女性激进组织，而在 19 世纪 30 年代末期，很多妇女纷纷加入到宪章运动中来，表现很活跃。到了 19 世纪 50 和 60 年代，工人阶级激进主义仅在由男性组成的政治协会和贸易联合会中快速地生根发芽。在一定程度上，这一转变是英国经济向大规模工业化过渡的产物。即便如此，涉及全面的公民权利问题时，男性工人阶级也力图把自己和女性工人阶级区别开来。比如，他们宣称可以借由自身的“男子气概”来净化政治体系，这是因为“男子气概”和陈腐贵族身上的“娇气”迥然不同。他们宣称，“理智和值得尊重的男子气”是他们在内涵上和“非理性的女人”不一样的地方。在一些历史学家看来，19 世纪中期后，把妇女从工人阶级政治积极分子中分离出来的做法在某种意义上扩大了男性选举权，而这种现象对英国上层阶级的威胁就没那么强了。[2]

尽管宪章运动在那时并未取得成功，但宪章运动者的目标，包括广泛意义上的男性选举权，都在 1858 年和 1918 年实现了。其中，只有每年选举议会没能成为英国选举体制中的一部分。关于宪章运动，或许最有意思的是这样一件事：尽管是因为严重的经济衰退才导致了这场运动，但英国工人却没有通过直接反抗雇主的方式或者对不干涉政策采取普遍抵制的措施来改善自身境遇，而是诉诸和平、合法的方式和寻求议会中的代表。与之不同的是，欧洲大陆上的工人通常都会采取更具对抗性的策略。

法国的复辟与七月王朝

法国是大革命始发源地，法国在1815—1848年间经历的政治波折更甚于英国。国王路易十八（1814—1824年在位）成功周旋于大革命支持者及其对手之间，维持住了当时法国的政治稳定。不仅如此，他还在很大程度上避开了和大革命遗留势力的正面冲突。相反，路易十八的弟弟查理十世（1824—1830年在位）则倒行逆施，试图不顾一切地恢复旧王朝那些最让人憎恶的方面。1830年7月，法国爆发了一场新的革命，这次革命建立了一个在奥尔良公爵路易·菲利普（Louis Philippe）统治下的更为自由的君主立宪制王朝。然而，19世纪30和40年代，法国社会和政治矛盾冲突不断加剧，路易·菲利普政权因此被逐渐削弱，这为1848年革命的爆发铺平了道路。

波旁王朝复辟与1830年革命

拿破仑失败后的十年间，法国的政治生活呈现出极端保皇派与自由主义者及其同盟残酷较量的局面，前者想全力扫除既有革命成果，而后者则尽力维护1789—1814年间取得的改革成效。路易十八就正好处在两者之间，他从本质上对极端保皇派抱有同情，但同时也清楚认识到任何想要扫除革命成果的尝试都会损害他的政权。于是，《1814年宪法》横空出世，这是一部新的宪法，是路易十八带给人民的“礼物”，因为这部宪法认可了大革命所取得的成果。值得注意的是，这部宪法保障了法律面前人人平等的原则和《民事法典》中规定的拘留权。此外，1814 年宪法承认了大革命期间私人购买的所有国有和教会土地的产权，也保留了拿破仑的宗教协定和宗教宽容原则。

这部宪法没有规定真正的掌权方，这也是被很多政治理论家争论的问题。在这些政治理论家之中，有人捍卫绝对君权，有人支持人民主权，他们相互辩驳、斗争，已经偏离了理论的层面。他们的争论涉及很多方面，尤其是两议院的权力问题：参议院的成员都是通过家族承袭而来的，而众议院的成员是根据严苛的财产要求选举出来的。那么，两议院与国王之间是怎样的一种关系呢？国王及其大臣掌握了行政权，但立法权却并没有很明确地掌握在议院手中。国王（或其下属官员）有绝对的权力来启动立法程序，而议院只有通过向国王请愿才能立法。根据宪章规定，议院可以驳回国王提出的法案，但只能在得到皇室允许的情况下修改法案。此外，官员的地位也并不明确。依据宪章，大臣从属于国王，是国王的官员，负责执行国王的政策。宪章中也没有提到大臣必须要代表主要的立法部门。然而，事实上，1815—1830 年间，除 1815—1816 年和 1829—1830 年外，首席大臣都代表了众议院大多数人的观点。因此，大臣负责制被逐渐建立起来，即便这一体制从未公开得到国王的承认。

法国波旁王朝复辟期间，一些基本的政治体制形成了，一大批政治家也获得了很多有价值的政治经验。然而，法国社会的根本问题还是没有得到解决，因为波旁王朝复辟后，面对恢复皇室传统的呼吁和革命带来的人民主权思想，统治者未能找到一种行之有效的折中办法。所以在 1830 年，该政权最终因为这个问题走上了失败的道路。

波旁王朝的复辟持续了十五年时间，而这十五年可以被分成三个政治阶段。第一个阶段只有一年时间（1815—1816），期间，两所议院被控制在极端保皇派手中，他们在众议院中赢得了多数席位，意图摒弃许多从革命时代和拿破仑时期继承而来的制度，将没收而来的财产还给革命前的所有者，这些做法使得国王和温和保皇派官员陷于尴尬的境地。实际上，虽然极端保皇派的确设立了特别法庭来起诉波拿巴主义者和革命者，宣称他们犯了叛国罪，但这一派的目的几乎未能实现。甚至在选举出由极端保皇派控制的众议院前，一种保皇派主导的非官方白色恐怖就在法国南部蔓延开了。这件事发生在 1815 年夏天，与 1793—1794 年出现的恐怖氛围颇为相似。昂古莱姆公爵路易·安托万·德·波旁（Louis Antoine de Bourbon，1775—1884）是国王的侄子，曾因拿破仑逃离厄尔巴岛的事组织了一支军队，那时，这支军队的残余势力就和保皇派的志愿者队伍四处逮捕、收监甚至屠杀了成百上千的人，因为这些人被怀疑支持雅各宾派或波拿巴主义者。从马赛到普罗旺斯和郎格多克的其他地区，白色恐怖四处蔓延。很多受难者涌向了尼姆和加尔省的政府机关，这些受难者中有很多被天主教保皇派怀疑对波旁王朝不忠的新教徒。表面上看，这场白色恐怖似乎不是由王朝复辟引发的，也不是其主导的，但政府官员还是要寻求其他的自保途径，因为保皇派利用治安人员展开清洗行动。那时，路易十八认识到保皇派的所作所为就是离间王室和国家，这会导致一种极端局面的出现，所以他在 1816 年 9 月解散了众议院，要求进行新一轮选举。

1816—1820 年间，组成新议会的主要是温和保皇派成员，这些成员支持由黎塞留公爵（duke of Richelieu，1766—1822）及其继任者埃利·德卡兹公爵（Duke Élie Decazes，1780—1860）领导的政府部门。除了经常遭到极端保皇派和自由主义者的言语攻击，第二段复辟时期还算是相对平静的一段时期。新的选举法在一定程度上扩大了选举权，尽管当时在 3000 万人口中仍仅有约 10 万人拥有投票权。

1820 年，这段平静时期被打破了。西班牙、葡萄牙和意大利革命爆发，导火索是路易十八的侄子贝利公爵（duke of Berry）被刺杀，而且据说他是波旁王朝最后一代继承人。（刺杀者的目的是把波旁王朝推向终结，但这一目的还是落空了，因为贝利公爵的遗孀那时已怀有身孕，之后产下了一名男性继承人。）虽然此次暗杀是个别狂热分子的行为，但极端保皇派还是归罪于国王的大臣埃利·德卡兹公爵，指控他在对待敌对阵营方面有所松懈。国王为此承受了很大压力，这让他被迫免去德卡兹的职务而任用了一名新大臣。这次事件开启了法国复辟时期的最后阶段，而反对势力在这一阶段不断壮大，一直持续到 1830 年。期间，国王在政府中的角色较为弱势，主动权也逐渐地转移到其弟阿图瓦伯爵手中，而阿图瓦则在 1824 年路易十八死后继位成为查理十世。

贝利公爵被刺一事被人用来作为限制新闻的借口，同时也用来修正选举法，从而损害资产阶级利益、扩大土地贵族影响力。1822—1828 年间，在维莱尔伯爵（count of Villèle，1773—1854）控制下，极端保皇派最终得以推动有助于自身利益的立法进程。比如，1825 年《赔偿法》（*Law of Indemnity*）规定对在大革命中失去土地财产的贵族给予赔偿，而这些贵族在此期间都已移民。然而，这项措施对站在反对立场上的资产阶级成员造成了双重打击，因为他们是政府债券的主要持有者，一旦要支付赔偿款，债券利率就会降低。尽管《赔偿法》最终结束了关于革命时期土地处置方式的争议，但在 1825 年时却并不被看好。

查理十世的主要统治特征之一就是建立了王权与宗教的密切联系。1825 年的《亵渎神明法》明确对冒犯神明的行为和从教堂偷盗神圣物品的罪行施以死刑。这部法律引起了很多人尤其是自由主义者的反感，因为它用一种怀念旧制度的方式让整个国家都为教会服务。大学是拿破仑建立的国家教育机构，维莱尔为此也想尽办法削弱大学的作用，其方式就是任命主教为大学校长，同时裁撤很多坚信自由主义的教师。与此同时，在国家教育体系之外，他还积极推动天主教神学院的发展。这些神学院表面上是为了培养教士，但实际上它们是要和公立中学争抢生源。最终，虽然法国明令禁止耶稣会，但政府还是公开支持耶稣会成员在天主教会学校任教。事实上，自由主义者认为耶稣会成员已经渗透到了社会的方方面面，而且在秘密执行政府计划。

在维莱尔的执政下，教会势力得到了极大扩张，这导致了反对力量不断增长，如《宪法报》（*Constituionnel*）和《辩论周刊》（*Journal des Débats*）这样的报纸在这一过程中发挥了一定作用。1827年，一个名为“自助者天助”（*Aide-toi, et le ciel t'aidera*）的自由主义政治团体成立了，这一政治团体的目的是阻止政府官员篡改选举名单和传播自由主义理念。那时，之前支持当权政府的人开始转变立场而支持反对力量。很多富裕的银行家和生产商本来就反对立法支持贵族和教士，现在他们的数量也增长了。

1827年，查理十世犯了一个大错：解散众议院，召集新一轮选举。大部分温和保皇派成员因此重回政坛。这时，依照部门责任制原则，国王就只能选用温和派的马蒂尼亚克子爵（viscount of Martignac，1778—1832）来取代维莱尔。马蒂尼亚克放松了对新闻媒体的限制，解雇了行政部门中那些臭名昭著的反动的极端保皇派成员。然而，马蒂尼亚克从激进和自由两种极端的层面清理行政部门，使得该行动处于比较艰难的境地，也为国王在1829年撤除他的职务提供了借口。之后，国王任命波利尼亚克亲王（prince of Polignac，1780—1847）为首相，这一举动是对议院愿景的公然蔑视。波利尼亚克曾在1816年拒绝宣誓支持宪章，是最具恶名的极端保皇派分子，因此无法对众议院的多数成员施加命令。

从这时起，摆在法国面前的似乎只有皇室专制和革命两条道路。1830年春天，议院的主要成员开展了一次反对波利尼亚克政府的抗议活动，但这仅仅促使国王解散了议会并召集新的选举。然而，国王此举却造成更多人站在反对立场。因此，面对反抗自己的议院，查理十世决定要占得先机。在新一届议院形成前，他颁布了名为“七月敕令”（*July Ordinances*）的系列法令。这些法令解散了新选举出来的议会，建立了不同的选举制度，肆意剥夺富裕中产阶级的投票权，还对新闻媒体施行僵化刻板的审查制度。尽管国王宣称是宪章赋予了他宣布这些法令的权力，但在反对派看来，他颁布七月敕令是背离宪章的表现。于是，七月敕令的施行导致了一场反抗暴动——1830 年的七月革命。

七月革命几乎没有涉及任何暴力行为，这种现象在一定程度上是因为政府当局未能料到革命会爆发，所以没有做好抵制准备。巴黎发生了一些对抗冲突事件，但都在三天内就结束了。这场革命是 7 月 26 日开始的，当时七月赦令的公布促使人们自发组织游行活动。接下来的一天内，失业工人、大学生及一些共和主义倡导者联合起来，在巴黎街上设置了街垒，以此来阻止政府军。7 月 28 日，反抗者占领市政厅，升起三色旗。那时，正在圣克卢狩猎的国王传旨收回敕令，解散当局政府，但这一切都太晚了。由于担心共和主义者会夺取政权，一群从 26 日就开始碰头的自由主义者领袖宣布建立临时政府。这些自由主义者支持建立君主立宪制政体，于是提议将王位让与查理十世的侄子——奥尔良公爵路易 · 菲利普。于是，那些对查理十世不满的君权主义者很自然地转而支持这位公爵。法国大革命第一阶段，路易 · 菲利普就一直在国内对抗革命军，而在

1793 年早期他就被流放了，此外，他还公开表示过支持自由主义。最初，菲利普有些迟疑，因为合法的国王并未放弃王位，但他还是同意出任“摄政官”（lieutenant general）一职，直到继任者出现。于是，经历过美法两国大革命的拉法耶特侯爵同意担任国民自卫军总指挥，他同时也是巴黎共和主义军队的非正式领袖。7 月 31 日，戏剧性的一幕出现了：菲利普进入首都巴黎、沿街游行；街道两边站着很多工人，他们一声不响、闷闷不乐，一直看着菲利普抵达市政厅。菲利普与拉法耶特在市政厅内会面，然后他们肩扛三色旗，同时出现在了喧闹的人群面前。此前，拉法耶特相信菲利普会坐在

《突袭卢浮宫》，让·路易·贝扎德绘，记录了1830年7月29日的瑞士守卫大屠杀事件。

"被共和国机构围绕着的王座上"。之后，查理十世宣告将王位让与其孙波尔多公爵，但这未能改变局面。紧接着，之前的众议院成员重新聚集，正式决定将王位授予菲利普公爵。查理十世别无选择，只能被流放英国。短短几天内，新任国王认可了修订过的《宪章》。在这版《宪章》中，开头的序言部分被删除了，因为序言里有内容提到这份文件是国王赋予人民的"礼物"。与之不同的是，菲利普的头衔"法国人民的国王"表明了他是在人民的拥护下登上王位的。至此，随着七月革命结束，波旁王朝复辟也走到了末路。

路易·菲利普与七月王朝，1830—1848

参加过七月革命的人看起来像是进行了一场真正的革命，但从王朝更替的角度来看，法国宪法经历的变化还是相对轻微的。路易·菲利普身为"人民的国王"，本应承认人民主权原则，但事实上他却从未完全接受这一原则。经过一些小修小补后，《1814 年宪法》保留了下来，但投票权仍限制在掌握实际财富的人手中。当时的法国有 3000 万人口，而拥有选举权的人的数量仅仅从之前的 10 万增加到了 17 万。即便如此，七月革命仍旧代表了上层资产阶级对旧贵族的最后胜利。毕竟，资产阶级的代表曾帮助新国王走上王位，而在此后，这些资产阶级成员就在新的政权中占据了有利地位。他们的胜利在宪法中的体现，就是参议员的任命依据将不再是承袭，而仅仅是其生活经历。部分自由主义贵族成员继续在新政府工作，但其实大部分贵族都对新政权持藐视态度，他们选择退休，回到巴黎市郊的圣日耳曼，那里有他们在乡下的房产。

路易·菲利普政权经常被贴上“资产阶级王朝”的标签。中产阶级是这一政权的主心骨，正因如此，菲利普政权才会显得如此单调乏味、崇尚实际。国王本身也表现出这个阶级所倡导的品质：节俭、克制、兢兢业业。在七月王朝的统治下，资本主义社会表现出的种种缺陷可以在巴尔扎克（Honoré de Balazac，1799—1850）的小说中一窥究竟，这些缺陷着实令人震惊，但不排除有夸张的成分。巴尔扎克创作了《欧也妮·葛朗台》（*Eugènie Grandet*）、《高老头》（*Le Père Goriot*）和《贝蒂表妹》（*Cousin Bette*）等作品，都属于《人间喜剧》（*Comédie Humaine*）的一部分，他借由这些作品展现了一个纸醉金迷的社会及其影响力。在所有的社会阶层中，巴尔扎克发现了人们的欲望、贪婪和腐化，这些都会损害人与人的关系，这一现象在他本身所处的资产阶级中尤为明显。政府颁布了很多有利于富裕生产商和生意人的政策，但对小资产阶级和巴黎工人阶层来说，情况就不同了：一开始，他们都对新政权抱有极大热情，但之后就放弃了。因为前者仍被排除在政治权力之外，而后者即使在1830年革命中贡献卓著，却还是未能得到应有的重视。因此，在很大程度上，七月王朝的历史就是这些群体对新政府的不满持续积累的历史，他们对政府的抗拒也在不断增强，并且在1848年革命中达到了顶峰。

参议院的上层资产阶级也对新政权应何去何从莫衷一是。当时，弗朗索瓦·基佐（François Guizot，1787—1874）领导的团体被冠以

“右翼中心”之名，也就是后来的“抵抗派”（Party of Resistance）。他们认为法国的政治局面已经达到了完善的阶段，这一阶段有着平衡的体系，王室、贵族，以及从有产阶级中选举出来的代表各司其职、各谋其位。若那些被排除在政治权力之外的人想参与政治，就只能“变得富裕”（据说基佐时常提及这一点），如此，他们才能享有投票权。既然法国已经处于完善的阶段，那么制度上的进一步改变也就不必要了。与此同时，当时还存在着以阿道夫·梯也尔为代表的左翼中心，即“运动派”，而梯也尔身为一名政治家，其政治生涯也在19世纪步入了一个上升期。“运动派”认为1830年革命仅仅是法国政治发展过程中的一个阶段，其选举基础还应逐渐扩大。一开始，这两派势均力敌，谁也未能压过谁，但在1840年，右翼中心（依靠国王支持）占据了上风。作为首相的基佐，在国王执政的最后八年里成功地压制了众议院中的反皇势力。

然而，议院之外的反皇势力依旧强大，尤其是在新政权建立的初期。这些势力的来源很广。正统主义者仍然保持着对旧王朝的忠诚，期待其继承人有朝一日可以实现复辟。因此，当时出现了很多波拿巴主义者，而且拿破仑的传奇事迹也一直在法国人中传扬。年轻的新一代认为拿破仑王朝开疆拓土、居功至伟，这让他们感到激动和兴奋，因为年轻人可以得到实现英雄主义理想，得到无上荣耀的机会，所以他们倾向于反对单调拜金的社会和路易·菲利普倡导的谨慎的外交方针。司汤达（真名亨利·贝尔，1783—1842）的小说就反映了后拿破仑时代的人们对拿破仑的热爱和敬仰。他主要的作品中，仅有《吕西安 · 娄万》（*Lucien Leuwen*）是以七月王朝为时代背景的，但《红与黑》（*The Red and the Black*）和《帕尔马修道院》（*The Charterhouse of Parma*）的主人公都是生活在波拿巴时期的，司汤达认为他们体现了那个时期的活力、智慧和愿望。

1832 年，拿破仑之子莱希斯塔德公爵（duke of Reichstadt）无后而终，这暂时削弱了波拿巴主义者的势力。最初，有人认为应立拿破仑之侄路易 · 拿破仑为莱希斯塔德公爵的继承人，但这并未得到太多支持。然而，在 1836 年和 1840 年，这位年轻狂徒两次试图夺权，但其计划漏洞百出、荒谬可笑，因此很快被政府击溃。第二次计划失败后，路易 · 拿破仑被捕，经过一番审判，被判终身监禁，但他在 1846 年逃到了英国并且一直在那里待到了 1848 年。

其实，对七月王朝形成潜在威胁的似乎只有支持建立共和国的人。1830 年时，他们的数量还比较少，主要是大学生和下层资产阶级的年轻激进分子。最初，他们接受了新政权，但很快意识到新政权并不能满足他们的愿望，于是就开始重新宣传共和思想，建立更多秘密社团，此外，他们还从那些对新政权不满的人中吸纳新成员。如果其目标不是推翻新政权，他们的计划算不上极端。他们号召扩大选举权、提高众议院成员薪资，并且实行免费公共教育。

鉴于对新闻出版的审查制度是 1830 年革命攻击的目标之一，七月王朝一开始就给予新闻行业很大的自由权。因此，人们纷纷对政治问题展开评论和批判，呈现井喷之势。那个时期，对政治和社会领域的讽刺被很多人用来作为强大的武器，讽刺画家奥诺雷 · 杜米埃（Honoré Daumier）和查尔斯 · 菲利蓬（Charles Philipon）是其中比较杰出的两位。菲利蓬创作了讽刺国王路易 · 菲利普的漫画：他把国王的头画得像一只梨，这受到了很多人的欢迎。从反对派的报纸上，就可以看出人们对这幅漫画的讽刺含义非常明了，因为他们用法语说“梨”的时候，听的人都会明白是指什么。不久后，政府（和国王）对这种情况无法再容忍下去，于是采取了一系列措施来压制反对派新闻界的激进行为。在维护新闻限制措施的过程中，政府将公共游行和暴动都归咎于新闻界对新政权的攻击。此外，政府还认为，这些攻击导致国王数度涉险，几乎丧命。[3]

1830 年的法国工业革命仍处于萌芽阶段，还未出现成规模的无产阶级。然而，19 世纪 30 和 40 年代法国的工业发展迅速且集中在几个地区，这促使城市工人阶级发展壮大。和英国相比，那时法国工厂的环境恶劣，有的甚至更差。法国北部纺织厂里的妇女和儿童每天都要工作 15 个小时。由于家里和工厂的卫生条件都很糟糕，各种传染病频繁发生，尤其是在儿童中。很多工人都在温饱线上挣扎，周期性的经济危机又导致了暂时失业及由此带来的种种苦难。和英国不同，法国并没有采取实际行动来限制厂矿条件。由于资产阶级牢牢地把握着权力，政府实行的不干涉政策没有遇到任何大的阻力。政府在法律文件中做出了一些改变，比如 1841 年通过了一

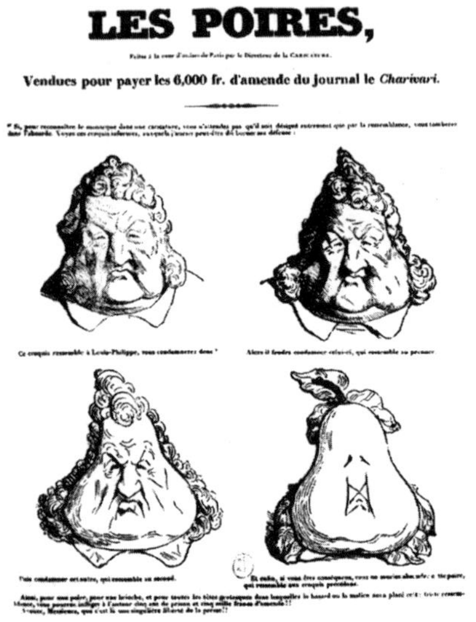

查尔斯·菲利蓬画笔下的路易·菲利普，这位国王的头被逐步画成了一只梨。之后，有些报纸也采用了这一形象，甚至街头的顽童也开始用粉笔在墙上写“梨”这个字。

部关于儿童劳动问题的法律，但这些改变都没有得到有力的贯彻。在这样的情况下，法国工人阶级运动处处受限。

七月王朝时期，法国第二大城市、同时也是丝织业中心的里昂在 1831 年和 1834 年分别发生了工人运动，与众多运动相比，这两次运动算是比较有意义的，其产生的反响也显而易见。当时的丝织业发展得比较好，所以这一行业的工人有一定的阶级意识，而且可以接受政治和社会改革。第一次运动是因为工人对低薪酬不满而大规模自发组织起来的。但在 1834 年的运动中，可以明显看出工人和共和主义秘密团体之间已经开展合作，发动更为普遍的抗议活动了。然而，两次运动都被政府军队镇压了下去。第二次运动中，工人在里昂抗争了五天时间。期间，面对来势汹汹的反抗者，政府不得不轰炸城市的很多区域，这才使运动平息下来。里昂工人运动是法国大革命以来最重要的起义运动，标志着工人阶级开始联合共和主义者反抗七月王朝。1834 年，工人运动发生一个月后，共和主义者在巴黎发动了一次起义，但未能取得成功，反而导致政府军队对其进行残酷的报复。杜米埃在他著名的石版画《唐斯诺南街的屠杀》（*Rue Transnonain*，1834 年 4 月 15 日）中记录了这次事件，描绘了政府暴力袭击下的众多受难者。在这幅画中，人们可以看到一位身着睡衣、头戴帽子的父亲，他躺在床脚边，身上有刺刀的伤痕。

《唐斯诺南街的屠杀》，杜米埃绘于1845年4月15日。

起义运动平息后，很多共和主义激进派领袖都被逮捕和审判，这样一来，共和主义反抗势力全都被迫转入地下。起义运动和刺杀国王事件为政府提供了施行 1835 年《九月法令》（*September Laws of 1835*）的借口。该法令对新闻实行严格的限制规定，出版业也遭到精简。此外，该法令加快了对那些被控犯叛国罪的人的诉讼程序。《九月法令》可以说是七月王朝历史上的一个转折点：它虽未能终止人们批判政府，但却极大地限制了批判观念的蔓延。遏制住新闻出版自由的势头等于掌握了安全的阀门，新政权在其最后的数年时间内保持着持续的高压政策，这种现象直到 1848 年革命爆发才终结。

对七月王朝的掌权者来说，可能他们最应该被指责之处就是没有真正理解地下起义和游行运动。共和主义者寻求更广泛的政治代表权，而工人阶级要求改善社会条件，但掌权者都拒绝接受，并且对人民发动的暴乱都置之不理。弗朗索瓦·基佐在 1840—1848 年间担任法国总理，对七月王朝的溃败负有主要责任。尽管基佐是一名杰出的历史学家，也是 1830 年革命运动的发起者之一，但从他的表现来看，他似乎未能真正理解在任期间出现的反动活动。当时，法国社会出现了重大经济变革，但他却采取一种几乎一成不变的政策，拒绝任何形式的变革。他在外交领域奉行不作为的方针，认为和平才符合法国自身利益，缺乏冒险精神，因此，法国在国际舞台中的形象就是死气沉沉的，这也导致新政权未能赢得多数人的支持。在经济问题上，新政府在 1842 年首次提出了建设国家铁路网的计划，还要为承建的私人公司提供补贴，尽管如此，基佐还是保留了一开始就受到七月王朝支持的不干涉政策。虽然国内工人处处受到虐待，但基佐还是没有采取任何举措来控制或改善工人的工作条件。他特别擅长操控选举，对选举出的代表进行腐化，还善于在选举活动中投机取巧，因为这些代表和活动有助于他在众议院中保有大部分的支持者。他的方式有三种：精心选择选举活动的举办时间，挑选选举人会面的城镇，以及向他们许诺提供最好的资助。于是，通过这三种方式，他得以获得大多数人的支持。为保证选举出的代表一直支持自己，他为这些人提供了众多政府职位，而且这些职位都是有利可图的，只要他们还在议会中，就可以把持基佐提供的职位。其实，上述政治手段或多或少地都被用在议会政权中，但基佐对这些手段的使用有些过分了，这使得代议体制变成了一场闹剧。基佐的做法产生了很多后果，其中最严重的就是让国王和政府无法体察到真实的民情。在议会中，小部分的代表会针对选举改革一遍遍地提出议案，但这些议案都会被唯基佐马首是瞻的多数人拒绝，甚至置之不理。此外，基佐等人也不会把清除由部分议员组成的小集团当一回事。议会中的自由改革派对基佐的失望与日俱增，于是决定采用非议会措施来实现最终目标。1847—1848 年冬天，他们在面向全国的宣传运动中举办了多场选举晚宴，这有助于选举改革，从而推动了 1848 年革命的发生。

1830年革命的国际反响

1830 年七月革命对法国造成了很大影响，这激发了比利时和波兰的起义浪潮，此外，一些意大利和德意志国家也出现了同样的情况。这些起义运动加大了大国间的外交压力，考验着欧洲各国议会的应对能力。其中，比利时反抗荷兰统治行动的成功第一次挫败了 1815 年在维也纳订立的欧洲领土协议。1830 年出现了很多包括波兰反抗运动在内的其他政治暴动，但这些运动都被证明无法颠覆已经建立的统治秩序。

比利时独立

1815 年，荷兰兼并比利时，以此作为防御法国的一道屏障，但比利时人从未在心里接受过这种合并。事实上，当时比利时的人口比荷兰要多 200 万到 350 万。两国在传统、语言、宗教和经济利益上有很多不同，这使得两国人民间的关系变得很紧张。那时，荷兰独立已有两百年之久，其人民为此感到非常自豪，于是他们对比利时人抱有轻视的态度，因为比利时之前从属于西班牙，之后从属于奥地利。国王威廉 · 奥兰治（William of Orange）施行的政策进一步加剧了两国人民之间的矛盾。比利时的天主教当时处于主导地位，而在并入荷兰后，国王要求所有宗教一律平等，这引起了比利时天主教徒的不满。此外，荷兰规定要把荷兰语作为比利时的官方语言，除讲法语的瓦隆区（Walloon）之外的其他地区都要说荷兰语，这引起了佛兰芒人（Flemings）* 的不满，因为他们的方言和荷兰语非常不同。实际上，在该王国中，南北方的经济是互为补充的，南方省份的工业和农业产品在北方商业中心拥有广阔市场，但比利时的制造商还是认为荷兰的关税制度并不足以保障他们的工厂利益。

在比利时，反对荷兰的势力主要集中在两个群体，那就是牧师和自由主义者，但他们的观点时常出现分歧。自由主义者痛恨当时的宪法，因为该宪法规定荷兰议会选举出的代表人数和比利时的一样，但比利时的人口却几乎是荷兰的两倍。他们批评国王对议会采用的高压手段，而且对国王经常忽视大臣意见心存不满。此外，他们还抗议政府迫害反对派新闻人士。牧师则对创建公立中学心怀怨恨，同时反对政府通过监察的方式对独立学校（即牧师学校）进行操控。1828 年，自由主义者和牧师决定搁置分歧，共同组成一个“党派联盟”（union of parties）。该联盟统一部署，要求还新闻以自由、还教育以自由，还要求政府官员承担应负的职责。然而，这两个群体都没有想过要推翻王朝统治，不仅如此，他们还希望就在现存政权内实现其提出的要求。

法国七月革命的胜利加剧了比利时对荷兰的不满。此外，当时出现的暂时性经济下滑导致比利时大城市的工人阶级生活异常艰难。但实际上，比利时暴乱的导火索是一场歌剧演出。当时，欧仁·斯克里布（Eugène Scribe）和丹尼尔·奥柏（Daniel Auber）

* 比利时佛兰芒人主要住在该国西部和北部，人口约600万。佛兰芒人母语为荷兰语，也是比利时官方语言之一。——译者注

创作的有关那不勒斯叛乱的歌剧《波蒂契的哑女》(*La Muette de Portici*)在布鲁塞尔上演，引起轰动。之后，众多学生离开剧场，大喊“打倒荷兰！”“打倒政府！”很快，学生暴动就演变成了反叛运动，紧接着这些运动扩散开来。面对这种情况，国王派遣军队到布鲁塞尔平息叛乱，但三天苦战后，这些军队全都被迫撤退，于是这座城市就掌握在了叛乱者手中。当年 10 月，临时政府成立，国民议会召开，为新的比利时政权起草了宪法。

鉴于比利时独立违反了 1815 年决议，荷兰国王威廉向各大国求助，意图重新建立他在比利时的权威。很快，俄国沙皇尼古拉就对此事进行干预，而且他似乎得到了梅特涅和普鲁士国王腓特烈·威廉三世的支持。然而，刚刚摆脱自身革命困局的法国人同情比利时的独立事业，希望这可以帮助法国扩大在该地区的影响力。虽然英国新任辉格党外交大臣帕默斯顿勋爵(Lord Palmerston)并不支持比利时的反叛运动，但还是认为这场运动是无法被颠覆的。此外，考虑到英国在比利时的传统利益，帕默斯顿并不急于看到来自东部强国的军队进驻这一地区。

1830 年 11 月，欧洲各大强国的代表在伦敦聚集，商讨应对比利时危机的办法。那时，波兰起兵反抗俄国统治，这使得沙皇尼古拉不得不从比利时事务中抽身，为应对俄国发生的革命运动，沙皇只能把主要精力从荷兰转移出去。奥地利和普鲁士都担心波兰出现的反叛运动会扩散开来，从而使波兰人只能退居到本国国界之内。1831 年年初，意大利出现的反叛运动让梅特涅忙得不可开交，无暇顾及比利时。从最终结果来看，俄国、普鲁士和奥地利在解决比利时事务方面都只起到了很小的作用。英法两国宣称将比利时设为中立国，并表示该国将得到欧洲强国的永久保护，如此一来，其他国家也接受了这一协议，在事实上承认了比利时独立。

比利时反叛运动的成功解决，表明欧洲强国可以搁置尖锐冲突、通过合作的方式来应对棘手的外交危机。其实，俄国和奥地利当局可能更愿意接受帕默斯顿勋爵对比利时事务的解决办法，因为英法在面对波兰和意大利诸国反叛运动时遇到很多限制因素。英国下议院和法国众议院的自由主义者代表从波兰人民和意大利人民的立场出发，向本国政府发出了热情激昂的请求，要求对比利时事务进行干预，但两国政府都没有认真考虑过支持叛军，反对俄国和奥地利。1830—1831年间，各大国都在尽力收敛，防止做出任何可能引发全欧战争的行为，因为这样的战争会动摇他们的统治，助长国内的革命势力。

1830—1831 年波兰起义

1815 年维也纳会议后，波兰成了在俄国霸权之下的一个半自治国家。1818 年，为向这个新附庸国示好，沙皇亚历山大一世授予波兰一部宪法——这是当时欧洲最为自由的宪法之一。这部宪法保障了个人自由，包括言论自由和新闻出版自由，而且规定在广泛的公民权基础上进行议会选举。此外，波兰还被允许保留自己的军队和行政人员，而波兰语也仍然是官方语言。

然而，维也纳议会召开后的十年内，亚历山大的政治态度变得越来越不自由，时常与波兰方面发生冲突。事实上，波兰人的自治是受限的，而且建立议会的要求也遭到了康斯坦丁（Constantine，1779—1831）的阻挠。康斯坦丁是亚历山大大帝的弟弟，他操控着波兰军队，经常干预波兰内政。与俄国人或那些俄国附属地区的波兰人相比，“波兰会议王国”（Congress Poland）的居民算是生活得比较好的。但沙皇侵犯了波兰宪法，加上1815年后波兰民族情绪的复苏，这些都使他们即便在亚历山大的统治下也仍然躁动不安。1825年，尼古拉继位，波兰人和俄国人之间的关系日趋紧张。1830年11月，有谣言称沙皇要派遣一支俄国和波兰的联军前往法国和比利时去镇压那里的革命，于是在很多大学生的支持下，一群年轻军官在华沙发动叛乱。

起初，参与叛乱的人只有一小部分，但康斯坦丁大公的离开揭开了建立临时政府的序幕，而这个临时政府是由波兰土地贵族主导的。如果波兰人联合起来，这一场革命就可能获得成功，因为他们掌握了一支训练有素的军队。然而，经过初期胜利，这些革命者却分成了白色和红色两派：白色派是由封建贵族组成的，他们想尽量与沙皇和解，以求得温和的改革；红色派是由更为激进的贵族组成的，他们反对任何形式的妥协。占据人口绝大多数的农民并不支持叛乱，因为他们长期遭受这两派地主贵族的剥削。波兰叛军对他们在法国或英国的代表寄予厚望，希望他们能加以干预，而这两国的自由主义者也在为波兰的独立事业大声疾呼，但两国政府都不愿采取行动。

的确，波兰人赢得了一些初期的胜利，但在1831年9月，俄

1830—1831年的起义运动中，被蒙住双眼的波兰反抗者受到俄国军官的审问。

国人占领华沙，结束了这场叛乱。尼古拉采取了无情而残酷的报复措施：撤销由亚历山大赋予的宪法，数千波兰人被处死或被放逐西欧。另外，从那时起，波兰就受到军队的独裁统治。

中欧的镇压

复辟时期，从北部波罗的海到南部西西里岛，中欧的众多民族都处在哈布斯堡王朝或其主要代理人克莱门斯·冯·梅特涅亲王的统治下。奥地利首相在各处都有着密使和间谍，他们不断把情报送往维也纳，这些情报反映了自由主义或颠覆活动的迹象，而这些迹象可能会影响当时的社会局面。从实际情况看来，1815 年后的数年时间里，活跃的反抗势力只出现在一小部分大学生、军官、自由主义贵族及商人当中。构成人口绝大部分的农民对政治问题毫不在意，他们的怨恨和不满原本就针对地主，而不是政府。19 世纪 30 和 40 年代，工业化并没有崛起的迹象，而且只在莱茵地区和意大利北部有零星分布，但那里并没有数量庞大的资产阶级群体，因此也未能形成对自由主义反抗势力的领导力量。

很多时候，存在于中欧的反抗势力既像是民族主义者又像是自由主义者，梅特涅并未对这两者做出清晰的区分，或者也可以说那些打破当时社会局面的人也没有对其进行清楚的区分。在奥地利，为了在学校和政府机关更多地使用本民族语言，非德意志民族的代表通常会以命令的形式来调动民族主义情绪。在意大利和德意志国家，“民族主义”就意味着摆脱奥地利控制，获得民族自由的愿望，同时也代表着把众多单独民族联合起来的举措。然而，面对这些趋势，梅特涅采取的应对措施都是一样的。当时的各种社会机制之间维持着微妙的平衡，而这些趋势被当作对这一平衡的威胁而遭到残酷镇压。梅特涅深信任何尝试打破平衡的行为都会导致整个局面的崩溃，尤其是在奥地利帝国内部。如果奥地利首相的目的是维持社会秩序、防止过度波动，那么其政策在 1815—1848 年间的较好阶段确实起到了很大的作用。即便如此，由于未能直面哈布斯堡王朝存在的真实而又复杂的问题，加上对德意志和意大利不断增长的民族主义采取扼杀手段，梅特涅所做的仅仅是将革命的爆发推迟到了1848年。

德意志邦联，1815—1832

德意志邦联的建立是在维也纳会议上决定的，该邦联最初由39个国家组成，后来这些国家中有一些合并在了一起。奥地利和普鲁士是其中最大最强的成员国，这还不包括它们拥有的非德意志领地。德意志邦联比较松散，连接各个国家的机构是一个邦联议会，或者说联合会，这个组织是由各个成员国领袖任命的代表组成的，与会地点在自由城法兰克福。事实上，这个议会并没有起到什么作用，特别是在邦联对其决议不予实施之后。很快，梅特涅就控制了邦联，其影响力遍及德意志诸国。虽然梅特涅最初将邦联视为抵御法国或俄国侵犯的一种联盟，但实际上这个组织被用来镇压整个德意志的自由主义运动。

其实，这39个国家中，不是所有政府都像奥地利政府那样反动。在拿破仑时代后期，这些国家都向其臣民承诺要实施宪法，而大多数的领袖确实做到了这一点，即使梅特涅对此持反对态度。在所有实施宪法的国家中，有南德意志的中等规模国家——巴伐利亚、维滕伯格及巴登，此外还有很多较小的公国。与法国宪章相似，这些宪法都没有承认人民主权原则，的确，投票权对土地贵族和掌权官僚来说是很有分量的。只要联合会被选举出来，其成员的作用就仅仅限于批准由统治阶层提出的法律条例。

起初，整个德意志的自由主义者都对普鲁士寄予厚望。国王腓特烈·威廉三世不仅在滑铁卢事件之前对其臣民做出了施行宪法的承诺，而且在1807—1814年间同意实行了一系列改革方案，这使得普鲁士似乎成为众多德意志国家中较为进步的一个。海因里希·弗里德里希·卡尔·冯·施泰因男爵（Baron Heinrich Friedrich Karl Reichsfreiherr vom und zum Stein，1757—1831）在1807—1808年间任普鲁士首相，他首先推行了这些改革方案。1808年，由于拿破仑向普鲁士国王施压，施泰因的职务被解除了，但他的继任者却执行了其改革方案。在这些继任者中，最重要的一位便是卡尔·奥古斯特·冯·哈登贝格男爵（Baron Karl August von Hardenberg，1750—1822），他后来被封为亲王，从1810年直至去世，他一直担任普鲁士首相。施泰因和哈登贝格认为，普鲁士要从拿破仑战争的失败中走出来，就只有依靠实行一系列的政治和制度改革，而且，从很多方面来看，这些改革都与法国在大革命期间实行的改革很相似。1806年，普鲁士在耶拿战争中失败，这对普鲁士来说是一个耻辱，据说这场战争后，哈登贝格对国王说道：“陛下！我们必须要像法国实行自下而上的改革那样实行自上而下的改革了。”哈登贝格推行的改革为公民带来了更多的政治参与机会，普鲁士得以推动新的爱国主义精神的形成。

废除农奴制是其中一项很重要的改革，即使地主仍旧对庄园中的农民拥有管辖权。在改革中，很多较为僵化的阶级差异被消除了，这使得非贵族可以购买那些以前限制在贵族手中的土地，而且贵族成员也被允许参与贸易。1808 年，施泰因颁布了《自治条例》（*Municipal Ordinance*），这项条例规定自治政府可以允许其城镇通过当地委员会和受薪的地方法官管理当地事务。1809—1810 年，威廉 · 冯 · 洪堡（Wilhelm von Humboldt，1767—1835）担任普鲁士教育司司长，他对教育体制进行改革，使得更多阶层的子女有机会进入中小学学习。除此以外，洪堡还推动了 1810 年柏林大学的建立。这所大学秉持人道主义教育理念，吸引了众多知识分子，他们聚集在那里，为了让普鲁士摆脱外国控制、实现重建和解放而努力。最终，在格尔哈德 · 冯 · 沙恩霍斯特（Gerhard von Scharnhorst，1755—1813）和奈特哈特 · 冯 · 格奈泽瑙（Neidhardt von Gneisenau，1760—1831）的推动下，普鲁士军队进行了一系列改革，消除了对入伍军人的暴力惩罚措施，推动了在军官中实行依功劳擢升的制度，而且还全面引入了征募制，普鲁士得以拥有真正的国家军队。此外，步兵和炮兵受到了重视，这削弱了普鲁士军队中传统和封建的因素。

施泰因和哈登贝格都曾期望在改革计划的高潮时期能创建立法议会，而国王承诺要施行宪法一事似乎让这个期望有了实现的可能，因为如果施行宪法，则能够建立某种程度上的代议制政府。然而，并没有任何宪法得到施行。1817 年，国王建立了一个由亲王、大臣、部长和军队司令官组成的国务委员会。1823 年，腓特烈 · 威廉三世创建了八个独立的地方议会，从此他定期就有关立法提案问题向这八个议会进行咨询，但他拒绝建立一个统摄全局的总议会。虽然哈登贝格直至去世都在积极劝说国王推行宪法，但他仍旧被一群保守派成员排除在朝堂之外，因为这些保守派成员害怕议会制度会带来潜在的革命影响。此外，1819 年后，《卡尔斯巴德决议》（*Carlsbad Decrees*）对德意志诸国的新闻出版业建立了严格的审查制度，因此，自由主义者发现要实现组建代表大会、施行宪法的目标变得更加艰难。当时的普鲁士政府比任何其他的德意志国家政府都要高效，但同时也把专制主义保留了下来。

直到 1847 年，由于国王腓特烈·威廉四世为筹措经费以修建新的柏林—柯尼斯堡铁路 (Berlin-KöConigsberg railroad) 而召集联合议会，普鲁士才出现了中央代表大会。然而，这次代表大会最终还是失败了，这在客观上让很多人懂得，很难通过议会途径和君权政府来实现改革。联合议会的代表对腓特烈·威廉所授予的立法权感到不满，他们希望在立法中发挥更大的作用，于是拒绝了国王提出的联合投资铁路的要求。因此，国王与议会之间的僵局愈演愈烈。这一情况在普鲁士引起了政治上的大辩论，推动了 1848 年革命的爆发。

拿破仑战争后，很多人对德意志联合体抱有极大的希望，但由奥地利支持的德意志邦联却让他们甚为不满，同时，他们也反感个别德意志国家领袖享有特权。为传播联合体理念和“自由德意志”观点，很多大学生在学校组织成立了“联谊会”（Burschenschaften），或者说学生社团。这些社团得到了很多人的支持，比如约瑟夫·冯·格雷斯（Joseph von Görres，1776—1848），他是《莱茵水星》（*Der Rheinische Merkur*）的编辑，也是一名热心的民族主义者；还有普鲁士爱国诗人恩斯特·莫里茨·阿恩特（Ernst Moritz Arndt，1769—1860）和弗里德里希·路德维希·雅恩，后者扬名于拿破仑战争期间，组织过体操社（*Turngemeinden*），即体操协会，其目的是重塑德意志年轻人的体格和道德。那时，被称为"体操之父"的雅恩或许是德意志民族主义者中最激进也是发声最多的一个。他反对外来势力甚至是外来服装，鼓励年轻人回归本国传统。此外，雅恩带领年轻人练习体操，希望人民因此能"具有爱国情操和男子气概"。他还要求练体操的人都穿上特别的灰色亚麻制服，以此来消除他们之间的社会差异。更有甚者，他鼓励人们采取不当行为干扰一些教授的课程，因为这些教授的民族主义观念不强。和其他很多人一样，雅恩将反犹太主义理念灌输到联谊会中，但此举遭到了部分社团成员的反对。

联谊会的成员在早期阶段开展了多次民众抗议活动。1817 年，来自全德意志的年轻人聚集在靠近爱森纳赫的瓦尔特堡，那里曾是路德的避难处。那时，正值路德发表《九十五条论纲》（*Ninety-five Theses*）三百周年以及德意志取得莱比锡战役胜利四周年纪念日，所以集会一开始就有很多演讲，这些演讲鼓励学生为"神圣的联合事业及德意志自由"而牺牲。之后，集会者用游行的方式传递火炬，直至把火炬传到附近的一个山顶，然后烧毁保守主义者和反民族主义者所著的书籍。十八个月后，神智失常的联谊会神学学生卡尔·桑德（Carl Sand）刺杀了以反动言论著称的剧作家奥古斯特·冯·科策布（August von Kotzebue），而桑德也因此被判处死刑。这起事件使梅特涅决定开始压制联谊会。德意志最重要的九个国家派出代表与梅特涅进行商议，之后梅特涅起草了严厉的《卡尔斯巴德决议》（1819）并提交给德意志邦联议会进行审议通过。这一决议消解了联谊会，在全联邦建立起了刻板的审查制度和新闻掌控机制，而且还通过一套严格精密的管理体制将中小学和大学里的颠覆分子斩草除根。

《卡尔斯巴德决议》的施行严重破坏了自由主义和民族主义运动，而这些运动在之前从未盛行起来。此外，1819年后的数年内，对梅特涅体系的政治反对势力都没有实际存在过。梅特涅还与普鲁士国王腓特烈·威廉三世合作，频繁干涉德意志邦联诸国，而在这些国家中，为了限制反抗影响，遏制潜在的反抗势力，其立法机构依旧存在着。在19世纪20年代后期，很多民族主义学生社团才再次出现，为了不被秘密警察发现，他们的集会都在暗中进行。

1830年，法国七月革命爆发，这一消息很快传到了德意志，人们激动不已。在不伦瑞克、萨克森和黑森－卡塞尔地区都出现了小规模的革命运动，那里的统治者被迫让位于主张施行宪法的诸侯。梅特涅认为这些反叛运动都是国际激进主义阴谋活动的一部分。1832年，汉巴赫举行了一场全德意志人民的节日盛会，2.5万人为了拉法耶特举杯欢庆，并谴责神圣同盟的条款。梅特涅借这次集会之机再次颁布了很多法令，这些法令增强了诸侯在议会中的影响力、重新展开了对大学的监视，还禁止了所有的公共集会。如此一来，所有公开的反抗势力都销声匿迹了。

三月革命前德意志的经济发展，1830—1848

由于德意志诸国在1848年3月爆发了多场革命运动，所以在这些19世纪中期运动发生前的几十年就被称作“三月革命前”（“pre-March”）时期。19世纪30和40年代，政治局面的变化相对停滞。在梅特涅的支持下，德意志诸侯顽固地坚持业已建立的制度，残酷地镇压异己。然而，1815—1848年间的几十年却是德意志经济发展的重要时期，对其后经济的进步意义深远。这一时期，德意志的工业发展还很难和英国、法国及比利时相比较，即便如此，这期间的发展还是为德意志工业在19世纪下半叶的巨大飞跃奠定了基础。在其发展早期，德意志不同地区的发展程度存在着很大差异，这影响了这些地区的社会力量平衡，从而导致了混乱的出现。此外，为了打破德意志众多国家之间的经济壁垒，政府采取了多项措施，这些措施产生了重大的政治和经济影响。

19世纪前半叶，德意志不同地区的经济发展差异巨大。工业化逐渐地向一些区域集中，比如莱茵地区和萨克森地区，而其他一些区域却几乎没有受到任何工业化影响。即便在普鲁士，不同地区的差异也很显著：西部的莱茵诸省拥有和法国比肩的工业发展程度，而东部诸省在19世纪还几乎是一个封建制社会。工业化面临着重重阻碍。虽然法国大革命及拿破仑战争已经摧毁了传统的经济形式和组织方式，但在 1815 年后的一段时期内，很多地区又出现了拥有强权的行业协会，而且在大部分工厂中还依旧依靠手工生产。政府部门中，土地利益仍然占据主导地位，生产商也觉得很难解除对商业企业和贸易的限制因素。很多德意志保守派人士会把经济自由主义和政治自由主义联系起来，因而对此持怀疑态度。

尽管遭遇种种困难，但 1830 年的德意志工业发展还是取得了很大进步，尤其是煤矿业和冶金业。在鲁尔山谷出现了深矿井，煤矿产量也取得了巨大增长。19 世纪 40 年代早期，位于埃森的克虏伯工厂已经可以生产高规格钢铁。纺织业的增长较为缓慢，因为德意志主要出产亚麻和呢绒，而这两种材料不像棉布和丝绸那样适合机械生产。那时，德意志还是有很多进步的：新型交通体系的出现为工业增长提供了支持，到 1850 年，德意志诸国已经拥有长达三千英里的铁路线，其中第一条出现在 1835 年。

很多德意志生产商或生意人都在找寻本地市场之外的顾客，对他们而言，最严重的阻碍就是隔绝德意志诸国的关税壁垒，这些壁垒甚至影响了一些较大国家内部的商业贸易，比如普鲁士。19 世纪早期，很多货物会从靠近北海的汉堡出发，用船运往奥地利。在此途中，这些货物必须经过十个有着不同税制的国家，而且这十个国家都要强征过境税。于是，德意志的制造商才会不遗余力地在本国销售商品，这一点与法国的制造商很不一样。可以说这一地区在经济发展中取得的最重要的成果就是建立了“关税同盟”，该同盟成立于 1844 年，涉及大部分德意志国家。普鲁士在 1818 年牵头废除了境内诸省间的关税壁垒，对进口货物实行统一税率。接下来的几年时间里，普鲁士与周边多个国家签订了关税协定，也和一些敌国促成了类似的协议。1834 年，拥有 2600 万总人口的 17 个国家共同加入关税同盟，实现了各国间的自由贸易，也为其代表召开年度会议提供了便利。

到 1844 年，除奥地利、汉诺威、奥尔登堡及汉萨三城（汉堡、不来梅和吕贝克）外，其他德意志国家和地区都加入了关税同盟，这些国家间的贸易因此出现了大幅增长。这种经济上的合作逐渐对政治产生了明显影响：普鲁士领导下的关税同盟渐渐地削弱了哈布斯堡皇室的主导地位。可以说，关税同盟为普鲁士实现德意志的统一起到了决定性作用。

19 世纪的政治经济学家弗里德里希 · 李斯特（Friedrich List）认为，对德意志经济进步而言，铁路和关税同盟是不可分割的“连体婴”。然而，实际上他还是高估了铁路发挥的作用，即认为铁路能够促进德意志在政治和精神上的重建，也能增强其军事力量。他在作品中写道：“铁路就是一个大力士，他能将‘各个民族带离战争、通货膨胀、饥荒、失业、民族仇恨和无知’。”对于德意志，他哀婉地写道，“早年的武断作为已夺走了几乎所有的民族特性”，因此“（德意志）急需实现各个分支的内部统一”。他认为铁路可以成为“牢牢系住德意志民族的腰带”，从而把整个国家统一起来。[4]

在评价当时德意志社会经济发生的变化所带来的影响时，不能忽略在 1848 年还有至少三分之二的德意志人仍旧以土地为生这一事实。然而，1815—1848 年的这段时间里，即使是在农村地区也出现了很多变动，因为很多地区的农民都在尽力适应大革命和拿破仑战争期间引入的法律，这些法律对农民的地位产生了深远影响。法国控制下的德意志地区之前还实行农奴制，而这些制度在当时就被废除了，甚至很多不在法国控制下的地区也是这样，比如普鲁士。然而，人役权的取消并不意味着农民物质情况的改善，因为很多农民还必须在庄园干活以求生存或是负担其他债务。仅仅在特定地区和特定条件之下，农民才拥有明确的耕地所有权。的确，在普鲁士，废除农奴制的法律其实增强了很多容克（Junker）大地主贵族的势力。这些地主贵族不用再承担保护农奴的封建制责任，也不用再给农奴提供住宿和其他生活必需品，他们由此可以掌控自己的土地并从开发土地的过程中获利，还可以雇用以前的农奴来为自己干活，而那些农奴已经成了没有土地的农业工人。与所谓的“解放”之前相比，东普鲁士的这些“自由”农民处境更加艰难。即使农民获得了一块地的所有权，这块地往往很小，以至于根本无法进行常规耕作。其实，不管是自耕农、佃农还是无地工人，他们都心怀不满、怨声载道。不仅如此，他们也很难从大地主控制下的政府手里要到补偿。

到 1848 年，生活在城镇和市区的工人中，受雇于工厂的仍然占少数。大部分的还只是掌握传统技艺的工匠，而且这一群体内也潜藏着当时最不安的因素。由于竞争不过在德意志和国外出现的新型工厂，很多旧式的工匠协会开始衰落，那些工匠有的失业，有的在温饱线上挣扎。

三月革命前时期，工业化在其他地方也促进了资产阶级的快速壮大。然而，在德意志发展起来的资产阶级不像英法资产阶级那样数量庞大、分布集中，这一阶级产生的经济影响远超其规模。之前，德意志诸国的生产商和商人并没有得到积极参与本国政治的权利，而他们却在那时成功登上了政治舞台，因为统治阶层开始意识到他们拥有的潜在力量。这方面的例子有很多，比如建立关税同盟在很大程度上就是生产商和商人对其所受压制的应对办法。此外，相比民族统一事业而言，德意志商人获得的支持更多，因为他们急于提高政府的工作效率，使经济发展更加顺利。《杜塞尔多夫报》（Düsseldorfer Zeitung）从未来发展的角度出发，针对当时的情况评论道："三十八个德意志国家拥有同样多的管理机构和议会代表，也有几乎同样多的法庭，但这些国家各有各的法律和管理方式，也各有各的大使和领事，正因如此，我们才要改变这一局面。鉴于此，建立中央政府就是一个极好的办法，因为这能把德意志诸国的事务进行统一管理……"[5]

与高度集中化的法国不同，1848 年前的德意志一直处于分散状态，但这种状态不能等同于分裂，所以人们可以看到，在法国巴黎的一点风吹草动就能影响整个国家，出现的一点进步就能带动全局。在三月革命前时期，德意志人仍在继续寻求统一，而在 1789 年前，法国皇室就已实现了这一目标。然而，寻求统一的道路并不顺利，因为德意志没有中央政治机构，加上在建立统一德意志国家的过程中领土纷争不断，这些都阻碍了1848年欧洲德语区域的革命进程。

梅特涅与奥地利帝国，1815—1848

在奥地利帝国，各族人民在哈布斯堡皇室统治下逐渐形成了统一的民族意识，这是梅特涅面临的主要问题，困扰他达30年之久，而且最终导致了1848年革命的爆发。同时，这也是在整个19世纪奥地利帝国面对的一个关键问题，直到第一次世界大战结束、奥地利帝国瓦解，这一问题才得到解决。1815年的奥地利并不是像法国或英国那样的民族国家，而是众多民族的结合体，其领土也是在效忠哈布斯堡王朝的基础上联结起来的。早在16世纪，哈布斯堡帝国的广袤版图就已形成，只是到19世纪初期才有了名称。1804年，弗朗茨预计拿破仑会在两年后消灭神圣罗马帝国，于是采用了奥地利皇帝的称号，那时的奥地利领土仅指“哈布斯堡皇室之领地”或“神圣罗马帝国领土”。奥地利帝国的多数民族都不会把自己当作奥地利人，而是哈布斯堡皇帝的臣民。虽然弗朗茨以皇帝身份控制了奥地利、波希米亚及其他附属地区，但匈牙利人拒绝接受他的这一身份，于是，弗朗茨的头衔就成了奥地利皇帝及匈牙利国王。

组成哈布斯堡帝国的民族有很多，但很难在民族身份的认同问题上达成一致。即便如此，这些民族也可以具体地分为三个主要群体。第一个群体是由日耳曼人组成的，数量不及总人口的四分之一，他们主要聚集在帝国西部，占据着维也纳周围的哈布斯堡旧地。很多日耳曼人也生活在波希米亚边缘地区，这些地区向北曾是一个独立王国，当然，哈布斯堡帝国的所有主要城市都有日耳曼人。当时的奥地利已经出现了中产阶级，这一阶级就是由日耳曼人组成的。在19世纪上半叶，德意志民族主义的增长造成了奥地利日耳曼人的分立。若有必要，那些强大的民族主义者准备牺牲整个奥地利帝国，以此来实现统一德意志民族的目标。温和派则主张其他德意志国家应继续在哈布斯堡皇室的统治下与奥地利融合。

第二个群体是由马扎尔人组成的，他们数量不多，影响力却仅次于日耳曼人。马扎尔人生活在奥地利帝国东部的圣斯蒂芬皇室领地，涵盖了匈牙利、特兰西瓦尼亚和克罗地亚。马扎尔人的来源可以追溯到中世纪，他们对自己的历史也颇为自豪：公元1001年，马扎尔人的首位领袖斯蒂芬登上了王位。传统上，马扎尔人是奥地利帝国最为独立的民族，因为他们保留了自己的议会和管理机制。按照惯例，每位皇帝都要根据要求前往布达佩斯单独接受圣斯蒂芬王冠。1815年前，马扎尔人的文化复兴就已开始，这场复兴运动促进马扎尔人在奥地利帝国中寻求更大的自治权。与此同时，马扎尔人在自己的领地上形成了一个小群体，他们也面临着斯拉夫民族主义运动和其他附属族群的民族主义运动的挑战。

第三个群体就是斯拉夫人。这一群体的人数众多，几乎占据整个奥地利帝国人口的一半，所以斯拉夫人组成了最大的单一民族群体。但随后这一民族群体又分化成了很多小群体，而且他们在19

世纪前还没有形成民族意识。斯拉夫人中，波兰人具有最大的政治潜力。他们在 18 世纪末才归顺奥地利帝国，因此保留了很强的民族认同感。更早以前，捷克人还统治过独立的波希米亚王国。大多数斯拉夫人都是农民，他们为日耳曼或马扎尔地主耕作，因此，他们对民族的发展期望通常是伴随着民怨出现的。

除了上述三个主要的民族群体，还有一些意大利人，他们在伦巴第省和威尼西亚省，而这两个地方是在 1815 年决议中划入哈布斯堡领土的。此外，还有一部分罗马尼亚人，他们人口较多，集中在匈牙利王国东部。

那么，为管理哈布斯堡王朝控制下的众多民族，梅特涅采取了哪些措施呢？大体上说，他力图回避由于民族主义不断发展而引发的问题，这种办法在 19 世纪初期确实起到了作用。然而，在 19 世纪 30 年代，由于民族主义群体要求获得更多的自主权，政府越来越难以回避这些问题。但梅特涅仍未能提出一个可推而广之的解决方式。不仅如此，为缓和民族主义情绪，他采取了很多权宜之计，而且还企图让各民族之间互相对抗。很显然，梅特涅未能及时阻止 1848 年革命的爆发，而这场革命发生的源头正是民族主义的融合和社会层面上的不满情绪。若是要为梅特涅辩解，可能会有人说他运气不好，遇上了两位皇帝——弗朗茨一世及其继任者斐迪南一世，这两位皇帝既没有意愿也没有能力去进行任何有建设性的改革。事实上，斐迪南其人愚不可及且患有癫痫，他能在 1835 年继位，仅仅是因为他父亲希望血脉传承不被中断而已。斐迪南的统治一直持续到了 1848 年 10 月，在位期间，若有事发生，他可以在有关文件上签字并对这些事情做出反应。但实际上，奥地利的统治权掌握在一群议员手中（梅特涅是其中最重要的），而他们正是借着皇帝之名呼风唤雨。然而，梅特涅并没有充分利用当时的机会来施展个人权力。事实确乎如此，在他自己所做的陈述中，有很大一部分都是事实——“我偶尔掌管过欧洲，但却从未掌管过奥地利”。

意大利：统一运动，1815—1848

1815—1848 年，意大利发生的一些事件在很多方面都与在德意志诸国发生的事件颇为相似。对很多意大利人而言，法国的统治与奥地利的统治并没有多少差别。在奥地利的统治下，意大利暴政趋势抬头，这是一个令人失望的局面。一些人对此感到不满，比如受过教育的中产阶级，他们人数不多，生活在意大利北部城市；此外还包括在法国制度下得到过好处的其他群体。在拿破仑时代，很多人对更紧密地联合意语民族抱有期望，因此他们很难接受梅特涅把意大利仅仅作为一个“地理区划”的想法。曾经，意大利半岛分成了很多小国：有重新掌权的波旁·斐迪南一世统治的那不勒斯和西西里王国（两西西里王国），有数年流放归来的教皇庇护七世统治的诸多教皇国，还有规模较小的帕尔马、摩德纳和托斯卡纳公国，这些国家都受到奥地利皇帝亲族的统治，而这些亲族都以梅特涅马首是瞻。还有伦巴第省和威尼西亚省，这两省直接合并到了奥地利帝国，受到维也纳方面的管理。此外，还包括萨丁尼亚王国，该王国受萨伏依王朝维克托·伊曼纽尔一世（Victor Emmanuel Ⅰ）的统治直至1821年。以上国家在1815年没有一个拥有宪法或由代表组成的议会。重新掌权的统治者仅仅保留了一些法国的制度，以此来加强专制统治。那时的意大利半岛和现在一样，北半部分的经济情况要好于南半部分。1850年前，只有在萨丁尼亚、伦巴第和威尼西亚才出现了有重要意义的工业化进程，而且也只有在这些地区才有人尝试使用新技术提高农业产量。

1820—1821年，那不勒斯和萨丁尼亚地区爆发了革命运动，但最后都归于失败（详见本书第四章），于是统治阶层对反叛分子采取了诸多报复措施，以此来削弱和打击民族主义者及自由主义反对派势力。与德意志一样，1820—1830年的十年间很少出现针对统治者的公开抵抗运动，一些秘密团体都在地下继续开展工作，比如烧炭党。同样，发生在法国的七月革命代表了一系列小规模的反抗活动。这些反抗活动从1830年10月开始，发生在摩德纳、帕尔马以及教皇国。然而，与德意志情况不同的是，1830—1831年，意大利革命者对法国新建立的路易·菲利普政府寄予厚望，盼其能反对奥地利的干预。但事实却令人失望，路易·菲利普不愿用自己在国际上的地位冒险，而且法国议会也没有做好和奥地利交战的准备。因此，梅特涅可以着手处理意大利事务。他派了一支军队前往摩德纳、帕尔马及教皇国，平息了那里的反抗运动，重新建立了合法统治。

其实，上述的一些革命团体活动都有某些不太明确的开端，即“复兴运动”（“Resurgence”），其目的就是实现意大利的民族团结。然而，随着 1830—1831 年革命运动的失败，再加上早在十年前就在那不勒斯和萨丁尼亚地区展开的镇压行动，人们逐渐失去了对以烧炭党为代表的秘密团体的信任，认为这样的道路走不通。复兴运动在 19 世纪 30 年代进入了一个新阶段，新的领导者出现了，不同的道路也展现在眼前。

毫无疑问，1848 年以前，朱塞佩·马志尼是复兴运动领导者中最有名望的，但近来有些历史学者认为他的作用在民族团结运动中被夸大了。马志尼对意大利民族主义的设想带有理想化和半宗教性的特征，他在鼓励激进学生和知识分子的过程中发挥了主要作用，这些学生和知识分子也希望看到意大利成为统一的共和国。马志尼出生在萨丁尼亚王国的热那亚。年轻时期，他就积极参加秘密团体活动。1821 年，反抗运动遭到镇压，他看到从那不勒斯向北迁徙的大量难民，于是他穿上一件黑色外衣，以此来表达自己对当时意大利情况的哀叹。他在之后的生活中也非常喜欢这种衣服。由于参与了 1830—1831 年的反叛运动，马志尼被判入狱六个月，释放后仍不能回到热那亚。此外，他一直都在意大利之外流亡，在瑞士、法国和英国生活了近 40 年。他在国外写下了很多鼓舞人心的宣传册子，这些册子在意大利引起了很大反响，随后他又创建了“青年意大利”党（Young Italy），该组织和他的联系非常密切。于是，“青年意大利”运动开展起来了，这场运动的目的是将外国残暴势力从意大利半岛清除出去，然后建立一个联合共和国。参与这场运动的成员都在意大利生活或者流亡国外，年龄都在40岁以下。然而，事情的进展并不顺利，马志尼很擅长做宣传动员，但在组织和管理工作上却力不从心。此外，他那时也未能在当地成功发动起义。

学生时代，马志尼接触了很多法国革命者的著作，由此他对人民主权原则持有坚定的信念。同时，他也认为法国大革命过于关注人的“权利”，忽视了人的“责任”。于是，马志尼继承了卢梭精神和一部分德意志空想主义传统思想，认为人只有为集体事业做贡献才能获得快乐。他在著作《论人的责任》（*The Duties of Man*，分两部分于1844年和1858年出版）中提到：个人可以把自己的生命奉献给最高尚的集体事业，那就是国家。他在一篇散文中抒情地写道：“啊，我的兄弟们！要热爱你的祖国，祖国就是我们的家园，这是上帝赐予的，那里生活着我们挚爱的家人，他们也同样爱着我们；在那里也有着我们更愿意亲近的人，我们更能互相体会情感、交流思想；在这个家园里，我们万众一心、共同进退，定能完成卓越的事业。”

马志尼认为对民族的热爱是很重要的，对民族的忠诚是“人性”中更高的一种责任，人们应该忠诚于民族。他提到：“在你成为公民或管理者之前，你就是属于这个民族的人。”对马志尼而言，民族是一种载体，每个人正是通过这种载体来担起人道主义的义务。由于心系其他民族，他在1834年发动了名为“青年欧洲”（Young Europe）的运动，这一运动的目的是促进德意志、波兰和瑞士的爱国人士建立国家委员会。马志尼相信，那些仍处于分裂状态或受异国统治的民族应受到鼓励，从而推动其民族主义运动的勃发，如此一来，他们就能意识到自身的民族志气，推动人道主义的广泛传播。因此，马志尼通常被认为预言了伍德罗·威尔逊总统（President Woodrow Wilson，1856—1924）试图在 1919 年和平协议中践行的观点：在国际联盟中实现民族自决和所有民族的联合。

很多盼望实现半岛统一的意大利人将马志尼视为一个危险的激进分子，认为他的民主共和理念会导致社会革命的发生，从而威胁到人们的财产安全。为此，一些人联合发动了新归尔甫（Neo-Guelph）运动，这一运动的名称来源于中世纪时期的教皇派，该派是在教皇与皇帝斗争过程中形成的。新归尔甫运动的出现有其自身原因，其中主要的推动力是 1843 年出版的《意大利公民和道德的卓越性》（*The Civil and Moral Primacy of Italians*），作者是文森佐·乔贝蒂（Vincenzo Gioberti，1801—1852）。该书号召在教皇权威下建立由意大利诸国组成的联邦，而联邦的行政权都归于一所亲王学院。当时，有人质疑教皇是否会愿意为意大利的联合而领导改革运动，对此，1846 年选举出的新教皇似乎带来了一丝希望，因为教皇庇护九世一向有"自由主义者"的名声。针对教皇国，他首先采取的措施是赦免政治犯、放宽对言论自由和新闻出版的限制，这意味着他也许确实能成为建立自由意大利联邦的旗手。

温和派是为意大利统一事业而做出贡献的第三个群体，这一群体在萨丁尼亚地区最为活跃，而且在伦巴第和威尼西亚都有支持者。温和派主要由自由贵族和资产阶级成员组成，他们希望萨丁尼亚王国能在统一事业中起到领导作用，同时，他们也预见了君主立宪制的建立。温和派认为经济统一必须先于政治统一。因此，他们采取行动，争取废除关税，促进意大利诸国间的商业往来。在推动工业发展的同时，他们也认识到必须把精力集中在促进农业发展、提高农业现代化的工作中，因为农业种植仍然是意大利的支柱产业。很多青年贵族都设立了示范田，建立了一些农业社来宣传新型农业技术，米洛·奔索·迪·加富尔伯爵（Count Camillo Benso Cavour，1810—1861）就是其中一位，他后来成了萨丁尼亚王国首相。在一些历史学家看来，意大利北部的自由主义者和温和派成员为经济改革做出了很大贡献，这些贡献所起的作用要远远大于马志尼为半岛统一而开展的宣传活动。在意大利诸国，很多受过教育且颇有影响力的精英群体逐渐习惯了互相交流思想，也习惯了通力合作、实现既定目标。他们的努力取得了一些回报——萨丁尼亚国王查理·阿尔贝特降低了关税，改革了财政制度，此外，他还从官方层面促进了农业发展。然而，他的开明政策并没有扩展到政治领域，这一局面直到1848年革命前夕才有所改变。

依上所述，1848年前，意大利半岛至少出现了三种不同的运动风潮，每一种都以其特有的方式促进了意大利各民族更大程度上的统一。然而，需要特别提到的是，新归尔甫运动和温和派采取的行动几乎都只集中在意大利北部，而马志尼的“青年意大利”运动也仅获得了少数人支持。因此，大多数意大利人都还未受到复兴运动的影响。

希腊起义与奥斯曼帝国的衰落

19 世纪，希腊反抗土耳其的起义运动与欧洲诸强对此的反应极大地影响了欧洲的外交格局。这就是很多人提到的“东方问题”（Eastern Question），这一问题产生的根源是奥斯曼帝国的持续衰落及其逐渐丧失对附属领土的控制力。当时，所有欧洲国家都在考虑是否要支持苏丹、阻止奥斯曼帝国的崩溃，还是加速其衰落并从中攫取利益。然而，没有一个强国自始至终都支持苏丹马哈茂德二世（Sultan Mahmud Ⅱ，1808—1839 在位）政府。俄国与奥斯曼帝国的关系比较亲近，而且很多俄国人与奥斯曼帝国中的希腊正教徒有一些宗教上的联系，所以俄国想借此从土耳其获取特权。由于怀疑俄国对近东地区的野心，英国不止一次地帮助苏丹抵御敌对势力。鉴于此，他们支持希腊的起义运动只能算是大方针下的一次例外。

希腊独立运动，1821—1832

15 世纪中期起，希腊就并入了奥斯曼帝国，在大部分欧洲人看来，希腊仅仅是奥斯曼帝国的一个省。事实上，在奥斯曼帝国，希腊从 17 世纪开始就享有特权，因为苏丹会任用一些受过教育的希腊人，他们来自伊斯坦布尔省（即所谓的法纳尔希腊人）。此外，苏丹还允许希腊商人（以及亚美尼亚商人和犹太商人）在东地中海地区的近处拥有贸易垄断权。不仅如此，土耳其人还允许希腊人在其领域范围内教授希腊语、信奉希腊东正教。然而，当时的希腊人并没有完全忘却自身历史，也没有失去对自身的文化认同。

法国大革命和拿破仑战争期间，希腊民族主义情绪开始浮现，摆脱土耳其控制、追求独立自主的愿望不断加强。1821 年，一个名为“友谊社”（Society of Friends）的组织吹响了希腊起义运动的号角。这个社团成立于 1814 年，主要成员是生活在国外的希腊人，他们希望能复兴中世纪早期的希腊帝国。“友谊社”的领袖是亚历山大·伊普西兰蒂王子（Prince Alexander Ypsilanti，1792—1831），他是希腊地方长官之子，之前做过俄国将军。伊普西兰蒂认为出生在希腊的俄国外务大臣爱奥尼斯·安东尼欧斯·卡波季斯第亚斯伯爵（Count Johannes Antonius Capodistrias，1776—1831）会从俄国的角度出发支持希腊起义。于是他率领一支志愿军前往土耳其的摩尔达维亚省发动起义。在摩尔达维亚，伊普西兰蒂号召当地的罗马尼亚人和希腊人一同起来反抗土耳其的统治者。但这场行动最后还是失败了，因为罗马尼亚人不愿响应他的号召，而且沙皇也对他的请求表示了拒绝。两周后，摩里亚的当地人自发开展了一场反抗运动，这场运动随后蔓延到了爱琴群岛的一些地方，在希腊中部和北部也出现了响应。这些革命者公开宣称其目的是实现完全独立、建立新希腊。

一开始，欧洲列强并不支持希腊起义运动，认为这会对既有统治秩序造成威胁，所以必须加以镇压。在梅特涅的催促下，沙皇公开谴责希腊起义者，解除了卡波季斯第亚斯的职务。一些自由主义者向很多国家求助，但都没有回应，甚至英国也包括在内。的确，卡斯尔雷和英国政府的主要目标是重建奥斯曼帝国的统治秩序，另外还要预先阻止俄国采取干预措施。

随着希腊起义运动的不断推进，一种新的革命力量出现了，这种力量并未在西班牙和意大利革命中起过作用，但它逐渐地促使英国、俄国及法国政府放弃当初的立场和转而支持希腊起义。这种力量就是著名的“亲希腊精神”（Philhellenism）。在这种精神的感召下，来自全欧洲和美洲的亲希腊主义者都动员起来对希腊起义军进行支持，可谓形成了一时风潮。在那些接受过古希腊文学滋养的人看来，希腊起义运动带有一丝浪漫主义的气息，这与其他的革命很不同。此外，希腊人本身信奉东正教，所以他们要奋起反抗穆斯林的统治，这为起义运动增添了一些宗教改革的意味。因为无法改变本国政府的态度，来自全欧洲的自由主义者只好聚集起来共同支持希腊的独立事业。此外，他们还建立委员会，为希腊起义者提供资金并支持志愿军。亲希腊主义的广泛成功要归功于一些浪漫主义作家的热忱支持，拜伦和雪莱就是其中的杰出代表。拜伦早在 1810 年就来到希腊，随后他表达了自己对希腊未来的愿景：“希腊或许仍将是自由之地。”拜伦为希腊的独立事业贡献了人生最后的时光，1824 年他在希腊与世长辞。

尽管亲希腊主义者支持希腊的独立事业，但在摩里亚起义运动中，他们还是被希腊人的残暴所震惊了。虽然如此，土耳其人随后采取的残酷报复手段又让他们重新建立了对希腊人的同情。这件事发生在 1821 年周日，正值复活节，土耳其人把身着法衣的希腊教宗吊死在君士坦丁堡；1822 年，土耳其人大肆残杀希俄斯岛上成百上千的希腊居民，这次事件被德拉克罗瓦以绘画的形式加以纪念，传扬至今。

希腊的独立事业受到很多人的支持，不仅如此，在有欧洲国家积极介入此事之前，公众对其已经施加了很多压力，而且双方间的协商也一再延长。最终，在 1827 年，法国联合俄国和英国签署了《伦敦条约》（*Treaty of London*），该条约明确指出，若土耳其拒绝停战，那么三大国就将派出海军支援希腊。在这样的情况下，土耳其仍然拒绝停战，于是在 1827 年 10 月，法国、英国和俄国派出联合海军严密封锁了穆罕默德 · 阿里（Mehemet Ali，1769—1849）的舰队，这支舰队位于摩里亚半岛西岸的纳瓦里诺湾。穆罕默德是苏丹封臣，同时也是埃及的帕夏（旧指土耳其古代对大官的尊称）。联军长官未能迫使希腊人或穆斯林停止争斗，于是他们用炮火攻击了埃及舰队，几乎将整支舰队摧毁。继坎宁之后，威灵顿公爵成为了大不列颠首相，他并不太支持希腊的独立事业，于是为了联合海军的行动向马哈茂德二世致歉。

此事发生几个月后的 1828 年 4 月，已经于 1825 年继位的沙皇尼古拉一世借苏丹的一份对敌声明开启了对土耳其宣战的序幕。其实，沙皇对实现希腊独立并不是很感兴趣，他真正感兴趣的是抓住奥斯曼帝国的弱点来扩大俄国势力。然而，由于俄军遭到了土耳其的抵抗和其他列强的反对，只好停止了对伊斯坦布尔的征伐。1829 年 9 月，俄国强迫奥斯曼帝国签署了《阿德里安堡条约》（*Treaty of*

《希俄斯岛的大屠杀》，欧仁·德拉克罗瓦绘。

Adrianople），该条约在事实上将摩尔达维亚省和瓦拉几亚省划归了俄国。同时，这项条约也规定俄国必须要遵循俄、英、法三国达成的关于希腊问题的决议。1830 年，这三个国家在伦敦召开会议，共同解决希腊困局。三国宣称，希腊是处于其保护之下的独立王国，但直到两年后才确定了这个新王国的边界及其统治者。新希腊王国的成立遭到了两名德意志亲王反对，最终，巴伐利亚国王路德维希之子奥托于 1832 年 2 月承认希腊独立，这一问题才得以解决，而此时距起义运动爆发已有 11 年之久了。

希腊起义运动及其最后独立对当时的欧洲产生了很大影响，因为这是1815年后对欧洲局面的第一次成功冲击，从民族主义观点和自由主义事业发展的角度来看，这也是一次具有重大意义的胜利。但对英、法、俄三国政府来说，以上这些并不能真正促使它们决定任命一位德裔统治者去管理新希腊，真正让它们做出决议的，是存在于希腊的党派之争，这些争端造成列强很难找到一位希腊统治者来控制全局。但无论如何，欧洲的自由主义者曾因1820—1821年革命失败而一度丧失信心，希腊独立事业的成功和英、法、俄三国给予的支持使得他们又燃起了希望。因此，希腊起义运动帮助人们保持了对革命的热情，而这一热情又在1830年和1848年的人民反抗运动中得到了体现。

1832年，巴伐利亚的奥托到达雅典，成为独立的新希腊的国王。

“东方问题”，1832—1841

1830 年希腊起义运动结束后，“东方问题”再次浮现，这说明那时英法关系还很不稳定，也表明欧洲协调体系还存在着很大的调整空间。当时，土耳其苏丹及其封臣穆罕默德·阿里之间的冲突引发了很多问题，而身为埃及总督的穆罕默德还在希腊独立战争期间帮助过苏丹。正因如此，穆罕默德要求得到叙利亚地区的控制权，但遭到了苏丹的拒绝。1832 年，穆罕默德派出一支由其子易卜拉欣（Ibrahim）带领的军队前往叙利亚地区。之后，穆罕默德在与苏丹的交战中接连获胜，这对苏丹政权造成了很大威胁，于是俄国决定以奥斯曼帝国的名义插手此事，1833 年初俄国向伊斯坦布尔派驻了一支军队。英法两国担心俄国会控制土耳其，于是向东地中海地区派出舰队，联合俄国对苏丹和穆罕默德施压，促使他们达成和解。如此一来，土耳其危机解除了，但苏丹被迫将叙利亚割让给穆罕默德·阿里。很快，在 1833 年 7 月，俄国与土耳其签订了《温卡尔-伊斯凯莱西条约》（*Treaty of Unkiar-Skelessi*），双方达成了共同防御的协定。此外，两国还签订了一项秘密条款，其中规定可以免除土耳其的义务，但交换条件就是要对所有非俄战舰关闭达达尼尔海峡，而该海峡是连通黑海和地中海的要道。不久后，英法得知了这一条约，对此表示强烈反对，因为此条约让俄国军舰在该海峡占据了很大优势，同时也使土耳其处在了俄国控制之下。但在当时的情形下，英法两国也暂时无计可施。

1839—1840 年，第二次危机出现了：实力不断增强的穆罕默德·阿里不仅再次威胁到了苏丹，也影响到了其他强国在东地中海地区的利益。帕默斯顿勋爵意识到了穆罕默德问题的严重性，也觉察到了俄国对土耳其的阴谋，于是决定英国要更加坚决地支持苏丹政府。然而，法国方面，由于其在埃及的利益要追溯至督政府时期，所以对穆罕默德的行动表示支持，而且还怂恿他在近东地区建立帝国。1839 年，苏丹侵入叙利亚，造成双方敌对局面更加紧张，也使这次事件进入了关键时期。交战中，苏丹军队显然无法和敌军抗衡；易卜拉欣打败了苏丹陆军，而在海战中，领导作战的苏丹海军上将很快就抛弃了舰队。就在这紧要关头，苏丹却去世了，整个奥斯曼帝国于是落到了一个未经世事的年轻人手中，他就是阿卜杜勒·迈吉德一世（Abdul-Medjid Ⅰ），他主张屈服于实力强大的封臣穆罕默德·阿里和易卜拉欣。

这次危机的出现促使很多人试图恢复欧洲协调体系。其实，战争爆发前，面对欧洲列强的重重阻碍，帕默斯顿曾尽力维持土耳其的领土完整。然而，帕默斯顿没有碰上一个好时机——当时法国对抗苏丹，而土耳其未能从俄国那里获得支持，因为俄国仍然坚守在《温卡尔－伊斯凯莱西条约》中做出的单方协助承诺。1839 年 9 月，苏丹军队溃退后，沙皇尼古拉让他在伦敦的代表向帕默斯顿勋爵呈递了一份解决危机的协议书。一开始，帕默斯顿对此抱着谨慎的态度，因为他疑心沙皇想借此机会离间英国和法国，因为沙皇可以坚持让受到法国保护的穆罕默德·阿里在已经取得多场胜利的情况下继续征伐奥斯曼帝国。

但是，沙皇同时又声明要放弃《温卡尔－伊斯凯莱西条约》，要全方位保障土耳其的领土完整，这正符合帕默斯顿的想法。

因此，帕默斯顿邀请其他强国到伦敦参加全面协调会议。奥地利和普鲁士很快应允了。但以阿道夫·梯也尔为首相的法国却提出了异议。在法国，很多人都对埃及总督表示强烈支持，而且梯也尔认为在没有法国参与的情况下，英国也不会在近东地区独自行动。但梯也尔的想法很快就被证明是错的，帕默斯顿认为“考虑到英国的利益、各国之间的平衡及欧洲的和平局面”，应该要签署这份协议。帕默斯顿以辞职作为威胁，成功克服了内阁中的反对势力，迫使他们赞同了他的立场，于是在1840年7月，四国签署了《伦敦条约》。该条约规定：穆罕默德·阿里可以将埃及作为可承袭领土，同时，穆罕默德在有生之年可以继续保有对南叙利亚的控制权，但必须要放弃他从苏丹那里攻伐来的一切，并且归还土耳其舰队。然而，穆罕默德倚仗法国的支持，拒绝接受这一条约，还宣称会坚持立场。随后，近东地区的对抗局面重新调整了。英国开始炮击叙利亚沿海并派军队登陆。在这种情况下，法国不顾英国一次又一次的战争警告，在国际压力的风口浪尖上撑了三个月，始终没有介入战争冲突。路易·菲利普意识到和英国开战于法国无益，于是在1840年10月解除了梯也尔的职务，随后与其他国家展开谈判。穆罕默德失去了来自法国方面的强力支持，只好在失去对南叙利亚控制权的情况下仍与苏丹达成协议，接受了《伦敦条约》。1841年10月，这五个强国签署了《海峡公约》(*Straits Convention*)，其中规定：

土耳其处于和平期间时，博斯普鲁斯海峡（伊斯坦布尔海峡）和达达尼尔海峡不得向任何外国军舰开放。法国签署这项公约，标志着其重回欧洲列强协调体系，也标志着外交危机的结束。

关于 1839—1840 年危机，最有趣的一点或许就是思想意识形态差别极大的国家居然结成了外交联盟。这次危机中，最主要的一对敌人就是英法两国，跟其他任意两国相比，英法的政治体制更加相似。英国的主要合作伙伴是俄国，而对整个欧洲的自由主义者来说，俄国专制政府就像是一道可怕的诅咒。在危机爆发的高潮时期，梅特涅似乎已经怀疑英俄两国要对法国发动战争，甚至还考虑过和普鲁士一起从《伦敦条约》中退出，然后和法国单独签署协约。也正是因为梅特涅通过和法国及其他国家斡旋，法国才能成功回到欧洲协调体系。因此，在危机发生的过程中，思想意识形态在协调这些大国关系方面起的作用相对较小，这和 1850 年以前发生的其他事件如出一辙。

俄国专制主义的残留

与普鲁士和哈布斯堡帝国类似，拿破仑战争后，俄国在政治上迅速向右倾主义靠拢。1801 年，沙皇亚历山大一世开始执政，他在初期支持开明的政治改革，但 1815 年后，他对不断出现的革命运动愈发担心。在生命的最后十年里，为了维持政治上的稳定，他小心翼翼地打击异己，不仅在俄国，甚至在整个欧洲也是如此。1825 年，亚历山大去世，随后，自由主义反对势力发动了十二月党人起义，要求建立君主立宪政体，但最终失败了。反叛分子被击溃后，亚历山大的继任者尼古拉一世对反对势力展开了残酷镇压，在接下来的 30 年时间里加强了独裁统治。

亚历山大一世与 1825 年十二月党人起义

虽然头顶着“开明”君主的名头，叶卡捷琳娜大帝却从未放松过对臣民的控制。19 世纪初期的俄国是欧洲所有国家中最专制独裁的。叶卡捷琳娜之子保罗一世（1796—1801 年在位）擅权专政、有恃无恐，对于君权神授深信不疑。据传他曾对一位公使这样说道：“要知道，在俄国，只有跟我说话的人才是有分量的，而且仅仅在跟我说话的时候才是这样。”然而，这位沙皇的实际权力是很有限的。其中一项限制因素就是其广袤的帝国统治地区——从波罗的海至高加索地区，从波兰边界到太平洋边缘。以当时的交通和通信方式来看，中央政府根本无法掌控全局。

保罗意识到西方社会对专制主义的观念和影响会威胁到自己的统治，于是尽其所能地孤立俄国：限制臣民出国，禁止从欧洲进口商品，尤其禁止引进法国书籍。他很敏锐地察觉到对其专制统治的最大威胁来源于广大民众，即农民和农奴，而非受过教育的贵族阶层，虽然他们在叶卡捷琳娜时代接受过很多法国文化。然而，事实上，正是贵族阶层将他短暂而又残暴的统治带向终结。1801 年，一群贵族将保罗谋害致死，他们这样做的目的是将保罗 24 岁的儿子亚历山大推向王座，因为亚历山大比他的父亲更具有自由主义的眼光。

1801—1825 年在位的沙皇亚历山大为人性情不定、反复无常。有些人认为他是一个伪君子，和年轻时候完全是两副模样。然而，他似乎是在两种思想倾向之间游走：进步思想家带来的自由而充满人道主义的观念，以及从他父亲身上承袭而来的专权主义。1812 年后，为对抗拿破仑军队，他采取了很多措施，而这些措施毫无疑问地促使他摒弃了自由主义机制。但在 1801 年，很多希望亚历山大实行自由主义政策的人都极力支持他继位，而且在继位后，亚历山大很快放开了保罗采取的多项限制措施，这让支持他的人倍感振奋。在执政初期，亚历山大设置了一个用以提供建议的“非官方委员会”，其成员由著名的自由主义者组成，比如亚历山大的前任教师弗雷德里克·塞萨尔·德·拉阿尔普（Frédéric César de La Harpe）和波兰爱国人士亚当·曹尔托里斯基，后者还做过一段时间的外交大臣。“非官方委员会”设置的目标是改造俄国。亚历山大曾明确地向亲信表示，推行宪法、废除农奴制是其全盘计划中的关键之举。然而，这些措施仅仅存在于设想中，亚历山大实际开展的改革十分有限，这在一定程度上是因为向他提供建议的人低估了问题的复杂性和在现实中遇到的困难。仅有的一些改革都是在亚历山大执政前半期的两个阶段中进行的，而且在每个阶段都因为和拿破仑的战争而被迫终止。

在第一个阶段（1801—1805）中，政府结构的变化是最重要的改革之一。他设立了由部长领导的西方式的政府部门，而且每位部长都对沙皇负责。此外，还建立了六所新式大学，中学的数量也得到了提高。然而，对于当时俄国社会的主要问题农奴制，政府却没有采取任何实质性措施将其废除，这或许是因为沙皇及其官员不愿彻底削减土地贵族的特权。此事在 1803 年出现了一次转机，当时，政府颁布了一条法令，鼓励地主在受到政府监督的情况下自愿解放其拥有的农奴。在亚历山大执政期间，尽管只有 5 万男性农奴（约占农奴总数的 1%）得到了解放，但这已经向 1861 年的大解放迈进了一步。

改革的第二个阶段（1807—1812）是由米哈伊尔·斯佩兰斯基伯爵（Count Mikhail Speranski，1772—1839）主导的，他那时担任沙皇政府的非正式首相。然而，这次改革的结果再次让那些希望政府能有重要改变的人大失所望。斯佩兰斯基受命起草宪法，于是他引入了比较温和的政府自治制度，那就是在初期阶段建立地方选举议会，而后在中央建立国家议会。尽管如此，他的计划并不涉及将立法权实实在在地交给国家议会；真正掌握立法权的是由高官显贵组成的国务委员会，而其领导者是沙皇。事实上，国务委员会的建立是斯佩兰斯基提议中唯一一项被实现的内容。此外，斯佩兰斯基还提出了其他改革方案，这些方案根植于斯佩兰斯基对于俄国官僚体制的深入了解，其目的是提高政府的行政效率。

即便拿破仑没有在 1812 年入侵俄国，斯佩兰斯基能否长期担任其职务仍未可知。为应对俄国政府严重的财政危机，斯佩兰斯基提出了一系列的改革方针和税收政策，而这些方针和政策引起了土地贵族的不满。反对他的人称他为“俄国的雅各宾”，而他也在1812 年被亚历山大解除了职务并遭到放逐。1821 年，斯佩兰斯基被政府召回，之后任职于国务委员会。

斯佩兰斯基的离任并未引起帝国政策的突变。从自由主义到反动倾向的转变经历了一个渐进而曲折的过程，这反映了沙皇做事的古怪多变。总的来说，在对外政策上，亚历山大更倾向于自由主义，这也同样见于其周边地区，而在国内施行的政策则更为保守。这方面的例子有很多，比如 1818 年波兰宪法就在一定程度上参照了斯佩兰斯基的提议，而这一提议之前并未被俄国政府接受。但是，在圣彼得堡出现了旧式贵族复苏的迹象，其中一些人以前是跟随沙皇保罗政府的，这些迹象在 1815 年后更为明显了，因此政府也变得越来越倾向于镇压自由主义活动。政策的变化在教育方面体现得尤为突出，生动地反映了 19 世纪俄国反动思想的流变。大学和中小学都被置于宗教卫道士的操控之下，而这些卫道士建立了一套严密的监督体系，想方设法地把学校里的教授驱逐出去，此外还禁止学生出国学习。那时，还出现了很多繁复、随意而又荒唐的审查制度。政府不但禁止人们对政治和宪法问题发表文字观点，同时也试图对艺术品进行道德或不道德的判定。虽然以上措施都引起了人们普遍的反感，但最让人不能接受的便是 1816 年军事殖民区的建立。推行军事殖民区的最初目的是通过建立士兵及其家属的自给部队单元来缩减军队开支，因为他们可以自己耕作土地。然而，为了严格常规军控制下的军队纪律，很多地方的农民及其家属都被强制性地穿上制服、归入编制。军事殖民区的建立引起了广大农民的强烈反感，触发了很多抗议活动，这也成为当时反对派不满政府的主要原因之一。

在亚历山大执政的最后十年里，政府的反动行为愈演愈烈，这引起了知识分子阶层的反对，虽然他们曾对新生帝国政权寄予厚望；政府行为产生的众多影响直接或间接地引发了这场自由主义反抗运动。在叶卡捷琳娜执政期间涌入的西方思想和法国大革命带来的潮流碰撞融合、影响深远。拿破仑战争期间，大量的俄国官员和士兵都接触到了其他欧洲文化——西欧地区普遍出现了相对自由的情形，这促使他们不得不把国内缺乏自由的情况与之进行对比。他们对亚历山大未能在俄国推行宪法或建立代议制度感到失望，也对自身无法公开对政府进行批评感到懊恼。1815 年后，反对派实在是别无选择，不得不通过秘密社团展开行动，这些活动最终演变成了后来的十二月党人革命。

一开始，在改革运动中就出现了两大趋向：其一是较为温和的趋向。这一趋向体现在北部联盟的主张中，该联盟主要由年轻贵族和自由派人士组成，他们希望能以英国为榜样、建立君主立宪制政体；其二是南部联盟更为激进的主张。该联盟主要由陆军上校保罗·佩斯特尔带领的贫穷军官组成，这位陆军上校号召刺杀沙皇，建立类似 1793 年雅各宾独裁统治的高度集中的共和政权。其实，在某些方面，佩斯特尔预见了苏联政权的出现。为阻止反革命势力，他主张革命政府采取严格而苛刻的措施。此外，他提出了一系列土地改革方针，包括废除农奴制、取消所有土地充公的政策。之后，土地将被分为共有和私有两种，每个公民都能在公共土地中得到属于自己的一份。

然而，这两个联盟的组织性和纪律性都不够严格，其行动也未能得到很好的协调。1825年，沙皇亚历山大一世突然离世，而南北两大联盟都没有做好革命的准备，这引起了人们对国家未来的疑惑。在亚历山大的兄弟中，康斯坦丁与其年龄最接近，当时正担任波兰王国总督。1823年，为支持他最小的弟弟尼古拉，康斯坦丁秘密地宣布放弃争夺皇位。亚历山大去世后，康斯坦丁和尼古拉都宣称尊对方为沙皇，双方就这样互相推让，皇位的最终归属在很长一段时间内都不明朗。由于尼古拉相较于其兄长而言更为保守，北部联盟的反叛军领袖决定要求康斯坦丁上位，并且在10月成功劝服驻守在圣彼得堡的两支军队背叛尼古拉。那时，众多士兵涌入枢密院广场，高呼着“拥护康斯坦丁、拥护宪法”的口号，显然，在他们看来，康斯坦丁的掌权就代表着宪法的施行。到了广场后，这些士兵并未得到进一步的命令，于是就在寒冷的环境中停留了一天。最后，尼古拉采取了行动，派皇家军队向参与暴动的士兵开火，暴动者的死伤非常惨重。此外，另一场由南部联盟领导的起义运动也失败了。

1825年发生的十二月党人革命运动最终归于失败，可以说是由于缺乏积极的准备和良好的领导，但实际情况却不仅限于此，因为它还缺乏真正意义上的民众支持。这场运动只带来了一种结果，那就是很快加剧了新任沙皇的反自由主义情绪。数百名参与这场运动的人都被逮捕了，其中包括五名领袖（其中有佩斯特尔），他们很快就受到审判并被处以死刑。即便如此，这次运动依然是俄国历史上浓墨重彩的一笔，因为它第一次公开地对俄国贵族发起了挑战，而且很多挑战者都是青年军官，他们算是当时受过最好教育的人，其中包括近卫掷弹队中的精英分子和自由派贵族代表。当然，这场运动最大的意义在于通过革命传奇和众多烈士的事迹鼓励后来者继续探寻推翻沙皇政权之路。

尼古拉一世统治下的俄国，1825—1855

尼古拉一世在十二月党人革命期间继承了皇位，而他一直以来都被看作 19 世纪俄国独裁者中最为反动的一个。执政初期发生的这些事件让尼古拉大为震动，所以决心防止此类事件再次出现。他生性仔细，做起事来小心谨慎。为了能真实地了解反派势力，他对反动事件的来源展开了长期调查，甚至亲自提审囚犯。这些做法本应有助于促进改革、消除权力滥用的现象，但结果反倒加强了镇压措施，而这些措施成为他后期执政中追求的目标。从尼古拉施行的政策来看，他对国内外发生的革命运动有一种近乎病态的恐惧心理，因此当时的自由主义者都称他为“欧洲宪兵”（Gendarme of Europe）。

统治俄国期间，为了固化社会结构，尼古拉有意阻止上层阶级以外的其他阶级成员接受教育。教育体系本身也处于更为严苛的监察之下，教学要求也没以前那么高了。为巩固政权，效忠尼古拉的教育部长乌瓦罗夫（S.S.Uvarov）对学校教育制定了一系列原则要求：坚持专制（沙皇拥有不受约束的权力），坚守正统（依附官方教会、服从教会信条），坚信民族理念（遵守“俄国民族生活”传统要求）。

除了教育方面，尼古拉的一大创举就是将大法官法庭的权力集中了起来。本来，这个法庭建立的目的是解决主权中的个人参与问题。尼古拉不仅进一步扩大了该法庭的作用，还将其分成了若干个厅。其中一个部分就是臭名昭著的“第三厅”（Third Section），或者说是“政治警察厅”。第三厅有权对俄国社会的各个方面进行几乎没有限制的监察，可以逮捕或流放“任何可疑人员和危险分子”。此外，这个机构担负汇报民意的职能，还负责监管在俄境内生活或旅行的外国人。那时，尼古拉对俄国知识分子极不信任，包括作家、教师和自由主义贵族，因为他们中很多人都参加了秘密社团。1830—1831 年运动和 1848 年革命后，政府加强了初始审查制度（该制度要求所有文字作品在出版前都要经过政府同意）。不仅如此，关于政治问题的讨论都被禁止了，对政府具有潜在威胁的社会言论也因此销声匿迹。

有人认为尼古拉一世的警察政治与 20 世纪的极权主义政治颇为类似，但这种说法其实是错误的，容易产生误导。首先，由于行政效率不高，沙皇的权力其实是受限的。尼古拉扩大了大法官法庭的职能，建立了第三厅，但由于没有调整数量庞大的已建行政机关，两者的职能出现了重叠，司法权的界定也很模糊。其次，虽然严苛的审查制度已经明确了被禁止的内容，但并未规定哪些作家应该探讨哪些方面。毫无疑问，尼古拉治下的俄国社会是很压抑的，但那时却是俄国文学发展的黄金时代，文豪巨匠不断涌现、灿若星辰，包括著名诗人亚历山大·普希金（Alexander Pushkin，1799—1837）和米哈伊尔·莱蒙托夫 (Mikhail Lermontov，1814—1841)、小说戏剧家尼古莱·果戈理 (Nikolai Gogol，1809—1852)、小说家伊万·屠格涅夫（Ivan Turgenev，1818—1883）和费奥多尔·陀思妥耶夫斯基（Fyodor Dostoevski，1821—1881），他们的部分早期作品是在尼古拉执政期间出版的。1848 年后，屠格涅夫和陀思妥耶夫斯基都被捕了，庆幸的是，他们的作品早已被完整地保留下来。只要这些作家不涉及政府禁止的内容，不直接对专制政权提出批评，他们就可以出版自己的作品。

这些补偿手段在一定程度上让尼古拉的统治显得不那么具有压迫性，即便如此，一些基本问题还是使得俄国在经济和社会发展上严重落后于西欧国家，包括沙皇不愿废除农奴制、农业产量低下，以及俄国技术和交通的落后。俄国出现的这些问题在尼古拉执政后期体现得尤为明显——在克里米亚战争中，俄国被英法两国打败了。

小结

19 世纪 20 年代早期和 1830—1831 年，虽然相继发生了两大革命浪潮，但 1830 年后的复辟运动仍未受到影响，旧秩序仍存在于欧洲大部分地区，直到 1848 年情况才发生变化。只有法国、比利时和希腊的革命运动最终获得了成功，而且比利时和希腊的革命者在运动中得到了欧洲强国的帮助。当然，那时的英国在政治制度上也出现了重大变化，尤其是在1830年后。欧洲其他地区的革命运动要么被击溃、要么被镇压，这些地区包括西班牙、葡萄牙和一部分德意志国家、意大利半岛、俄国和波兰。自由主义的理想和追求的确产生了强大的凝聚力，但事实证明，那时的革命力量还无法与旧制度相抗衡。不满政府的士兵、自由主义贵族、工匠、学生、教师、作家及冒险者组成了反政府的秘密社团，而为了对付这些社团，统治者常常召集效忠自己的军队对其进行打压。在这个过程中，这些军队还得到了贵族和牧师的支持。很多情况下，革命者都会由于缺乏团结和良好的组织领导而功败垂成。

1830年后，反抗势力持续增强，这要归功于当时出现的两股强大力量：一是工业革命，它带来了新兴阶级，削弱了既有阶级，欧洲的经济社会结构由此发生了重大改变；二是法国大革命，其倡导的自由、平等、互助等理念鼓舞了革命分子继续与旧制度做斗争。

第六章

1848年革命

1830 年，斐迪南二世开始统治那不勒斯和西西里，而在 1848 年 1 月 12 日，位于西西里的巴勒莫爆发了反抗斐迪南二世的人民起义运动。运动开展初期并没有引起很大反响；然而，在 1848 年的前四个月，大约 50 场革命运动相继出现，而巴勒莫人民起义就是第一场，这些运动声势浩大，影响到了法国、奥地利、普鲁士和几乎所有的德意志和意大利邦国。到 1848 年 4 月，欧洲各国统治者都无一例外地受到了威胁。当时，尼古拉在写给英国女王维多利亚的信中说道："欧洲现在就剩下俄国和大不列颠了。"[1] 面对革命的熊熊烈火，欧洲各国暂时搁置在语言和种族、政治和经济方面的差异，表现出了空前的一致。

19 世纪 30 和 40 年代的欧洲局势变得越来越紧张。在法国国内，基佐对议会选举的操控引发了越来越多的不满，他贪污腐败、毫不同情生活在水生火热中的工人阶级，加剧了人民对他的憎恨。在德意志诸国，长期存在的政治分裂局面引发了资产阶级政治活动家的不满。此外，工匠和农民群体一直都饱受剥削、积怨已久。那时，哈布斯堡王朝和意大利国内，民族主义情绪仍处于被压抑的状态。整个欧洲仿佛就像是一个柴堆，只要一颗小小的火星便足以引发一场大火。这颗火星就是一场较为严峻的经济危机，这场危机加速了革命的爆发。1845 和 1846 年，不列颠岛和欧洲大陆地区都遭遇粮食减产，不仅如此，1845 年爱尔兰的马铃薯也出现了同样的情况，这些都成为引发经济危机的导火索。1847 年，大不列颠群岛的粮食产量有所提高，但法国和德意志却还是境况堪忧。在经济危机的影响下，粮食价格不断上涨，尤其是面包这一底层民众的主食，其价格在 1847 年上涨得尤为明显。在农业领域出现的危机很快影响到了金融领域，大量机构破产、银行倒闭。法国的工业发展未能与新市场的拓展齐头并进，大量工厂出现了过度生产的情况，这导致制造业商品价格下跌、企业破产以及大范围失业。

然而，经济危机带来了绝望，也为 1848 年革命的爆发带来了希望。革命运动一场接一场地出现，而在这些运动背后，人们看的是推动世界进步的理念和精神。起义运动的理念迅速传播，于是有人提出在 20 世纪前半叶这些运动就有了统一的意识形态，而在这意识形态中又有共同的内涵。刘易斯 · 纳米尔（Lewis Namier）认为 1848 年革命是一场“知识分子革命”。这一论断可以说抓住了 1848 年多场起义运动的共同特点，但有一些不同之处还是不能忽视：这些革命运动出现的社会和政治背景各有特点，其目标也各不相同。没有一个革命组织或一次革命运动是影响到整个欧洲的，不仅如此，虽然各地革命者采用了相似的标语和旗号，但对不同民族来说，同样的字眼代表的意义也不一样。此外，尽管资产阶级知识分子在革命运动中确实发挥了重要作用，但若离开工人阶级的广泛支持，这些运动也开展不起来。任何对1848年革命运动的解释都应考虑这样一个事实，那就是新出现的“劳动者的声音”和欧洲工人阶级的新政治活动方式如何影响到多种多样的革命运动。

总的说来，所有革命运动发生的过程都很相似。巴勒莫起义运动发生后，法国爆发了二月革命，持续时间超过一个月，这起发生在巴黎的事件推动了欧洲其他地区革命的出现。另外，这场革命之后的发展状况也预示了中欧地区起义运动的走向。二月革命颠覆了路易·菲利普政权，触发了一系列发生在3月的革命运动，首先出现在奥地利王国，然后是在一些德意志小国，最后是普鲁士。同样，在那不勒斯和西西里出现的革命之火很快蔓延到了意大利半岛北部地区，包括萨丁尼亚岛、托斯卡纳和各教皇国，还继续向北出现在了奥地利的直接管辖区。革命的初期阶段，欧洲各国统治者深感不安，于是对革命者提出的要求来者不拒，承诺实施人民宪法、召集代表大会，而且还很快地把自由权赋予人民。然而，中欧地区的统治者与路易·菲利普不同，他们想尽全力保住自己的王位，所以会把一些不受人民支持的官员赶下台，比如梅特涅，他最终被迫潜逃。从那时的情况看来，革命者似乎已经扛起了胜利的旗帜。

1848年夏，革命运动的发展进程出现了转变。当年6月，法国很多工人拿起武器、反抗新政府，但这一行动却很快失败了。法国“维稳军队”的胜利鼓舞了欧洲其他地区的反革命势力。在革命运动期间，中欧国家的军队在很多情况下还是效忠于其统治者的，加上那时的革命者在取得初期胜利后出现了分裂的情况，力量有所削弱，所以这些国家的军队还是会按照统治者的意愿去攻击革命势力。统治者实施的反革命行动得到了土地贵族的支持，而且在某些国家，部分资产阶级也对此表示支持。这些资产阶级其实在初期阶段还加入过革命阵营，但到那时却害怕彻底的社会革命。

1848 年 12 月，几乎整个欧洲的革命运动都陷入了困境，要么失败，要么转入地下斗争。经历革命洗礼后的法国没有出现旧王朝复辟的迹象，而且还在 12 月举行了首次总统选举。在这一场依照共和宪法开展的选举中，路易 · 拿破仑 · 波拿巴大获全胜，对很多害怕暴力颠覆活动的法国人来说，他就像是一个救世主、一个能稳定社会秩序的人。八个月后，哈布斯堡王朝在俄国军队的帮助下镇压匈牙利起义运动。1849 年的早期阶段，为解放部分意大利领土和罗马帝国，萨丁尼亚王国重新开始抵抗奥地利。然而，这些事件仅仅是延长革命过程的短暂插曲，并不能改变总体趋势。1849 年底，革命事业已经到了节节败退、四面楚歌的境地。对身陷囹圄的革命者而言，他们什么都未曾得到。事实上，很多国家的情况甚至比革命之前更加糟糕。很多以前准备施行宪法的地方都暂停实施，或是宪法干脆失去了效力。至于那些革命领袖，要么入狱、要么被流放，他们曾努力争取的自由权也逐渐被取消了。

上述内容就是当时革命阶段的基本情况。另外，人们还需更为细致地了解那时各自为政的革命运动，因为 1848 年可以看作 19 世纪欧洲历史的分水岭。19 世纪 50 年代的文字作品和公开演说中都暗示出了一种新的发展趋势，所以相比于之前，这十年注定是不平凡的十年。

法国二月革命

1848 年 1 月 29 日，距离法国革命爆发还有三周多的时间，那时，议会反对派成员阿历克西·德·托克维尔在下议院对同僚发表公开讲话：

有人说，没有暴乱发生，所以就没有危险存在。我想，之所以会有这样的声音，是因为很多人没看到这个社会表面上的动乱，而且法国现在也未出现革命运动。各位先生，请允许我直说吧，我觉得你们弄错了。确实，现在法国没有实际的动乱，但很多人已经有了发动暴乱的想法。看吧，工人阶级一直在做着准备，只是现在还保持沉默。毫无疑问，他们没有受到政治热情的影响，这么说是可以的，他们之前也是这样，但是，你们没注意到他们已经有了进行社会变革的想法吗？难道你们没发现他们正逐渐地想颠覆法律、政府部门甚至是政体吗？不但如此，他们还想改变这个社会赖以存在的基础……你们都没有察觉吗？各位同僚，这些都是我的肺腑之言：此刻，我相信我们正睡在一座火山上，这座火山随时可能会喷发。我对此坚信不疑……[2]

托克维尔的发言并没有引起议会的重视，相反，大部分人还嘲笑托克维尔，认为他言过其实，没有人把他对暴乱的预言当一回事。

然而，动乱的风暴已经在当时的法国社会有所显现了。1847—1848 年冬天，粮食短缺、物价上涨、大规模失业等因素已经引起了很多工人游行。有时，这些游行的目的直指粮食短缺，但由于组织不善，这些活动并未引起很大关注。在很多针对七月王朝的反对行动中，最突出的是为推进选举改革而举办的众多宴会。之前，那些政治领袖想通过常规的立法途径达到改革的目的，但结果却令人失望。不仅如此，因为法律上禁止组织政治集会，于是他们就采用

《二月巴黎》（1848）。手持简陋武器的革命者。

举办晚宴的方式来集中反对派势力。参加晚宴的不仅包括所谓的议会反对派，比如阿道夫 · 梯也尔，还包括很多持共和主义理念的人士。整个冬季，整个法国共举行了大约 70 场宴会，其中的高潮出现在 1848 年 2 月 22 日。当时，一场盛大的宴会出现在了巴黎。那天，基佐政府发布禁令，不仅禁止举办晚宴，也禁止前去参加晚宴的人群出现。事实上，这次事件加速了革命的爆发。

起义运动仅仅持续了四天。起初，人群聚集在巴黎的街道上，但随后就被很轻易地驱散了。随着很多国民警卫队成员加入反对派，这场运动也逐渐声势浩大起来。为建立路障，工人生活区的居民甚至将铺路石都击碎了。那时，75 岁的路易 · 菲利普并没有重视初期的游行活动。然而，到了 2 月 23 日，革命运动已然呈破竹之势，路易不得不顺从众意，撤销了基佐的职务，安排老友路易 · 莫勒伯爵（Count Louis Molé，1781—1855）接任。基佐的离任在一定程度上抚慰了中产阶级反对派，然而，对身处巴黎的工人阶级来说，这一结果并不能让他们满意，所以他们提出了更为激进的要求。2 月 24 日，巴黎的局势已经十分严峻，于是国王决定传位于年仅十岁的孙子巴黎伯爵。但这个决定来得太晚了，人民军队那时已控制了巴黎大部分区域，直逼王室所在的杜伊勒里宫。面对这种情况，国王选择了逃离。他穿过花园，坐上一辆马车，然后向英国逃亡。

这时，一个关键问题摆在法国面前。旧王朝的象征已经没有了，那么新法国政权应该采取什么形式呢？这件事亟待解决。众议院仍旧发挥着作用；国王的儿媳，也就是奥尔良公爵夫人打算把持朝政、监理国务。于是，公爵夫人带着年幼的巴黎伯爵登上了讲坛，与之同行的，还有她的妹夫内穆尔公爵。这位公爵名叫阿尔封斯·德·拉马丁（Alphonse de Lamartine，1790—1869），原本是一位诗人，那时却登上政治舞台，在讲坛上发表演讲。在演讲过程中，一些暴徒硬生生地闯进议会大厅，气势汹汹地聚集在议员背后。拉马丁身系王室命运，但他在这紧要关头并没有为旧王朝辩护，而是选择支持建立共和政府。听了拉马丁的发言，人群在议会厅中欢呼雀跃。很快，议会成员纷纷撤离，公爵夫人也带着儿子逃走了。就这样，法国临时政府在混乱中成立了。拉马丁随即组织临时选举，当众公布临时政府人员名单，每念一个名字，人群都会用吼叫的方式来表示同意或者不同意。名单确定后，按照革命仪式要求，人群要转移至市政厅，宣告共和国成立。

临时政府的组成人员不仅包括温和派共和党人，还包括支持共和党《国家报》所提倡议的人。七月王朝末期，这份报纸曾呼吁进行选举改革。然而，他们到达市政厅时，却发现另一群代表早已到了那里，这群代表来自更为激进的《改革报》，这份报纸比《国家报》更关注社会问题。激进派共和党人建立了属于自己的临时政府后，这两大群体终于合并在一起。因此，初期的温和派共和党人从激进派中得到了三个人的帮助：社会学家路易·勃朗（Louis Blanc）、机械师阿尔贝（Albert），以及天文学家弗朗索瓦·阿拉戈 (François Arago)。

革命胜利后，温和派与激进派共和党人摒弃分歧，同意共建法兰西第二共和国临时政府。然而，几个月后，两大阵营间的分歧还是扩大了。温和派主要关注的是政治问题，比如代议制的定性、投票权的资格划分，还有选举制度的运作方式。在激进派看来，政治问题肯定是回避不了的，但他们更重视的还是社会改革。不过，他们当时并没有很好的解决方案，所提的方案都比较宽泛、含混，但基本的重点集中在改善工人阶级的待遇问题上。可以说，第二共和国建立的前四个月就是温和派和激进派不断产生分歧的四个月：温和派有着大部分人的支持，而激进派的支撑力量就是巴黎的工人阶级。

摆在临时政府面前的问题有很多，但最紧迫的还是处理失业者的问题。他们聚集在巴黎，数量众多，而且为革命成功做出了贡献。在这个问题的处理上，温和派和激进派都持不同的意见。二月革命期间，聚集在巴黎的人们呼声最多的就是要求获得“工作权”，他们盼望新政府能为每一位失业者带来工作。在这样的压力下，临时政府宣布建立“国家工场”（National Workshops），该工场依照的蓝本是路易·勃朗的《劳动组织》（*Organization of Labor*）。本来，把这项计划交给勃朗本人来执行是顺理成章的，何况他早已是新政府的成员了。但建设“国家工场”的任务最终还是落到了公共工程部长亚历山大·马里耶（Alexandre Marie）的手中，而路易·勃朗则被安排进了新建立的“工人委员会”。按照勃朗的设想，国家工场应交由工人自主合作经营，但事实上，这个工场项目成了大型的救济工程，失业者被安排参加筑路工作。另外，更为严重的是，政府能提供的工作远远无法满足失业人群的需求，剩下的失业者只有依靠救济。应该说，政府中的温和派成员可能确实想为失业者解决困难，但把此计划委托给马里耶这件事就证明了他们其实并不想通过国家工场来带动社会变革，因为马里耶是一位众所周知的反社会主义者。不仅如此，他们还有另外一个目的，那就是安抚聚集在巴黎的人群，从而避免进一步的社会革命。然而，颇具讽刺的是，情形并未按他们的设想发展，他们的行为反而引发了社会革命。加入国家工场的人越来越多，从 3 月的 1 万人增加到 4 月的 7 万人，5 月又增长到 10 万人，而 6 月的人数则达到了 12 万。面对如此庞大的群体，政府无法提供足够的工作。此外，政府察觉到这一群体已经在巴黎形成了一支规模宏大的无产阶级大军，这支大军拥护激进派和一些政治煽动者，因为他们想对政府提出更多要求。

4 月 23 日，为起草共和国宪法，法国开展国民大会选举，在此过程中，温和派与激进派成员的分歧进一步扩大。二月革命后，临时政府曾宣称要实现男性公民的普选权，举国上下无不欢欣鼓舞。七月王朝末期，拥有选举资格的公民仅有 20 万，而第二共和国时期达到了 900 万。那么，如此多的选民会投哪一方的票呢？选举结果表明，整个国家还是趋向于温和甚至是保守的，身处巴黎的激进派面临十分不利的局面。议会中有 900 个席位，其中接近 500 个都被温和派收入囊中，而激进派只得到 100 个。最令人吃惊的是，剩下的 300 个席位都被保皇派夺取了，他们的支持者要么来自正统的波旁王朝，要么来自才覆灭不久的奥尔良王朝。从选举过程来看，法国很多省份比巴黎更为保守。激进派的言论使得农民阶级担忧自己的财产安全，于是他们和资产阶级联合起来反对激进派共和党人及巴黎的无产阶级。国民议会选出了新的五人执行委员会来替代临时政府，但该委员会中没有一个工人阶级代表。这种情况的出现并不令人意外，因为执行委员会的领袖拉马丁本来就与勃朗意见不合。

选举的失败引发了巴黎工人游行。5 月 15 日，他们出现在了巴黎街头，这个阵势和二月革命时期很像。同样，这些工人打倒了卫兵，占领了议会大厅。随即，来自两个革命阵营的领袖阿尔芒·巴贝（Armand Barbès）和奥古斯特·布朗基（Auguste Blanqui）在工人面前发表了长篇讲话，然后前往临时政府所在的市政厅。然而，

奥诺雷·杜米埃的画作《共和者》。玛丽安是法国自由主义的象征，画中的她正给两名体格异常强健的婴孩哺乳。

与二月革命中的七月王朝不同，临时政府早已做出了更加周全的准备：派遣国民警卫队和新成立的机动部队驱散聚集在议会大厅的人群，然后重新占领了市政厅。巴贝、布朗基及很多其他领导人都被捕入狱，他们的革命阵营也被解散了。这次起义运动虽然没有成功，但还是引起了政府对左翼势力的恐慌，于是决定取消国家工场计划。然而，为防止人们发动暴乱，临时政府打算在增援力量集结完之前延迟解散国家工场。6 月 22 日，刚好是二月革命爆发四个月后，国家工场宣告终结。很快，巴黎的工人群体对此做出了反应，他们认识到政府无法兑现为所有工人提供工作的承诺，于是很多人解散组织、拿起武器，充满血腥暴力的“六月抗议”就这样开始了。

其实，二月革命时期，工人和小资产阶级还曾在同一阵线战斗过。如今，他们之间的阶级界限已经非常明显。抗议活动爆发后，工人与政府军展开了激烈搏斗，于是巴黎在三天内出现了整个 19 世纪欧洲最为残酷的街头斗争。在这种情况下，巴黎临时政府宣布实行武力镇压。这个时候，法国在阿尔及利亚殖民地的前任总督路易·卡芬雅克将军（General Louis Cavaignac，1802—1857）成为临时政府实际上的独裁统治者。经历过 1830 年事件和 1848 年二月革命的卡芬雅克有着丰富的军事经验，这让他在镇压工人运动中处于优势地位。初期阶段，他并没有阻止工人运动扩大，随后，他在街头设置路障、架起枪炮，对暴乱人群进行打击。据统计，到了第三天，伤亡的工人数量已达到 1 万，而事实上这个数字应该更大。不仅如此，卡芬雅克还借用手中的职权残酷报复涉嫌领导此次暴乱的人。

最后，11000名被捕入狱的人中，大部分都被放逐到了阿尔及利亚。至此，卡芬雅克似乎可以得意地宣告他已恢复了法国社会秩序。

“六月抗议”的结果表明了共和党温和派对激进派的绝对胜利。然而，这一胜利是用巨大代价换来的，因为这对工人阶级造成了巨大伤害，需要数年时间才能弥补。这次事件后，有产阶级认为他们避免不了整个社会秩序的崩溃，于是，“六月革命”在当时引发了人们的恐惧，这在后来被含糊地命名为“红色恐慌”。接下来的几个月里，保守派借“红色恐慌”之机推动立法，限制新闻出版自由和政治团体权利，还公开宣布秘密社团违法。此外，法兰西第二共和国的宪法中也出现了针对“六月抗议”的内容，这部分内容在当年11月完成。这部宪法规定总统应经过广泛的男性公民投票产生，行政权和立法权分立。筹划这部法律的人想创造出一位强有力的领导者，以此有效应对未来可能出现的无产阶级起义运动。

1848年12月10日，法国颁布了新宪法，按照这部宪法，法国举行了新一轮选举。而就在这次选举中，“六月抗议”还产生了一个很重要的影响，那就是促使人们从候选人中进行总统选举。当时，拿破仑一世的侄子夏尔·路易·拿破仑·波拿巴（Charles Louis Napoleon Bonaparte，1808—1873）从英格兰流放回国，参与了总统竞选，而他的竞争者很多都是第二共和国成立初期的元老。除了拉马丁和卡芬雅克将军，候选人还有勒德律·罗兰（Alexandre Auguste Ledru-Rollin，1807—1874），他之前曾是临时政府的内务大臣。另外还有弗朗索瓦·拉斯帕伊（François Raspail，1794—

1878），他在 1830 年革命早期曾是一名积极的共和党人。路易在选举中以压倒性的 550 万票轻松击败其他竞选者、赢得选举胜利，跟他票数最接近的卡芬雅克也只有 150 万票。

此前，路易·拿破仑并未引起对手很大的注意。他在国民大会露过两次面，但却因动作迟缓、德意志口音重、言辞拘谨等因素受到众人嘲讽。很明显，一些保皇派成员将票投给了他，其目的就是寻求一位过渡时期的代理人来担任总统，然后等待王室复辟的时机。在路易被捕和流放的数年中，他含糊地写过一些关于社会主义的内容，尽管如此，他的这些观点是否帮他赢得了工人阶级的选票还是有争议的。毫无疑问，他那强大的号召力来源于他的名字。拿破仑战败后的 30 多年来，法国人民原本有机会忘记拿破仑政权那些令人遗憾的表现。然而，七月王朝时期，路易·菲利普在实行对外政策方面谨小慎微、忍气吞声，这让法国人民又怀念起拿破仑时代。出人意料的是，接下来的三年里，路易·拿破仑的表现证明了他的作用被那些想利用他的人严重低估了。他认为自己掌权是天命所归，这一点和他的叔叔很像，他也决心要控制整个法国。

中欧与东欧1848年革命

法国二月革命成功的消息传过莱茵河后，德意志诸国的人民纷纷表示出了对时局的不满，这种不满情绪开始出现在西部和南部地区，之后蔓延到了中部，到 3 月中旬又扩展到了普鲁士和北部地区。法国国王的遭遇让大部分德意志国家的掌权者深受震动，于是他们在反对势力组织起来之前就让步了。之后，他们将政府中的保守派官员替换成了名声在外的自由主义人士。此外，这些国家还承诺施行宪法和推行其他方面的改革，而且为公民进入政府、分享权力提供了途径。然而，这些妥协和退让并没有消除暴动的危险，因为当时德意志的革命事业中既包括社会动机，又包括政治因素。工业化的迅速发展使得传统手工业者处境艰难，由于长期积怨，他们开始破坏机器和工厂。同样，在农村地区，在庄园干活的农民饱受剥削、劳动繁重，早已心怀不满。不仅如此，贵族阶层的捕猎活动和对森林的优先使用权，以及不合理的土地分配，都让农民怨声载道，于是他们通过大量砍伐和焚烧树林来进行报复。在此情形下，这些新自由主义官员面对的首要任务就是压制民众的破坏活动，恢复社会秩序。

普鲁士

一开始，普鲁士受到的影响最为严重，这在一定程度上是因为国王腓特烈·威廉四世（1840—1861 年在位）没有采取坚决果断的行动。这位国王登基时，人们燃起了变革宪法和通过普鲁士实现国家统一的希望，但后来这些都成了泡影。

威廉四世曾说起过德意志的统一问题，但他所坚持的国家主义充满了浪漫主义色彩，即基于德意志诸国的共同历史进程。此外，他所理解的政治代议制度与自由主义者主张的差别很大。不仅如此，他始终固守中世纪的理想化国家理念，认为国家的方方面面都要服从国王的威权，而且国王拥有神圣的至高地位。1847 年，普鲁士国王召集“州议会”（Landtag），也称“联合议会”（United Diet），这让自由主义者高兴了一段时间，因为把各省的议会代表都聚集了起来，而各省议会的都是根据当地历史悠久的庄园命名的。然而，从威廉四世在联合议会的第一次讲话来看，他并不想从实质上放弃任何对立法或预算的控制权。不久后，联合议会解散了，自由主义者的美好梦想也破灭了。

1848 年 3 月中旬，柏林爆发了多场游行。在这种情况下，国王仍不愿相信这些运动是针对他的，还命令军队不要对他“挚爱的柏林人民”开火。事实上，威廉四世后来还是决定一步步地退让。3 月 18 日，他宣布准备参与全德意志宪法的起草，这意味着联合议会将被重新召集。就在当天的晚些时候，一次严重的事件又使政府陷于危险的境地。当时，一群人聚集在皇宫之外，看起来似乎不是去闹事的，但不知道从哪里突然出现两声枪响，这群人随之遭到骑兵的驱逐。几分钟之内，愤怒的人群将士兵重重围住，在街上苦战了八小时。这次暴力冲突深深震动了国王，为了保住性命，他顺从众意，命令军队撤离城市。失去了军队的保护，国王于是成了柏林市民的阶下囚，在此期间，他遭受了一连串终生难忘的侮辱。有一次，他和王后被带到皇宫的阳台上观看那些在街战中丧命者的残尸。这些人都是为了推翻皇室统治而死的，所以他们的姓名和牺牲事迹都被人们吟诵，而国王就在一旁听着。

1848年3月18日至19日，柏林街头的路障和激战。

此次危机中，国王发表了一篇声明，宣布愿意将领导权让与德意志众诸侯，另外还愿意“融入”新德意志帝国。然而，虽然国王做出了这些承诺，但人们并没有要求他立即执行。此外，他同意开展由男性公民参与的议会普选，而选举出的议会在5月开始起草普鲁士宪法。议会包括：自由主义者和民主主义者两个组成部分，这两部分群体在当年夏季和秋季都变得越来越激进。与此同时，欧洲掀起了一股反革命的潮流，这让威廉四世倍感振奋，于是他重拾信心，巩固了身边保守派的地位。到 11 月时，他的实力已经很强大了，军队也召了回来，他甚至发布命令将立宪议会驱逐到柏林周围的一个城镇，而该议会最终在 12 月 5 日遭到解散。

耐人寻味的是，人们为争取立宪所做的努力并不是完全没有成果。1848 年 12 月，腓特烈 · 威廉颁布了一部宪法，这部宪法在很多方面都和议会起草的宪法相似。该宪法规定了保护普鲁士公民自由权利的措施，明确了双议会立法制度——可以通过男性公民普选组成下议院，但这样的选举并不是直接进行的。即便如此，接下来的一年中，政府又对选举制度进行了很多修改，这些都使得普选条例几乎成了摆设。（值得注意的是，革命期间，大部分身处普鲁士

腓特烈・威廉四世朝他“挚爱的柏林人民”开炮。1848年3月，普鲁士国王表示支持革命目标，但到当年11月时他又反悔了，随即命令军队将立宪议会驱逐出柏林。

议会的自由主义者都曾反对普选，支持根据财产分配选举资格。因此，对宪法进行修改一事并不完全违背多数革命者的意愿。）根据缴税数额，参与投票的人可分为三种，或者说三个阶层，而且富人的选票要远远比穷人的选票权重更大。事实就是如此，因为下议院三分之二的代表都是由 15% 的投票者选出来的。这样看来，不管是上议院还是下议院，国王和特权阶层的权威都被保留了下来，其拥护者要么获得了他们的席位，要么由国王任命而成为其中一员。这部宪法一直被普鲁士沿用到 1918 年。

法兰克福议会

事实上，38 个德意志国家都出现了和普鲁士相似的革命运动，奥地利也在其中。1848 年，来自全德意志的自由主义者开展合作，计划共同建立一个自由主义理念之下的统一的国家。推动联合行动的机构是法兰克福国会（有时也称法兰克福议会），但该机构未能在 1848 年实现德意志的统一，这表明了德意志自由主义的失败，也标志着近代德意志发展的转折点。

探究法兰克福国会的来源，人们就可以在一定程度上发现它失败的原因。它的建立并不是德意志诸国的官方行为，而是约 50 名自由主义者的自发行动——他们在三月起义运动的影响下聚集在海德尔堡，共同商议建立法兰克福国会。之后，他们发出了筹建初级议会（Vorparlament）的邀请；他们在每个德意志国家中开展选举，选出参加全德意志国家议会的代表。选举是在普选的基础上进行的，每名候选人要代表 55000 名德意志人。选举活动都是按时举行的，但每个国家的选举法规和方式千差万别。1848 年 5 月 18 日，各方代表第一次齐聚自由城法兰克福，众人都兴奋不已。他们的集会地点在旧圣保罗教堂，那里挤满了来自全欧洲的记者，圣餐台上覆盖着帘布，上面有代表“日耳曼尼亚”（喻义统一的德意志国家）的巨大图像。在场的观者和候选人都相信他们正在见证一个新国家的诞生。

这 830 位代表的职业背景和社会来源非常有意思。他们之中，大部分都是拥有大学教育经历的上层资产阶级。选举出的人中，有 100 多位教授、教师，还有为数众多的律师、医生、官员、银行家、生意人及制造商。此外，一些德意志首屈一指的学者、作家和政论家都出现在了现场。尤其值得一提的是，虽然有这么多人露面，但政府官员和有实际政治经验的人却很少出现，这是贯穿整个议会短暂历史的致命弱点：他们花了太多时间来进行理论或教条方面的争论，实际问题却被忽略了。

其实，一开始，该议会的成员就怀有不同的目的，这对会议的进程形成了阻碍。涉及特殊问题时，没有业已建立的党派来领导众人达成共识，所以很难让议会成员采取一致行动。虽然各方代表都认为他们的目标是建立统一的德意志国家，但在政权形式问题上却始终有分歧——究竟是采用联邦制还是单一制？是建立皇权政治、帝国政治还是共和制？此外，如果建立了皇权政治或帝国政治，那谁来统治德国？不仅如此，谈到新国家的边界问题时他们也争论不

1848年在法兰克福召集的德意志国民议会。这是关于当时场景的木雕。该年5月18日，人群涌入圣保罗教堂（Paulskirche）参加法兰克福议会的开幕仪式。

休，事实证明，这的确很容易造成分歧。

或许，法兰克福议会最为严重的缺陷就是它处于尴尬的地位，因为当时的德意志政府及其诸侯都还存在，而该议会不愿仅仅局限在为新德国的建立起草宪法，还要建立政府、将全德意志人民统一起来。德意志诸国的统治者和政府的关系并不分明，而且这些统治者和政府不会接受它的领导。这方面的例子有很多，比如，在法兰克福议会组成后，以前的德意志邦联国会仍继续召开为期数周的会议。涉及一般主权问题时，法兰克福议会不得不面对一个事实，那就是它的运作没有武装力量作为支撑。各个国家的军队都没有被调动起来。因此，当议会迫切需要使用武力时，法兰克福方面只有向普鲁士请求必要的军队支援，比如：石勒苏益格与荷尔斯泰因的德语区居民曾遭到丹麦人的侵扰，于是他们向议会求助，议会随即向丹麦宣战，但无奈没有军事力量的支持。处理对外事务方面，缺乏稳固的军队使得议会举步维艰。在这种情况下，议会仍尝试推行独立的外交政策，这对普鲁士和奥地利政府造成了困扰，但这两个政府还是保持了自己的外事部门和外交关系。

另外，在基础问题上，法兰克福议会还有很多其他缺陷。建立新国家的理念让他们热血澎湃，但身处法兰克福的各方代表未能考虑到德意志各国的关系。奥地利和普鲁士是德意志诸国中最强大的，如果没有它们的支持和赞同（哪怕是其中之一），其他国家都无法长期存在。三月革命运动后，普鲁士和奥地利政府在政策上出现了暂时性失误，看到这种情形，法兰克福的各方代表认为这两大国将会服从新议会的领导，而且其他国家也将融入新德国。他们确实判断错了。事实证明，没有政府愿融入新国家，奥地利和普鲁士也都不愿接受议会的领导。

在各方代表看来，为新德国起草宪法是他们的主要任务。另外，由于他们很多都是学者、教授及律师，所以他们都对这项工作怀有极大的热情。宪法编写委员会的成员耗时六个月整理出了《德国人民的基本权利》（*Fundamental Rights of the German People*）。在该文本中，他们援引了法国的《人权宣言》、美国的《独立宣言》

和其他类似文本中的相关表述，将19世纪的自由理念融入其中。这一文本在1849年3月成为完整宪法中的一部分，保障了公民、议会和新闻界的言论自由。值得一提的是，它还促进了公共教育和宗教自由的发展。然而，等到会议结束、文本定稿，德意志的情况却发生了巨大变化，这让他们猝不及防。

上文已经提到过，新国家的边界问题是各方代表颇有争议之处，也是造成他们相互隔阂、拖延任务的原因之一。其中一方代表支持后来人们熟知的“小德国（Kleindeutsch）”方案，即新德国仅仅包含普鲁士和其他较小的德意志国家。另一方代表却认可“大德意志”（Grossdeutsch，即包括奥地利）方案，即除了上述国家外，奥地利的德意志省份也都融入新国家（包括有大量斯拉夫人口的波希米亚）。1848年10月，双方达成了妥协：所有的德意志领土都将融入新国家，但非德意志地区（属奥地利）可在两种情况下融入德国：要么放弃其非德意志领土，要么由皇室成员组成的私人联盟单独占有，这就意味着奥地利只有在皇帝放弃其匈牙利属地的情况下才能加入德国，而这些属地是奥地利帝国不可分割的部分。因此，这种可能性微乎其微。1849年3月初，弗朗茨·约瑟夫一世（Francis Joseph Ⅰ，1848—1916年在位）曾表明了他对这一解决方案的立场，那就是颁布新宪法，以此来巩固哈布斯堡帝国的统一和完整，这就使得将奥地利纳入新德国的设想彻底破灭。如此看来，支持“小德国”方案的人似乎已经赢得了这场争论的胜利。不久后，法兰克福议会举行投票，为普鲁士国王加上了“德意志皇帝”的头衔。最初，腓特烈·威廉四世拒绝接受这一称号，因为他需要得到小德意志国家诸位亲王的支持。然而，在 28 位亲王表示他们愿意接受奥地利新宪法后，腓特烈·威廉直截了当地拒绝接受这一头衔，然后命令普鲁士代表离开法兰克福议会。之前，对于议会给予他的头衔，他曾回应说这是“臭水沟里捡来的王冠”，如同路易·菲利普之前戴的那顶。

奥地利也撤走了本国代表，之后其他小国家也纷纷仿效。最后，议会只剩下一支由激进分子组成的“余党”。后来，这些激进分子转移到了斯图加特，并在符腾堡发布了一系列呼吁德意志人民采取行动的号召，试图激起新的起义运动。他们的这些号召确实起了作用：1849 年 5 月，几个德意志小国爆发了起义，但很快就被镇压下去，而且普鲁士军队也参与了几次镇压行动。当年 6 月，法兰克福议会的剩余成员也都被驱散了。

至此，自由主义者建立统一德意志的尝试以失败告终。如果自由主义者在 1848 年实现了德意志的统一，那德意志接下来的历史可能会非常不同，因为德意志国家在 19 世纪 70 年代在普鲁士首相俾斯麦的领导下统一了起来。因此，有人说，若自由主义者成功了，那后来的德国就不会走上民族主义和军国主义之路，而是会加入爱好和平的国家阵营。但是，德国的自由主义者又有多爱好和平呢？在尊重其他民族和群体方面，法兰克福议会举行的会议和采取的行动表明这些自由主义者并不包容，也并不爱好和平；相反，从这些自由主义者的言论来看，他们对其他民族群体不怀好意、态度高傲，这种现象也体现在之后某些德国政治家的言论中。

人们可以从一件事中了解到议会成员是如何看待普鲁士东部省份的波兰民族的。1848 年欧洲的波兰语区并未发生大规模革命，即便如此，这一地区也发生了所谓的“民族之春”（Springtime of Nations）事件，波兰民族委员会在此次事件中成立了，还出现了反抗普鲁士和奥地利官僚的小范围人民起义。1848 年春天和初夏，参与起义的群众首先聚集在普鲁士的波兹南，之后出现在了奥地利的加利西亚，但这两个地方的起义运动都没有取得成功。

与欧洲其他自由主义者一样，德意志自由主义者在 1848 年前都支持波兰的独立事业。1848 年 4 月，他们在法兰克福议会讨论有关波兰问题时，认为独立后的波兰应重新划回 1772 年时期的国界。但是，当涉及实际问题时，他们却又站在了相反的立场。普鲁士国王做出了一些模棱两可的承诺后，生活在波兹南的波兰人（其人数与那里的德国人数之比为八比五）变得不那么安分了。他们开始要求获得自治权，还有人提议将波兹南独立出来，以此作为实现整个波兰独立的第一步。这种情况下，波兰国家委员会建立了，但此时的波兰农民已经失去耐心、转而用起义的方式反抗统治该地区的普鲁士官员。面对农民起义，普鲁士政府派出军队前往镇压，波兰人于是向法兰克福议会求助。1848 年 7 月，一场大规模辩论会随之召开，支持普鲁士镇压行动的人一个接一个地发言，公然谴责波兰人态度傲慢、不服管制。一开始，法兰克福议会支持波兰的独立事业，但后来大部分成员都转变态度，宣布反对波兰民族主义，因为这与建立新德国的目标发生了冲突。若普鲁士东部省份（如波兹南）划分给波兰人，那么这些地方就与新德国无缘了。在发表讲话的人中，有一部分声音最响亮，就是那些自由主义者，他们在几个月前还在为波兰独立奔走呼号，如今却转变了态度。为了证明其立场的正确性，一些自由主义者认为波兰人的行为表明他们无法独立，因此需要服从其他民族的管制，一名代表甚至宣称德国控制波兰人的权力是“强者和征服者的权力”。只有一小部分极端左翼代表仍坚持着原来的主张。法兰克福议会以 342 票对 31 票的结果宣布支持普鲁士镇压波兰独立运动。

此次事件并非例外。从德意志自由主义者对奥地利帝国的尊敬态度可以看出他们的基本立场。由于波希米亚的人口中有很大一部分是德意志民族，于是法兰克福议会认为该地区应囊括在新德国的范围内。然而，当地还存在着数量更多的捷克人，他们不仅不同意这个提议，还与其他的斯拉夫民族结成了一个联系更紧密的同盟。因此，捷克的民族主义和德意志民族主义者的目标发生了冲突，而大多数法兰克福代表都倾向于忽视捷克的民族意愿。

即使法兰克福议会最终获得成功，人们也无法指出这些自由主义者可能会建立起一个什么样的德国。但是，有迹象表明，1848 年的德意志自由主义者与其他德国人相比，在民族主义倾向上都是一样的。19 世纪 60 年代，很多自由主义者都集中到了俾斯麦麾下，这是不可否认的事实，人们也清晰地看到俾斯麦的确实现了德意志统一，因此也就能理解这些自由主义者的态度和立场了。

哈布斯堡帝国

梅特涅试图通过孤立奥地利来遏制变革的潮流，但他的计划却在19世纪40年代陷入困境。经济发展方面，哈布斯堡帝国缓慢地走在普鲁士和其他德意志国家之后，其主要城市维也纳、布拉格和布达佩斯都不可避免地受到了工业化的影响，社会形态也发生了变化。然而，梅特涅政府在经济政策上的倒行逆施让大城市中的资产阶级感到不满，同时，由于官僚对商业的干涉，他们也逐渐失去了耐心。城市中的小无产阶级面临着相同的情况，他们举步维艰、毫无头绪，工人阶级也都受到了影响。手工业者怨恨机器夺走了他们的工作，因此对当时的状况尤为不满。占据人口绝大多数的农民饱受“强迫劳役”政策的压力，心中的不满越积越多，因为这一政策强迫他们要为地主义务劳动一段时期。1846年，加利西亚爆发了起义运动，帝国政府不得不承诺废除该地区的“强迫劳役”政策。正因为如此，1848年革命期间，其他地区都纷纷要求废除当地的这一政策。

政治方面，虽然梅特涅实施了严格的审查措施，但很多颠覆性的观点仍然渗透到了奥地利帝国。一些被偷运到波希米亚的书籍和手册在奥地利的大学中颇受欢迎，因此这些大学很快成为反抗帝国政权的中心。这些学生接受了卢梭平等主义理念和德国作家弗里德里希·达尔曼（Friedrich Dahlmann，1785—1860）的宪法研究精神，希望能在更广泛的层面上实现奥地利人的政治自由。

然而，对帝国政权最大的威胁或许是众多民族不断增长的民族主义精神。一开始，很多运动都是完全的文化运动，其重点在复兴本民族的语言或文化；如果这些运动到19世纪40年代发展成政治运动，其目的就会是扩大某一个民族群体的自治权。其中最值得一提的就是马扎尔人或者说匈牙利人的崛起。19世纪40年代，集记者及演说家身份于一体的路易斯·考苏斯（Louis Kossuth，1802—1894）表现很活跃，他带领匈牙利的民族主义者共同发出了实现完全自治的要求。此外，他们还要求建立匈牙利国家议会。1844年，由半封建的马扎尔贵族代表组成的匈牙利国会取消拉丁语作为官方语言，而且规定从那时起，政府和学校所有的岗位都要任用马扎尔人。类似的民族崛起也出现在了奥地利帝国的东部地区，这些民族群体包括波希米亚的捷克人、亚得里亚海的克罗地亚人及特兰西瓦尼亚的罗马尼亚人。

法国二月革命消息的到来就像是一颗火星掉落到了一堆由积怨形成的干草中，起义的烈火迅速在各个领域中燃烧了起来，这些领域涵盖了社会、政治及民族主义者。奥地利帝国的主要城市中都出现了起义运动。考苏斯在布达佩斯宣告了匈牙利国会的成立，公开谴责梅特涅的统治措施，此外，他还呼吁颁布帝国宪法，以此为匈牙利建立一个负责的政府。在维也纳，学生群体向皇帝呈送了请愿书，要求得到言论自由，废除审查制度。得知考苏斯在布达佩斯的发言后，他们这才想到向政府要求颁布宪法。这些学生的要求可以说是比较温和的，他们害怕政府会因请愿的事进行报复，于是向维也纳的工人求助，希望他们开展游行运动。3 月 13 日，游行人群和军队发生了流血冲突。与普鲁士的腓特烈 · 威廉四世相似，奥地利皇帝斐迪南一世害怕出现更多的牺牲，于是撤回了军队，并宣布同意人们的要求，包括召集议会选举。当天，年事已高的梅特涅提请辞职，告别了他在哈布斯堡王朝呼风唤雨的半个多世纪。之后，他乘坐着普通的马车离开维也纳，开始了他在英国的流亡。梅特涅的离开标志着一个时代的结束。

在这一点上，人们很难从细节层面去探究事件。如同人们后来所见，奥地利在意大利统治的伦巴第和威尼西亚两地都爆发了起义运动，这些运动引发了意大利人民从奥地利手中寻求解放的战争。奥地利帝国的几个地方陆陆续续都出现了起义运动，其目的都是获得独立。位于布达佩斯的匈牙利国会一路高歌猛进；《三月法令》（*March Laws*）的实行使匈牙利几乎完全独立，因为该法令规定匈牙利只要宣誓效忠奥地利皇帝就可以了，其他权力并不受影响。于是，匈牙利打算在国会中设立一个常规议会，这个议会可以拥有军队、进行预算，还能制定对外政策。考虑到农民的生存状况，国会决定将“强迫劳役”政策废除。马扎尔人虽然宣告自治，但他们却不愿将同样的权力赋予其少数民族。特兰西瓦尼亚和克罗地亚都融入了匈牙利王国，这两国的国会也随之解散。对此，斐迪南一世并未主动出击，因为他没有其他选择，只能接受匈牙利地区的新面貌。

波希米亚首府布拉格是捷克民族主义精神汇聚的中心，同样在

这幅漫画展现了1848年3月，受惊的梅特涅匆忙逃离维也纳的情景。人群的左上方有一面旗帜，上面写着："宪法万岁！"

3 月发生了起义运动。革命者一开始提出的要求比较温和，但匈牙利国会通过《三月法令》后，捷克人也决定制定自己的宪法，以获得实际的自治权。对此，帝国政府表示允许捷克人召集议会选举，另外，政府明确捷克语和德语在波希米亚地位平等。当年 6 月，第一届泛斯拉夫议会在布拉格拉开帷幕。捷克人在该议会中起主体作用，他们希望借此表明自身的团结，以此对抗法兰克福的一项要求将波希米亚融入新德国的提案。虽然捷克人很明确地表明了与德国的对立，但其本身却没有具体提案。他们更加支持将奥地利帝国转变为由各个民族国家组成的邦联，在这样的邦联中，捷克人能够和其他民族群体一同拥有光荣的地位。然而，对于泛斯拉夫议会的决议和捷克人建立自身政府的要求，奥地利帝国都表示拒绝。6 月期间，捷克出现了较为激进的游行活动。当时，阿尔弗雷德 · 文迪施格雷茨将军（General Alfred Windischgrätz，1787—1862）正在布拉格担任军事指挥官，于是这次游行就成为他采取强制措施的借口，他开始残暴镇压捷克的革命运动。于是，泛斯拉夫议会被驱散了，布拉格也陷入军事独裁统治的阴霾中。布拉格的沦陷标志着奥地利帝国反革命力量的第一次胜利，增强了帝国政府镇压其他地区革命的决心。

虽然维也纳在 3 月爆发了起义运动，但一开始的时候该地区并未出现政权性质上的激进变化。此前，奥地利皇帝允许在维也纳成立国民警卫队，这支警卫队的构成包括两部分：一部分是市民群体，一部分是大学生组成的学生军。即便如此，当地政府也仍然被把持在保守派官员手中。虽然皇帝承诺召集议会，但帝国政府却对此视而不见，还在 4 月颁布了一部新宪法。然而，这部新宪法并没有赋予人民多少自由权利，这引发了首都激进势力的不满。此外，帝国政府还试图解散国民警卫队、驱散学生军，这些行为激起了第二次起义运动。学生、工人及国民警卫队都在 5 月参加了此次运动。面对汹涌的革命潮流，皇帝只好带着亲眷逃离首都，前往因斯布鲁克避难。直到此时，政府才被迫同意召集议会选举。选举出的议会成员于 6 月在维也纳集会，然后开始进行立宪工作，制定出的宪法在内容上比4月公布的宪法更为民主。当年9月，该议会还取得了一项成就，那就是废除了奥地利帝国其他地区的“强迫劳役”政策，这些地区之前从未有过这样的改革。因此，从表面上看，发生在奥地利的革命似乎已经取得了成功。

然而，实际情况却并不十分明朗。从5月到10月，维也纳的政权都掌握在革命者手中，议会也制定出了宪法，对革命的进展产生了积极影响。但是，旧王朝并没有被击溃，军队仍然效忠皇室。皇帝，或者更为确切地说是由保守派官员和军队领袖组成的保皇派，一边佯装支持召集议会，一边与文迪施格雷茨将军通气，希望他发动军队，准备再次占领首都，镇压革命势力。10月，文迪施格雷茨将军找到了进攻的时机。那时，身处维也纳的激进分子得知保皇派正前往对抗匈牙利的革命势力，借机发动了第三次起义。在此过程中，他们抓获了一名不得人心的军官，并在街上将他打死。文迪施格雷茨以这次暴力事件为借口进攻维也纳，这与他之前进攻布拉格的情形如出一辙。他命令炮兵轰炸城市，在这样强大的火力下，维也纳在月底就被占领了。很多激进派领袖都被当场处死。选出的议会成员都被流放到了克里姆西尔的摩拉维亚镇。实际上，维也纳的革命势力早在1848年10月就被击溃了。

1848年间，奥地利反革命势力之中出现了这样一种思想趋势，那就是认为要实现哈布斯堡王朝的复辟，斐迪南一世就必须退位，因为这位皇帝意志薄弱、不够决绝，这种思想趋势在那段时间里逐渐增强。十月革命后，费利克斯·祖·施瓦岑贝格亲王（Prince

Felix zu Schwarzenberg，1800—1852）成为帝国政府的新领袖，他成功劝说皇帝将皇位传给了其 18 岁的侄子。于是，1848 年 10 月，弗朗茨 · 约瑟夫一世（Francis Joseph）承袭了皇位，统治奥地利长达 68 年，在第一次世界大战期间与世长辞。此前，斐迪南一世曾对革命者做出过一些承诺，但这位年轻的皇帝并不重视。在首席大臣施瓦岑贝格的协助下，弗朗茨决心复辟旧王朝。他们并未立即驱散聚集在克里姆西尔的议会，而是允许该议会完成商议，随后在 1849 年 3 月将其解散。施瓦岑贝格拒绝了由该议会起草的宪法，如果这部宪法得以施行，那奥地利将成为一个分散的联邦制国家；最后，施瓦岑贝格施行了按照他的意见制定的宪法。与腓特烈 · 威廉在普鲁士实施的宪法类似，这部宪法保留了一些自由主义因素，比如规定由选举出的代表组成国会，建立向人民负责任的政府部门。然而，尽管施瓦岑贝格同意了这些政策，但只能在奥地利面临的“暂时性危机”解除后才能得到真正的实施。与此同时，他只手遮天，对奥地利实行独裁统治。另外，施瓦岑贝格还建立了高度集中的行政制度，断绝了非德意志民族寻求扩大自治权的道路。

这种情况下，很多起义运动都平息了下去，但匈牙利的革命仍在进行着。帝国政府在弗朗茨 · 约瑟夫 10 月加冕前就已开始花大力气镇压匈牙利的革命运动。反革命的保皇派处理此事的方式非常烦琐、复杂。起初，他们仅仅发表了一些非官方声明，煽动对马扎尔人统治不满的南斯拉夫民族克罗地亚人，这时克罗地亚人已经起来反抗新匈牙利政权的统治了，因为他们想获得自治权。然而，

1848 年底，维也纳政府决定全力镇压匈牙利革命运动，之后命令皇家军队入侵匈牙利。但是，这些入侵者无法和匈牙利守卫军抗衡，守卫军在考苏斯的领导下将这些敌人赶出了匈牙利。事实上，若镇压马扎尔人的只有奥地利军队，那匈牙利可能就会在 1849 年成为真正的独立国家。4 月期间，匈牙利议会宣告成立匈牙利共和国，考苏斯任总统，他表示要结束与哈布斯堡王朝的联系。然而，在这关键时刻，由于担心匈牙利独立运动的成功会引发波兰的人民起义，一直站在革命对立面的俄国沙皇尼古拉一世向奥地利皇帝派遣军队进行支援。1849 年 6 月，奥地利军队与俄国军队开始联合入侵匈牙利。奥地利军队从西面进攻，而 14 万俄军从北面攻击。这时，匈牙利人在亚瑟 · 冯 · 格尔盖伊将军（General Arthur von Görgey，1818—1916）的指挥下顽强抵抗；但是，由于国内爆发了少数民族起义运动，匈牙利的军事力量被大为削弱，于是在 8 月举旗投降。奥地利将军朱利叶斯 · 冯 · 海瑙男爵（Baron Julius von Heynau，1786—1853）之前承诺对匈牙利守卫军采取温和的态度，但获胜的军队却对这项承诺置若罔闻，他们用血腥残忍的手段报复俘虏。一时间，这些俘虏要么被鞭打，要么被吊死，还有的被枪毙。考苏斯成功逃到了土耳其，最后辗转到了美国。到了美国后，他四处发表演讲，努力为匈牙利的解放事业募集资金。

匈牙利起义的失败标志着 1848—1849 年奥地利帝国一系列革命运动的终结。匈牙利与奥地利帝国其他地区一样，都失去了所有的自治权，而且它们从那时起都被完全操纵在维也纳政府手中。施瓦岑贝格在 1849 年颁布的宪法中表示要建立对人民负责的政府，召集代议制国会，但这些都未真正实现。那时的奥地利处于独裁统治下，和梅特涅掌权时期一样，但办事效率却大大高于梅特涅时期。1848—1849 年革命并没有改善奥地利帝国各民族群体的生存状况，反而在事实上增加了他们的压力。当然，这些革命也带来了为数不多的变革，其中一项就是废除了“强迫劳役”政策。这一政策的废除为农民阶级带来了好处，但它同时也是起义运动失败的原因之一。之所以得出这样的结论，是因为农民得到了这样的利好，于是对革命的前途失去了兴趣，因此，失去了广大群众支持的革命便陷入了危险境地，直到最后被奥地利皇帝镇压。

意大利1848年革命

1848—1849 年，意大利出现了一系列运动。这些运动可以分为三个阶段：首先，意大利半岛上的很多国家和奥地利控制地区都出现了独立的起义运动；接着，在萨丁尼亚王国国王查理 · 阿尔贝特的领导下，意大利爆发了独立战争，战火首先出现在奥地利控制区；在第三阶段，马志尼和其他革命者开展了建立罗马共和国的尝试，但不久后就归于失败。和欧洲其他地区一样，意大利所有的革命运动都以失败告终。但事实上，这些运动却是意大利实现统一的重要一步，因为革命者从中得到了很多有价值的经验。

最初，西西里在1月爆发了起义运动。那不勒斯和西西里的国王斐迪南二世成为欧洲首位受到1848年革命影响的统治者，起义发生后，他向人民颁布了一部宪法，这部宪法与法国《大宪章》非常类似。起义运动出现在意大利最南端的国家，一直向北蔓延。紧接着，托斯卡纳大公利奥波德（Grand Duke Leopold of Tuscany，1797—1870）向人民屈服，而且同意立宪。当时，包括加富尔在内的萨丁尼亚王国温和派都在劝说查理·阿尔贝特立宪，这部宪法就是人们所知的《宪法章程》(*Statuto*)，这部宪法在十年后成了意大利联合王国的宪法基础。教皇庇护九世之前就表现出了一些自由主义倾向，萨丁尼亚王国颁布宪法后，他也在教皇国实施了一部宪法，但他还是想保留教皇和主教团的权力，这样他们就能对代表委员会提出的法案投反对票。最后，起义运动发展到了伦巴第和威尼西亚两地，而这两个地方当时还处在奥地利的控制之下。1月期间，伦巴第的主要城市米兰发生了暴乱事件，其原因是政府提高了对烟草的税收。到了3月，维也纳起义运动和梅特涅离任的消息传到米兰，激起了人们的暴乱，这次事件就是后来的“光荣五日”（Five Glorious Days，3月18日至22日）。这五天里，起义人群和军队发生了激烈的巷战，奥地利将军约瑟夫·拉德茨基（Joseph Radetzky，1766—1858）被迫放弃了伦巴第。几乎与此同时，一场短暂的起义运动后，威尼斯宣告成立共和国，其首任总统是丹尼尔·马宁（Daniele Manin，1804—1857）。他之前被奥地利政府作为政治犯收监，起义运动爆发后，奥地利官方被迫将他释放。3月下旬，主要的意大利国家都经历了重大的政治危机，但严重的暴力冲突事件仅仅发生在米兰。

米兰人民在起义运动中体现的精神和勇气振奋了萨丁尼亚王国的自由主义者和温和派势力，于是他们大声疾呼，要求发动解放战争，摆脱奥地利的统治。国王查理·阿尔贝特其实并不想卷入革命运动，但他却被幕僚说服而主动掌握革命的领导权，然后在 3 月 22 日占领了伦巴第。与此同时，他还号召其他意大利国家领袖共同抵抗可憎的奥地利人，实现意大利半岛独立。起初，意大利半岛上的民族主义情绪高涨，甚至那不勒斯的斐迪南都认为自己有责任派出分遣队支援萨丁尼亚王国。更令人惊讶的是，一支来自教皇国的军队也加入了独立战争，但他们在面对奥地利抗议时很快就撤离了。虽然教皇庇护九世对意大利统一事业怀有很高热情，但他同时也是全世界天主教的精神领袖，所以不能发动针对天主教奥地利的战争。当时，萨丁尼亚王国率领的意大利军队陷入了以寡敌众的境地。虽然这支军队充满了民族主义热情和爱国精神，但在组织上却缺乏纪律性。不久后，萨丁尼亚王国的温和派势力与共和党势力之间就出现了分歧，前者的目标是要建立查理·阿尔贝特统治下的君主立宪制政体，而后者的目的却并不相同。新成立的威尼斯共和国不愿为服从萨丁尼亚王国的统治而就此解散。5 月期间，来自那不勒斯的分遣队早已被撤回，斐迪南又回到了反革命阵营。尽管查理·阿尔贝特派出的军队赢得了几场重大胜利，但他们多数情况下都是失败的，因为拉德茨基将军带领的军队相比之下更加有组织、有纪律。到 1848 年 7 月，拉德茨基对军队进行了增强整合，并且在库斯托扎大败萨丁尼亚军队。十天之内，拉德茨基就把萨丁尼亚军队赶出了奥地利，之后又和查理·阿尔贝特达成了停战协议，查理同意放弃伦巴第地区。然而，这件事并未就此完结，到第二年春天，查理·阿尔贝特单方面撕毁停战协议，向奥地利发动了进攻，但他很快就在 1849 年 3 月的诺瓦拉战役中被击败。那时，奥地利管辖区的革命势力面临着危险的境地，因为奥地利政府可以随时终结战争。在持续五周的包围战中，威尼斯共和国的将士显示出了英勇的气概，但最终还是在 1849 年 8 月投降，成为革命势力中最后一个向奥地利屈服的。

1849 年 2 月，罗马共和国成立了，毋庸置疑，这是意大利革命期间出现的最为激进的事件。最初，教皇庇护九世表现出了一些妥协退让的态度，而罗马中的很多激进势力对此愈发不满。此外，他们尤为反对在 9 月上任的首相佩莱格里诺·罗西伯爵（Count Pellegrino Rossi）。一名狂热的民主主义者在 11 月暗杀了罗西和教皇，之后逃出罗马，前往那不勒斯避难。教皇死后，罗马人在 1849 年 2 月选举出了立宪议会，然后宣称教皇只是暂时的统治者，随即建立了罗马共和国。当时，尽管革命者仅仅占据了罗马及周边地区，但罗马共和国仍是统一意大利的核心所在。在很多人的支持下，朱塞佩·马志尼成了共和国三领袖之首，实现了他毕生的梦想。上任后，马志尼颁布法令，规定没收教会土地并分配给农民，为穷人提供公共住房，还采取了很多其他的人道主义措施。然而，罗马共和国从一开始就面临着严重的通货膨胀，在这些经济难题前，新政府显得束手无策。就当时的情形而言，即使没有外国干预，罗马共和国自身也坚持不了几个月。

罗马共和国的成立招致了一些打着教皇旗号的外来干预，出人意料的是，这些干预并非来自一向保守的中欧国家，而是来自路易·拿破仑领导的法兰西第二共和国。路易·拿破仑成功地让议会相信干预行动的目的是阻止奥地利在意大利地区的野心，于是他得以顺利地调动了远征军。路易的真实动机是为了赢得法国天主教势力对其政权的支持。然而，无论如何，他低估了这件事的难度和罗马共和国的实力，进攻罗马的法国军队遭到了激烈抵抗。朱塞佩·加里波第（Giuseppe Garibaldi，1807—1882）很快就把罗马城的守卫军都组织了起来，他在这场战争中的表现和功绩为他在整个欧洲赢得了声誉。1834 年，加里波第还是一名领航员，参加过反对萨丁尼亚政府的战争，其后被迫流亡海外，然而，毫无疑问的是，加里波第的确是意大利复兴运动中最受瞩目的人物。当时，他被敌人悬赏缉拿，不得不逃到了南美洲，到那里后，他参加了巴西和乌拉圭的革命运动。加里波第是一名水手的儿子，他的一生都与世界各地被压迫民族的解放事业联系在一起，但他的最高理想始终是建立统一的意大利共和国。1848 年革命期间，他回到了意大利，人们发现他的外形很出众——金发长披，举止粗犷，身上穿着与众不同的红色衬衣，这件衣服其实是他及其追随者的统一制服。加里波第带领一支志愿军参加过查理·阿尔贝特对抗奥地利的战争，战争失败后，他又与罗马共和国站到了同一阵线。

虽然加里波第的部队取得了初期胜利，但长远来看，这支队伍装备匮乏、缺少训练，无法和规模更大且更有纪律的法国军队抗衡。1849 年 7 月，经过五个月的抵抗，罗马共和国投降了。加里波第带领部队英勇撤退，跨越了整个意大利半岛。撤退途中，很多追随他的人要么死去、要么被抓，但他最终还是成功逃到了美国。在美国待了几年后，他在 19 世纪 50 年代回到了意大利，帮助那里的革命者完成统一事业。罗马共和国崩溃后，教皇在法国卫队的保护下返回了罗马，之后，路易 · 拿破仑开始控制罗马地区，这种情况直到 1870 年才结束。

1849 年夏末，意大利半岛上的各地起义运动似乎都平息下去了，只有萨丁尼亚岛上还保存着温和派共和党政权。1849 年 3 月，查理 · 阿尔贝特在诺瓦拉战役中第二次被奥地利打败，之后，他将王位传与其子维克托 · 伊曼纽尔二世（Victor Emmanuel Ⅱ），自己则退居葡萄牙的一座修道院。当时，奥地利帝国并没有对新上任的年轻国王提出很多苛刻条件，甚至还允许保留查理在上一年实施的宪法。

虽然多数意大利国家的革命运动都以失败告终，但 1848—1849 年出现的这些运动至少为热衷统一意大利的爱国者留下了三条有价值的教训。首先，统一运动无法在教皇的领导下完成，但这正是 1848 年前的新归尔甫运动所追求的。遭受奥地利军的首次打击后，教皇就很快将他的军队从意大利解放队伍中撤走，这件事排除了他领导意大利统一的可能性。但是，一些拥护教皇的人可能会反驳这个观点，因为他们认为教皇身为世界天主教的精神领袖，他别无选择。可以肯定的是，若新归尔甫运动在 1848 年遭受失败，那么萨丁尼亚王国在统一意大利事业中的领导权就能得到增强。接下来是 1848—1849 年运动留给人们的第二条重要教训。萨丁尼亚人之前就奋勇抵抗过奥地利；维克托 · 伊曼纽尔二世上任后，拉德茨基要求他宣布废除自由宪法，但遭到了拒绝，这提高了萨丁尼亚王国在意大利自由主义者中的威望。但是，人们在 1848 年学到的最后也是最重要的教训恐怕是这样的一条：孤军奋战的意大利人是无法将奥地利人赶出去的。战争初期，奥地利军队曾在 1848 年撤退过，奥地利人也因此做过一些妥协和退让，但他们在意大利的势力从未被削弱过。很多人认为意大利的解放事业必须要得到外国援助，于 1851 年成为萨丁尼亚王国首相的加富尔就是其中一位。加富尔相信，仅靠萨丁尼亚王国是无法完成革命任务的，因此他在 19 世纪 50 年代的主要外交目标就是寻求同盟，共同抵抗奥地利，在他看来，这是萨丁尼亚王国领导下实现意大利统一的关键之举。

1848年革命的后果

1848 年革命失败后不久，法国无政府主义者皮埃尔 · 约瑟夫 · 蒲鲁东（Pierre Joseph Proudhon，1809—1865）这样写道："我们败了，也被羞辱了……逃走的逃走，入狱的入狱，裁军的裁军，噤声的噤声。欧洲民主主义就这样败在我们手中了。”的确，这是大部分欧洲革命者的境况。革命开始时，众人满怀希望，但起义运动的结局不得不说很令人失望。几乎所有在 1848 年受到打击的统治者都在 1849 年重新掌权。之前很多地方都施行过宪法，但现在这些地方的宪法要么被撤销，要么被其他的法律文件取代，而且这些法律文件都抛弃了革命者努力争取来的重要原则。这样看来，之前的革命运动似乎是徒劳的。然而，从当时和长远的角度看，革命并非没有价值。一名历史学家曾对此评论道：“成型的理念和有规划的方案就要来了。”[3]

其实，革命带来的长期影响在接下来的五十年才得以显现。可以明确的是，1848—1849 年的革命经验使得国家统一的理念变成了具体的方案和措施，而这种理念其实在 19 世纪前半叶就已出现。革命是否推动了自由主义理想的最终实现还是存在争议的。后革命时代的种种特征昭示了自由主义近乎完全的失败，如在普鲁士和奥地利，选举出的议会最终被解散了，议会起草的宪法被皇室撤销了，法律赋予的个人自由也被限制了。但是，革命者的努力并没有白费，因为他们为欧洲随后的自由主义者和民主主义者提供了大量经验。在保守派的反动压制下，一些革命遗留的机制还是被保留了下来，例如法国建立了男性公民普选制。路易·拿破仑正是通过这一选举制度掌控了法国，后来的政权都未撤销这一制度。这项制度在法国建立后，整个欧洲的民主主义者和激进势力都以此为目标。

确实，19 世纪中叶的革命运动后，人们对普选制的信任与该世纪上半叶人们对宪法的信念如出一辙。

1848 年革命失败最为明确的后果或许就是工人阶级希望和幻想的破灭。工人领袖死后，这些工人流放的流放，躲藏的躲藏，确实是一派“败了，也被羞辱了……逃走的逃走，入狱的入狱，裁军的裁军，噤声的噤声”的景象。然而，即便在这种情况下，工人起义也发挥了重要作用，因为这些运动在无产阶级中形成了强烈的阶级意识，这预示了欧洲社会主义和工人阶级运动的重大变革。写到法国起义运动时，卡尔·马克思宣称：“最终，二月共和国的建立明确了资产阶级制度，因为这次事件推翻了皇室统治，而隐藏其后的推手正是资本本身。”[4] 马克思或许对此有些夸大，但很多事件确实都毫无疑问地增强了欧洲工人的阶级意识，比如法国的“六月抗议”，以及维也纳在 10 月出现的残酷镇压行动。到了 1848 年，工人阶级联合中产阶级对抗旧势力的行动越来越多。此外，在起义运动初期，他们在很多地方的对抗目标也都是一致的。但是，随着运动进行，资产阶级越来越担心暴乱人群会朝极端主义发展，私人财产就会因此陷入危险，于是很多资产阶级成员开始和旧势力结盟或者有意地压制彻底的社会革命，以此来避免对资产阶级的威胁。1848 年的革命运动触发了工人阶级的苦痛和对旧秩序的敌意，但由于资产阶级的态度转变，这些苦痛和敌意被削弱了。然而，资本家和无产阶级、雇主和雇佣工之间进行真正合作的可能性并没有受到影响。16 年后，也就是 1864 年，以颠覆资产阶级为目标的首届国际工人协会（First International Workingmen's Association）成立了，它的成立具有深远的意义。

最后，革命运动还产生了一种不太明显但依然很重要的影响，那就是引起了欧洲舆论的变化，这些变化既存在于政治领域，也存在于文化领域。这种新的舆论热潮或许可以用“现实主义”这一观点来解释。在运动发展中，革命者的浪漫主义梦想逐渐破灭，1848年前的理想化目标也受到质疑，这些都促使革命者变得更为清醒，他们对自身的认识也逐渐清晰起来。经历了1848—1849年的革命运动，欧洲人民的总体目标并没有出现巨大改变，但一些个人和群体却对自己的目标有了新的判断。以前，他们会用理想化的观点展望成果，但在那时，他们会有意识地选择用实际方法来实现种种设想。此外，他们会时常得出这样的结论：在实现目标的过程中，抽象的理念和原则并没有火力和军队来得重要。19世纪50和60年代的人们具有与之前不同的坚强意志，而这种状态的形成在很大程度上都是因为1848—1849年的革命运动打破了人们的迷梦。

1848年革命运动的失败否定了革命时期的空想理念，即便如此，经过60年的历史进程，政治和经济上的发展都已经深刻地改变了欧洲格局。19世纪中叶，制造业取代农业成为欧洲经济的主要动力，各国人口都呈现了从农村流向新型大城市的趋势。另外，欧洲大陆出现了纵横交错的铁路网，极大地加快了旅游业和商业的发展。政治方面，法国大革命带来了种种新理念，这些新理念突破了旧的等级秩序，但被阿历克西·德·托克维尔称为“不为人知的新病毒”。欧洲大陆的很多地区仍保留着旧王朝的统治，但各地出现的民主主义、民族主义运动和社会主义运动也成了这些保守地区要面临的挑战。1789—1850 年的历史时期中，欧洲在物质和精神两种层面上都出现了许多新型而颇具颠覆性的历史潮流。然而，该时期的革命运动仅仅是一种开端，而不是结束，随后还有更为长期的世界革命历史阶段。

注　释

第一章

[1] 弗朗索瓦·菲雷援引于《诠释法国大革命》（*Interpreting the French Revolution*，剑桥，1981），第163页。

[2] 阿历克西·德·托克维尔著，《旧制度与大革命》，弗朗索瓦·菲雷和索朗索瓦·梅洛尼奥编，艾伦·卡亨译，第一卷（芝加哥，1998），第83—89、111—124、241—247页。

[3] R.R.帕尔默著，《民主革命时代：欧洲和美国的政治历史，1760—1800》（*The Age of the Democratic Revolution: A Political History of Europe and America, 1760—1800*），第一卷，普林斯顿，1959，第4页。

[4] 菲雷，《诠释法国大革命》（剑桥，1981），第48—49页。

[5] 卡尔·冯·克劳塞维茨著，《战争论》（*On War*），迈克尔·霍华德和彼得·帕雷特编译（普林斯顿，1976），第591—592页。

[6] 埃德蒙·伯克著，《法国革命论》，托马斯·马奥尼编（印第安纳波利斯，1955），第87页。

[7] 林恩·亨特援引于《法国大革命和人权：一部简明史》（The French Revolution and Human Rights: A brief Documentary History，波士顿，1996），第138—139页。

[8] 例如，阿尔弗雷德·科班的《法国大革命的社会解读》（*The Social Interpretation of the French Revolution*）第二版（剑桥，1999）。

[9] 西蒙·沙玛著，《平民们：法国大革命纪事》（*Citizens: A Chronicle of the French Revolution*，纽约，1989），第787页。

[10] 科林·琼斯，《买卖的巨大链条：医疗广告、资产阶级公共领域和法国大革命的起源》“*The Great Chain of Buying: Medical Advertisement, the Bourgeois Public Sphere,and the Origins of the French Revolution*”，发表于《美国历史评论》101期（1996），第39页。

第二章

[1] 詹姆斯·汤普森援引于《拿破仑·波拿巴：他的崛起与衰落》（*Napolen Bonaparte: His Rise and Fall*，牛津，1952），第150页。

[2] 乔治·勒费弗尔援引于《拿破仑》（*Napoléon*）第四版（巴黎，1953），第67页。

[3] 同上，第68页。

[4] 具体事例参见厄尔巴基·哈尔马希和尼基·凯蒂在《法国大革命对世界的影响》（*The Global Ramifications of the French Revolutions*）的文章，约瑟夫·克莱次和迈克尔·哈泽尔编（剑桥，1994）。

第三章

[1] 具体事例参见A.J.泰勒的《19世纪英国的放任主义和政府干预》（*Laissez-faire and State Intervention in Nineteenth-Century Britain*，1972）以及大卫·兰德斯的《解除束缚的普罗米修斯：1750年迄今西欧的技术变革和工业发展》（*The Unbound Prometheus: Technological Change and Industrial Development in Western Europe from 1750 to the Present*，剑桥，1969），第124—230页。

[2] 彼得·索拉尔，《工业革命前的济贫事业和英国经济发展》"*Poor Relief and English Economic Development Before the Industrial Revolution*"，发表于《经济史评论》48期（1995），第1—22页。

[3] 解读此现象最佳的文本要数弗里德里希·恩格斯所著《英国工人阶级状况》（1845年在德国出版；1887年首次在英国发行）。如果想看到恩格斯作品更细致的分析和时代背景，可以阅读史蒂文·马库斯的作品《恩格斯、曼彻斯特以及工人阶级》（*Engels,Manchester, and the Working Class*，伦敦，1974）。

[4] 查尔斯·狄更斯，《艰难时世》（纽约，1966），第17页。

[5] J.F.C.哈里森援引自《英格兰的社会与政治：阅读与评论选集，1780—1960》（*Society and Politicsin England, 1780—1960: A Selection of Reading and Comments*，纽约，1965），第155页。

[6] 大卫·兰德斯，《解除束缚的普罗米修斯：1750年迄今西欧的技术变革和工业发展》（剑桥，1970），第41页。

[7] 例如彼得·林德特和杰弗里·威廉姆森的研究，《工业革命期间英国工人的生活水平：呈现新面貌》"*English Workers' Living Standards during the Industrial Revolution: A New Look*"，《经济史评论》36期（1983），第1—25页；N.F.R.克拉夫茨，《工业革命期间的英国经济增长情况》（*British Economic Growth during the Industrial Revolution*，牛津，1985），第5章。

[8] 这一悲惨的状况在沃利·塞克姆的《渡过难关：工业革命时期的工人阶级家庭》

（*Weathering the Storm: Working-Class from the Industrial Revolution to the Fertility Decline*，伦敦，1993）中得到了重申，第71—80页。

[9] E.P.汤普森著，《英国工人阶级的形成》（纽约，1966）。

[10] 罗伯特·费什曼，《资产阶级乌托邦：郊区的兴起与衰落》（*Utopias: The Rise and Fall of Suburbia*，纽约，1987），第84页。

[11] 劳伦斯·斯通著，《英国的家庭、性与婚姻，1500—1800》（*The Family,Sex and Marriage in England 1500—1800*，纽约，1977）。

[12] 黛博拉·瓦伦兹著，《第一位工业女性》（*The First Industrial Woman*，纽约，1995），第145页。

[13] 汤普森著，《英国工人阶级的形成》（纽约，1966年），第9页。

[14] 威廉·西威尔的《法国的工作与革命：从旧制度到1848年的劳工语言》（*Work and Revolution in France: The Language of Labor from the Old Regime*，剑桥，1980），第284页。

第四章

[1] 伯克，《法国革命论》，第66—70页。

[2] 例如，在1989年东欧革命前夕，霍布斯鲍姆就写道："密涅瓦的猫头鹰……将要飞出阴霾了。"这句话可以用来描述目前各个民族和民族主义的情况（《1780年以来的民族和民族主义》，纽约，1990）第173页。同样，欧内斯特·盖尔纳在《民族和民族主义》（伊萨卡，纽约，1983）中也提到了这个问题。根据霍布斯鲍姆和盖尔纳两人的观点，民族主义的基本功能就是在一定领土范围内构建民族经济体系，因为这需要有共同语言、灵活而受过教育的劳动力参与。他们认为，在这样一个全球相互依存的时期，这项功能的重要性已经减弱。因此，他们主张：在现代工业化社会，民族主义的力量正在消退。

[3] 欧内斯特·勒南，《成为民族的：一位读者》（*Becoming National:A Reader*）中的《民族是什么?》"*What is a Nation?*" 吉奥夫·伊雷、罗纳德·格里戈尔·苏尼编（纽约，1996），第52—53页。

[4] 某些深刻的学术著作，比如安东尼·史密斯在《民族的种族起源》（*The Ethnis Origins of Nations*，牛津，1986）一书中强调了在长期存在的历史和文化差异中形成的民族根源，这些根源是很深厚的。

[5] 本尼迪克·安德森，《想象的共同体：民族主义的起源与散布》（第二版）（*Imagined Communities:Reflections on the Origin and Spreadof Nationalism*，*2ed.*，伦敦，1991），第6、10、11、44页。

[6] 引用于马修·莱温格的《开明的民族主义：普鲁士政治文化的变革》（*Enlightened*

Nationalism:The Transformation of Prussian Political Culture,1806—1848，纽约，2000），第118页。

第五章

[1] 查尔斯·格雷维尔，引用于《进步的年代》（*The Age of Improvement*）中的《阿萨·布里格斯》（Asa Briggs）（伦敦，1959），第261页。
[2] 参见由安娜·克拉克和基思·麦克里兰在《近代欧洲的性别和阶级》（*Gender and Class in Modern Europe*，伊萨卡岛，1996）一书中的文章。
[3] 国王在他统治的前十年，有十次成为未遂的暗杀目标，这使得他这样说道："现在似乎是禁猎期，而我依然是猎杀对象。"戈登·莱特引用于《现代法国》（*France in Modern Times*）第五版（纽约，1995），第112页。
[4] 引用于詹姆斯·J.希恩的《1770至1886年德国史》（*German History,1700—1886*，牛津，1989），第468页。
[5] T.S.哈梅罗援引于《复辟、革命、反动》（*Restoration, Revolution, Reaction*，普林斯顿，1958），第17页。

第六章

[1] L.B.纳米尔引用于《1848：知识分子的革命》（*1848:The Revolution of the Intellectuals*，伦敦，1946），第3页。
[2] 阿历克西·德·托克维尔，《托克维尔回忆录》（*The Recollections of Alex de Tocqueville*），亚历山大·特谢拉·德·马托斯译（伦敦，1948），第12—13页。
[3] 刘易斯·B.纳米尔，《历史的途径》（*Avenues of History*，伦敦，1952），第55页。
[4] 卡尔·马克思，《法国的阶级斗争，1848—1850》（纽约，1934），第41页。

推荐阅读

通俗读物

Jonathan Sperber, *Revolutionary Europe, 1780-1850*（London, 2000）
Franklin L. Ford, *Europe 1780-1830*, 2d ed.（London, 1989）
Robert Gilda, *Barricades and Borders: Europe 1800-1914*, 2d ed.（Oxford, 1996）
Owen Connelly, *The French Revolution and the Napoleonic Era*, 2d ed.（Fort Worth, 1991）
George Rudé, *Revolutionary Europe, 1783-1815*, 2d ed.（Oxford, 2000）
John Merriman, *A History of Modern Europe, vol. 2: From the French Revolution to the Present*（New York, 1996）
E. J. Hobsbawm, *The Age of Revolution, 1789-1848*（New York, 1962）
Gordon A. Craig, *Europe, 1815-1914*, 3rd ed.（Fort Worth, 1971, repr. 1997）
J. L. Talmon, *Romanticism and Revolt: Europe, 1815-1848*（New York, 1979）

民族史

Eric J. Evans, *The Forging of the Modern State: Early Industrial Britain, 1783-1870*, 2d ed.（London, 1996）
William B. Willcox and Walter L. Arnstein, *The Age of Aristocracy, 1688-1830*, 7th ed.（Lexington, Mass. 1996）
Walter L. Arnstein, *Britain Yesterday and Today, 1830 to the Present,* 7th ed.（Lexington, Mass. 1996）
Andrew Porter, ed., *The Oxford History of the British Empire,* vol 3: *The Nineteenth Century*（Oxford, 1999）
Asa Briggs, *The Age of Improvement, 1763-1867*（London, 1959；2d ed. Harlow, England, 2000）

Elie Halévy, *History of the English People in the Nineteenth Century*, trans. by E. I. Watkin, 2d rev. ed., 6 vols. (London, 1949-1952)

Gordon Wright, *France in Modern Times: From the Enlightenment to the Present,* 5th ed. (New York, 1995)

François Furet, *Revolutionary France 1770-1880*, translated by Antonia Nevill (Oxford, 1992)

Donald Sutherland, *France 1789-1815: Revolution and Counterrevolution* (New York, 1986)

Roger Price, *A Social History of Nineteenth-Century France* (London: Hutchinson, 1987)

François V. A. Aulard, *The French Revolution, a Political History, 1789-1804*, 4 vols. (New York, 1910)

Jules Michelet, *Histoire de la révolution française*, 10 vols. (Pairs, 1922-1924)

James J. Sheehan, *German History 1770-1866* (Oxford, 1989)

David Blackbourn, *The Long Nineteenth Century: A History of Germany, 1780-1918* (Oxford, 1998)

Eric Dorn Brose, *German History 1789-1871: From the Holy Roman Empire to the Bismarckian Reich* (Providence, 1997)

Brendan Simms, *The Struggle for Mastery in Germany, 1779-1850* (New York, 1998)

Thomas Nipperdey, *Germany from Napoleon to Bismarck, 1800-1866* (Princeton, 1996)

Matthew Levinger, *Enlightenment Nationalism: The Transformation of Prussian Political Culture, 1806-1848* (New York, 2000)

Heinrich von Treitschke, *History of Germany in the Nineteenth Century*, 7 vols. (New York, 1915-1919)

Franz Schnabel, *Deutsche Geschichte im neunzehnten Jahrhundert,* 4 vols. (Freiburg, 1927-1936)

Hajo Holborn, *History of Modern Germany* (New York, 1959-1968)

Veit Valentin, *The German People, their History and Civilization from the Holy Roman Empire to the Third Reich* (New York, 1946)

Jacques Droz, *L' Allemagne et la Révolution française* (Pairs, 1949)

Frederick W. Dame, *History of Switzerland*, 2 vols. (Lewiston, N. Y., 2001)

Edgar Bonjour, H. S. Offler, and G. R. Potter, *A Short History of Switzerland* (Oxford, 1952 ; repr. Westport, Conn., 1985)

Gordon Craig, *The Triumph of Liberalism: Zurich in the Golden Age, 1830-1869* (New York, 1988)

Jean Bérenger, *The Habsburg Empire 1700-1918* (London, 1997)

C. A. Macartney, *The Habsburg Empire, 1790-1918* (1968)

Peter Sugar, ed., *A History of Hungary* (1990)

Charles and Barbara Jelavich, *The Establishment of the Balkan National States, 1804-1920*

(Seattle, 1987)
Barbara Jelavich, *History of the Balkans*, 2 vols. (Cambridge, 1983)
Norman Davies, *God's Playground: A History of Poland*, 2 vols. (New York, 1982)
Piotr S. Wandycz, *The Lands of Partitioned Poland, 1759-1918* (Seattle, 1974)
Donald Quataert, *The Ottoman Empire, 1700-1922* (New York, 2000)
Alan Palmer, *The Decline and Fall of the Ottoman Empire* (London, 1992)
William W. Haddad and William Ochsenwald, eds., *Nationalism in a Non-national State: The Dissolution of the Ottoman Empire* (Columbus, 1977)
C. M. Woodhouse, *Modern Greece: a Short History*, 5th ed. (London, 2000)
Thomas W. Gallant, *Modern Greece* (New York, 2001)
Richard Clogged, *A Short History of Modern Greece*, 2d ed. (Cambridge, 1986)
Douglas Dakin, *The Unification of Greece, 1770-1923* (London, 1972)
Douglas Dakin, *The Greek Struggle for Independence, 1821-1833* (London, 1973)
John Lynch, *Bourbon Spain, 1700-1808* (Oxford, 1989)
Raymond Carr, *Spain, 1808-1975*, 2d ed. (Oxford, 1982)
Stanley G. Payne, *A History of Spain and Portugal*, 2 vols. (Madison, 1973)
David Birmingham, *A Concise History of Portugal* (Cambridge, 1993)
Denis Mack Smith, *The Making of Italy, 1796-1866* (New York, 1988)
Harry Hearder, *Italy in the Age of the Risorgimento 1790-1870* (London, 1983)
Denis Mack Smith, *Mazzini* (New Haven, 1994)
Simon Schama, *Patriots and Liberators: Revolution in the Netherlands, 1780-1813* (New York, 1977)
Mark T. Hooker, *The History of Holland* (1999)
E. H. Kossmann, *The Low Countries, 1780-1940* (Oxford, 1978)
H. Arnold Barton, *Scandinavia in the Revolutionary Era 1760-1815* (Minneapolis, 1986)
Byron J. Nordstrom, *Scandinavia since 1500* (Minneapolis, 2000)
David Saunders, *Russia in the Age of Reaction and Reform, 1801-1881* (London, 1992)
Nicolas V. Riasanovsky, *A History of Russia*, 6th ed. (New York, 2000)
Hugh Seton-Watson, *The Russian Empire, 1801-1917* (1967)
Dominic Lieven, *Empire: The Russian Empire and Its Rivals* (New Haven, 2001)

法国大革命

William Doyle, *Oxford History of the French Revolution* (Oxford, 1989)
Simon Schama, *Citizens: A Chronicle of the French Revolution* (New York, 1989)

Jeremy D. Popkin, *A Short History of the French Revolution*, 2d ed. (Upper Saddle River, N. J., 1995)

J. M. Roberts, *The French Revolution*, 2d ed. (Oxford, 1997)

Norman Hampson, *A Social History of the French Revolution* (London, 1963)

R. R. Palmer, *The Age of the Democratic Revolution: A Political History of Europe and America, 1760-1800*, 2 vols. (Princeton, 1959-1964)

D. G. Wright, *Revolution and Terror in France 1789-1795*, 2d ed. (London, 1991)

Gary Kates, ed., *The French Revolution: Recent Debates and New Controversies* (London, 1998)

Georges Lefebvre, *The Coming of the French Revolution, 1789*, translated by R. R. Palmer (Princeton, 1947, repr. 1967)

Albert Soboul, *A Short History of the French Revolution, 1789-1799*, translated by Geoffrey Symcox (Berkeley, 1977)

Albert Soboul, *The Sans-Culottes: The Popular Movement and Revolutionary Government, 1793-1794*, translated by Rémy Inglis Hall (Princeton, 1980)

Alfred Cobban, *The Social Interpretation of the French Revolution* (Cambridge, 1964 ; 2d ed., 1999)

François Furet, *Interpreting the French Revolution*, translated by Elborg Forster (Cambridge, 1981)

Lynn Hunt, *Politics, Culture, and Class in the French Revolution* (Berkeley, 1984)

Colin Lucas, ed., *Rewriting the French Revolution* (Oxford, 1991)

Keith Michael Baker, *Inventing the French Revolution: Essays on French Political Culture in the Eighteenth Century* (Cambridge, 1990)

Alexis de Tocqueville, *The Old Regime and the Revolution*, edited by François Furet and François Mélonio, translated by Alan S. Kahan (Chicago, 1998)

William Doyle, *Origins of the French Revolution*, 3rd ed. (Oxford, 1999)

Keith Michael Baker, ed., *The French Revolution and the Creation of Modern Political Culture, vol. 1, The Political Culture of the Old Regime* (Oxford, 1987)

Daniel Roche, *France in the Enlightenment*, translated by Arthur Goldhammer (Cambridge, Mass., 1998)

P. M. Jones, *Reform and Revolution in France: The Politics of Transition, 1774-1791* (Cambridge, 1995)

C. B. A. Behrens, *Society, Government, and the Enlightenment: the Experiences of Eighteenth-Century France and Prussia* (London, 1985)

François Furet and Mona Ozouf, eds., *A Critical Dictionary of the French Revolution*, translated by Arthur Goldhammer (1989)

Roger Chartier, *The Cultural Origins of the French Revolution*, translated by Lydia G. Cochrane（Durham, 1991）

Robert Darnton, *The Forbidden Best-Sellers of Pre-Revolutionary France*（New York, 1995）

Robert Darnton, *The Literary Underground of the Old Regime*（Cambridge, Mass., 1982）

Sarah Maza, *Private Lives and Public Affairs: The Causes Célèbres of Prerevolutionary France*（Berkeley, 1993）

Arlette Farge, *Subversive Words: Public Opinion in Eighteenth-Century France, translated by Rosemary Morris*（University Park, Pa., 1995）

Dena Goodman, *The Republic of Letters: A Cultural History of the French Enlightenment*（1994）

Daniel Gordon, *Citizens without Sovereignty: Equality and Sociability in French Thought, 1670-1789*（Princeton, 1994）

Emmet Kennedy, *A Cultural History of the French Revolution*（New Haven, 1989）

Mona Ozouf, *Festivals and the French Revolution*, translated by Alan Sheridan（Cambridge, Mass., 1988）

Robert Darnton and Daniel Roche, eds., *Revolution in Print: The Press in France, 1775-1800*（Berkeley, 1989）

Jeremy D. Popkin, *The Right-Wing Press in France, 1792-1800*（Chapel Hill, 1980）

Jeremy D. Popkin, *Revolutionary News: The Press in France, 1789-1799*（Durham, 1990）

Dale K. Van Kley, *The Religious Origins of the French Revolution: From Calvin to the Civil Constitution, 1560-1791*（New Haven, 1996）

Georges Lefebvre, *The Great Fear of 1789: Rural Panic in Prerevolutionary France*, translated by Joan White（Princeton, 1982）

P. M. Jones, *The Peasantry in the French Revolution*（Cambridge, 1988）

Charles Tilly, *The Vendée: A Sociological Analysis of the Counterrevolution of 1793*（Cambridge, Mass., 1964）

Timothy Tackett, *Becoming a Revolutionary: The Deputies of the French National Assembly and the Emergence of a Revolutionary Culture*（*1789-1790*）（Princeton, 1996）

George Rudé, *The Crowd in the French Revolution*（Oxford: Clarendon, 1960）

Albert Soboul, *The Sans-Culottes*

Michael L. Kennedy, *The Jacobin Clubs in the French Revolution*, 3 vols.（Princeton, 1982-2000）

R. R. Palmer, *Twelve Who Ruled: the Year of the Terror in the French Revolution*（Princeton, 1941, repr. 1958）

David P. Jordan, *The Revolutionary Career of Maximilien Robespierre*（New York, 1985）

Norman Hampson, *Danton* (New York, 1985)

T. C. W. Blanning, *The French Revolutionary Wars* (London: Longman, 1996)

Geoffrey Best, *War and Society in Revolutionary Europe 1770-1870* (Montreal, 1998)

Richard Cobb, *The People's Armies*, translated by Marianne Elliott (New Haven, 1987)

J. P. Bertaud, *The Army of the French Revolution: From Citizen Soldiers to Instrument of Power*, translated by R. R. Palmer (Princeton, 1988)

Alan Forrest, *Soldier of the French Revolution* (Durham, 1990)

Otto Dann and John Dinwiddy, eds., *Nationalism in the Age of the French Revolution* (London, 1988)

Joseph Klaits and Michael H. Haltzel, eds., *The Global Ramifications of the French Revolution* (Cambridge, 1994)

T. C. W. Blanning, *The French Revolution in Germany: Occupation and Resistance in the Rhineland 1792-1802* (Oxford, 1983)

Jacques Godechot, *La Grande Nation: l'expansion révolutionnaire de la France dans le monde de 1789 à 1799*, 2 vols. (Paris, 1956)

Albert Sorel, *L'Europe et la Révolution française*, 9 vols. (New York, 1964)

Joan Landes, *Women and the Public Sphere in the Age of the French Revolution* (Ithaca, N.Y., 1988)

Olwen H. Hufton, *Women and the Limits of Citizenship in the French Revolution* (Toronto, 1992)

Linda Kelly, *Women of the French Revolution* (London, 1987)

Sara Melzer and Leslie Rabine, eds., *Rebel Daughters: Women and the French Revolution* (1992)

Crane Brinton, *French Revolutionary Legislation on Illegitimacy 1789-1804* (Cambridge, Mass., 1936)

Margaret Darrow, *Revolution in the House: Family, Class, and Inheritance in Southern France 1775-1825* (Princeton, 1989)

Lynn Hunt, *The Family Romance of the French Revolution* (Berkeley, 1992)

Barbara Corrado Pope, "The Influence of Rousseau' s Ideology of Domesticity, " in *Connecting Spheres: Women in the Western World, 1500 to the Present*, edited by Marilyn J. Boxer and Jean H. Quataert (New York, 1987)

Isabel V. Hull, *Sexuality, State, and Civil Society in Germany 1700-1815* (Ithaca, N. Y., 1996)

Keith Michael Baker, ed., *The Old Regime and the French Revolution, vol. 7 of The University of Chicago Readings in Western Civilization* (Chicago, 1987)

John Hall Stewart, ed., *A Documentary Survey of the French Revolution*(New York, 1951)

Richard Cobb and Colin Jones, eds., *Voices of the French Revolution* (Topsfield, Mass., 1988)
Paul Beik, ed., *The French Revolution* (Evanston, 1970)
Darline Gay Levy and Harriet Applewhite, *Women in Revolutionary Paris, 1789-1795* (Urbana, 1979)
Mary Wollstonecraft, *The Vindications: The Rights of Men, The Rights of Women*, edited by D. L. Macdonald and Kathleen Scherf (Peterborough, Ontario, 1997)
Lynn Hunt, ed. and trans., *The French Revolution and Human Rights: A Brief Documentary History* (Boston, 1996)
Michael Walzer, ed., *Regicide and Revolution* (New York, 1992)

拿破仑时代

Stuart Woolf, *Napoleon's Integration of Europe* (London, 1991)
Michael Broers, *Europe under Napoleon 1799-1815* (London, 1996)
Martyn Lyons, *Napoleon Bonaparte and Legacy of the French Revolution* (New York, 1994)
D. G. Wright, *Napoleon and Europe* (London, 1984)
Jean Tulard, *Napoleon: The Myth of the Saviour*, translated by Teresa Waugh (London, 1984)
Geoffrey Ellis, *The Napoleonic Empire* (London, 1991)
Geoffrey Bruun, *Europe and French Imperium, 1799-1814* (New York, 1938)
Felix M. H. Markham, *Napoleon* (New York, 1963 ; repr. 1988)
F. M. Kircheisen, *Napoleon I: Sein Leben und seine Zeit* (Munich, 1911-1934)
Henry St. Lawrence, *Napoleon* (New York, 1932)
Peter Gey, *Napoleon: For and Against*, translated by Olive Renier (New Haven, 1949)
Louis Bergeron, *France Under Napoleon*, translated by R. R. Palmer (Princeton, 1981)
Owen Connelly, *Blundering to Glory: Napoleon's Military Campaigns*, rev. ed. (Wilmington, Del., 1999)
David Gates, *The Napoleonic Wars, 1803-1815* (London, 1997)
Brendan Simms, *The Impact of Napoleon: Prussian High Politics, Foreign Policy, and the Crisis of the Executive, 1797-1806* (Cambridge, 1997)
Friedrich Meinecke, *The Age of German Liberation, 1795-1815*, edited by Peter Paret (Berkeley, 1977)
Walter Simon, *The Failure of the Prussian Reform Movement, 1807-1819* (Ithaca, N. Y., 1955)
Charles J. Esdaile, *The Spanish Army and the Peninsular War* (Manchester, 1988)
Richard Herr, "The Constitution of 1812 and the Spanish Road to Parliamentary Monarchy, " in

Revolution and the Meanings of Freedom in the Nineteenth Century, edited by Isser Woloch (Stanford, 1996)
Wayne S. Vucinich, ed., *The First Serbian Uprising 1804-1813* (New York, 1982)
Eugène Tarlé, *Napoleon's Invasion of Russia, 1812* (London, 1942 ; repr. New York, 1970)
C. L. R. James, *The Black Jacobins: Toussaint L'Ouverture and the San Domingo Revolution*, 2d ed. (New York, 1963)
David Brion Davis, *The Problem of Slavery in the Age of Revolution, 1770-1823* (Ithaca, 1975)
Jakob Walter, *The Diary of a Napoleonic Foot Soldier*, edited by Marc Raeff(New York, 1991)
Heinrich von Brandt, *In the Legions of Napoleon: The Memoirs of a Polish Officer in Spain and Russia, 1808-1813*, translated by Jonathan North (London, 1999)
Carl von Clausewitz, *On War*, edited and translated by Michael Howard and Peter Paret (London, 1993)
Stendhal, *The Charterhouse of Parma* (1839)
Theodor Fontane, *Before the Storm* (1878)
Leo Tolstoy, *War and Peace* (1869)
William Makepeace Thackeray, *Vanity Fair* (1847-1848)
Jane Austen, *Pride and Prejudice* (1813)

工业革命

Carlo Cipolla, ed., *The Fontana Economic History of Europe*, vols. 3 and 4 (London, 1973)
Richard Sylla and Gianni Toniolo, eds., *Patterns of European Industrialization* (London, 1991)
Norman J. G. Pounds, *An Historical Geography of Europe* (Cambridge, 1985 and 1990)
Alan S. Milward and S. B. Saul, *The Economic Development of Continental Europe, 1780-1870*, 2d ed. (London, 1979)
Jordan Goodman and Katrina Honeymann, *Gainful Pursuits: The Making of Industrial Europe, 1600-1914*
Derek H. Aldcroft and Simon P. Ville, eds., *The European Economy, 1750-1914: A Thematic Approach* (Manchester, 1994)
David S. Landes, *The Unbound Prometheus: Technological Change and Industrial Development in Western Europe from 1750 to the Present* (Cambridge, Mass., 1969)
Angus Maddison, *Monitoring the World Economy 1820-1992* (Paris, 1995)

M. J. Daunton, *Progress and Poverty: An Economic and Social History of Britain, 1700-1850* (Oxford, 1995)
Charles More, *The Industrial Age: Economy and Society in Britain, 1750-1995*, 2d ed. (London, 1997)
D. C. Coleman, *Myth, History, and the Industrial Revolution* (London, 1992)
Patrick K. O' Brien and Roland Quinault, eds., *The Industrial Revolution and British Society* (Cambridge, 1993)
Cormac Ó Gráda, *Ireland: A New Economic History, 1780-1939* (Oxford, 1994)
Eric Dorn Brose, *The Politics of Technological Change in Prussia: Out of the Shadow of Antiquity, 1809-1848* (Princeton, 1993)
David F. Good, *The Economic Rise of the Habsburg Empire, 1750-1914* (Cambridge, 1982)
Iván T. Behrend and György Ránki, *The European Periphery and Industrialization, 1780-1914*, translated by Eva Pálmai (Cambridge, 1982)
William Blackwell, *The Beginnings of Russian Industrialization, 1800-1860* (Princeton, 1968)
Patrick O' Brien, *The New Economic History of the Railways* (New York, 1977)
James M. Brophy, *Capitalism, Politics, and Railroads in Prussia, 1830-1870* (Columbus, 1998)
Neil Mckendrick, John Brewer, and J. H. Plumb, *The Birth of a Consumer Society: The Commercialization of Eighteenth-Century England* (Bloomington, 1982)
Colin Campbell, *The Romantic Ethic and the Spirit of Modern Consumerism* (Oxford, 1987)
Sidney Mintz, *Sweetness and Power: The Place of Sugar in Modern History*(New York, 1985)
Jerome Blum, *The End of the Old Order in Rural Europe* (Princeton, 1978)
E. P. Thompson, *The Making of the English Working Class* (New York, 1963)
David Cannadine, *The Rise and Fall of Class in Britain* (New York, 1999)
Dror Wahrman, *Imagining the Middle Class: The Political Representation of Class in Britain, c. 1780-1840* (Cambridge, 1995)
Gareth Stedman Jones, *Languages of Class: Students in English Working-Class History, 1832-1982* (Cambridge, 1983)
Leonore Davidoff and Catherine Hall, *Family Fortunes: Men and Women of the English Middle Class, 1780-1850* (Chicago, 1987)
William H. Sewell, *Work and Revolution in France: the Language of Labor from the Old Regime to 1848* (Cambridge, 1980)
John Merriman, *The Red City: Limoges and the French Nineteenth Century* (New York, 1985)
Louis Chevalier, *Laboring Classes and Dangerous Classes in Paris during the First Half of the Nineteenth Century*, translated by Frank Jellinek (London, 1973)
Asa Briggs, *Victorian Cities*, 2d ed. (New York, 1965)
Robert Fishman, *Bourgeois Utopias: The Rise and Fall of Suburbia* (New York, 1987)

Louis Tilly and Joan Wallach Scott, *Women, Work, and Family* (New York, 1987)
Michelle Perrot, ed., *The History of Private Life*, vol. 4, *From the Fires of Revolution to the Great War* (Cambridge, Mass., 1990)
Deborah Valenze, *The First Industrial Woman* (New York, 1995)
Wally Seccombe, *Weathering the Storm: Working-Class Families from the Industrial Revolution to the Fertility Decline* (London, 1993)
Bonnie Smith, *Ladies of the Leisure Class: The Bourgeoises of Northern France in the Nineteenth Century* (Princeton, 1981)
John Tosh, *A Man's Place: Masculinity and the Middle-Class Home in Victorian England* (New Haven, 1999)
J. A. Mangan and James Walvin, eds., *Manliness and Morality: Middle-Class Masculinity in Britain and America, 1800-1940* (Manchester, 1987)
John Gillis, *For Better, For Worse: British Marriages, 1600 to the Present* (New York, 1985)
Lawrence Stone, *The Family, Sex, and Marriage in England, 1500-1800*(New York, 1977)
Lawrence Stone, *Uncertain Unions and Broken Lives: Marriage and Divorce in England, 1660-1857* (Oxford, 1995)
Phyllis Rose, *Parallel Lives: Five Victorian Marriages* (New York, 1983)
Peter Brimblecombe, *The Big Smoke: A History of Air Pollution in London Since Medieval Times* (London, 1987)
B. L. Turner, et al., *The Earth as Transformed by Human Action: Global and Regional Changes in the Biosphere over the Past 300 Years* (Cambridge, 1990)
Clive Ponting, *A Green History of the World: The Environment and the Collapse of Great Civilizations* (New York, 1993)
Thomas Malthus, *Essay on the Principle of Population* (1797)
Friedrich List, *The National System of Political Economy* (1841)
Friedrich Engel, *The Condition of the Working Class in England*, translated and edited by W. O. Henderson and W. H. Chaloner (Stanford, 1968)
Charles Dickens, *Hard Times* (1854)
Elizabeth Gaskell, *North and South* (1855)
Emile Zola, *Germinal* (1885)

革命年代的政治、社会和文化

Paul W. Schroeder, *The Transformation of European Politics, 1763-1848* (Oxford, 1994)
Alan Sked, ed., *Europe's Balance of Power, 1815-1848* (London, 1979)

A. L. Macfie, *The Eastern Question 1774-1923*, 2d ed. (London, 1996)
Guillaume de Bertier de Sauvigny, *Metternich and His Times*, translated by Peter Ryde (London, 1962)
Henry Kissinger, *A World Restored: Metternich, Castlereagh, and the Problems of the Peace, 1812-1822* (London, 1957)
Harold Nicolson, *The Congress of Vienna, A Study in Allied Unity, 1812-1822* (New York, 1946)
Heinrich, Ritter von Srbik, *Metternich: Der Staatsman und der Mensch*, 3 vols. (Munich, 1925-1954)
Sir Charles K. Webster, *The Congress of Vienna, 1814-1815*, 2d ed. (London, 1934)
Sir Charles K. Webster, *The Foreign Policy of Palmerston*, 2 vols. (London, 1951)
André Jardin and André-Jean Tudesq, *Restoration and Reaction, 1815-1848*, translated by Elborg Forster (Cambridge, 1983)
Paul Johnson, *The Birth of the Modern: World Society, 1815-1830* (New York, 1991)
William L. Langer, *Political and Social Upheaval, 1832-1852* (New York, 1969)
David Cannadine, *Aspects of Aristocracy: Grandeur and Decline in Modern Britain* (New Haven, 1994)
James Vernon, ed., *Re-reading the Constitution: New Narratives in the Political History of England's Long Nineteenth Century* (Cambridge, 1996)
Peter Mandler, *Aristocratic Government in the Age of Reform: Whigs and Liberals, 1830-1852* (Oxford, 1990)
Dorothy Thompson, *The Chartists: Popular Politics in the Industrial Revolution* (New York, 1984)
Guillaume de Bertier de Sauvigny, *The Bourbon Restoration*, translated by Lynn Case (Philadelphia, 1967)
David Higgs, *Nobles in Nineteenth-Century France: the Practice of Inegalitarianism* (Baltimore, 1987)
David Pinkney, *The French Revolution of 1830* (Princeton, 1972)
H. A. C. Collingham and R. S. Alexander, *The July Monarchy: A Political History of France, 1830-1848* (London, 1988)
David Barclay, *Fredrick William IV and the Prussian Monarchy, 1840-1861* (Oxford, 1995)
Clara Lovett, *The Democratic Movement in Italy 1830-1876* (Cambridge, Mass., 1982)
P. J. Cain and A. G. Hopkins, *British Imperialism: Innovation and Expansion, 1688-1914* (London, 1993)
C. A. Bayly, *Imperial Meridian: The British Empire and the World, 1780-1830* (London, 1989)

J. A. Mangan, ed., *Making Imperial Mentalities: Socialisation and British Imperialism* (Manchester, 1990)

John M. Mackenzie, *Imperialism and Popular Culture* (Manchester, 1986)

Klaus Epstein, *The Genesis of German Conservatism* (Princeton, 1966)

Robert Berdahl, *The Politics of the Prussian Nobility: The Development of a Conservative Ideology, 1770-1848* (Princeton, 1988)

Hermann Beck, *The Origins of the Authoritarian Welfare State in Prussia: Conservatives, Bureaucracy, and the Social Question, 1815-1870* (Ann Arbor, 1995)

René Remond, *The Right Wing in France*, translated by James M. Laux (Philadelphia, 1969)

Mack Walker, ed., *Metternich's Europe, 1813-1848* (New York, 1968)

Janet M. Hartley, *Alexander I* (London, 1994)

Pierre Manent, *An Intellectual History of Liberalism*, translated by Rebecca Balinski (Princeton, 1996)

James J. Sheehan, *German Liberalism in the Nineteenth Century* (Chicago, 1978)

Alan Kahan, *Aristocratic Liberalism: the Social and Political Thought of Jacob Burckhardt, John Stuart Mill, and Alexis de Tocqueville* (New York, 1992)

William O. Henderson, *Friedrich List, Economist and Visionary, 1789-1846* (London, 1983)

Leonard Krieger, *The German Idea of Freedom* (Boston, 1957)

Jürgen Habermas, *The Structural Transformation of the Public Sphere: an Inquiry into a Category of Bourgeois Society*, translated by Thomas Burger and Fredrick Lawrence (Cambridge, Mass., 1989)

Ernest Gellner, *Conditions of Liberty: Civil Society and its Rivals* (New York, 1994)

Frank Manuel, *The Prophets of Paris* (Cambridge, Mass., 1962)

George Lichtheim, *The Origins of Socialism* (New York, 1969)

Edmund Wilson, To the Finland Station: A Study in the Writing and Acting of History (New York, 1940)

Barbara Taylor, *Eve and the New Jerusalem: Socialism and Feminism in the Nineteenth Century* (New York, 1983)

David McLellan, *Marx before Marxism*, 2d ed. (London, 1980)

Leszek Kolakowski, *Main Currents of Marxism*, 3 vols. (Oxford, 1978)

Laurence Dickey, *Hegel: Religion, Economics, and the Politics of Spirit, 1770-1807* (New York, 1987)

John Edward Toews, *Hegelianism: The Path toward Dialectical Humanism, 1805-1841* (Cambridge, 1980)

Terry Pinkard, *Hegel: A Biography* (Cambridge, 2000)

Benedict Anderson, *Imagined Communities: Reflections on the Origin and Spread of Nationalism*, revised ed. (London, 1991)
Ernest Gellner, *Nations and Nationalism* (Ithaca, 1983)
John A. Hall, ed., *The State of the Nation: Ernest Gellner and the Theory of Nationalism* (New York, 1998)
E. J. Hobsbawn, *Nations and Nationalism since 1780: Programme, Myth, Realty*, 2d ed. (Cambridge, 1992)
Miroslav Hroch, *Social Preconditions of National Revival in Europe*, translated by Ben Bowkes (Cambridge, 1985)
Craig Calhoun, *Nationalism* (Minneapolis, 1997)
Elie Kedourie, *Nationalism*, 4th ed. (Oxford, 1993)
Anthony D. Smith, *The Ethnic Origins of Nations* (Oxford, 1986)
Liah Greenfeld, *Nationalism: Five Roads to Modernity* (Cambridge, Mass., 1992)
E. J. Hobsbawm and Terence O. Ranger, *The Invention of Tradition* (Cambridge, 1983)
Matthew Levinger and Paula Franklin Lytle, "Myth and Mobilization: The Triadic Structure of Nationalist Rhetoric, " *Nations and Nationalism 7* (2001)
Rogers Brubaker, *Citizenship and Nationhood in France and Germany* (Cambridge, Mass., 1992)
Linda Colley, *Britons: Forging the Nation, 1707-1837* (New Haven, 1992)
George L. Mosse, *The Nationalization of the Masses* (New York, 1975)
Matthew Levinger, *Enlightened Nationalism: The Transformation of Prussian Political Culture, 1806-1848* (New York, 2000)
Friedrich Meinecke, *Cosmopolitanism and the National State*, translated by Robert B. Kimber (Princeton , 1970)
Maurice Cranston, *The Romantic Movement* (Oxford, 1994)
John Sweetman, *The Enlightenment and the Age of Revolution, 1700-1850*(London, 1998)
Iain McCalman, *An Oxford Companion to the Romantic Age: British Culture 1776-1832* (Oxford, 2001)
Hugh Honour, *Romanticism* (New York, 1979)
Lilian B. Furst, *The Contours of European Romanticism* (London, 1979)
Rupert Christiansen, *Romantic Affinities: Portraits from an Age 1780-1830* (London, 1988)
Marcel Brion, *Art of the Romantic Era: Romanticism, Classicism, Realism* (New York, 1966)
M. H. Abrams, *Natural Supernaturalism: Tradition and Revolution in Romantic Literature* (New York, 1973)
Jacques Barzun, *Romanticism and the Modern Ego* (Boston, 1943)

Rogert Aubert, Johannes Beckman, Patrick J. Corish, and Rudolf Lill, *The Church Between Revolution and Restoration*, translated by Peter Becker（London, 1981）
Jonathan Sperber, *Popular Catholicism in Nineteenth-Century Germany*（Princeton, 1984）
Nicholas Hope, *German and Scandinavian Protestantism, 1700-1918*（Oxford, 1995）
W. R. Ward, *Religion and Society in England, 1790-1850*（New York, 1973）
Christopher Clark, *The Politics of Conversion: Missionary Protestantism and the Jews in Prussia 1728-1941*（Oxford, 1995）
Fredrick Copleston, *A History of Philosophy*, vol. 7: *Fichte to Nietzsche*（Westminster, Md., 1985）
Friedrich Meinecke, *Historism: The Rise of a New Historical Outlook*, translated by J. E. Anderson（New York, 1972）
Georg M. C. Brandes, *Main Currents in Nineteenth-Century Literature*, 6 vols.（New York, 1901-1905）
Alfred Einstein, *Music in the Romantic Era*（New York, 1947）
Paul H. Lang, *Music in Western Civilization*（New York, 1941）
Wilfred Mellers, *Beethoven and the Voice of God*（New York, 1983）
Mary Shelley, *Frankenstein*（1818）
Stendhal, *The Red and the Black*（1830）
Honoré de Balzac, *Human Comedy*

1848 年革命

Jonathan Sperber, *The Europe Revolutions, 1848-1851*（Cambridge, 1994）
Dieter Dowe, Heinz-Gerhard Haupt, Dieter Langewiesche, and Jonathan Sperber, eds., *Europe in 1848: Revolution and Reform*, translated by David Higgins（New York, 2000）
Priscilla S. Robertson, *Revolutions of 1848: A Social History*（Princeton, 1952）
Sir Lewis B. Namier, *1848: The Revolution of the Intellectuals*（London, 1946；repr. 1971）
Maurice Agulhon, *The Republican Experiment: 1848-1852*, translated by Janet Lloyd（Cambridge, 1983）
John Merriman, *The Agony of the Republic: The Repression of the Left in Revolutionary France, 1848-1851*（New Haven, 1978）
Roger Price, ed., *Revolution and Reaction: 1848 and the Second French Republic*（London, 1975）
William H. Sewell, *Work and Revolution in France*

Jonathan Sperber, *Rhineland Radicals: The Democratic Movement and the Revolution of 1848* (Princeton, 1991)
Rudolf Stadelmann, *Social and Political History of the German 1848 Revolution*, translated by James G. Chastain (Athens, Ohio, 1975)
Joachim Remak, *A Very Civil War: The Swiss Sonderbund War of 1847* (Boulder, 1993)
Alan Sked, *The Survival of the Habsburg empire: Radetzky, the Imperial Army and the Class War, 1848* (London, 1979)
Josef Polisensky, *Aristocrats in the Crowd in the Revolutionary Year 1848: A Contribution to the History of Revolution and Counter-Revolution in Austria*, translated by Fredrick Snider (Albany, 1980)
John Rath, *The Viennese Revolution of 1848* (Austin, 1957)
Istvan Deák, *Lawful Revolution: Louis Kossuth and the Hungarians, 1848-1849* (New York, 1979)
Stanley V. Pech, *The Czech Revolution of 1848* (Chapel Hill, 1969)
Jan Kozik, *The Ukrainian National Movement in Galicia, 1815-1849*, translated by Andrew Gorski and Lawrence D. Orton (Edmonton, 1986)
Roger Price, ed., *Documents on the French Revolution of 1848* (New York, 1996)
Alexis de Tocqueville, *Recollections: The French Revolution of 1848*, edited by J. P. Mayer and A. P. Kerr (New Brunswick, 1970; new edition 1987)
Karl Marx, *The Eighteenth Brumaire of Louis Bonaparte* (New York, 1963)

专有名词对照表

Abdul-Medjid Ⅰ　阿卜杜勒 · 迈吉德一世
Abukir 阿布吉尔湾
Adam Jerzy Czartoryski 亚当 · 恰尔托雷斯基
Adam Smith 亚当 · 斯密
Address to the German Nation《致德意志民族》
Admiral Pierre Villeneuve 皮埃尔 · 维尔纳夫上将
Aix-en-Provence 普罗旺斯地区艾克斯省
Alexander I 亚历山大一世
Alexander Pushkin 亚历山大 · 普希金
Alexis de Tocqueville 阿历克西 · 德 · 托克维尔
Alliance Solidaire《同盟团结条约》
Alphonse de Lamartine 阿尔封斯 · 德 · 拉马丁
Alsace 阿尔萨斯省
American Revolution 美国独立战争
André Masséna 安德烈 · 马塞纳
Anjou 安茹省
Anne-Robert-Jacques Turgot 安 · 罗伯特 · 雅克 · 杜尔哥
Anticlerical 反对教会干预政治
Antonio José Sucre 安东尼奥 · 何塞 · 苏克雷
Armand Barbès 阿尔芒 · 巴贝
Arthur Thistlewood 亚瑟 · 西斯尔伍德
Artois 阿图瓦
Assembly of Notables 显贵会议
Auerstedt 奥厄施泰特

August von Kotzebue 奥古斯特 · 冯 · 科策布
Auguste Blanqui 奥古斯特 · 布朗基
Austerlitz 奥斯特利茨
Austrian Empire 奥地利帝国
Austrian Netherlands 奥属尼德兰
Baltic 波罗的海
Baron Heinrich Friedrich Karl Reichsfreiherr vom und zum Stein 海因里希 · 弗里德里希 · 卡尔 · 冯 · 施泰因男爵
Baron Julius von Heynau 朱利叶斯 · 冯 · 海瑙男爵
Baron Karl August von Hardenberg 卡尔 · 奥古斯特 · 冯 · 哈登贝格男爵
Barthélemey 巴泰勒米
Bataille de Marengo 马伦哥战役
Battle of the Pyramids 金字塔大战
Bayonne 巴约讷
Beethoven 贝多芬
Benedict Anderson 本尼迪克 · 安德森
Berezina River 别列津纳河
Berg 贝格
Berlin Decree《柏林敕令》
Berlin-KöConigsberg railroad 柏林—柯尼斯堡铁路
Bernard de Launay 伯纳德 · 德 · 洛奈
bicameral assembly 两院会议
Bill of Rights《权利法案》
Birmingham Political Union 伯明翰政治联合会
Bordeaux 波尔多
Borodino 博罗季诺
Boulogne 布伦港
Brissot de Warville 布里索 · 德 · 华尔维尔
British Methodism 英国循道公会
Brittany 布列塔尼
C. Monnet C · 莫内
Camille Desmoulins 卡米尔 · 德穆兰
Canton 选区
Cape Trafalgar 特拉法加角

Carbonari 烧炭党

Carl Ludwig von Haller 卡尔 · 路德维格 · 冯 · 哈勒

Carl von Clausewitz 卡尔 · 冯 · 克劳塞维茨

Carlsbad Decrees《卡尔斯巴德决议》

Catherine the Great 叶卡捷琳娜大帝、叶卡捷琳娜二世、凯瑟琳大帝

Catholic Emancipation Act《天主教解放法》

Ceylon 锡兰

Champagne 香槟

Champs de Mars 战神广场

Charles Albert 查理 · 阿尔贝特

Charles Dickens 查尔斯 · 狄更斯

Charles Fourier 夏尔 · 傅立叶

Charles François Dumouriez 夏尔 · 弗朗索瓦 · 迪穆里埃

Charles François Lebrun 夏尔 · 弗朗索瓦 · 勒布伦

Charles Grey 查尔斯 · 格雷

Charles Maurice Talleyrand 夏尔 · 莫里斯 · 塔列朗

Charles Pichegru 夏尔 · 皮舍格吕

Charles-Alexandre Calonne 夏尔 · 亚历山大 · 卡洛讷

Charlotte Corday 夏洛特 · 科黛

Cisalpine Republic 奇萨尔皮尼共和国

Civil Code《民法典》

Civil Constitution of the Clergy《神职人员民事组织法案》

Code Napoléon《拿破仑法典》

Colonel Horace Sébastiani 奥拉斯 · 塞巴斯蒂亚尼上校

Combination Acts《结社法》

Committee of Public Safety 公共安全委员会

Compte rendu 报告

Confederation of the Rhine 莱茵邦联

Congress of Verona 维罗纳会议

Conspiracy of the Equals 平等会

Constitution of 1791《1791 年宪法》

Constitution of 1793《1793 年宪法》

Constitution of 1795《1795 年宪法》

Continental System 大陆封锁体系

controller general 财政总监
Corn Law《谷物法》
Corneille 高乃依
Council of Five Hundred 五百人院
Council of the Ancients 元老院
Count André François Miot de Melito 安德烈 · 弗朗索瓦 · 缪特 · 梅里托伯爵
Count Camillo Benso Cavour 米洛 · 奔索 · 迪 · 加富尔伯爵
count of Mirabeau 米拉波伯爵
count of Villèle 维莱尔伯爵
Count Johannes Antonius Capodistrias 爱奥尼斯 · 安东尼欧斯 · 卡波季斯第亚斯伯爵
Count Mikhail Speranski 米哈伊尔 · 斯佩兰斯基伯爵
Count Pellegrino Rossi: 佩莱格里诺 · 罗西伯爵
Coup of 18 Brumaire 雾月政变
Coventry Patmore 考文垂 · 巴特摩尔
Crystal Palace 水晶宫
cult of domesticity 家庭至上
Daniel Auber 丹尼尔 · 奥柏
Daniele Manin 丹尼尔 · 马宁
Danton's Death《丹东之死》
Dauphine 多菲内
David Ricardo 大卫 · 李嘉图
Declaration of Pillnitz《皮尔尼茨宣言》
Declaration of the Rights of Man and of the Citizen, Declaration of the Rights of Man《人权和公民权宣言》《人权宣言》
Demerara 德梅拉拉
Democracy in America《论美国的民主》
Denis Diderot 德尼 · 狄德罗
Departure of the Heroines of Paris for Versailles《巴黎女英雄前往凡尔赛》
Der Rheinische Merkur《莱茵水星》
Discourse on the Origin of Inequality《论人类不平等的起源和基础》
Dresden 德累斯顿
duke of Aiguillon 艾吉永公爵
duke of Berry 贝利公爵
duke of Enghien 昂吉安公爵

duke of Reichstadt 莱希斯塔德公爵
duke of Richelieu 黎塞留公爵
duke of Wellington 威灵顿公爵
Düsseldorfer Zeitung 杜塞尔多夫报
Eastern Question 东方问题
Edmund Burke 埃德蒙 · 伯克
Edward Palm Thompson 爱德华 · 帕尔默 · 汤普森
Elbe 易北河
Emile《爱弥尔》
Emmanuel-Joseph Sieyès 西哀士，埃马纽尔 · 约瑟夫 · 西哀士
enraged 愤怒派
Erfurt 爱尔福特
Ernest Renan 欧内斯特 · 勒南
Ernst Moritz Arndt 恩斯特 · 莫里茨 · 阿恩特
Estates General 三级会议
Etta Palm D'Aelders 埃特 · 帕尔姆 · 艾乐德
Eugène de Beauharnais 欧仁 · 德 · 博阿尔内
Eugène Delacroix 欧仁 · 德拉克罗瓦
Eugène Scribe 欧仁 · 斯克里布
Feargus O'Conner 费格斯 · 奥康纳
Felix Mendelssohn 费利克斯 · 门德尔松
Ferdinand Ⅰ 斐迪南一世（奥地利帝国皇帝）
Ferdinand Ⅶ 斐迪南七世（西班牙国王）
Festival of the Supreme Being 上帝节
Final Act《最后议定书》
First Coalition 第一次反法同盟
Fontainebleau 枫丹白露
Fort-de-Joux 茹城堡
Francis Ⅱ 弗朗茨二世（神圣罗马帝国末代皇帝，利奥波德二世之子）
François Émile Babeuf 弗朗索瓦 · 巴贝夫
François Furet 弗朗索瓦 · 孚雷
François Guizot 弗朗索瓦 · 基佐
François René de Chateaubriand 弗朗索瓦 · 勒内 · 德 · 夏多布里昂
Franconia 弗兰克尼亚

Franz Schubert 弗朗茨 · 舒伯特
Frédéric César de La Harpe 弗雷德里克 · 塞萨尔 · 拉阿尔普
Frederick Augustus Ⅰ 弗里德里克 · 奥古斯特一世(第一任萨克森国王)
Frederick the Great 腓特烈大帝
Frederick William Ⅱ 腓特烈 · 威廉二世
Frederick William Ⅲ 腓特烈 · 威廉三世
Freemason 共济会
Friedland 弗里德兰
Friedrich List 弗里德里希 · 李斯特
Friedrich Ludwig Jahn 弗里德里希 · 路德维希 · 雅恩
Friedrich von Gentz 弗里德里希 · 冯 · 根茨
Friedrich von Hardenberg 弗里德里希 · 冯 · 哈登伯格
Fyodor Dostoevski 费奥多尔 · 陀思妥耶夫斯基
Gabelle 盐税
Gaspar David Friedrich 卡斯帕 · 大卫 · 弗里德里希
General Alfred Windischgrätz 阿尔弗雷德 · 文迪施格雷茨将军
General Arthur von Görgey 亚瑟 · 冯 · 格尔盖伊将军
General Charles Leclerc 夏尔 · 勒克莱尔将军
General Gerhard von Blücher 格哈德 · 冯 · 布吕歇尔将军
General Jean Baptiste Bernadotte 让 · 巴普蒂斯特 · 贝纳多特将军
General Jean Victor Moreau 让 · 维克多 · 莫罗将军
General Jean-Jacques Dessalines 让 – 雅克 · 德萨林将军
General Louis Cavaignac 路易 · 卡芬雅克将军
General Louis Desaix 路易 · 德赛将军
General Mikhail Kutuzov 米哈伊尔 · 库图佐夫将军
généralités(1789 年前法国的)财政区
Georg Büchner 乔治 · 毕希纳
Georg Wilhelm Friedrich Hegel 格奥尔格 · 威廉 · 弗里德里希 · 黑格尔
George Canning 乔治 · 坎宁
George Gordon, Lord Byron 拜伦勋爵乔治 · 戈登
Georges Cadoudal 乔治 · 卡杜达尔
Gerhard von Scharnhorst 格尔哈德 · 冯 · 沙恩霍斯特
German History in the Era of the Reformation《宗教改革时期的德国史》
Ghent 根特

Gironde 吉伦特省
Girondins 吉伦特派
Giuseppe Garibaldi 朱塞佩 · 加里波第
Giuseppe Mazzini 朱塞佩 · 马志尼
Grand Army 大军团
Grand Duke Leopold of Tuscany 托斯卡纳大公利奥波德
Great Exhibition 万国工业博览会
Great Fear 大恐慌
Great St. Bernard Pass 圣伯纳德大山口
Greenwich Mean Time 格林尼治时间
Habeas Corpus Act《人身保护法》
Habsburg Empire 哈布斯堡帝国
Hanover 汉诺威
Hans Axel von Fersen 汉斯 · 阿克塞尔 · 冯 · 菲尔逊
Hard Times《艰难时世》
Haydn 海顿
Hector Berlioz 埃克托 · 柏辽兹
Heinrich Heine 海因里希 · 海涅
Helgoland 黑尔戈兰岛
Henri de Saint-Simon 昂立 · 圣西门
Henry Addington 亨利 · 阿丁顿
Hesse-Darmstadt 黑森 – 达姆施塔特
Hohenstaufen 霍亨斯陶芬
Hofburg 霍夫堡宫
Honoré Daumier 奥诺雷 · 杜米埃
Honore Gabriel Riqueti 奥诺雷 · 加百列 · 里凯
Horatio Nelson 霍雷肖 · 纳尔逊
I. S. Helman I. S. 埃尔曼
Illyrian Provinces 伊利里亚行省
Immanuel Kant 伊曼努尔 · 康德
Inquisition 宗教裁判所
Interpreting the French Revolution《诠释法国大革命》
Isthmus of Suez 苏伊士地峡
Ivan Turgenev 伊万 · 屠格涅夫

Jacobins 雅各宾派
Jacques Danton 雅克 · 丹东
Jacques Hebert 雅克 · 埃贝尔
Jacques Necker 雅克 · 内克尔
Jacques-Louis David 雅克—路易 · 大卫
Jakob Friedrich Fries 雅各布 · 弗里德里希 · 弗里斯
James Hargreaves 詹姆斯 · 哈格里夫斯
James Monroe 詹姆斯 · 门罗
Jean Baptiste Amar 让 · 巴普蒂斯特 · 阿玛尔
Jean Chaptal 让 · 夏普塔尔
Jean François Rewbell 让 · 弗朗索瓦 · 勒贝尔
Jean Jacques Régis de Cambacérès 让 · 雅克 · 雷吉斯 · 德 · 康巴塞雷斯
Jean-François Toussaint L' Ouverture 让 - 弗朗索瓦 · 杜桑 · 卢维杜尔
Jean-Jacques Rousseau 让 · 雅克 · 卢梭
Jean-Joseph Mounier 让 · 约瑟夫 · 穆尼耶
Jean-Paul Marat 让 – 保尔 · 马拉
Jena 耶拿
Jerome 杰罗姆
Joachim Murat 若阿尚 · 缪拉
Johann Gottfried Herder 约翰 · 戈特弗里德 · 赫尔德
Johann Gottlieb Fichte 约翰 · 戈特利布 · 费希特
Johann Philipp Palm 约翰 · 菲利普 · 帕尔姆
John Ⅵ 若昂六世（葡萄牙国王）
John Bright 约翰 · 布赖特
John Fielden 约翰 · 菲尔登
John Ruskin 约翰 · 拉斯金
John Stuart Mill 约翰 · 斯图亚特 · 穆勒
John Wood 约翰 · 伍德
Joseph Ⅱ 约瑟夫二世（神圣罗马帝国皇帝）
Joseph de Maistre 约瑟夫 · 德 · 迈斯特
Joseph Fouché 约瑟夫 · 富歇
Joseph Mallord William Turner 约瑟夫 · 马洛德 · 威廉 · 透纳
Joseph Radetzky 约瑟夫 · 拉德茨基
Josephine de Beauharnais 约瑟芬 · 博阿尔内

Joseph-Louis Lagrange 约瑟夫 - 路易 · 拉格朗日
Jules Michelet 儒勒 · 米什莱
July Ordinances 七月敕令
Karl Mack von Leiberich 卡尔 · 马克 · 冯 · 莱贝里希
Karl Marx 卡尔 · 马克思
King Victor Emmanuel 国王维克托 • 伊曼纽尔一世
Knights Templars 圣殿骑士团
La Marseillaise《马赛曲》
La Muette de Portici《波蒂契的哑女》
La Nouvelle Héloïse《新爱洛漪丝》
La Rochelle 拉罗谢尔
Law of the Maximum 全面限价法令
Lazare Carnot 拉扎尔 · 卡诺
Le Chapelier Law of 1791《列 · 沙白里埃法》
Legislative Assembly 立法议会
Leopold Ⅱ 利奥波德二世（神圣罗马帝国皇帝，约瑟夫二世的弟弟）
Leopold Von Ranke 利奥波德 · 冯 · 兰克
levée en masse 全国总动员
Lewis Namier 刘易斯 · 纳米尔
Lied 利德
Loménie de Brienne 洛密尼 · 德 · 布里讷
London Workingmen' s Association 伦敦工人协会
Lord Goderich 戈德里奇勋爵
Lord Palmerston 帕默斯顿勋爵
Lorraine 洛林
Louis Antoine de Bourbon 路易 · 安托万 · 德 · 波旁
Louis Blanc 路易 · 勃朗
Louis Capet 路易 · 卡佩
Louis Kossuth 路易斯 · 考苏斯
Louis Marie La Révellière 路易 · 玛利 · 拉勒维里
Louis Nicolas Davout 路易斯 · 尼古拉斯 · 达武
Louis Philippe 路易 • 菲利普
Louis Xavier Stanislas 路易 · 塞维尔 · 斯坦尼斯瓦夫
Louis XⅢ 路易十三

Louis XIV 路易十四
Louis XVI 路易十六
Lucien Leuwen《吕西安 · 娄万》
Mainz 美因茨
Malta 马耳他
Mamelukes 马穆鲁克
Manuel de Godoy 曼努埃尔 · 德 · 戈多伊
Marie Antoinette 玛丽 · 安托瓦内特
Marie Gouze 玛丽 · 古兹
Marie Louise 玛丽 · 路易斯
marquis de Condorcet 孔多塞侯爵
marquis de Lafayette 拉法耶特侯爵
Marsh 沼泽派
Mary Wollstonecraft 玛丽 · 沃斯通克拉夫特
Massacre at Chios《希俄斯岛的大屠杀》
Maximilien Robespierre 马克西米连 · 罗伯斯庇尔
maypoles 五月柱
Metternich 梅特涅
Michael Sadler 迈克尔 · 萨德勒
Michel Ney 米歇尔 · 内伊
Mikhail Lermontov 米哈伊尔 · 莱蒙托夫
miracle of Valmy 瓦尔米奇迹
Moniteur《箴言报》
Monroe Doctrine 门罗主义
Montmartre 蒙马特高地
Moravian 摩拉维亚
Mountain 山岳派
Muhammad Ali 穆罕默德 · 阿里
mulattoes 穆拉托人
Naples 那不勒斯
Napoleon Bonaparte 拿破仑 · 波拿巴
National Assembly 国民议会
National Chartist Association 国家宪章运动者协会
National Convention 国民公会

National Guard 国民自卫军
Neidhardt von Gneisenau 奈特哈特 · 冯 · 格奈泽瑙
Neo-Guelph 新归尔甫
Nice 尼斯
Niemen 涅曼河
Nikolai Gogol 尼古莱 · 果戈理
Notre Dame 巴黎圣母院
October Days 十月事件
Old Regime 旧制度
Ottoman Empire 奥斯曼帝国
Paris Commune 巴黎公社
Pasquale di Paoli 帕斯夸莱 · 迪保利
Peace Treaty of Westphalia《威斯特伐利亚和约》
Peninsular War 半岛战争
People's Charter 人民宪章
Percy Bysshe Shelley 珀西 · 比希 · 雪莱
Philhellenism 亲希腊精神
Piedmont 皮埃蒙特
Pierre Gaspard Chaumette 皮埃尔 · 加斯帕德 · 肖梅特
Pierre Joseph Proudhon 皮埃尔 · 约瑟夫 · 蒲鲁东
Pius VI 庇护六世
Place de la Revolution 革命广场
Plain 平原派
Plenary Court 全体法院
Poitou 普瓦图省
Pope Pius Ⅶ 教皇庇护七世
Prairial 牧月
Prince Felix zu Schwarzenberg 费利克斯 · 祖 · 施瓦岑贝格亲王
Prince Karl Philipp Schwarzenberg 卡尔 · 菲利普 · 施瓦岑贝格
R. R. Palmer，Robert Roswell Palmer 罗伯特 · 罗斯韦尔 · 帕尔默
Racine 拉辛
Rastatt 拉施塔特
Reflections on the Revolution in France《法国革命论》
René de Maupeou 勒内 · 德 · 莫普

revolutionary festivals 革命节
Rhineland 莱茵兰
Richard Arkwright 理查德 · 阿克莱特
Richard Cobden 理查德 · 科布登
Risorgimento 统一运动
Robert Banks Jenkinson 罗伯特 · 班克斯 · 詹金森
Robert Fishman 罗伯特 · 费什曼
Robert Owen 罗伯特 · 欧文
Robert Schumann 罗伯特 · 舒曼
Robespierrists 罗伯斯庇尔派
Roger-Ducos 罗歇 · 杜科
Rosetta Stone 罗塞达石碑
Royal Catholic Grand Army 皇家天主教大军团
Rue Transnonain《唐斯诺南街的屠杀》
Salzburg 萨尔茨堡
Samuel Taylor Coleridge 塞缪尔 · 泰勒 · 柯勒律治
sans-culottes 无套裤汉
Sardinia 萨丁尼亚区
Saturn 农神
Savona 萨沃纳
Savoy 萨伏依
Saxony 萨克森
Second Coalition 第二次反法同盟
September Massacres 九月大屠杀
Seven Years' War 七年战争
Simon Bolívar 西蒙 · 玻利瓦尔
Simon Linguet 西蒙 · 兰盖
Sir Robert Peel 罗伯特 · 皮尔爵士
Sir Walter Scott 沃尔特 · 司各特爵士
Smolensk 斯摩棱斯克
Social Contract《社会契约论》
Society of Friends of the Constitution 宪法之友社
special revolutionary tribunals 特别革命法庭
splendid isolation 光荣孤立

Statuto《宪法章程》
Sturm und Drang "狂飙" 运动
Subdelegate 副代表
sultan 苏丹
Swiss Guard 瑞士近卫队
Ten Hours Act《十小时工作日法案》
Tennis Court Oath《网球场宣誓》
Committee of Public Safety 救国委员会
The Manifesto of the Communist Party《共产党宣言》
The Old Regime and the French Revolution《旧制度与大革命》
The Organization of Labor《劳动组织》
Thermidorean reaction 热月政变
Thomas Attwood 托马斯 · 阿特伍德
Thomas Babington Macaulay 托马斯 · 巴宾顿 · 麦考莱
Thomas Paine 托马斯 · 潘恩
Tipu Sahib 泰普 · 沙西
Tithes 什一税
Treaty of Adrianople《阿德里安堡条约》
Treaty of Amiens《亚眠条约》
Treaty of Campoformio《坎波福米奥条约》
Treaty of Paris《巴黎和约》
Treaty of Pressburg《普莱斯堡和约》
Treaty of Unkiar-Skelessi《温卡尔 – 伊斯凯莱西条约》
Trinidad 特立尼达
Troppau Protocol《特罗保议定书》
Troppau 特罗保
Troyes 特鲁瓦
Tuileries 杜伊勒里宫
University of Jena 耶拿大学
Varennes 瓦雷纳
Vendée 旺代省
Vendémiaire 葡月
Verdun 凡尔登
Victor Emmanuel I 维克托 · 伊曼纽尔一世

Vincenzo Gioberti 文森佐 · 乔贝蒂
viscount of Bonald 博纳尔德子爵
viscount of Martignac 马蒂尼亚克子爵
viscount of Noailles 诺阿耶子爵
Voltaire 伏尔泰
Vorparlament 初级议会
War of Austrian Succession 奥地利王位继承战争
Waterloo 滑铁卢
West Indies 西印度群岛
William Ⅰ威廉一世（荷兰王国国王）
Wilhelm von Humboldt 威廉 · 冯 · 洪堡
William Cobbett 威廉 · 科贝特
William Huskisson 威廉 · 赫斯基森
William Lovett 威廉 · 洛维特
William of Orange 威廉 · 奥兰治
William Pitt the Younger 小威廉 · 皮特